Habersack, Deutsche Gesetze

Ergänzungsband

Einordnungsanweisung für die 77. Ergänzungslieferung November 2023

(Anschluss an die 76. Ergänzungslieferung September 2023)

Die Angaben beziehen sich auf die Ordnungsnummern (fette Zahlen) und die dazugehörigen Seitenzahlen (magere Zahlen)

Herauszunehmen:	Blätter	Einzufügen:	Blätter
Titelblatt–Geleitwort	2	Titelblatt–Geleitwort	2
Inhalt I 5–8	2	**Inhalt I** 5–8	2
Inhalt II 3/4	1	**Inhalt II** 3/4	1
30b/1 1–**30c** 12	9	**30b/1** 1–**30c** 12	9
36 1/2	1	**36** 1/2	1
13/14	1	13/14	1
50c 25/26	1	**50c** 25–28	2
62f 1–**62g** 42	58	**62f** 1–**62g** 42	56
66a 1–4	2	**66a** 1–4	2
88a 43/44	1	**88a** 43/44	1
ersatzlos herauszunehmen:			
93a 1–10	5		
94a 1–6	3	**94a** 1–6	3
31/32	1	31–32a	2
101a 1–130	66	**101a** 1–132	66
103c 1/2	1	**103c** 1/2	1
103d 1/2	1	**103d** 1/2	1
105d 1/2	1	**105d** 1–2a	2
13–**107** 12	7	13–**107** 12a	8
110e 19/20	1	**110e** 19/20	1
Insgesamt herauszunehmen:	164	Insgesamt einzufügen:	161

Habersack
Deutsche Gesetze
Ergänzungsband

Herausgegeben von
Prof. Dr. Mathias Habersack
Ludwig-Maximilians-Universität München

Stand: 9. November 2023
(77. Ergänzungslieferung)

C.H.BECK

Dieses Titelblatt stammt aus der 77. Ergänzungslieferung November 2023
Die Ergänzungslieferung November 2023 schließt an die
Ergänzungslieferung September 2023 an
ISBN 978 3 406 80501 1

Redaktioneller Hinweis: Paragraphenüberschriften in eckigen Klammern sind nichtamtlich. Sie sind ebenso wie die Fußnoten urheber- und wettbewerbsrechtlich geschützt.

www.beck.de

ISBN 978 3 406 48859 7 (Grundwerk zur Fortsetzung für 12 Monate)
ISBN 978 3 406 61800 0 (Grundwerk ohne Fortsetzung)

Wilhelmstraße 9, 80801 München
Druck: Druckerei C. H. Beck Nördlingen
(Adresse wie Verlag)

CO_2 neutral
chbeck.de/nachhaltig

Gedruckt auf säurefreiem, alterungsbeständigem Papier
(hergestellt aus chlorfrei gebleichtem Zellstoff)

Habersack
Deutsche Gesetze

Ergänzungsband

Geleitwort
zur 77. Ergänzungslieferung November 2023

Die 77. Ergänzungslieferung bringt Ihre Textsammlung „Habersack, Deutsche Gesetze, Ergänzungsband“ auf den Stand der Gesetzgebung vom 9. November 2023.

Das Gesetz zur Umsetzung der Richtlinie (EU) 2020/1828 über Verbandsklagen zum Schutz der Kollektivinteressen der Verbraucher und zur Aufhebung der Richtlinie 2009/22/EG sowie zur Änderung des Kapitalanleger-Musterverfahrensgesetzes (Verbandsklagenrichtlinienumsetzungsgesetz – VRUG) vom 8.10.2023 (BGBl. 2023 I Nr. 272) änderte das LuftVG (Nr. **36**), das BuchPrG (Nr. **66a**), das KapMuG (Nr. **105d**) und das VSBG (Nr. **107**).

Die Verordnung zum Erlass einer Straßenverkehr-Transportbegleitungsverordnung und zur Änderung straßenverkehrsrechtlicher Vorschriften vom 28.8.2023 (BGBl. 2023 I Nr. 236) brachte Änderungen in der BKatV (Nr. **94a**).

Eingestellt wurden zudem neue Versionen von AKB (Nr. **62f**) und ARB (Nr. **62g**).

Weitere Änderungen betrafen die Betriebskostenverordnung (Nr. **30b/1**), die Heizkostenverordnung (Nr. **30c**), das Luftverkehrsgesetz (Nr. **36**) und die Anordnung über Mitteilungen in Zivilsachen (MiZi) (Nr. **101a**).

München, im November 2023

von Wertpapieren zum Handel an einem organsierten Markt zu veröffentlichen ist **(Wertpapierprospektgesetz – WpPG)** vom 22. Juni 2005

59. Gesetz über die Verwaltung und Anschaffung von Wertpapieren **(Depotgesetz – DepotG)** idF der Bek. vom 11. Januar 1995

Versicherungsrecht

62 c. **Allgemeine Hausrat Versicherungsbedingungen (VHB 2022 – Quadratmetermodell),** Stand: Mai 2022

62 d. **Allgemeine Wohngebäude Versicherungsbedingungen (VGB 2022 – Wohnflächenmodell),** Stand: Mai 2022

62 e. **Allgemeine Bedingungen für die Versicherung von Reisegepäck** (**AVB Reisegepäck** 1992/2021), Stand: August 2021

62 f. **Allgemeine Bedingungen für die Kfz-Versicherung (AKB 2015),** Stand: 28. September 2022

62 g. **Allgemeine Bedingungen für die Rechtsschutzversicherung (ARB 2021),** Stand: August 2022

62 h. **Allgemeine Bedingungen für die kapitalbildende Lebensversicherung,** Stand: 28. April 2021

62 i. **Allgemeine Unfallversicherungs-Bedingungen (AUB 2020),** Stand: Dezember 2020

62 j. **Gemeinsamer Allgemeiner Teil für die Allgemeine Haftpflichtversicherung, die Sachversicherung und die Technischen Versicherungen (ohne Projektgeschäft) Monoline-Variante,** Stand: Mai 2022

Gewerblicher Rechtsschutz und Urheberrecht

65 a. Gesetz über die Wahrnehmung von Urheberrechten und verwandten Schutzrechten durch Verwertungsgesellschaften (**Verwertungsgesellschaftengesetz – VGG**) vom 24. Mai 2016

66. **Gesetz über das Verlagsrecht** vom 19. Juni 1901

66 a. Gesetz über die Preisbindung für Bücher **(Buchpreisbindungsgesetz)** vom 2. September 2002

69. Gesetz über den rechtlichen Schutz von Design **(Designgesetz – DesignG)** idF der Bek. vom 24. Februar 2014

69 a. Verordnung zur Ausführung des Designgesetzes **(Designverordnung – DesignV)** vom 2. Januar 2014

70. **Patentgesetz** idF der Bek. vom 16. Dezember 1980

70 a. *Verordnung* zum Verfahren in Patentsachen vor dem Deutschen Patent- und Markenamt **(Patentverordnung – PatV)** vom 1. September 2003

70 b. Gesetz über die Kosten des Deutschen Patent- und Markenamts und des Bundespatentgerichts **(Patentkostengesetz – PatKostG)** vom 13. Dezember 2001

70 c. Gesetz über die Erstattung von Gebühren des beigeordneten Vertreters in Patent-, Gebrauchsmuster-, Geschmacksmuster-, Topographieschutz- und Sortenschutzsachen **(Vertretergebühren-Erstattungsgesetz – VertrGebErstG)** vom 18. Juli 1953

71. **Gebrauchsmustergesetz** idF der Bek. vom 28. August 1986

72 a. Verordnung zur Ausführung des Markengesetzes **(Markenverordnung – MarkenV)** vom 11. Mai 2004

73 a. **Preisangabenverordnung (PAngV)** vom 12. November 2021

73 b. Gesetz über das Verbot der Verwendung von Preisklauseln bei der Bestimmung von Geldschulden **(Preisklauselgesetz)** vom 7. September 2007

75. **Gesetz zum Schutz von Geschäftsgeheimnissen (GeschGehG)** vom 18. April 2019

Arbeitsrecht

78. **Arbeitszeitgesetz** vom 6. Juni 1994

78 a. Gesetz über den Nachweis der für ein Arbeitsverhältnis geltenden wesentlichen Bedingungen **(Nachweisgesetz – NachwG)** vom 20. Juli 1995

78 b. Gesetz über Teilzeitarbeit und befristete Arbeitsverträge **(Teilzeit- und Befristungsgesetz – TzBfG)** vom 21. Dezember 2000

79. Gesetz zum Schutz von Müttern bei der Arbeit, in der Ausbildung und im Studium **(Mutterschutzgesetz – MuSchG)** vom 23. Mai 2017

80. Gesetz über die Zahlung des Arbeitsentgelts an Feiertagen und im Krankheitsfall **(Entgeltfortzahlungsgesetz)** vom 26. Mai 1994

80 a. Gesetz über den Ausgleich der Arbeitgeberaufwendungen für Entgeltfortzahlung **(Aufwendungsausgleichsgesetz – AAG)** vom 22. Dezember 2005

80 b. Mindesturlaubsgesetz für Arbeitnehmer **(Bundesurlaubsgesetz)** vom 8. Januar 1963

80 c. Gesetz zur Regelung eines allgemeinen Mindestlohns **(Mindestlohngesetz – MiLoG)** vom 11. August 2014

81. **Tarifvertragsgesetz (TVG)** idF der Bek. vom 25. August 1969

82. **Betriebsverfassungsgesetz** idF der Bek. vom 25. September 2001

82 a. Gesetz über die Mitbestimmung der Arbeitnehmer **(Mitbestimmungsgesetz – MitbestG)** vom 4. Mai 1976

82 b. Gesetz über die Mitbestimmung der Arbeitnehmer in den Aufsichtsräten und Vorständen der Unternehmen des Bergbaus und der Eisen und Stahl erzeugenden Industrie **[sog. Montan-Mitbestimmungsgesetz]** vom 21. Mai 1951

82 c. Gesetz zur Ergänzung des Gesetzes über die Mitbestimmung der Arbeitnehmer in den Aufsichtsräten und Vorständen der Unternehmen des Bergbaus und der Eisen und Stahl erzeugenden Industrie **[sog. Montan-Mitbestimmungsergänzungsgesetz]** vom 7. August 1956

82 d. Gesetz über die Drittelbeteiligung der Arbeitnehmer im Aufsichtsrat **(Drittelbeteiligungsgesetz – DrittelbG)** vom 18. Mai 2004

84 a. Gesetz zur Regelung der gewerbsmäßigen Arbeitnehmerüberlassung **(Arbeitnehmerüberlassungsgesetz – AÜG)** und zur Änderung anderer Gesetze idF der Bek. vom 3. Februar 1995

Straf- und Nebenstrafrecht

85 e. Gesetz zur Vermeidung und Bewältigung von Schwangerschaftskonflikten **(Schwangerschaftskonfliktgesetz – SchKG)** vom 27. Juli 1992

85 g. Völkerstrafgesetzbuch (VStGB) vom 26. Juni 2002

86. Gesetz über den Verkehr mit Betäubungsmitteln **(Betäubungsmittelgesetz – BtMG)** idF der Bek. vom 1. März 1994

86 a. Verordnung über das Verschreiben, die Abgabe und den Nachweis des Verbleibs von Betäubungsmitteln **(Betäubungsmittel-Verschreibungsverordnung – BtMVV)** vom 20. Januar 1998

88 a. Gesetz über das Aufspüren von Gewinnen aus schweren Straftaten **(Geldwäschegesetz – GwG)** vom 23. Juli 2017

88 b. Abgabenordnung (AO 1977) idF der Bek. vom 1. Oktober 2002 (Auszug: Steuerstrafrecht)

90 b. Gesetz zur Harmonisierung des Schutzes gefährdeter Zeugen **(Zeugenschutz-Harmonisierungsgesetz – ZSHG)** vom 11. Dezember 2001

90 c. Anordnung über Mitteilungen in Strafsachen (MiStra) vom 1. August 2015

90 d. Strafvollstreckungsordnung (StVollstrO) idF der Bek. vom 13. Juli 2011

90 e. Richtlinien für das Strafverfahren und das Bußgeldverfahren (RiStBV) idF vom 28. März 2023

90 f. Gesetz zur Beschränkung des Brief-, Post- und Fernmeldegeheimnisses **(Artikel 10 – Gesetz – G 10)** vom 26. Juni 2001

90 g. Verordnung über die Standards für die Übermittlung elektronischer Akten zwischen Strafverfolgungsbehörden und Gerichten im Strafverfahren **(Strafaktenübermittlungsverordnung – StrafAktÜbV)** vom 14. April 2020

90 h. Gesetz über die internationale Rechtshilfe in Strafsachen (IRG) idF der Bek. vom 27. Juni 1994

91. Gesetz über den Vollzug der Freiheitsstrafe und der freiheitsentziehenden Maßregeln der Besserung und Sicherung – **Strafvollzugsgesetz (StVollzG)** – vom 16. März 1976

91 a. Untersuchungshaftvollzugsordnung (UVollzO) vom 12. Februar 1953

91 c. Verordnung über den Vollzug des Jugendarrestes **(Jugendarrestvollzugsordnung – JAVollzO)** idF der Bek. vom 30. November 1976

93. Gesetz über die Entschädigung für Strafverfolgungsmaßnahmen (StrEG) vom 8. März 1971

93 b. Gesetz zur Sicherung der zivilrechtlichen Ansprüche der Opfer von Straftaten **(Opferanspruchssicherungsgesetz – OASG)** vom 8. Mai 1998

94 a. Verordnung über die Erteilung einer Verwarnung, Regelsätze für Geldbußen und die Anordnung eines Fahrverbotes wegen Ordnungswidrigkeiten im Straßenverkehr **(Bußgeldkatalog-Verordnung – BKatV)** vom 14. März 2013

94 b. Gesetz zur Bekämpfung der Schwarzarbeit und illegalen Beschäftigung **(Schwarzarbeitsbekämpfungsgesetz – SchwarzArbG)** vom 23. Juli 2004

Gerichtsverfassung

95 b. **Gesetz zur Wahrung der Einheitlichkeit der Rechtsprechung der obersten Gerichtshöfe des Bundes** vom 19. Juni 1968

95 c. Gesetz über die allgemeine Beeidigung von gerichtlichen Dolmetschern **(Gerichtsdolmetschergesetz – GDolmG)** vom 10. Dezember 2019

95 d. Gesetz zur Aufbewahrung und Speicherung von Akten der Gerichte und Staatsanwaltschaften nach Beendigung des Verfahrens **(Justizaktenaufbewahrungsgesetz – JAktAG)** vom 22. März 2005

95 e. Verordnung über die Aufbewahrung und Speicherung von Justizakten **(Justizaktenaufbewahrungsverordnung – JAktAV)** vom 8. November 2021

Recht der juristischen Berufe

97. **Deutsches Richtergesetz** idF der Bek. vom 19. April 1972

98. **Bundesrechtsanwaltsordnung** vom 1. August 1959

98/1. **Berufsordnung für Rechtsanwälte** idF der Bek. vom 1. November 2001

98/2. **Fachanwaltsordnung** idF der Bek. vom 22. März 1999

98/3. Verordnung über die Rechtsanwaltsverzeichnisse und die besonderen elektronischen Anwaltspostfächer **(Rechtsanwaltsverzeichnis- und -postfachverordnung – RAVPV)** vom 23. September 2016

98/4. **Gesetz über die Tätigkeit europäischer Rechtsanwälte in Deutschland (EuRAG)** vom 9. März 2000

98/5. **Gesetz über die Tätigkeit europäischer Patentanwälte in Deutschland (EuPAG)** vom 12. Mai 2017

98 a. **Bundesnotarordnung (BNotO)** vom 24. Februar 1961

98 b. Gesetz über Rechtsberatung und Vertretung für Bürger mit geringem Einkommen **(Beratungshilfegesetz** vom 18. Juni 1980

99. Gesetz über außergerichtliche Rechtsdienstleistungen **(Rechtsdienstleistungsgesetz – RDG)** vom 12. Dezember 2007

99 a. **Einführungsgesetz zum Rechtsdienstleistungsgesetz (RDGEG)** vom 12. Dezember 2007

Zivilverfahrensrecht

101 a. **Anordnung über Mitteilungen in Zivilsachen (MiZi)** idF der Bek. vom 29. April 1998

103. **Verordnung (EU) Nr. 1215/2(des Europäischen Parlaments und des Rates über die gerichtliche Zuständigkeit und die Anerkennung und Vollstreckung v Entscheidungen in Zivil- und Handelssachen** vom 12. Dezemb 2012

103 a. Gesetz zur Ausführung zwischenstaatlicher Verträge und zur Durchführung von Verordnungen der Europäischen Gemeinschaft auf dem Gebiet der Anerkennung und Vollstreckung in Zivil- und Handelssachen **(Anerkennungs- und Vollstreckungsausführungsgesetz – AVAG)** idF des Bek. vom 30. November 2015

103 b. **Verordnung (EU) 2019/111 des :es über die Zuständigkeit, die Anerkennung und Vollstreckung von Entscheidungen in Ehesa-**

Haager Adoptionsübereinkommen ... 45 h
Haager Kindesentführungsübereinkommen ... 103 l
Handelsregisterverordnung ... 50 e
Gebührenverordnung ... 50 f
Heizkosten, Verordnung über die verbrauchsabhängige Abrechnung der Heiz- und Warmwasserkosten ... 30 c

Insolvenzverfahren, Verordnung (EU) Nr. 2015/848 ... 110 b
Internationaler Warenkauf, UN-Übereinkommen ... 50 c
Internationales Erbrechtsverfahrensgesetz ... 103 p
Internationales Familienrechtsverfahrensgesetz ... 103 n
Internationales Güterrechtsverfahrensgesetz ... 103 q

Justizaktenaufbewahrungsgesetz ... 95 d
Justizaktenaufbewahrungsverordnung ... 95 e
Jugendarrestvollzugsordnung ... 91 c
Justizbehördenzahlungsverkehrsgesetz ... 120 c

Kapitalanleger-Musterverfahrensgesetz ... 105 d
Kindererziehung, Gesetz über die religiöse ... 45 k
Kindergeld, Einkommensteuergesetz (Auszug) ... 45 a
Bundeskindergeldgesetz ... 45 b
Kinderschutz-Kooperationsgesetz ... 46 a
Kinderschutzübereinkommen KSÜ ... 45 m
Kindesentführungsübereinkommen, Haager ... 103 l
Kontenpfändung, vorläufige, Verordnung (EU) Nr. 655/2014 ... 103 h

Landpachtverkehrsgesetz, Gesetz über die Anzeige und Beanstandung von Landpachtverträgen ... 39
Landwirtschaftssachen, Gesetz über das gerichtliche Verfahren in Landwirtschaftssachen ... 39 a
Lebenspartnerschaftsgesetz, Gesetz über die Eingetragene Lebenspartnerschaft ... 43
Lieferkettensorfaltspflichtengesetz, Gesetz über die unternehmerischen Sorgfaltspflichten zur Vermeidung von Menschenrechtsverletzungen in Lieferketten ... 50 d
Luftverkehrsgesetz (Auszug) ... 36

Makler- und Bauträgerverordnung, Verordnung über die Pflichten der Immobilienmakler, Darlehensvermittler, Bauträger, Baubetreuer und Wohnimmobilienverwalter ... 32 a
Markenverordnung, Verordnung zur Ausführung des Markengesetzes . 72 a
Mindestlohngesetz, Gesetz zur Regelung eines allgemeinen Mindestlohn ... 80 c
Mitbestimmungsgesetz, Gesetz über die Mitbestimmung der Arbeitnehmer ... 82 a
Montan-Mitbestimmungsgesetz ... 82 b
Montan-Mitbestimmungsergänzungsgesetz ... 82 c
Mitteilungen in Strafsachen, Anordnung ... 90 c

Mitteilungen in Zivilsachen, Anordnung .... **101 a**
Mutterschutzgesetz, Gesetz zum Schutze der erwerbstätigen Mutter .. **79**

Nachweisgesetz, Gesetz über den Nachweis der für ein Arbeitsverhältnis geltenden wesentlichen Bedingungen .... **78 a**
Notare, Bundesnotarordnung .... **98 a**

Opferanspruchssicherungsgesetz .... **93 b**

Pachtkreditgesetz **42**
Patentgesetz **70**
Patentkostengesetz .... **70 a**
Patentverordnung .... **70 b**
Vertretergebühren-Erstattungsgesetz .... **70 c**
Personenstandsgesetz **113**
Preisangabenverordnung .... **73 a**
Preisklauselgesetz, Gesetz über das Verbot der Verwendung von Preisklauseln bei der Bestimmung von Geldschulden .... **73 b**
Prostitutionsgesetz, Gesetz zur Regelung der Rechtsverhältnisse der Prostituierten .... **29 a**

Rechtsanwälte, Berufsordnung für Rechtsanwälte **98/1**
Bundesrechtsanwaltsordnung **98**
Europäische Rechtsanwälte in Deutschland **98/4**
Fachanwaltsordnung **98/2**
Rechtsanwaltsverzeichnis- und -postfachverordnung **98/3**
Rechtsberatung, Beratungshilfegesetz .... **98 b**
Rechtsdienstleistungsgesetz **99**
Einführungsgesetz .... **99 a**
Rechtshilfe in Strafsachen, Gesetz über die internationale .... **90 h**
Rechtsprechung, Gesetz zur Wahrung der Einheitlichkeit der Rechtsprechung der obersten Gerichtshöfe des Bundes .... **95 b**
REIT-Gesetz, Gesetz über deutsche Immobilien-Aktiengesellschaften mit börsennotierten Anteilen **57**
Richter, Deutsches Richtergesetz **97**
Richtlinien für das Strafverfahren und das Bußgeldverfahren (RiStBV) .... **90 e**

Scheckgesetz **56**
Schlichtungsgesetze der Länder **104–104l**
Schwangerschaftskonfliktgesetz .... **85 e**
Schwarzarbeitsbekämpfungsgesetz .... **94 b**
Sorgerechtsübereinkommen, Europäisches .... **103 m**
Sozialgesetzbuch (SGB) Achtes Buch (VIII), Kinder und Jugendhilfe **46**

der Mieter seinen Anbieter von öffentlich zugänglichen Telekommunikationsdiensten über seinen Anschluss frei wählen kann,
hierzu gehören die Kosten des Betriebsstroms sowie ein Bereitstellungsentgelt gemäß § 72 Absatz 1 des Telekommunikationsgesetzes;

16. die Kosten des Betriebs der Einrichtungen für die Wäschepflege,
hierzu gehören die Kosten des Betriebsstroms, die Kosten der Überwachung, Pflege und Reinigung der Einrichtungen, der regelmäßigen Prüfung ihrer Betriebsbereitschaft und Betriebssicherheit sowie die Kosten der Wasserversorgung entsprechend Nummer 2, soweit sie nicht dort bereits berücksichtigt sind;

17. sonstige Betriebskosten,
hierzu gehören Betriebskosten im Sinne des § 1, die von den Nummern 1 bis 16 nicht erfasst sind.

[2] Für Anlagen, die ab dem 1. Dezember 2021 errichtet worden sind, ist Satz 1 Nummer 15 Buchstabe a und b nicht anzuwenden.

30c. Verordnung über die verbrauchsabhängige Abrechnung der Heiz- und Warmwasserkosten (Verordnung über Heizkostenabrechnung – HeizkostenV)[1)]

In der Fassung der Bekanntmachung vom 5. Oktober 2009[2)]
(BGBl. I S. 3250)

FNA 754-4-4

Lfd. Nr.	Änderndes Gesetz	Datum	Fundstelle	Betroffen	Hinweis
1.	Art. 1 ÄndVO[3)]	24.11. 2021	BGBl. I S. 4964	§§ 5, 6, 7, 9, 12	geänd. mWv 1.12.2021
				§§ 6a, 6b	eingef. mWv 1.12.2021
2.	Art. 3 G zur Änd. des GebäudeenergieG, zur Änd. des Bürgerlichen Gesetzbuches, zur Änd. der VO über Heizkostenabrechnung, zur Änd. der BetriebskostenVO und zur Änd. der Kehr- und ÜberprüfungsO	16.10. 2023	BGBl. 2023 I Nr. 280	§§ 7, 9, 11, 12	geänd. mWv 1.10.2024

§ 1 Anwendungsbereich. (1) Diese Verordnung gilt für die Verteilung der Kosten

1. des Betriebs zentraler Heizungsanlagen und zentraler Warmwasserversorgungsanlagen,
2. der eigenständig gewerblichen Lieferung von Wärme und Warmwasser, auch aus Anlagen nach Nummer 1 (Wärmelieferung, Warmwasserlieferung),

durch den Gebäudeeigentümer auf die Nutzer der mit Wärme oder Warmwasser versorgten Räume.

(2) Dem Gebäudeeigentümer stehen gleich

1. der zur Nutzungsüberlassung in eigenem Namen und für eigene Rechnung Berechtigte,
2. derjenige, dem der Betrieb von Anlagen im Sinne des § 1 Absatz 1 Nummer 1 in der Weise übertragen worden ist, dass er dafür ein Entgelt vom Nutzer zu fordern berechtigt ist,

---

1) **Amtl. Anm.:** Diese Verordnung dient der Umsetzung der Richtlinie 2006/32/EG des Europäischen Parlaments und des Rates vom 5. April 2006 über Endenergieeffizienz und Energiedienstleistungen und zur Aufhebung der Richtlinie 93/76/EWG des Rates (ABl. L 114 vom 27.4.1996, S. 64).

2) Neubekanntmachung der HeizkostenV idF der Bek. v. 20.1.1989 (BGBl. I S. 115) in der ab 1.1.2009 geltenden Fassung.

3) **Amtl. Anm.:** Diese Verordnung dient der Umsetzung der Richtlinie (EU) 2018/2002 des Europäischen Parlaments und des Rates vom 11. Dezember 2018 zur Änderung der Richtlinie 2012/27/EU zur Energieeffizienz (ABl. L 328 vom 21.12.2018, S. 210).

Notifiziert gemäß der Richtlinie (EU) 2015/1535 des Europäischen Parlaments und des Rates vom 9. September 2015 über ein Informationsverfahren auf dem Gebiet der technischen Vorschriften und der Vorschriften für die Dienste der Informationsgesellschaft (ABl. L 241 vom 17.9.2015, S. 1).

3. beim Wohnungseigentum die Gemeinschaft der Wohnungseigentümer im Verhältnis zum Wohnungseigentümer, bei Vermietung einer oder mehrerer Eigentumswohnungen der Wohnungseigentümer im Verhältnis zum Mieter.

(3) Diese Verordnung gilt auch für die Verteilung der Kosten der Wärmelieferung und Warmwasserlieferung auf die Nutzer der mit Wärme oder Warmwasser versorgten Räume, soweit der Lieferer unmittelbar mit den Nutzern abrechnet und dabei nicht den für den einzelnen Nutzer gemessenen Verbrauch, sondern die Anteile der Nutzer am Gesamtverbrauch zu Grunde legt; in diesen Fällen gelten die Rechte und Pflichten des Gebäudeeigentümers aus dieser Verordnung für den Lieferer.

(4) Diese Verordnung gilt auch für Mietverhältnisse über preisgebundenen Wohnraum, soweit für diesen nichts anderes bestimmt ist.

§ 2 Vorrang vor rechtsgeschäftlichen Bestimmungen. Außer bei Gebäuden mit nicht mehr als zwei Wohnungen, von denen eine der Vermieter selbst bewohnt, gehen die Vorschriften dieser Verordnung rechtsgeschäftlichen Bestimmungen vor.

§ 3 Anwendung auf das Wohnungseigentum. [1]Die Vorschriften dieser Verordnung sind auf Wohnungseigentum anzuwenden unabhängig davon, ob durch Vereinbarung oder Beschluss der Wohnungseigentümer abweichende Bestimmungen über die Verteilung der Kosten der Versorgung mit Wärme und Warmwasser getroffen worden sind. [2]Auf die Anbringung und Auswahl der Ausstattung nach den §§ 4 und 5 sowie auf die Verteilung der Kosten und die sonstigen Entscheidungen des Gebäudeeigentümers nach den §§ 6 bis 9b und 11 sind die Regelungen entsprechend anzuwenden, die für die Verwaltung des gemeinschaftlichen Eigentums im Wohnungseigentumsgesetz[1)] enthalten oder durch Vereinbarung der Wohnungseigentümer getroffen worden sind. [3]Die Kosten für die Anbringung der Ausstattung sind entsprechend den dort vorgesehenen Regelungen über die Tragung der Verwaltungskosten zu verteilen.

§ 4 Pflicht zur Verbrauchserfassung. (1) Der Gebäudeeigentümer hat den anteiligen Verbrauch der Nutzer an Wärme und Warmwasser zu erfassen.

(2) [1]Er hat dazu die Räume mit Ausstattungen zur Verbrauchserfassung zu versehen; die Nutzer haben dies zu dulden. [2]Will der Gebäudeeigentümer die Ausstattung zur Verbrauchserfassung mieten oder durch eine andere Art der Gebrauchsüberlassung beschaffen, so hat er dies den Nutzern vorher unter Angabe der dadurch entstehenden Kosten mitzuteilen; die Maßnahme ist unzulässig, wenn die Mehrheit der Nutzer innerhalb eines Monats nach Zugang der Mitteilung widerspricht. [3]Die Wahl der Ausstattung bleibt im Rahmen des § 5 dem Gebäudeeigentümer überlassen.

(3) [1]Gemeinschaftlich genutzte Räume sind von der Pflicht zur Verbrauchserfassung ausgenommen. [2]Dies gilt nicht für Gemeinschaftsräume mit nutzungsbedingt hohem Wärme- oder Warmwasserverbrauch, wie Schwimmbäder oder Saunen.

(4) Der Nutzer ist berechtigt, vom Gebäudeeigentümer die Erfüllung dieser Verpflichtungen zu verlangen.

[1)] **Habersack, Deutsche Gesetze Nr. 37.**

§ 5[1)] Ausstattung zur Verbrauchserfassung. (1) [1] Zur Erfassung des anteiligen Wärmeverbrauchs sind Wärmezähler oder Heizkostenverteiler, zur Erfassung des anteiligen Warmwasserverbrauchs Warmwasserzähler zu verwenden. [2] Soweit nicht eichrechtliche Bestimmungen zur Anwendung kommen, dürfen nur solche Ausstattungen zur Verbrauchserfassung verwendet werden, hinsichtlich derer sachverständige Stellen bestätigt haben, dass sie den anerkannten Regeln der Technik entsprechen oder dass ihre Eignung auf andere Weise nachgewiesen wurde. [3] Als sachverständige Stellen gelten nur solche Stellen, deren Eignung die nach Landesrecht zuständige Behörde im Benehmen mit der Physikalisch-Technischen Bundesanstalt bestätigt hat. [4] Die Ausstattungen müssen für das jeweilige Heizsystem geeignet sein und so angebracht werden, dass ihre technisch einwandfreie Funktion gewährleistet ist.

(2) [1] Ausstattungen zur Verbrauchserfassung nach Absatz 1 Satz 1 und nach § 9 Absatz 2 Satz 1, die nach dem 1. Dezember 2021 installiert werden, müssen fernablesbar sein und dabei den Datenschutz und die Datensicherheit nach dem Stand der Technik gewährleisten. [2] Fernablesbar ist eine Ausstattung zur Verbrauchserfassung, wenn sie ohne Zugang zu einzelnen Nutzeinheiten abgelesen werden kann. [3] Ab dem 1. Dezember 2022 dürfen nur noch solche fernablesbaren Ausstattungen installiert werden, die sicher an ein Smart-Meter-Gateway nach § 2 Satz 1 Nummer 19 des Messstellenbetriebsgesetzes vom 29. August 2016 (BGBl. I S. 2034), das zuletzt durch Artikel 10 des Gesetzes vom 16. Juli 2021 (BGBl. I S. 3026) geändert worden ist, unter Beachtung des in Schutzprofilen und Technischen Richtlinien des Bundesamtes für Sicherheit in der Informationstechnik niedergelegten Stands der Technik nach dem Messstellenbetriebsgesetz angebunden werden können. [4] Die Sätze 1 bis 3 sind nicht anzuwenden, wenn ein einzelner Zähler oder Heizkostenverteiler ersetzt oder ergänzt wird, der Teil eines Gesamtsystems ist und die anderen Zähler oder Heizkostenverteiler dieses Gesamtsystems zum Zeitpunkt des Ersatzes oder der Ergänzung nicht fernablesbar sind.

(3) [1] Nicht fernablesbare Ausstattungen zur Verbrauchserfassung, die bis zum 1. Dezember 2021 oder nach Maßgabe des Absatzes 2 Satz 4 nach dem 1. Dezember 2021 installiert wurden, müssen bis zum 31. Dezember 2026 die Anforderungen nach den Absätzen 2 und 5 durch Nachrüstung oder Austausch erfüllen. [2] Satz 1 ist nicht anzuwenden, wenn dies im Einzelfall wegen besonderer Umstände technisch nicht möglich ist oder durch einen unangemessenen Aufwand oder in sonstiger Weise zu einer unbilligen Härte führen würde.

(4) Fernablesbare Ausstattungen zur Verbrauchserfassung, die bis zum 1. Dezember 2022 installiert wurden, müssen nach dem 31. Dezember 2031 die Anforderungen nach Absatz 2 Satz 3 und Absatz 5 durch Nachrüstung oder Austausch erfüllen.

(5) [1] Ab dem 1. Dezember 2022 dürfen nur noch solche fernauslesbaren Ausstattungen zur Verbrauchserfassung installiert werden, die einschließlich ihrer Schnittstellen mit den Ausstattungen gleicher Art anderer Hersteller interoperabel sind und dabei den Stand der Technik einhalten. [2] Die Interoperabilität ist in der Weise zu gewährleisten, dass im Fall der Übernahme der Ablesung durch eine andere Person diese die Ausstattungen zur Verbrauchserfassung selbst fernablesen kann. [3] Das Schlüsselmaterial der fernablesbaren Ausstattungen zur Verbrauchserfassung ist dem Gebäudeeigentümer kostenfrei zur Verfügung zu stellen.

[1)] § 5 Abs. 1 Satz 1 geänd., Abs. 2–6 eingef., bish. Abs. 2 wird Abs. 7, Abs. 8 angef. mWv 1.12.2021 durch VO v. 24.11.2021 (BGBl. I S. 4964).

(6) [1] Die Einhaltung des Stands der Technik nach den Absätzen 2 und 5 wird vermutet, soweit Schutzprofile und technische Richtlinien eingehalten werden, die vom Bundesamt für Sicherheit in der Informationstechnik bekannt gemacht worden sind, oder wenn die Ausstattung zur Verbrauchserfassung mit einem Smart-Meter-Gateway nach § 2 Satz 1 Nummer 19 des Messstellenbetriebsgesetzes verbunden ist und die nach dem Messstellenbetriebsgesetz geltenden Schutzprofile und technischen Richtlinien eingehalten werden. [2] Wenn der Gebäudeeigentümer von der Möglichkeit des § 6 Absatz 1 des Messstellenbetriebsgesetzes für die Sparte Heizwärme Gebrauch gemacht hat, sind fernablesbare Ausstattungen zur Verbrauchserfassung nach den Absätzen 2 und 3 an vorhandene Smart- Meter-Gateways nach § 2 Satz 1 Nummer 19 des Messstellenbetriebsgesetzes anzubinden.

(7) [1] Wird der Verbrauch der von einer Anlage im Sinne des § 1 Absatz 1 versorgten Nutzer nicht mit gleichen Ausstattungen erfasst, so sind zunächst durch Vorerfassung vom Gesamtverbrauch die Anteile der Gruppen von Nutzern zu erfassen, deren Verbrauch mit gleichen Ausstattungen erfasst wird. [2] Der Gebäudeeigentümer kann auch bei unterschiedlichen Nutzungs- oder Gebäudearten oder aus anderen sachgerechten Gründen eine Vorerfassung nach Nutzergruppen durchführen.

(8) [1] Die Bundesregierung evaluiert die Auswirkungen der Regelungen auf Mieter in den Absätzen 2, 5 und 6 drei Jahre nach dem 1. Dezember 2021, insbesondere im Hinblick auf zusätzliche Betriebskosten durch fernablesbare Ausstattungen und den Nutzen dieser Ausstattungen für Mieter. [2] Der Evaluationsbericht wird spätestens am 31. August 2025 veröffentlicht.

§ 6[1)] Pflicht zur verbrauchsabhängigen Kostenverteilung. (1) [1] Der Gebäudeeigentümer hat die Kosten der Versorgung mit Wärme und Warmwasser auf der Grundlage der Verbrauchserfassung nach Maßgabe der §§ 7 bis 9 auf die einzelnen Nutzer zu verteilen. [2] Das Ergebnis der Ablesung bei nicht fernablesbaren Ausstattungen soll dem Nutzer in der Regel innerhalb eines Monats mitgeteilt werden. [3] Eine gesonderte Mitteilung ist nicht erforderlich, wenn das Ableseergebnis über einen längeren Zeitraum in den Räumen des Nutzers gespeichert ist und von diesem selbst abgerufen werden kann. [4] Einer gesonderten Mitteilung des Warmwasserverbrauchs bedarf es auch dann nicht, wenn in der Nutzeinheit ein Warmwasserzähler eingebaut ist.

(2) [1] In den Fällen des § 5 Absatz 2 sind die Kosten zunächst mindestens zu 50 vom Hundert nach dem Verhältnis der erfassten Anteile am Gesamtverbrauch auf die Nutzergruppen aufzuteilen. [2] Werden die Kosten nicht vollständig nach dem Verhältnis der erfassten Anteile am Gesamtverbrauch aufgeteilt, sind

1. die übrigen Kosten der Versorgung mit Wärme nach der Wohn- oder Nutzfläche oder nach dem umbauten Raum auf die einzelnen Nutzergruppen zu verteilen; es kann auch die Wohn- oder Nutzfläche oder der umbaute Raum der beheizten Räume zu Grunde gelegt werden,
2. die übrigen Kosten der Versorgung mit Warmwasser nach der Wohn- oder Nutzfläche auf die einzelnen Nutzergruppen zu verteilen.

[3] Die Kostenanteile der Nutzergruppen sind dann nach Absatz 1 auf die einzelnen Nutzer zu verteilen.

(3) [1] In den Fällen des § 4 Absatz 3 Satz 2 sind die Kosten nach dem Verhältnis der erfassten Anteile am Gesamtverbrauch auf die Gemeinschaftsräume und die

---

[1)] § 6 Abs. 1 Satz 2 geänd. mWv 1.12.2021 durch VO v. 24.11.2021 (BGBl. I S. 4964).

übrigen Räume aufzuteilen. [2]Die Verteilung der auf die Gemeinschaftsräume entfallenden anteiligen Kosten richtet sich nach rechtsgeschäftlichen Bestimmungen.

(4) [1]Die Wahl der Abrechnungsmaßstäbe nach Absatz 2 sowie nach § 7 Absatz 1 Satz 1, §§ 8 und 9 bleibt dem Gebäudeeigentümer überlassen. [2]Er kann diese für künftige Abrechnungszeiträume durch Erklärung gegenüber den Nutzern ändern

1. bei der Einführung einer Vorerfassung nach Nutzergruppen,
2. nach Durchführung von baulichen Maßnahmen, die nachhaltig Einsparungen von Heizenergie bewirken oder
3. aus anderen sachgerechten Gründen nach deren erstmaliger Bestimmung.

[3]Die Festlegung und die Änderung der Abrechnungsmaßstäbe sind nur mit Wirkung zum Beginn eines Abrechnungszeitraumes zulässig.

§ 6a[1)] Abrechnungs- und Verbrauchsinformationen; Informationen in der Abrechnung. (1) Wenn fernablesbare Ausstattungen zur Verbrauchserfassung installiert wurden, hat der Gebäudeeigentümer den Nutzern Abrechnungs- oder Verbrauchsinformationen für Heizung und Warmwasser auf der Grundlage des tatsächlichen Verbrauchs oder der Ablesewerte von Heizkostenverteilern in folgenden Zeitabständen mitzuteilen:

1. für alle Abrechnungszeiträume, die ab dem 1. Dezember 2021 beginnen
   a) auf Verlangen des Nutzers oder wenn der Gebäudeeigentümer sich gegenüber dem Versorgungsunternehmen für die Zustellung der Abrechnung auf elektronischem Wege entschieden hat, mindestens vierteljährlich und
   b) ansonsten mindestens zweimal im Jahr,
2. ab dem 1. Januar 2022 monatlich.

(2) Verbrauchsinformationen nach Absatz 1 Nummer 2 müssen mindestens folgende Informationen enthalten:

1. Verbrauch des Nutzers im letzten Monat in Kilowattstunden,
2. einen Vergleich dieses Verbrauchs mit dem Verbrauch des Vormonats desselben Nutzers sowie mit dem entsprechenden Monat des Vorjahres desselben Nutzers, soweit diese Daten erhoben worden sind, und
3. einen Vergleich mit dem Verbrauch eines normierten oder durch Vergleichstests ermittelten Durchschnittsnutzers derselben Nutzerkategorie.

(3) [1]Wenn die Abrechnungen auf dem tatsächlichen Verbrauch oder auf den Ablesewerten von Heizkostenverteilern beruhen, muss der Gebäudeeigentümer den Nutzern für Abrechnungszeiträume, die ab dem 1. Dezember 2021 beginnen, zusammen mit den Abrechnungen folgende Informationen zugänglich machen:

1. Informationen über
   a) den Anteil der eingesetzten Energieträger und bei Nutzern, die mit Fernwärme aus Fernwärmesystemen versorgt werden, auch über die damit verbundenen jährlichen Treibhausgasemissionen und den Primärenergiefaktor des Fernwärmenetzes, bei Fernwärmesystemen mit einer thermischen Gesamtleistung unter 20 Megawatt jedoch erst ab dem 1. Januar 2022,
   b) die erhobenen Steuern, Abgaben und Zölle,

[1)] § 6a eingef. mWv 1.12.2021 durch VO v. 24.11.2021 (BGBl. I S. 4964).

c) die Entgelte für die Gebrauchsüberlassung und Verwendung der Ausstattungen zur Verbrauchserfassung, einschließlich der Eichung, sowie für die Ablesung und Abrechnung,

2. Kontaktinformationen, darunter Internetadressen von Verbraucherorganisationen, Energieagenturen oder ähnlichen Einrichtungen, bei denen Informationen über angebotene Maßnahmen zur Energieeffizienzverbesserung, Endnutzer-Vergleichsprofile und objektive technische Spezifikationen für energiebetriebene Geräte eingeholt werden können,
3. im Falle eines Verbrauchervertrags nach § 310 Absatz 3 des Bürgerlichen Gesetzbuches[1] die Information über die Möglichkeit der Durchführung von Streitbeilegungsverfahren nach dem Verbraucherstreitbeilegungsgesetz[2], wobei die §§ 36 und 37 des Verbraucherstreitbeilegungsgesetzes unberührt bleiben,
4. Vergleiche mit dem Verbrauch eines normierten oder durch Vergleichstests ermittelten Durchschnittsnutzers derselben Nutzerkategorie, wobei im Fall elektronischer Abrechnungen ein solcher Vergleich online bereitgestellt und in der Abrechnung darauf verwiesen werden kann,
5. einen Vergleich des witterungsbereinigten Energieverbrauchs des jüngsten Abrechnungszeitraums des Nutzers mit seinem witterungsbereinigten Energieverbrauch im vorhergehenden Abrechnungszeitraum in grafischer Form.

[2] Der Energieverbrauch nach Satz 1 Nummer 5 umfasst den Wärmeverbrauch und den Warmwasserverbrauch. [3] Dabei ist der Wärmeverbrauch einer Witterungsbereinigung unter Anwendung eines den anerkannten Regeln der Technik entsprechenden Verfahrens zu unterziehen. [4] Die Einhaltung der anerkannten Regeln der Technik wird vermutet, soweit für den Vergleich der witterungsbereinigten Energieverbräuche Vereinfachungen verwendet werden, die vom Bundesministerium für Wirtschaft und Energie und vom Bundesministerium des Innern, für Bau und Heimat gemeinsam im Bundesanzeiger bekannt gemacht worden sind.

(4) Die Pflichten gemäß § 556 Absatz 3 des Bürgerlichen Gesetzbuches bleiben unberührt.

(5) Abrechnungen, die nicht auf dem tatsächlichen Verbrauch oder auf den Ablesewerten von Heizkostenverteilern beruhen, müssen mindestens die Informationen gemäß Absatz 3 Satz 1 Nummer 2 und 3 enthalten.

§ 6b[3] Zulässigkeit und Umfang der Verarbeitung von Daten. Die Erhebung, Speicherung und Verwendung von Daten aus einer fernablesbaren Ausstattung zur Verbrauchserfassung darf nur durch den Gebäudeeigentümer oder einen von ihm beauftragten Dritten erfolgen und soweit dies erforderlich ist:

1. zur Erfüllung der verbrauchsabhängigen Kostenverteilung und zur Abrechnung mit dem Nutzer nach § 6 oder
2. zur Erfüllung der Informationspflichten nach § 6a.

§ 7[4] Verteilung der Kosten der Versorgung mit Wärme. (1) [1] Von den Kosten des Betriebs der zentraen Heizungsanlage sind mindestens 50 vom Hundert, höchstens 70 vom Hundet nach dem erfassten Wärmeverbrauch der Nutzer

---

[1] **Habersack, Deutsche Gesetze Nr20.**

[2] Nr. **107**.

[3] § 6b eingef. mWv 1.12.2021 durch V) v. 24.11.2021 (BGBl. I S. 4964).

[4] § 7 Abs. 2 bish. Satz 1 geänd., Satz 2 afgeh., Abs. 3 geänd. mWv 1.12.2021 durch VO v. 24.11.2021 (BGBl. I S. 4964); Abs. 2 geänd. mWv 1.12024 durch G v. 16.10.2023 (BGBl. 2023 I Nr. 280).

zu verteilen. [2] In Gebäuden, die das Anforderungsniveau der Wärmeschutzverordnung vom 16. August 1994 (BGBl. I S. 2121) nicht erfüllen, die mit einer Öl- oder Gasheizung versorgt werden und in denen die freiliegenden Leitungen der Wärmeverteilung überwiegend gedämmt sind, sind von den Kosten des Betriebs der zentralen Heizungsanlage 70 vom Hundert nach dem erfassten Wärmeverbrauch der Nutzer zu verteilen. [3] In Gebäuden, in denen die freiliegenden Leitungen der Wärmeverteilung überwiegend ungedämmt sind und deswegen ein wesentlicher Anteil des Wärmeverbrauchs nicht erfasst wird, kann der Wärmeverbrauch der Nutzer nach anerkannten Regeln der Technik bestimmt werden. [4] Der so bestimmte Verbrauch der einzelnen Nutzer wird als erfasster Wärmeverbrauch nach Satz 1 berücksichtigt. [5] Die übrigen Kosten sind nach der Wohn- oder Nutzfläche oder nach dem umbauten Raum zu verteilen; es kann auch die Wohn- oder Nutzfläche oder der umbaute Raum der beheizten Räume zu Grunde gelegt werden.

(2) Zu den Kosten des Betriebs der zentralen Heizungsanlage einschließlich der Abgasanlage gehören die Kosten ***[ab 1.10.2024:** des zur Wärmeerzeugung verbrauchten Stroms und**]*** der verbrauchten Brennstoffe und ihrer Lieferung, die Kosten des Betriebsstromes, die Kosten der Bedienung, Überwachung und Pflege der Anlage, der regelmäßigen Prüfung ihrer Betriebsbereitschaft und Betriebssicherheit einschließlich der Einstellung durch eine Fachkraft, der Reinigung der Anlage und des Betriebsraumes, die Kosten der Messungen nach dem Bundes-Immissionsschutzgesetz[1)], die Kosten der Anmietung oder anderer Arten der Gebrauchsüberlassung einer Ausstattung zur Verbrauchserfassung sowie die Kosten der Verwendung einer Ausstattung zur Verbrauchserfassung einschließlich der Kosten der Eichung sowie der Kosten der Berechnung, Aufteilung und Abrechnungs- und Verbrauchsinformationen gemäß § 6a.

(3) Für die Verteilung der Kosten der Wärmelieferung gilt Absatz 1 Satz 1 und 3 bis 5 entsprechend.

(4) Zu den Kosten der Wärmelieferung gehören das Entgelt für die Wärmelieferung und die Kosten des Betriebs der zugehörigen Hausanlagen entsprechend Absatz 2.

§ 8 Verteilung der Kosten der Versorgung mit Warmwasser. (1) Von den Kosten des Betriebs der zentralen Warmwasserversorgungsanlage sind mindestens 50 vom Hundert, höchstens 70 vom Hundert nach dem erfassten Warmwasserverbrauch, die übrigen Kosten nach der Wohn- oder Nutzfläche zu verteilen.

(2) [1] Zu den Kosten des Betriebs der zentralen Warmwasserversorgungsanlage gehören die Kosten der Wasserversorgung, soweit sie nicht gesondert abgerechnet werden, und die Kosten der Wassererwärmung entsprechend § 7 Absatz 2. [2] Zu den Kosten der Wasserversorgung gehören die Kosten des Wasserverbrauchs, die Grundgebühren und die Zählermiete, die Kosten der Verwendung von Zwischenzählern, die Kosten des Betriebs einer hauseigenen Wasserversorgungsanlage und einer Wasseraufbereitungsanlage einschließlich der Aufbereitungsstoffe.

(3) Für die Verteilung der Kosten der Warmwasserlieferung gilt Absatz 1 entsprechend.

(4) Zu den Kosten der Warmwasserlieferung gehören das Entgelt für die Lieferung des Warmwassers und die Kosten des Betriebs der zugehörigen Hausanlagen entsprechend § 7 Absatz 2.

[1)] **Sartorius Nr. 296.**

§ 9[1)] Verteilung der Kosten der Versorgung mit Wärme und Warmwasser bei verbundenen Anlagen. (1) [1]Ist die zentrale Anlage zur Versorgung mit Wärme mit der zentralen Warmwasserversorgungsanlage verbunden, so sind die einheitlich entstandenen Kosten des Betriebs aufzuteilen. [2]Die Anteile an den einheitlich entstandenen Kosten sind bei Anlagen mit Heizkesseln nach den Anteilen am Brennstoffverbrauch oder am Energieverbrauch, ***[ab 1.10.2024:** bei Wärmepumpen oder***]** bei eigenständiger gewerblicher Wärmelieferung nach den Anteilen am Wärmeverbrauch zu bestimmen. [3]Kosten, die nicht einheitlich entstanden sind, sind dem Anteil an den einheitlich entstandenen Kosten hinzuzurechnen. [4]Der Anteil der zentralen Anlage zur Versorgung mit Wärme ergibt sich aus dem gesamten Verbrauch nach Abzug des Verbrauchs der zentralen Warmwasserversorgungsanlage. [5]Bei Anlagen, die nicht ausschließlich durch Heizkessel ***[ab 1.10.2024:** , durch Wärmepumpen***]** oder durch eigenständige gewerbliche Wärmelieferung mit Wärme versorgt werden, können anerkannte Regeln der Technik zur Aufteilung der Kosten verwendet werden. [6]Der Anteil der zentralen Warmwasserversorgungsanlage am Wärmeverbrauch ist nach Absatz 2, der Anteil am Brennstoffverbrauch nach Absatz 3 zu ermitteln.

(2) [1]Die auf die zentrale Warmwasserversorgungsanlage entfallende Wärmemenge (Q) ist mit einem Wärmezähler zu messen. [2]Kann die Wärmemenge nur mit einem unzumutbar hohen Aufwand gemessen werden, kann sie nach folgender Zahlenwertgleichung als Ergebnis in Kilowattstunden pro Jahr bestimmt werden:

$$Q = 2{,}5 \times V \times (t_w - 10).$$

[3]Dabei sind zu Grunde zu legen:

1. der Wert 2,5 für die Erzeugeraufwandszahl des Wärmeerzeugers, die mittlere spezifische Wärmekapazität des Wassers, die Wärmeverluste für Warmwasserspeicher, Verteilung einschließlich Zirkulation, Messdatenerhebungen zum Warmwasserverbrauch,
2. das gemessene Volumen des verbrauchten Warmwassers (V) in Kubikmetern,
3. die gemessene oder geschätzte mittlere Temperatur des Warmwassers (t_w) in Grad Celsius und
4. der Wert 10 für die übliche Kaltwassereintrittstemperatur in die Warmwasserversorgungsanlage in Grad Celsius.

[4]Wenn in Ausnahmefällen weder die Wärmemenge noch das Volumen des verbrauchten Warmwassers gemessen werden können, kann die Wärmemenge, die auf die zentrale Warmwasserversorgungsanlage entfällt, nach folgender Zahlenwertgleichung als Ergebnis in Kilowattstunden pro Jahr bestimmt werden:

$$Q = 32 \times A_{Wohn}.$$

[5]Dabei sind zu Grunde zu legen:

1. der Wert 32 für den Nutzwärmebedarf für Warmwasser, die Erzeugeraufwandszahl des Wärmeerzeugers, Messdatenerhebungen zum Warmwasserverbrauch und
2. die durch die zentrale Anlage mit Warmwasser versorgte Wohn- oder Nutzfläche (A_{Wohn}) in Quadratmeter.

---

1) § 9 Abs. 1 Satz [illegible] geänd., Abs. 2 Sätze 1–5 neu gef., Satz 6 einl. Satzteil geänd., Abs. 3 Satz 1, Satz 2 Nr. 2 neu gef., Sätz[illegible]–5 eingef., bish. Sätze 3 und 4 werden Sätze 6 und 7 mWv 1.12.2021 durch VO v. 24.11.2021 (BGBl [illegible] S. 4964); Abs. 1 Sätze 2 und 5, Abs. 2 Satz 6 Nr. 1 und 2 geänd., Nr. 3 angef. mWv 1.10.2024 durch [illegible]. 16.10.2023 (BGBl. 2023 I Nr. 280).

[6]Die nach den Zahlenwertgleichungen in Satz 2 oder 4 bestimmte Wärmemenge (Q) ist

1. bei brennwertbezogener Abrechnung von Erdgas mit 1,11 zu multiplizieren ***[bis 30.9.2024:*** und***][ab 1.10.2024: ,]***
2. bei eigenständiger gewerblicher Wärmelieferung durch 1,15 zu dividieren ***[bis 30.9.2024: .][ab 1.10.2024: und]***

[Nr. 3 ab 1.10.2024:]

3. bei dem Betrieb einer monovalenten Wärmepumpe mit 0,30 zu multiplizieren.

(3) [1]Bei Anlagen mit Heizkesseln ist der Brennstoffverbrauch der zentralen Warmwasserversorgungsanlage (B) in Litern, Kubikmetern oder Kilogramm nach folgender Gleichung zu bestimmen:

$$B = \frac{Q}{H_i}.$$

[2]Dabei sind zu Grunde zu legen

1. die auf die zentrale Warmwasserversorgungsanlage entfallende Wärmemenge (Q) nach Absatz 2 in kWh;
2. der Heizwert des verbrauchten Brennstoffes (H_i) in Kilowattstunden je Liter, Kubikmeter oder Kilogramm.

[3]Als Heizwerte nach Satz 2 Nummer 2 sind die in den Abrechnungsunterlagen des Energieversorgungsunternehmens oder Brennstofflieferanten angegebenen Heizwerte zu verwenden. [4]Wenn diese vom Energieversorgungsunternehmen oder Brennstofflieferanten nicht angegeben werden, können hilfsweise folgende Werte verwendet werden:

	Heizwert H_i	Einheit
Leichtes Heizöl extra leichtflüssig	10	Kilowattstunden je Liter
Schweres Heizöl	10,9	Kilowattstunden je Liter
Erdgas H	10	Kilowattstunden je Kubikmeter
Erdgas L	9	Kilowattstunden je Kubikmeter
Flüssiggas	13	Kilowattstunden je Kilogramm
Koks	8	Kilowattstunden je Kilogramm
Braunkohle	5,5	Kilowattstunden je Kilogramm
Steinkohle	8	Kilowattstunden je Kilogramm
Brennholz (lufttrocken)	4,1	Kilowattstunden je Kilogramm
Holzpellets	5	Kilowattstunden je Kilogramm
Holzhackschnitzel (lufttrocken)	4	Kilowattstunden je Kilogramm

[5]Soweit die Abrechnung über Kilowattstunden-Werte erfolgt, ist eine Umrechnung in Brennstoffverbrauch nicht erforderlich. [6]Enthalten die Abrechnungsunterlagen des Energieversorgungsunternehmens oder Brennstofflieferanten H_i-Werte, sind diese zu verwenden. [7]Soweit die Abrechnung über kWh-Werte erfolgt, ist eine Umrechnung in Brennstoffverbrauch nicht erforderlich.

(4) Der Anteil an den Kosten der Versorgung mit Wärme ist nach § 7 Absatz 1, der Anteil an den Kosten der Versorgung mit Warmwasser nach § 8 Absatz 1 zu verteilen, soweit diese Verordnung nichts anderes bestimmt oder zulässt.

§ 9a Kostenverteilung in Sonderfällen. (1) [1] Kann der anteilige Wärme- oder Warmwasserverbrauch von Nutzern für einen Abrechnungszeitraum wegen Geräteausfalls oder aus anderen zwingenden Gründen nicht ordnungsgemäß erfasst werden, ist er vom Gebäudeeigentümer auf der Grundlage des Verbrauchs der betroffenen Räume in vergleichbaren Zeiträumen oder des Verbrauchs vergleichbarer anderer Räume im jeweiligen Abrechnungszeitraum oder des Durchschnittsverbrauchs des Gebäudes oder der Nutzergruppe zu ermitteln. [2] Der so ermittelte anteilige Verbrauch ist bei der Kostenverteilung anstelle des erfassten Verbrauchs zu Grunde zu legen.

(2) Überschreitet die von der Verbrauchsermittlung nach Absatz 1 betroffene Wohn- oder Nutzfläche oder der umbaute Raum 25 vom Hundert der für die Kostenverteilung maßgeblichen gesamten Wohn- oder Nutzfläche oder des maßgeblichen gesamten umbauten Raumes, sind die Kosten ausschließlich nach den nach § 7 Absatz 1 Satz 5 und § 8 Absatz 1 für die Verteilung der übrigen Kosten zu Grunde zu legenden Maßstäben zu verteilen.

§ 9b Kostenaufteilung bei Nutzerwechsel. (1) Bei Nutzerwechsel innerhalb eines Abrechnungszeitraumes hat der Gebäudeeigentümer eine Ablesung der Ausstattung zur Verbrauchserfassung der vom Wechsel betroffenen Räume (Zwischenablesung) vorzunehmen.

(2) Die nach dem erfassten Verbrauch zu verteilenden Kosten sind auf der Grundlage der Zwischenablesung, die übrigen Kosten des Wärmeverbrauchs auf der Grundlage der sich aus anerkannten Regeln der Technik ergebenden Gradtagszahlen oder zeitanteilig und die übrigen Kosten des Warmwasserverbrauchs zeitanteilig auf Vor- und Nachnutzer aufzuteilen.

(3) Ist eine Zwischenablesung nicht möglich oder lässt sie wegen des Zeitpunktes des Nutzerwechsels aus technischen Gründen keine hinreichend genaue Ermittlung der Verbrauchsanteile zu, sind die gesamten Kosten nach den nach Absatz 2 für die übrigen Kosten geltenden Maßstäben aufzuteilen.

(4) Von den Absätzen 1 bis 3 abweichende rechtsgeschäftliche Bestimmungen bleiben unberührt.

§ 10 Überschreitung der Höchstsätze. Rechtsgeschäftliche Bestimmungen, die höhere als die in § 7 Absatz 1 und § 8 Absatz 1 genannten Höchstsätze von 70 vom Hundert vorsehen, bleiben unberührt.

§ 11[1)] Ausnahmen. (1) Soweit sich die §§ 3 bis 7 auf die Versorgung mit Wärme beziehen, sind sie nicht anzuwenden

1. auf Räume,
   a) in Gebäuden, die einen Heizwärmebedarf von weniger als 15 kWh/(m^2 · a) aufweisen,
   b) bei denen das Anbringen der Ausstattung zur Verbrauchserfassung, die Erfassung des Wärmeverbrauchs oder die Verteilung der Kosten des Wärmeverbrauchs nicht oder nur mit unverhältnismäßig hohen Kosten möglich ist; unverhältnismäßig hohe Kosten liegen vor, wenn diese nicht durch die Ein-

1) § 11 Abs. 1 Nr. 3 Buchst. a geänd. mWv 1.10.2024 durch G v. 16.10.2023 (BGBl. 2023 I Nr. 280).

36. Luftverkehrsgesetz (LuftVG)

In der Fassung der Bekanntmachung vom 10. Mai 2007[1]
(BGBl. I S. 698)

FNA 96-1

zuletzt geänd. durch Art. 15 VerbandsklagenrichtlinienumsetzungsG (VRUG)[2] v. 8.10.2023 (BGBl. 2023 I Nr. 272)

– Auszug –

Nichtamtliche Gliederungsübersicht

	§§
Erster Abschnitt. Luftverkehr *(vom Abdruck wurde abgesehen)*	1–32d
Zweiter Abschnitt. Haftpflicht und Schlichtung	33–57d
1. Unterabschnitt. Haftung für Personen und Sachen, die nicht im Luftfahrzeug befördert werden	33–43
2. Unterabschnitt. Haftung für Personen und Gepäck, die im Luftfahrzeug befördert werden; Haftung für verspätete Beförderung	44–52
3. Unterabschnitt. Haftung für militärische Luftfahrzeuge	53, 54
4. Unterabschnitt. Gemeinsame Vorschriften für die Haftpflicht	55, 56
5. Unterabschnitt. Schlichtung	57–57d
Dritter Abschnitt. Straf- und Bußgeldvorschriften *(vom Abdruck wurde abgesehen)*	58–63
Vierter Abschnitt. Luftfahrtdateien *(vom Abdruck wurde abgesehen)*	64–70
Fünfter Abschnitt. Übergangsregelungen *(vom Abdruck wurde abgesehen)*	71–73

Erster Abschnitt. Luftverkehr

§§ 1–32d *(vom Abdruck wurde abgesehen)*

Zweiter Abschnitt.[3] Haftpflicht und Schlichtung

1. Unterabschnitt. Haftung für Personen und Sachen, die nicht im Luftfahrzeug befördert werden

§ 33 [Ersatzpflicht des Halters, Schwarzflug] (1) [1] Wird beim Betrieb eines Luftfahrzeugs durch Unfall jemand getötet, sein Körper oder seine Gesundheit verletzt oder eine Sache beschädigt, so ist der Halter des Luftfahrzeugs verpflichtet, den Schaden zu ersetzen. [2] Für die Haftung aus dem Beförderungsvertrag gegenüber einem Fluggast sowie für die Haftung des Halters militärischer Luftfahrzeuge gelten die besonderen Vorschriften der §§ 44 bis 54. [3] Wer Personen zu Luftfahrern ausbildet, haftet diesen Personen gegenüber nur nach den allgemeinen gesetzlichen Vorschriften.

(2) [1] Benutzt jemand das Luftfahrzeug ohne Wissen und Willen des Halters, so ist er an Stelle des Halters zum Ersatz des Schadens verpflichtet. [2] Daneben bleibt der Halter zum Ersatz des Schadens verpflichtet, wenn die Benutzung des Luft-

[1] Neubekanntmachung des LuftVG idF der Bek. v. 27.3.1999 (BGBl. I S. 550) in der ab 17.12.2006 geltenden Fassung.

[2] **Amtl. Anm.:** Dieses Gesetz dient der Umsetzung der Richtlinie (EU) 2020/1828 des Europäischen Parlaments und des Rates vom 25. November 2020 über Verbandsklagen zum Schutz der Kollektivinteressen der Verbraucher und zur Aufhebung der Richtlinie 2009/22/EG (ABl. L 409 vom 4.12.2020, S. 1).

[3] 2. Abschnitt Überschrift neu gef. mWv 1.11.2013 durch G v. 11.6.2013 (BGBl. I S. 1545).

fahrzeugs durch sein Verschulden ermöglicht worden ist. [3] Ist jedoch der Benutzer vom Halter für den Betrieb des Luftfahrzeugs angestellt oder ist ihm das Luftfahrzeug vom Halter überlassen worden, so ist der Halter zum Ersatz des Schadens verpflichtet; die Haftung des Benutzers nach den allgemeinen gesetzlichen Vorschriften bleibt unberührt.

§ 34 [Mitverschulden des Verletzten] Hat bei der Entstehung des Schadens ein Verschulden des Verletzten mitgewirkt, so gilt § 254 des Bürgerlichen Gesetzbuchs[1)]; bei Beschädigung einer Sache steht das Verschulden desjenigen, der die tatsächliche Gewalt darüber ausübt, dem Verschulden des Verletzten gleich.

§ 35[2)] [Umfang der Ersatzpflicht bei Tötung] (1) [1] Bei Tötung umfasst der Schadensersatz die Kosten versuchter Heilung sowie den Vermögensnachteil, den der Getötete dadurch erlitten hat, dass während der Krankheit seine Erwerbsfähigkeit aufgehoben oder gemindert oder sein Fortkommen erschwert oder seine Bedürfnisse vermehrt waren. [2] Außerdem sind die Kosten der Bestattung dem zu ersetzen, der sie zu tragen verpflichtet ist.

(2) [1] Stand der Getötete zur Zeit des Unfalls zu einem Dritten in einem Verhältnis, vermöge dessen er diesem gegenüber kraft Gesetzes unterhaltspflichtig war oder werden konnte, und ist dem Dritten infolge der Tötung das Recht auf Unterhalt entzogen, so hat der Ersatzpflichtige ihm so weit Schadensersatz zu leisten, wie der Getötete während der mutmaßlichen Dauer seines Lebens zur Gewährung des Unterhalts verpflichtet gewesen sein würde. [2] Die Ersatzpflicht tritt auch dann ein, wenn der Dritte zur Zeit des Unfalls gezeugt, aber noch nicht geboren war.

(3) [1] Der Ersatzpflichtige hat dem Hinterbliebenen, der zur Zeit der Verletzung zu dem Getöteten in einem besonderen persönlichen Näheverhältnis stand, für das dem Hinterbliebenen zugefügte seelische Leid eine angemessene Entschädigung in Geld zu leisten. [2] Ein besonderes persönliches Näheverhältnis wird vermutet, wenn der Hinterbliebene der Ehegatte, der Lebenspartner, ein Elternteil oder ein Kind des Getöteten war.

§ 36 [Umfang der Ersatzpflicht bei Körperverletzung] [1] Bei Verletzung des Körpers oder der Gesundheit umfasst der Schadensersatz die Heilungskosten sowie den Vermögensnachteil, den der Verletzte dadurch erleidet, dass infolge der Verletzung zeitweise oder dauernd seine Erwerbsfähigkeit aufgehoben oder gemindert oder sein Fortkommen erschwert ist oder seine Bedürfnisse vermehrt sind. [2] Wegen des Schadens, der nicht Vermögensschaden ist, kann auch eine billige Entschädigung in Geld gefordert werden.

§ 37 [Haftungshöchstbeträge] (1) [1] Der Ersatzpflichtige haftet für die Schäden aus einem Unfall

a) bei Luftfahrzeugen unter 500 Kilogramm Höchstabflugmasse nur bis zu einem Kapitalbetrag von 750 000 Rechnungseinheiten,

b) bei Luftfahrzeugen unter 1 000 Kilogramm Höchstabflugmasse nur bis zu einem Kapitalbetrag von 1,5 Millionen Rechnungseinheiten,

---

[1)] **Habersack, Deutsche Gesetze Nr. 20.**

[2)] § 35 Abs. 3 angef. mWv 22.7.2017 durch G v. 17.7.2017 (BGBl. I S. 2421).

men, dass die Schlichtungsstelle vor Einleitung eines Schlichtungsverfahrens von dem Fluggast eine Gebühr erhebt. [2]Die Gebühr darf 20 Euro nicht überschreiten. [3]Sie kann nur verlangt werden, wenn der Vertrag, aus dem die Luftbeförderung geschuldet wird, nach Einführung der Gebühr geschlossen wurde. [4]Die Gebühr ist dem Fluggast von dem beteiligten Luftfahrtunternehmen zu erstatten, wenn der Anspruch im Schlichtungsverfahren für begründet erachtet wird. [5]Sie ist auf die Gebühr nach Absatz 3 anzurechnen, wenn die Geltendmachung des Anspruchs im Schlichtungsverfahren missbräuchlich war. [6]Wird eine Gebühr nach Satz 1 erhoben, gilt § 57b Absatz 2 Satz 1 Nummer 7 nicht.

(5) Das Bundesamt für Justiz kann für Beitreibungsmaßnahmen anordnen, dass das Luftfahrtunternehmen innerhalb einer angemessenen Frist einen Zustellungsbevollmächtigten benennt, der im Inland wohnt oder dort einen Geschäftsraum hat.

(6) Die Schlichtungsstelle nach Absatz 1 ist Verbraucherschlichtungsstelle nach dem Verbraucherstreitbeilegungsgesetz und von der Zentralen Anlaufstelle für Verbraucherschlichtung in die Liste nach § 33 Absatz 1 des Verbraucherstreitbeilegungsgesetzes einzutragen; § 32 Absatz 3 und 4 sowie § 35 Absatz 2 des Verbraucherstreitbeilegungsgesetzes sind nicht anzuwenden.

§ 57b[1)] Gemeinsame Vorschriften. (1)[2)] [1]Die Streitigkeiten nach den §§ 57 und 57a betreffen Zahlungsansprüche bis zu 5 000 Euro aus einer Luftbeförderung, die einem Verbraucher (§ 13 des Bürgerlichen Gesetzbuchs[3)]) geschuldet wird, und die geltend gemacht werden wegen

1. der Nichtbeförderung, der verspäteten Beförderung oder der Herabstufung von Fluggästen in eine niedrigere Klasse sowie der Annullierung von Flügen,
2. der Zerstörung, der Beschädigung, des Verlustes oder der verspäteten Beförderung von Reisegepäck,
3. der Zerstörung, der Beschädigung oder des Verlustes von Sachen, die der Fluggast an sich trägt oder mit sich führt, oder
4. Pflichtverletzungen bei der Beförderung von behinderten Fluggästen und Fluggästen mit eingeschränkter Mobilität.

[2]Streitigkeiten über Zahlungsansprüche nach Satz 1 von mehr als 5 000 Euro können Gegenstand der Schlichtung nach § 57 sein, wenn die Verfahrensordnung dies vorsieht.

(2) [1]Die Schlichtungsstellen nach den §§ 57 und 57a können nicht angerufen werden, wenn

1. keine Zuständigkeit deutscher Gerichte gegeben ist,
2. der Anspruch bereits bei einem Gericht rechtshängig ist oder rechtshängig war,

---

[1)] § 57b eingef. mWv 1.11.2013 durch G v. 11.6.2013 (BGBl. I S. 1545); Abs. 1 Satz 1 Nr. 1 geänd., Abs. 2 Satz 1 Nr. 4 neu gef., Nr. 5 und Abs. 3 geänd. mWv 1.4.2016 durch G v. 19.2.2016 (BGBl. I S. 254); Abs. 2 Satz 1 Nr. 2 geänd., Nr. 3 eingef., bish. Nr. 3 wird Nr. 4 und geänd., bish. Nr. 4–6 werden Nr. 5–7, Satz 2 geänd. mWv 1.1.2020 durch G v. 30.11.2019 (BGBl. I S. 1942); Abs. 2 Satz 1 Nr. 3 und Satz 2 geänd. mWv 13.10.2023 durch G v. 8.10.2023 (BGBl. 2023 I Nr. 272).

[2)] Siehe die Bek. v. 21.11.2014 (BAnz AT 30.12.2014 B2) zur vorläufigen Anerkennung der Schlichtungsstelle für den öffentlichen Personenverkehr e.V. als Schlichtungsstelle zur außergerichtlichen Beilegung von Streitigkeiten über Ansprüche von Fluggästen gemäß § 57b Absatz 1 des Luftverkehrsgesetzes (LuftVG).

[3)] **Habersack, Deutsche Gesetze Nr. 20.**

3. der streitige Anspruch oder das Rechtsverhältnis des Fluggastes, das den Gegenstand des Streitbeilegungsverfahrens bildet, zum Verbandsklageregister nach § 46 des Verbraucherrechtedurchsetzungsgesetzes[1] wirksam angemeldet ist,
4. der Anspruch bereits bei einer Schlichtungsstelle nach § 57 oder § 57a geltend gemacht worden ist, die zur Schlichtung des Anspruchs angerufen werden konnte und deren Anrufung nicht nach Nummer 6 ausgeschlossen war,
5. das Schlichtungsbegehren missbräuchlich ist, insbesondere wenn die Streitigkeit durch außergerichtlichen Vergleich bereits beigelegt ist,
6. der Anspruch nicht unmittelbar gegenüber dem Luftfahrtunternehmen geltend gemacht worden ist, wenn das Luftfahrtunternehmen den geltend gemachten Anspruch nicht abgelehnt hat oder wenn das Luftfahrtunternehmen den geltend gemachten Anspruch weder anerkannt noch abgelehnt hat und seit der Geltendmachung nicht mehr als 2 Monate vergangen sind oder
7. die Höhe des Anspruchs 10 Euro nicht überschreitet.

2 Die Schlichtung nach den §§ 57 und 57a wird unzulässig, wenn während des Schlichtungsverfahrens der Anspruch bei einem Gericht rechtshängig gemacht wird oder der streitige Anspruch oder das Rechtsverhältnis des Fluggastes, das den Gegenstand des Streitbeilegungsverfahrens bildet, zum rechtshängigen Verbandsklageregister nach § 46 des Verbraucherrechtedurchsetzungsgesetzes wirksam angemeldet wird.

(3) Die Schlichtungsstellen können die Schlichtung ablehnen, wenn eine grundsätzliche Rechtsfrage, die für die Bewertung der Streitigkeit erheblich ist, nicht geklärt ist.

(4) Das Recht, die Gerichte anzurufen, bleibt unberührt.

§ 57c[2] [3] Verordnungsermächtigungen. (1) Das Bundesministerium der Justiz und für Verbraucherschutz regelt im Einvernehmen mit dem Bundesministerium für Verkehr und digitale Infrastruktur und dem Bundesministerium für Wirtschaft und Energie durch Rechtsverordnung, die nicht der Zustimmung des Bundesrates bedarf, weitere Anforderungen an die Schlichtungsstellen nach § 57 und das von den Schlichtungsstellen nach den §§ 57 und 57a zu gewährleistende Schlichtungsverfahren.

(2) Die Rechtsverordnung nach Absatz 1 kann auch die Einzelheiten des Verfahrens nach § 57 Absatz 5 regeln.

(3) Das Bundesministerium der Justiz und für Verbraucherschutz kann im Einvernehmen mit dem Bundesministerium für Verkehr und digitale Infrastruktur und dem Bundesministerium für Wirtschaft und Energie durch Rechtsverordnung, die nicht der Zustimmung des Bundesrates bedarf, die Beträge nach § 57b Absatz 1 und 2 Satz 1 Nummer 7 an die allgemeine Preissteigerung anpassen, wenn diese seit dem 1. November 2013 oder seit der letzten Anpassung mehr als 10 Prozent beträgt.

---

[1] **Habersack, Deutsche Gesetze Nr. 105a.**

[2] § 57c neu gef. mWv 1.4.2016 durch G v. 19.2.2016 (BGBl. I S. 254); Abs. 3 geänd. mWv 1.1.2020 durch G v. 30.11.2019 (BGBl. I S. 1942).

[3] Beachte zur zeitlichen Geltung § 72 Abs. 5 dieses Gesetzes.

Geltungsbereich: Übereinkommen der Vereinten Nationen vom 11.4. 1980 über Verträge über den internationalen Warenkauf[1)*)]

Gesetz vom 5.7.1989 – 1989 II 586, 588
BT-Drucksachen 11/3076, 4332
in Kraft für die Bundesrepublik Deutschland am 1.1.1991 (Bek. 23.10.90) – 1990 II 1477
Bek. vom 12.12.1990 über die Berichtigung des englischen und französischen Wortlauts des Übereinkommens und der deutschen Übersetzung – 1990 II 1699
Veröffentlichung in Vertragsslg. AA Bd. 69 A 870

Vertragsparteien	in Kraft am	BGBl. Jg.	S.
Ägypten	1.1.1988	90 II	1477
Albanien	1.6.2010	10 II	826
Argentinien	1.1.1988	90 II	1477
Armenien	1.1.2010	10 II	826
Aserbaidschan*)	1.6.2017	16 II	620
Australien	1.4.1989	90 II	1477
Bahrain	1.10.2014	13 II	1586
Belarus	1.11.1990	90 II	1477
Belgien	1.11.1997	97 II	719
Benin	1.8.2012	11 II	876
Brasilien	1.4.2014	13 II	580
Bosnien und Herzegowina[3)]	6.3.1992	94 II	3753
Bulgarien	1.8.1991	90 II	1477
Burundi	1.10.1999	99 II	115
Chile	1.3.1991	90 II	1477
China[8)][13)]	1.1.1988	90 II	1477
Costa Rica	1.8.2018	17 II	1229
Dänemark[7)]*)	1.3.1990	90 II	1477
Dominikanische Republik	1.7.2011	11 II	876
Ecuador	1.2.1993	92 II	449
El Salvador	1.12.2007	07 II	341
Estland[5)]*)	1.10.1994	94 II	10
Fidschi	1.7.2018	17 II	1163
Finnland[6)]	1.1.1989	90 II	1477
Frankreich	1.1.1988	90 II	1477
Gabun	1.1.2006	06 II	49
Georgien	1.9.1995	95 II	173
Griechenland	1.2.1999	98 II	880
Guatemala	1.1.2021	20 II	1024
Guinea	1.2.1992	92 II	449
Guyana	1.10.2015	14 II	1372
Honduras	1.11.2003	14 II	856
Irak	1.4.1991	90 II	1477
Island[4)]	1.6.2002	01 II	790
Israel	1.2.2003	02 II	776
Italien	1.1.1988	90 II	1477
Japan	1.8.2009	09 II	290

[1)] Nach FNB Stand 31.12.2014, redaktionell fortgeführt.

		BGBl.	
Vertragsparteien	in Kraft am	Jg.	S.
Jugoslawien, ehemaliges	1.1.1988	90 II	1477
Kamerun	1.11.2018	17 II	1354
Kanada[2])	1.5.1992	92 II	449
Kirgisistan	1.6.2000	99 II	660
Kolumbien	1.8.2002	01 II	1068
Kongo	1.7.2015	14 II	506
Korea (Republik)	1.3.2005	04 II	1330
Korea, Demokratische Volksrepublik*)	1.4.2020	19 II	324
Kroatien[3])	8.10.1991	98 II	2596
Kuba	1.12.1995	95 II	231
Laos, Demokratische Volksrepublik*)	1.10.2020	19 II	972
Lesotho	1.1.1988	90 II	1477
Lettland[7])*)	1.8.1998	98 II	880
Libanon	1.12.2009	09 II	290
Liberia	1.10.2006	06 II	49
Liechtenstein	1.5.2020	19 II	644
Litauen[9])	1.2.1996	95 II	814
Luxemburg	1.2.1998	97 II	1356
Madagaskar	1.10.2015	14 II	1372
Mauretanien	1.9.2000	00 II	15
Mazedonien, ehemalige jugoslawische Republik[3])	17.11.1991	07 II	341
Mexiko	1.1.1989	90 II	1477
Moldau, Republik	1.11.1995	95 II	231
Mongolei	1.1.1999	98 II	880
Montenegro[3])	3.6.2006	07 II	341
Neuseeland	1.10.1995	95 II	231
Niederlande	1.1.1992	91 II	675
Norwegen[10])	1.8.1989	90 II	1477
Österreich	1.1.1989	90 II	1477
Paraguay	1.2.2007	06 II	338
Peru	1.4.2000	99 II	795
Polen	1.6.1996	95 II	814
Portugal	1.10.2021	20 II	1315
Ruanda	1.10.2024	23 II	Nr. 284
Rumänien	1.6.1992	92 II	449
Russische Föderation[1])	1.9.1991	91 II	675
Sambia	1.1.1988	90 II	1477
San Marino	1.3.2013	12 II	910
Saudi-Arabien*)	1.9.2024	23 II	Nr. 247
Schweden[6])*)	1.1.1989	90 II	1477
Schweiz	1.3.1991	90 II	1477
Serbien[3])	27.4.1992	01 II	790
Singapur	1.3.1996	95 II	814
Slowakei[3])	1.1.1993	94 II	3753
Slowenien[3])	25.6.1991	94 II	3564
Sowjetunion, ehemalige	1.9.1991	91 II	675
Spanien	1.8.1991	91 II	675
St. Vincent und die Grenadinen	1.10.2001	03 II	955
Syrien	1.1.1988	90 II	1477
Tschechische Republik[3])[12])	1.1.1993	94 II	3753
Tschechoslowakei, ehemalige	1.4.1991	90 II	1477
Türkei	1.8.2011	11 II	876

Vertragsparteien	in Kraft am	BGBl. Jg.	S.
Turkmenistan	1.6.2023	22 II	310
Uganda	1.3.1993	92 II	449
Ukraine	1.2.1991	90 II	1477
Ungarn[11])*)	1.1.1988	90 II	1477
Uruguay	1.2.2000	99 II	660
Usbekistan	1.12.1997	97 II	1019
Vereinigte Staaten	1.1.1988	90 II	1477
Vietnam*)	1.1.2017	16 II	134
Zypern	1.4.2006	06 II	49

[1]) Vertragspartei war bis zu ihrer Auflösung die Sowjetunion – 1992 II 1016

[2]) Weitere Bek. – 1993 II 738

[3]) Erklärung über die Weiteranwendung

[4]) Weitere Bek. – 2003 II 955

[5]) Weitere Bek. – 2004 II 1330

[6]) Weitere Bek. – 2012 II 910

[7]) Weitere Bek. – 2012 II 1561

[8]) Weitere Bek. – 2013 II 171

[9]) Weitere Bek. – 2013 II 1586

[10]) Weitere Bek. – 2014 II 397

[11]) Weitere Bek. – 2015 II 1168

[12]) Weitere Bek. – 2017 II 1548

[13]) Weitere Bek. – 2022 II 310

*) Vorbehalte und Erklärungen zu diesem Übereinkommen, mit Ausnahme derer Deutschlands, werden im BGBl. II nicht veröffentlicht. Sie sind in englischer und französischer Sprache auf der Webseite der Vereinten Nationen unter http://treaties.un.org einsehbar. Gleiches gilt für die ggf. gemäß Übereinkommen zu benennenden Zentralen Behörden oder Kontaktstellen.

62f. Allgemeine Bedingungen für die Kfz-Versicherung (AKB 2015)

Musterbedingungen des GDV[1]

Stand: 28.09.2022

Verfasser:
Arbeitsgruppe Bedingungen und betriebliche Grundsatzfragen der Kommission Kraftfahrt Betrieb (KKB)

Unverbindliche Bekanntgabe des Gesamtverbandes der Deutschen Versicherungswirtschaft e.V. (GDV) zur fakultativen Verwendung. Abweichende Vereinbarungen sind möglich.

Inhaltsverzeichnis

A. Welche Leistungen umfasst Ihre Kfz-Versicherung?
A.1. Kfz-Haftpflichtversicherung – für Schäden, die Sie mit Ihrem Fahrzeug Anderen zufügen
A.1.1. Was ist versichert?
A.1.2. Wer ist versichert?
A.1.3. Bis zu welcher Höhe leisten wir (Versicherungssummen)?
A.1.4. In welchen Ländern besteht Versicherungsschutz?
A.1.5. Was ist nicht versichert?
A.2. Kaskoversicherung – für Schäden an Ihrem Fahrzeug
A.2.1. Was ist versichert?
A.2.2. Welche Ereignisse sind versichert?
A.2.3. Wer ist versichert?
A.2.4. In welchen Ländern besteht Versicherungsschutz?
A.2.5. Was zahlen wir im Schadenfall?
A.2.6. Sachverständigenverfahren bei Meinungsverschiedenheit über die Schadenhöhe
A.2.7. Fälligkeit unserer Zahlung
A.2.8. Können wir unsere Leistung vom Fahrer zurückfordern, wenn Sie nicht selbst gefahren sind?
A.2.9. Was ist nicht versichert?
A.3. Autoschutzbrief – Hilfe für unterwegs als Service oder Kostenerstattung
A.3.1. Was ist versichert?
A.3.2. Wer ist versichert?
A.3.3. Versicherte Fahrzeuge
A.3.4. In welchen Ländern besteht Versicherungsschutz?
A.3.5. Hilfe bei Panne oder Unfall
A.3.6. Zusätzliche Hilfe bei Panne, Unfall oder Diebstahl ab xx km Entfernung
A.3.7. Hilfe bei Krankheit, Verletzung oder Tod auf einer Reise
A.3.8. Zusätzliche Leistungen bei einer Auslandsreise
A.3.9. Was ist nicht versichert?
A.3.10. Anrechnung ersparter Aufwendungen
A.3.11. Verpflichtung Dritter
A.4. Kfz-Unfallversicherung – wenn Insassen verletzt oder getötet werden
A.4.1. Was ist versichert?
A.4.2. Wer ist versichert?
A.4.3. In welchen Ländern besteht Versicherungsschutz?
A.4.4. Welche Leistungen umfasst die Kfz-Unfallversicherung?
A.4.5. Leistung bei Invalidität
A.4.6. Tagegeld
A.4.7. Krankenhaustagegeld
A.4.8. Todesfallleistung
A.4.9. Was passiert, wenn Unfallfolgen mit Krankheiten oder Gebrechen zusammentreffen?
A.4.10. Fälligkeit
A.4.11. Zahlung für eine mitversicherte Person
A.4.12. Was ist nicht versichert?

[1] In der jeweils aktuellen Fassung kostenlos abrufbar unter www.gdv.de.

A.5. Fahrerschutzversicherung – wenn der Fahrer verletzt oder getötet wird
A.5.1. Was ist versichert?
A.5.2. Wer ist versichert?
A.5.3. In welchen Ländern besteht Versicherungsschutz?
A.5.4. Was leisten wir in der Fahrerschutzversicherung?
A.5.5. Fälligkeit, Abtretung, Zahlung für eine mitversicherte Person
A.5.6. Was ist nicht versichert?

B. Beginn des Vertrags und vorläufiger Versicherungsschutz
B.1. Wann beginnt der Versicherungsschutz?
B.2. Vorläufiger Versicherungsschutz

C. Beitragszahlung
C.1. Zahlung des ersten oder einmaligen Beitrags
C.2. Zahlung des Folgebeitrags
C.3. Nicht rechtzeitige Zahlung bei Fahrzeugwechsel
C.4. Zahlungsperiode
C.5. Beitragspflicht bei Nachhaftung in der Kfz-Haftpflichtversicherung

D. Ihre Pflichten bei Gebrauch des Fahrzeugs und Folgen einer Pflichtverletzung
D.1. Welche Pflichten haben Sie bei Gebrauch des Fahrzeugs?
D.1.1. Bei allen Versicherungsarten
D.1.2. Zusätzlich in der Kfz-Haftpflichtversicherung
D.1.3. Zusätzlich in der Fahrerschutzversicherung
D.2. Welche Folgen hat eine Verletzung dieser Pflichten?

E. Ihre Pflichten im Schadenfall und Folgen einer Pflichtverletzung
E.1. Welche Pflichten haben Sie im Schadenfall?
E.1.1. Bei allen Versicherungsarten
E.1.2. Zusätzlich in der Kfz-Haftpflichtversicherung
E.1.3. Zusätzlich in der Kaskoversicherung
E.1.4. Zusätzlich beim Autoschutzbrief
E.1.5. Zusätzlich in der Kfz-Unfallversicherung
E.1.6. Zusätzlich in der Fahrerschutzversicherung
E.2. Welche Folgen hat eine Verletzung dieser Pflichten?

F. Rechte und Pflichten der mitversicherten Personen

G. Laufzeit und Kündigung des Vertrags, Veräußerung des Fahrzeugs, Wagniswegfall
G.1. Wie lange läuft der Versicherungsvertrag?
G.2. Wann und aus welchem Anlass können Sie den Versicherungsvertrag kündigen?
G.3. Wann und aus welchem Anlass können wir den Versicherungsvertrag kündigen?
G.4. Kündigung einzelner Versicherungsarten
G.5. Zugang der Kündigung
G.6. Beitragsabrechnung nach Kündigung
G.7. Was ist bei Veräußerung des Fahrzeugs zu beachten?
G.8. Wagniswegfall (z.B. durch Fahrzeugverschrottung)

H. Außerbetriebsetzung, Saisonkennzeichen, Fahrten mit ungestempelten Kennzeichen
H.1. Was ist bei Außerbetriebsetzung zu beachten?
H.2. Welche Besonderheiten gelten bei Saisonkennzeichen?
H.3. Fahrten mit ungestempelten Kennzeichen

I. Schadenfreiheitsrabatt-System
I.1. Einstufung in Schadenfreiheitsklassen (SF-Klassen)
I.2. Ersteinstufung
I.2.1. Ersteinstufung in SF-Klasse 0
I.2.2. Sonderersteinstufung eines Pkw in SF-Klasse ½, 1 oder 3
I.2.3. Anrechnung des Schadenverlaufs der Kfz-Haftpflichtversicherung in der Vollkaskoversicherung
I.2.4. Führerscheinsonderregelung
I.2.5. Gleichgestellte Fahrerlaubnisse
I.3. *Jährliche Neueinstufung*
I.3.1. Wirksamwerden der Neueinstufung
I.3.2. Besserstufung bei schadenfreiem Verlauf
I.3.3. Besserstufung bei Saisonkennzeichen
I.3.4. Besserstufung bei Verträgen mit SF-Klassen 3, 1, ½, 0 oder M
I.3.5. Rückstufung bei schadenbelastetem Verlauf

I.4. Was bedeutet schadenfreier oder schadenbelasteter Verlauf?
I.4.1. Schadenfreier Verlauf
I.4.2. Schadenbelasteter Verlauf
I.5. Wie Sie eine Rückstufung in der Kfz-Haftpflichtversicherung vermeiden können
I.6. Übernahme eines Schadenverlaufs
I.6.1. In welchen Fällen wird ein Schadenverlauf übernommen?
I.6.2. Welche Voraussetzungen gelten für die Übernahme?
I.6.3. Wie wirkt sich eine Unterbrechung des Versicherungsschutzes auf den Schadenverlauf aus?
I.6.4. Übernahme des Schadenverlaufs nach Betriebsübergang
I.7. Einstufung nach Abgabe des Schadenverlaufs
I.8. Auskünfte über den Schadenverlauf

J. Beitragsänderung aufgrund tariflicher Maßnahmen
J.1. Typklasse
J.2. Regionalklasse
J.3. Tarifänderung
J.4. Kündigungsrecht
J.5. Gesetzliche Änderung des Leistungsumfangs in der Kfz-Haftpflichtversicherung

K. Beitragsänderung aufgrund eines bei Ihnen eingetretenen Umstands
K.1. Änderung des Schadenfreiheitsrabatts
K.2. Änderung von Merkmalen zur Beitragsberechnung
K.3. Änderung der Regionalklasse wegen Wohnsitzwechsels
K.4. Ihre Mitteilungspflichten zu den Merkmalen zur Beitragsberechnung
K.5. Änderung der Art oder Verwendung des Fahrzeugs

L. Meinungsverschiedenheiten und Gerichtsstände
L.1. Wenn Sie mit uns einmal nicht zufrieden sind
Wir möchten, dass Sie mit uns zufrieden sind. Sollte dies einmal nicht der Fall sein, nehmen Sie bitte direkt Kontakt mit uns auf, damit wir die Angelegenheit klären können.
Darüber hinaus haben Sie auch folgende Möglichkeiten:
L.2. Gerichtsstände

M

N. Bedingungsänderung

Anhang 1: Tabellen zum Schadenfreiheitsrabatt-System
1. Pkw
1.1. Einstufung von Pkw in Schadenfreiheitsklassen (SF-Klassen) und Beitragssätze
1.2. Rückstufung im Schadenfall bei Pkw
2. Krafträder
2.1. Einstufung von Krafträdern in Schadenfreiheitsklassen (SF-Klassen) und Beitragssätze
2.2. Rückstufung im Schadenfall bei Krafträdern
3. Leichtkrafträder
3.1. Einstufung von Leichtkrafträdern in Schadenfreiheitsklassen (SF-Klassen) und Beitragssätze
3.2. Rückstufung im Schadenfall bei Leichtkrafträdern
4. Taxen und Mietwagen
4.1. Einstufung von Taxen und Mietwagen in Schadenfreiheitsklassen (SF-Klassen) und Beitragssätze
4.2. Rückstufung im Schadenfall bei Taxen und Mietwagen
5. Campingfahrzeuge
5.1. Einstufung von Campingfahrzeugen in Schadenfreiheitsklassen (SF-Klassen) und Beitragssätze
5.2. Rückstufung im Schadenfall bei Campingfahrzeugen
6. Lieferwagen, Lkw, Zugmaschinen, Krankenwagen, Leichenwagen, Busse (nur Kfz-Haftpflicht), Abschleppwagen (nur Kfz-Haftpflicht) und Stapler (nur Kfz-Haftpflicht)
6.1. Einstufung von Lieferwagen, Lkw, Zugmaschinen, Krankenwagen, Leichenwagen, Busse (nur Kfz-Haftpflicht), Abschleppwagen (nur Kfz-Haftpflicht) und Stapler (nur Kfz-Haftpflicht) in Schadenfreiheitsklassen (SF-Klassen) und Beitragssätze
6.2. Rückstufung im Schadenfall bei Lieferwagen, Lkw, Zugmaschinen, Krankenwagen, Leichenwagen, Busse, Abschleppwagen und Stapler
Anhang 2: Merkmale zur Beitragsberechnung
1. Individuelle Merkmale zur Beitragsberechnung bei Pkw
1.1. Abstellort
1.2. Jährliche Fahrleistung
1.3. Weitere Merkmale zur Beitragsberechnung
2. Merkmale zur Beitragsberechnung bei Krafträdern und Leichtkrafträdern

3. Merkmale zur Beitragsberechnung bei Lkw, Zugmaschinen, Bussen, Anhängern

Anhang 3: Tabellen zu den Typklassen
1. Kfz-Haftpflichtversicherung:
2. Vollkaskoversicherung:
3. Teilkaskoversicherung:

Anhang 4: Tabellen zu den Regionalklassen
1. Für Pkw
  1.1. In der Kfz-Haftpflichtversicherung:
  1.2. In der Vollkaskoversicherung:
  1.3. In der Teilkaskoversicherung:
2. Für Krafträder, Leichtkrafträder, Quads und Trikes
  2.1. In der Kfz-Haftpflichtversicherung:
  2.2. In der Vollkaskoversicherung:
  2.3. In der Teilkaskoversicherung:
3. Für Lkw im Werkverkehr
  3.1. In der Kfz-Haftpflichtversicherung:
  3.2. In der Vollkaskoversicherung: 3.3 In der Teilkaskoversicherung:
4. Für landwirtschaftliche Zugmaschinen
  4.1. In der Kfz-Haftpflichtversichrung:
  4.2. In der Teilkaskoversicherung:
5. Für Campingfahrzeuge
  5.1. In der Kfz-Haftpflichtversicherung
  5.2. In der Vollkaskoversicherung
  5.3. In der Teilkaskoversicherung

Anhang 5: Berufsgruppen (Tarifgruppen)
1. Berufsgruppe A
2. Berufsgruppe B
3. Berufsgruppe D

Anhang 6: Art und Verwendung von Fahrzeugen
1. Leichtkrafträder
2. < – entfällt – >
3. Krafträder
4. Pkw
5. Mietwagen
6. Taxen
7. Selbstfahrvermietfahrzeuge
8. Leasingfahrzeuge
9. Kraftomnibusse
10. Campingfahrzeuge
11. Werkverkehr
12. Gewerblicher Güterverkehr
13. Umzugsverkehr
14. Wechselaufbauten
15. Landwirtschaftliche Zugmaschinen
16. Melkwagen und Milchsammel-Tankwagen
17. Sonstige landwirtschaftliche Sonderfahrzeuge
18. Milchtankwagen
19. Selbstfahrende Arbeitsmaschinen
20. Lkw bis 3,5 t zulässige Gesamtmasse
21. Lkw über 3,5 t zulässige Gesamtmasse
22. Zugmaschinen

Allgemeine Bedingungen für die Kfz-Versicherung (AKB 2015)

Sie als Versicherungsnehmer sind unser Vertragspartner.

Die Kfz-Versicherung umfasst je nach dem Inhalt des Versicherungsvertrags folgende Versicherungsarten:

- Kfz-Haftpflichtversicherung (A.1)
- Kaskoversicherung (A.2)
- Autoschutzbrief (A.3)
- Kfz-Unfallversicherung (A.4)
- Fahrerschutzversicherung (A.5)

Diese Versicherungen werden als jeweils rechtlich selbstständige Verträge abgeschlossen. Ihrem Versicherungsschein können Sie entnehmen, welche Versicherungen Sie für Ihr Fahrzeug abgeschlossen haben.

Es gilt deutsches Recht. Die Vertragssprache ist deutsch.

Sämtliche Personenbezeichnungen in den AKB gelten gleichermaßen für männliche, weibliche und anderweitige Geschlechter.

A Welche Leistungen umfasst Ihre Kfz-Versicherung?

A.1 Kfz-Haftpflichtversicherung – für Schäden, die Sie mit Ihrem Fahrzeug Anderen zufügen

A.1.1 Was ist versichert?

Sie haben mit Ihrem Fahrzeug einen Anderen geschädigt

A.1.1.1 Wir stellen Sie von Schadenersatzansprüchen frei, wenn durch den Gebrauch des Fahrzeugs

a Personen verletzt oder getötet werden,

b Sachen beschädigt oder zerstört werden oder abhanden kommen,

c Vermögensschäden verursacht werden, die weder mit einem Personen- noch mit einem Sachschaden mittelbar oder unmittelbar zusammenhängen (reine Vermögensschäden),

und deswegen gegen Sie oder uns Schadenersatzansprüche aufgrund von Haftpflichtbestimmungen des Bürgerlichen Gesetzbuchs[1] oder des Straßenverkehrsgesetzes[2] oder aufgrund anderer gesetzlicher Haftpflichtbestimmungen des Privatrechts geltend gemacht werden. Zum Gebrauch des Fahrzeugs gehört neben dem Fahren z.B. das Ein- und Aussteigen sowie das Be- und Entladen.

Begründete und unbegründete Schadenersatzansprüche

A.1.1.2 Sind Schadenersatzansprüche begründet, leisten wir Schadenersatz in Geld.

A.1.1.3 Sind Schadenersatzansprüche unbegründet, wehren wir diese auf unsere Kosten ab. Dies gilt auch, soweit Schadenersatzansprüche der Höhe nach unbegründet sind.

Regulierungsvollmacht

A.1.1.4 Wir sind bevollmächtigt, gegen Sie geltend gemachte Schadenersatzansprüche in Ihrem Namen zu erfüllen oder abzuwehren und alle

---

[1] **Habersack, Deutsche Gesetze Nr. 20.**

[2] **Habersack, Deutsche Gesetze Nr. 35.**

dafür zweckmäßig erscheinenden Erklärungen im Rahmen pflichtgemäßen Ermessens abzugeben.

Mitversicherung von Anhängern, Aufliegern und abgeschleppten Fahrzeugen

A.1.1.5 Ist mit dem versicherten Kraftfahrzeug ein Anhänger oder Auflieger verbunden, erstreckt sich der Versicherungsschutz auch hierauf. Der Versicherungsschutz umfasst auch Fahrzeuge, die mit dem versicherten Kraftfahrzeug abgeschleppt oder geschleppt werden, wenn für diese kein eigener Haftpflichtversicherungsschutz besteht.

Dies gilt auch, wenn sich der Anhänger oder Auflieger oder das abgeschleppte oder geschleppte Fahrzeug während des Gebrauchs von dem versicherten Kraftfahrzeug löst und sich noch in Bewegung befindet.

A.1.2 **Wer ist versichert?**

Der Schutz der Kfz-Haftpflichtversicherung gilt für Sie und für folgende Personen (mitversicherte Personen):

- den Halter des Fahrzeugs,
- den Eigentümer des Fahrzeugs,
- den Fahrer des Fahrzeugs,
- die Technische Aufsicht für Fahrzeuge mit autonomer Fahrfunktion,
- den Beifahrer, der im Rahmen seines Arbeitsverhältnisses mit Ihnen oder mit dem Halter den berechtigten Fahrer zu seiner Ablösung oder zur Vornahme von Lade- und Hilfsarbeiten nicht nur gelegentlich begleitet,
- Ihren Arbeitgeber oder öffentlichen Dienstherrn, wenn das Fahrzeug mit Ihrer Zustimmung für dienstliche Zwecke gebraucht wird,
- den Omnibusschaffner, der im Rahmen seines Arbeitsverhältnisses mit Ihnen oder mit dem Halter des versicherten Fahrzeugs tätig ist,
- den Halter, Eigentümer, Fahrer, die Technische Aufsicht, den Beifahrer und Omnibusschaffner eines nach A.1.1.5 mitversicherten Fahrzeugs.

Diese Personen können Ansprüche aus dem Versicherungsvertrag selbstständig gegen uns erheben.

A.1.3 **Bis zu welcher Höhe leisten wir (Versicherungssummen)?**

Höchstzahlung

A.1.3.1 Unsere Zahlungen für ein Schadenereignis sind jeweils beschränkt auf die Höhe der für Personen-, Sach- und Vermögensschäden vereinbarten Versicherungssummen. Mehrere zeitlich zusammenhängende Schäden, die dieselbe Ursache haben, gelten als ein einziges Schadenereignis. Die Höhe Ihrer Versicherungssummen können Sie dem Versicherungsschein entnehmen.

A.1.3.2 *Bei Schäden von Insassen* in einem mitversicherten Anhänger gelten xx <*die gesetzlichen Mindestversicherungssummen oder höhere individuell vereinbarte Versicherungssummen; ist keine Begrenzung gewünscht, entfällt Klausel A.1.3.2*>.

Übersteigen der Versicherungssummen

A.1.3.3 Übersteigen die Ansprüche die Versicherungssummen, richten sich unsere Zahlungen nach den Bestimmungen des Versicherungsvertragsgesetzes[1] und der Kfz-Pflichtversicherungsverordnung[2]. In diesem Fall müssen Sie für einen nicht oder nicht vollständig befriedigten Schadenersatzanspruch selbst einstehen.

A.1.4 In welchen Ländern besteht Versicherungsschutz?

Versicherungsschutz in Europa und in der EU

A.1.4.1 Sie haben in der Kfz-Haftpflichtversicherung Versicherungsschutz in den geographischen Grenzen Europas sowie den außereuropäischen Gebieten, die zum Geltungsbereich der Europäischen Union gehören. Ihr Versicherungsschutz richtet sich nach dem im Besuchsland gesetzlich vorgeschriebenen Versicherungsumfang, mindestens jedoch nach dem Umfang Ihres Versicherungsvertrags.

Internationale Versicherungskarte

A.1.4.2 Haben wir Ihnen die Internationale Versicherungskarte ausgehändigt, gilt: Ihr Versicherungsschutz in der Kfz-Haftpflichtversicherung erstreckt sich auch auf die dort genannten nichteuropäischen Länder, soweit Länderbezeichnungen nicht durchgestrichen sind. Hinsichtlich des Versicherungsumfangs gilt A.1.4.1 Satz 2.

A.1.5 Was ist nicht versichert?

Vorsatz

A.1.5.1 Kein Versicherungsschutz besteht für Schäden, die Sie vorsätzlich und widerrechtlich herbeiführen.

Genehmigte Rennen

A.1.5.2 Kein Versicherungsschutz besteht für Schäden, die bei Beteiligung an behördlich genehmigten kraftfahrt-sportlichen Veranstaltungen, bei denen es auf die Erzielung einer Höchstgeschwindigkeit ankommt, entstehen. Dies gilt auch für dazugehörige Übungsfahrten. Hinweis: Die Teilnahme an nicht genehmigten Rennen stellt eine Verletzung Ihrer Pflichten nach D.1.1.4 dar.

Beschädigung des versicherten Fahrzeugs

A.1.5.3 Kein Versicherungsschutz besteht für die Beschädigung, die Zerstörung oder das Abhandenkommen des versicherten Fahrzeugs.

Beschädigung von Anhängern oder abgeschleppten Fahrzeugen

A.1.5.4 Kein Versicherungsschutz besteht für die Beschädigung, die Zerstörung oder das Abhandenkommen

- eines mit dem versicherten Fahrzeug verbundenen Anhängers oder Aufliegers
- eines mit dem versicherten Fahrzeug geschleppten oder abgeschleppten Fahrzeugs.

---

[1] **Habersack, Deutsche Gesetze Nr. 62.**
[2] **Habersack, Deutsche Gesetze Nr. 63a.**

Versicherungsschutz besteht jedoch, wenn mit dem versicherten Kraftfahrzeug ein betriebsunfähiges Fahrzeug im Rahmen üblicher Hilfeleistung ohne gewerbliche Absicht abgeschleppt wird und dabei am abgeschleppten Fahrzeug Schäden verursacht werden.

Beschädigung von beförderten Sachen

A.1.5.5 Kein Versicherungsschutz besteht bei Schadenersatzansprüchen wegen Beschädigung, Zerstörung oder Abhandenkommens von Sachen, die mit dem versicherten Fahrzeug befördert werden.

Versicherungsschutz besteht jedoch für Sachen, die Insassen eines Kraftfahrzeugs üblicherweise mit sich führen (z.B. Kleidung, Brille, Brieftasche). Bei Fahrten, die überwiegend der Personenbeförderung dienen, besteht außerdem Versicherungsschutz für Sachen, die Insassen zum persönlichen Gebrauch üblicherweise mit sich führen (z.B. Reisegepäck, Reiseproviant). Kein Versicherungsschutz besteht für Sachen unberechtigter Insassen.

Ihr Schadenersatzanspruch gegen eine mitversicherte Person

A.1.5.6 Kein Versicherungsschutz besteht für Sach- oder Vermögensschäden, die eine mitversicherte Person Ihnen, dem Halter oder dem Eigentümer durch den Gebrauch des Fahrzeugs zufügt. Versicherungsschutz besteht jedoch für Personenschäden, wenn Sie z.B. als Beifahrer Ihres Fahrzeugs verletzt werden.

Nichteinhaltung von Liefer- und Beförderungsfristen

A.1.5.7 Kein Versicherungsschutz besteht für reine Vermögensschäden, die durch die Nichteinhaltung von Liefer- und Beförderungsfristen entstehen.

Vertragliche Ansprüche

A.1.5.8 Kein Versicherungsschutz besteht für Haftpflichtansprüche, soweit sie aufgrund Vertrags oder besonderer Zusage über den Umfang der gesetzlichen Haftpflicht hinausgehen.

Schäden durch Kernenergie

A.1.5.9 Kein Versicherungsschutz besteht für Schäden durch Kernenergie.

A.2 Kaskoversicherung – für Schäden an Ihrem Fahrzeug

A.2.1 Was ist versichert?

A.2.1.1 Ihr Fahrzeug

Versichert ist Ihr Fahrzeug gegen Beschädigung, Zerstörung, Totalschaden oder Verlust infolge eines Ereignisses nach A.2.2.1 (Teilkasko) oder A.2.2.2 (Vollkasko).

A.2.1.2 Mitversicherte Teile und nicht versicherbare Gegenstände

Versichert sind auch die unter A.2.1.2.1 und A.2.1.2.2 als mitversichert aufgeführten Fahrzeugteile und als mitversichert aufgeführtes Fahrzeugzubehör, sofern sie straßenverkehrsrechtlich zulässig sind (mitversicherte Teile). Bei Beschädigung, Zerstörung, Totalschaden oder Verlust von mitversicherten Teilen gelten die nachfolgenden Regelungen in A.2 entsprechend, soweit nichts anderes geregelt ist.

<Redaktioneller Hinweis: Falls eine Kaskoklausel nicht für mitversicherte Teile gelten soll, müsste dies in der jeweiligen Klausel ausdrücklich ausgeschlossen werden.>

Beitragsfrei mitversicherte Teile

A.2.1.2.1 Soweit in A.2.1.2.2 nicht anders geregelt, sind folgende Fahrzeugteile und folgendes Fahrzeugzubehör des versicherten Fahrzeugs ohne Mehrbeitrag mitversichert:

a Fest im Fahrzeug eingebaute oder fest am Fahrzeug angebaute Fahrzeugteile

b Fest im Fahrzeug eingebautes oder am Fahrzeug angebautes oder im Fahrzeug unter Verschluss verwahrtes Fahrzeugzubehör. Voraussetzung ist, dass es ausschließlich dem Gebrauch des Fahrzeugs dient (z.B. Schonbezüge, Pannenwerkzeug) und nach allgemeiner Verkehrsanschauung nicht als Luxus angesehen wird.

c Im Fahrzeug unter Verschluss verwahrte Fahrzeugteile, die zur Behebung von Betriebsstörungen des Fahrzeugs üblicherweise mitgeführt werden (z.B. Sicherungen und Leuchtmittel)

d Schutzhelme (auch mit Wechselsprechanlage), solange sie bestimmungsgemäß gebraucht werden oder mit dem abgestellten Fahrzeug so fest verbunden sind, dass ein unbefugtes Entfernen ohne Beschädigung nicht möglich ist

e Planen, Gestelle für Planen (Spriegel)

f Folgende außerhalb des Fahrzeugs unter Verschluss gehaltene Teile:

- ein zusätzlicher Satz Räder mit Winter- oder Sommerbereifung,
- Dach-/Heckständer, Hardtop, Schneeketten und Kindersitze,
- nach a bis f mitversicherte Fahrzeugteile und Fahrzeugzubehör während einer Reparatur.

Abhängig vom Gesamtneuwert mitversicherte Teile

A.2.1.2.2 Die nachfolgend unter a bis e aufgeführten Teile sind ohne Beitragszuschlag mitversichert, wenn sie im Fahrzeug fest eingebaut oder am Fahrzeug fest angebaut sind:

- bei Pkw, Krafträdern, xx <Alle gewünschten WKZ aufführen> bis zu einem Gesamtneuwert der Teile von xx EUR (brutto) und
- bei sonstigen Fahrzeugarten (z.B. Lkw, *xx <Als Beispiele gewünschte WKZ aufführen>*) bis zu einem Gesamtneuwert der Teile von xx EUR (brutto)

a *Radio- und sonstige* Audiosysteme, Video-, technische Kommunikations- und Leitsysteme (z.B. fest eingebaute Navigationssysteme),

b zugelassene Veränderungen an Fahrwerk, Triebwerk, Auspuff, Innenraum oder Karosserie (Tuning), die der Steigerung der Motorleistung, des Motordrehmoments, der Veränderung des Fahrverhaltens dienen oder zu einer Wertsteigerung des Fahrzeugs führen,

c individuell für das Fahrzeug angefertigte Sonderlackierungen und -beschriftungen sowie besondere Oberflächenbehandlungen, d Beiwagen und Verkleidungen bei Krafträdern, Leichtkrafträdern, Kleinkrafträdern, Trikes und Quads,

e Spezialaufbauten (z.B. Kran-, Tank-, Silo-, Kühl- und Thermoaufbauten) und Spezialeinrichtungen (z.B. für Werkstattwagen, Messfahrzeuge, Krankenwagen).

Ist der Gesamtneuwert der unter a bis e aufgeführten Teile höher als die genannte Wertgrenze, ist der übersteigende Wert nur mitversichert, wenn dies ausdrücklich vereinbart ist.

Bis zur genannten Wertgrenze verzichten wir auf eine Kürzung der Entschädigung wegen Unterversicherung.

Nicht versicherbare Gegenstände

A.2.1.2.3 Nicht versicherbar sind alle sonstigen Gegenstände, z.B. Mobiltelefone und mobile Navigationsgeräte, auch bei Verbindung mit dem Fahrzeug durch eine Halterung, Reisegepäck, persönliche Gegenstände der Insassen.

A.2.2 Welche Ereignisse sind versichert?

A.2.2.1 Welche Ereignisse sind in der Teilkasko versichert?

Versicherungsschutz besteht bei Beschädigung, Zerstörung, Totalschaden oder Verlust des Fahrzeugs einschließlich seiner mitversicherten Teile durch die nachfolgenden Ereignisse:

Brand und Explosion

A.2.2.1.1 Versichert sind Brand und Explosion. Als Brand gilt ein Feuer mit Flammenbildung, das ohne einen bestimmungsgemäßen Herd entstanden ist oder ihn verlassen hat und sich aus eigener Kraft auszubreiten vermag. Nicht als Brand gelten Schmor- und Sengschäden. Explosion ist eine auf dem Ausdehnungsbestreben von Gasen oder Dämpfen beruhende, plötzlich verlaufende Kraftäußerung.

Entwendung

A.2.2.1.2 Versichert ist die Entwendung in nachfolgenden Fällen:

a Versichert sind Diebstahl und Raub sowie die Herausgabe des Fahrzeugs aufgrund räuberischer Erpressung.

b Unterschlagung ist nur versichert, wenn dem Täter das Fahrzeug weder zum Gebrauch in seinem eigenen Interesse, noch zur Veräußerung noch unter Eigentumsvorbehalt überlassen wird.

c Unbefugter Gebrauch ist nur versichert, wenn der Täter in keiner Weise berechtigt ist, das Fahrzeug zu gebrauchen. Nicht als unbefugter Gebrauch gilt insbesondere, wenn der Täter vom Verfügungsberechtigten mit der Betreuung des Fahrzeugs beauftragt wird (z.B. Werkstatt- oder Hotelmitarbeiter). Außerdem besteht kein Versicherungsschutz, wenn der Täter in einem Näheverhältnis zu dem Verfügungsberechtigten steht, z.B. dessen Arbeitnehmer, Familien- oder Haushaltsangehöriger ist.

Sturm, Hagel, Blitzschlag, Überschwemmung

A.2.2.1.3 Versichert ist die unmittelbare Einwirkung von Sturm, Hagel, Blitzschlag oder Überschwemmung auf das Fahrzeug. Als Sturm gilt eine wetterbedingte Luftbewegung von mindestens Windstärke 8. Eingeschlossen sind Schäden, die dadurch verursacht werden, dass durch diese Naturgewalten Gegenstände auf oder gegen das Fahrzeug geworfen werden. Ausgeschlossen sind Schäden, die auf ein durch diese Naturgewalten veranlasstes Verhalten des Fahrers zurückzuführen sind.

Zusammenstoß mit Haarwild

A.2.2.1.4 Versichert ist der Zusammenstoß des in Fahrt befindlichen Fahrzeugs mit Haarwild im Sinne von § 2 Abs. 1 Nr. 1 des Bundesjagdgesetzes[1] (z.B. Reh, Wildschwein).

Glasbruch

A.2.2.1.5 Versichert sind Bruchschäden an der Verglasung des Fahrzeugs. Als Verglasung gelten Glas- und Kunststoffscheiben (z.B. Front-, Heck-, Dach-, Seiten- und Trennscheiben), Spiegelglas und Abdeckungen von Leuchten. Nicht zur Verglasung gehören Glas- und Kunststoffteile von Mess-, Assistenz-, Kamera- und Informationssystemen, Solarmodulen, Displays, Monitoren sowie Leuchtmittel. Nicht versichert sind Folgeschäden.

Kurzschlussschäden an der Verkabelung

A.2.2.1.6 Versichert sind Schäden an der Verkabelung des Fahrzeugs durch Kurzschluss. Folgeschäden sind nicht versichert.

A.2.2.2 **Welche Ereignisse sind in der Vollkasko versichert?**

Versicherungsschutz besteht bei Beschädigung, Zerstörung, Totalschaden oder Verlust des Fahrzeugs, einschließlich seiner mitversicherten Teile durch die nachfolgenden Ereignisse:

Ereignisse der Teilkasko

A.2.2.2.1 Versichert sind die Schadenereignisse der Teilkasko nach A.2.2.1.

Unfall

A.2.2.2.2 Versichert sind Schäden am Fahrzeug durch Unfall. Ein Unfall ist ein unmittelbar von außen plötzlich mit mechanischer Gewalt auf das Fahrzeug einwirkendes Ereignis.

Keine Unfallschäden sind deshalb insbesondere:

- Schäden am Fahrzeug, die ihre alleinige Ursache in einem Bremsvorgang haben, z.B. Schäden an der Bremsanlage oder an den Reifen.
- Schäden am Fahrzeug, die ausschließlich aufgrund eines Betriebsvorgangs eintreten, z.B. durch falsches Bedienen, falsches Betanken oder verrutschende Ladung.
- Schäden am Fahrzeug, die ihre alleinige Ursache in einer Materialermüdung, Überbeanspruchung oder Abnutzung haben.
- Schäden zwischen ziehendem und gezogenem Fahrzeug oder Anhänger ohne Einwirkung von außen, z.B. Rangierschäden am Zugfahrzeug durch den Anhänger.
- Verwindungsschäden.

Vorhersehbare Beschädigungen des Fahrzeugs, die üblicherweise im Rahmen der bestimmungsgemäßen Verwendung des Fahrzeugs ent-

[1] **Sartorius Nr. 890.**

stehen, gelten nicht als Unfallschaden. Beispiel: Schäden an der Ladeoberfläche eines Lkw durch Beladen mit Kies.

Mut- oder böswillige Handlungen

A.2.2.2.3 Versichert sind mut- oder böswillige Handlungen von Personen, die in keiner Weise berechtigt sind, das Fahrzeug zu gebrauchen. Als berechtigt sind insbesondere Personen anzusehen, die vom Verfügungsberechtigten mit der Betreuung des Fahrzeugs beauftragt wurden (z.B. Werkstatt- oder Hotelmitarbeiter) oder in einem Näheverhältnis zu dem Verfügungsberechtigten stehen (z.B. dessen Arbeitnehmer, Familien- oder Haushaltsangehörige).

A.2.3 Wer ist versichert?

Der Schutz der Kaskoversicherung gilt für Sie und, wenn der Vertrag auch im Interesse einer weiteren Person abgeschlossen ist, z.B. des Leasinggebers als Eigentümer des Fahrzeugs, auch für diese Person.

A.2.4 In welchen Ländern besteht Versicherungsschutz?

Sie haben in Kasko Versicherungsschutz in den geographischen Grenzen Europas sowie den außereuropäischen Gebieten, die zum Geltungsbereich der Europäischen Union gehören.

A.2.5 Was zahlen wir im Schadenfall?

Nachfolgende Entschädigungsregeln gelten bei Beschädigung, Zerstörung, Totalschaden oder Verlust des Fahrzeugs. Sie gelten entsprechend auch für mitversicherte Teile, soweit nichts anderes geregelt ist.

<Redaktioneller Hinweis: Falls etwas anderes gewollt ist, z.B. bei Werkstattsteuerung, bitte in der entsprechenden Entschädigungsregelung ergänzen: „Dies gilt nicht für... ">

A.2.5.1 Was zahlen wir bei Totalschaden, Zerstörung oder Verlust?

Wiederbeschaffungswert abzüglich Restwert

A.2.5.1.1 Bei Totalschaden, Zerstörung oder Verlust des Fahrzeugs zahlen wir den Wiederbeschaffungswert unter Abzug eines vorhandenen Restwerts des Fahrzeugs. Lassen Sie Ihr Fahrzeug trotz Totalschadens oder Zerstörung reparieren, gilt A.2.5.2.1.

<Achtung! Es folgen zwei Varianten der Neupreisentschädigung>

Neupreisentschädigung bei Totalschaden, Zerstörung oder Verlust

A.2.5.1.2 Wir zahlen bei Pkw (ausgenommen Mietwagen, Taxen und Selbstfahrervermiet-Pkw) den Neupreis nach A.2.5.1.8 unter folgenden Voraussetzungen:

- Innerhalb von xx Monaten nach Erstzulassung tritt ein Totalschaden, eine Zerstörung oder ein Verlust des Pkw ein und
- der Pkw befindet sich bei Eintritt des Schadenereignisses im Eigentum dessen, der ihn als Neufahrzeug vom Kfz-Händler oder Kfz-Hersteller erworben hat.

Ein vorhandener Restwert des Pkw wird abgezogen.

[xx Neupreisentschädigung

A.2.5.1.2 Wir zahlen bei Pkw (ausgenommen Mietwagen, Taxen und Selbstfahrervermiet-Pkw) den Neupreis nach A.2.5.1.8 unter folgenden Voraussetzungen:

- Innerhalb von xx Monaten nach Erstzulassung tritt eine Zerstörung oder ein Verlust des Pkw ein oder die erforderlichen Reparaturkosten betragen mindestens xx % des Neupreises und
- der Pkw befindet sich bei Eintritt des Schadenereignisses im Eigentum dessen, der ihn als Neufahrzeug vom Kfz-Händler oder Kfz-Hersteller erworben hat.

Ein vorhandener Restwert des Pkw wird abgezogen.]

A.2.5.1.3 Wir zahlen die über den Wiederbeschaffungswert hinausgehende Neupreisentschädigung nur in der Höhe, in der gesichert ist, dass die Entschädigung innerhalb von zwei Jahren nach ihrer Feststellung für die Reparatur des Fahrzeugs oder den Erwerb eines anderen Fahrzeugs verwendet wird.

Abzug bei fehlender Wegfahrsperre im Falle eines Diebstahls

A.2.5.1.4 Bei Totalschaden, Zerstörung oder Verlust eines Pkw, xx <*gewünschte WKZ aufführen*> infolge Diebstahls vermindert sich die Entschädigung um xx %. Dies gilt nicht, wenn das Fahrzeug zum Zeitpunkt des Diebstahls durch eine selbstschärfende elektronische Wegfahrsperre gesichert war.

Die Regelung über die Selbstbeteiligung nach A.2.5.8 bleibt hiervon unberührt.

Was versteht man unter Totalschaden, Wiederbeschaffungswert, Restwert und Neupreis?

A.2.5.1.5 Ein Totalschaden liegt vor, wenn die erforderlichen Kosten der Reparatur des Fahrzeugs dessen Wiederbeschaffungswert übersteigen.

A.2.5.1.6 Wiederbeschaffungswert ist der Preis, den Sie für den Kauf eines gleichwertigen gebrauchten Fahrzeugs am Tag des Schadenereignisses bezahlen müssen.

A.2.5.1.7 Restwert ist der Veräußerungswert des Fahrzeugs im beschädigten oder zerstörten Zustand.

A.2.5.1.8 Neupreis ist der Betrag, der für den Kauf eines neuen Fahrzeugs in der Ausstattung des versicherten Fahrzeugs aufgewendet werden muss. Wird der Typ des versicherten Fahrzeugs nicht mehr hergestellt, gilt der Preis für ein vergleichbares Nachfolgemodell. Maßgeblich ist jeweils die unverbindliche Preisempfehlung des Herstellers am Tag des Schadenereignisses abzüglich orts- und marktüblicher Nachlässe.

A.2.5.2 Was zahlen wir bei Beschädigung?

Reparatur

A.2.5.2.1 Wird das Fahrzeug beschädigt, zahlen wir die für die Reparatur erforderlichen Kosten bis zu folgenden Obergrenzen:

a Wenn das Fahrzeug vollständig und fachgerecht repariert wird, gilt: Wir zahlen die hierfür erforderlichen Kosten bis zur Höhe des Wiederbeschaffungswerts nach A.2.5.1.6, wenn Sie uns dies durch eine Rechnung nachweisen. Fehlt dieser Nachweis, zahlen wir entsprechend A.2.5.2.1.b.

b Wenn das Fahrzeug nicht, nicht vollständig oder nicht fachgerecht repariert wird, gilt:
Wir zahlen die erforderlichen Kosten einer vollständigen Reparatur bis zur Höhe des um den Restwert verminderten Wiederbeschaffungswerts (siehe A.2.5.1.6 und A.2.5.1.7).

<xx Den folgenden Hinweis sollten Verwender der zweiten Variante von A.2.5.1.2 einfügen:>

[Hinweis: Beachten Sie auch die Regelung zur Neupreisentschädigung in A.2.5.1.2]

Abschleppen

A.2.5.2.2 Bei Beschädigung des Fahrzeugs ersetzen wir die Kosten für das Abschleppen vom Schadenort bis zur nächstgelegenen für die Reparatur geeigneten Werkstatt. Dabei darf einschließlich unserer Leistungen wegen der Beschädigung des Fahrzeugs nach A.2.5.2.1 die Obergrenze nach A.2.5.2.1.a oder A.2.5.2.1.b nicht überschritten werden.

Wir zahlen nicht, wenn ein Dritter Ihnen gegenüber verpflichtet ist, diese Kosten zu übernehmen.

Abzug neu für alt

A.2.5.2.3 Wir ziehen von den Kosten der Ersatzteile und der Lackierung einen dem Alter und der Abnutzung der alten Teile entsprechenden Betrag ab (neu für alt), wenn

- bei der Reparatur alte Teile gegen Neuteile ausgetauscht werden oder
- das Fahrzeug ganz oder teilweise neu lackiert wird.

Der Abzug neu für alt ist auf die Bereifung, Batterie und Lackierung beschränkt, wenn das Schadenereignis

- bei Pkw, Krafträdern und Omnibussen in den ersten xx Jahren
- bei den übrigen Fahrzeugarten in den ersten xx Jahren

nach der Erstzulassung eintritt.

A.2.5.3 Sachverständigenkosten

Die Kosten eines Sachverständigen erstatten wir nur, wenn wir dessen Beauftragung veranlasst oder ihr zugestimmt haben.

A.2.5.4 Mehrwertsteuer

Mehrwertsteuer erstatten wir nur, wenn und soweit diese für Sie bei der von Ihnen gewählten Schadenbeseitigung tatsächlich angefallen ist. Die Mehrwertsteuer erstatten wir nicht, soweit Vorsteuerabzugsberechtigung besteht.

A.2.5.5 Zusätzliche Regelungen bei Entwendung

Wiederauffinden des Fahrzeugs

A.2.5.5.1 Wird das entwendete Fahrzeug innerhalb eines Monats nach Eingang der in Textform abgegebenen Schadenanzeige wieder aufgefunden, sind Sie zur Rücknahme des Fahrzeugs verpflichtet. Voraussetzung ist, dass Sie das Fahrzeug innerhalb dieses Zeitraums mit objektiv zumutbaren Anstrengungen wieder in Besitz nehmen können.

A.2.5.5.2 Wir zahlen die Kosten für die Rückholung des Fahrzeugs, wenn es in einer Entfernung von mehr als xx km (Luftlinie) aufgefunden wird. Ersetzt werden die Kosten in Höhe einer Bahnfahrkarte 2. Klasse für Hin- und Rückfahrt bis zu einer Höchstentfernung von xx km (Bahnkilometer). Maßgeblich ist jeweils die Entfernung vom regelmäßigen Standort des Fahrzeugs zum Fundort.

A.2.5.5.3 Haben wir die Versicherungsleistung wegen einer Pflichtverletzung (z.B. nach D.1.1, E.1.1 oder E.1.3 oder wegen grober Fahrlässigkeit nach A.2.9.1 Satz 2) gekürzt und wird das Fahrzeug wieder aufgefunden, gilt: Ihnen steht ein Anteil am erzielbaren Veräußerungserlös nach Abzug der erforderlichen Kosten zu, die im Zusammenhang mit der Rückholung und Verwertung entstanden sind. Der Anteil errechnet sich entsprechend der Quote, um die wir Ihre Entschädigung gekürzt haben.

Eigentumsübergang nach Entwendung

A.2.5.5.4 Müssen Sie das Fahrzeug nicht zurücknehmen, weil die Monatsfrist bereits abgelaufen ist, werden wir dessen Eigentümer.

Wir werden jedoch nicht Eigentümer, wenn

- Sie der Eigentümer des Fahrzeugs bleiben wollen oder
- ein Anderer der Eigentümer des Fahrzeugs ist (z.B. der Leasinggeber) und dieser das Eigentum nicht auf uns übertragen möchte.

Sie müssen uns dies unverzüglich mitteilen, nachdem wir Sie über das Wiederauffinden informiert oder Sie in anderer Weise Kenntnis erlangt haben. Kosten für die Rückholung zahlen wir nicht.

Werden wir nicht Eigentümer, rechnen wir den erzielbaren Veräußerungserlös des wiederaufgefundenen Fahrzeugs auf unsere Entschädigung an. Wenn wir Sie bereits entschädigt haben, müssen sie uns den erzielbaren Veräußerungserlös zurückzahlen.

A.2.5.6 Bis zu welcher Höhe leisten wir (Höchstentschädigung)?

Unsere Höchstentschädigung ist beschränkt auf den Neupreis des Fahrzeugs nach A.2.5.1.8.

A.2.5.7 Was wir nicht ersetzen und Rest- und Altteile

Was wir nicht ersetzen

A.2.5.7.1 Wir zahlen nicht für Veränderungen, Verbesserungen, Alterungs- und Verschleißschäden. Ebenfalls nicht ersetzt werden Folgeschäden wie Verlust von Treibstoff und Betriebsmittel (z.B. Öl, Kühlflüssigkeit), Wertminderung, Zulassungskosten, Überführungskosten, Verwaltungskosten, Nutzungsausfall oder Kosten eines Mietfahrzeugs.

Rest- und Altteile

A.2.5.7.2 Rest- und Altteile sowie das unreparierte Fahrzeug verbleiben bei Ihnen und werden zum Veräußerungswert auf die Entschädigung angerechnet.

A.2.5.8 **Selbstbeteiligung**

Ist eine Selbstbeteiligung vereinbart, wird diese bei jedem Schadenereignis von der Entschädigung abgezogen. Ihrem Versicherungsschein können Sie entnehmen, ob und in welcher Höhe Sie eine Selbstbeteiligung vereinbart haben.

A.2.6 **Sachverständigenverfahren bei Meinungsverschiedenheit über die Schadenhöhe**

A.2.6.1 Bei Meinungsverschiedenheiten zur Schadenhöhe einschließlich der Feststellung des Wiederbeschaffungswerts oder über den Umfang der erforderlichen Reparaturarbeiten kann auf Ihren Wunsch vor Klageerhebung ein Sachverständigenausschuss entscheiden.

A.2.6.2 Für den Ausschuss benennen Sie und wir je einen Kraftfahrzeugsachverständigen. Wenn Sie oder wir innerhalb von zwei Wochen nach Aufforderung keinen Sachverständigen benennen, wird dieser von dem jeweils anderen bestimmt.

A.2.6.3 Soweit sich der Ausschuss nicht einigt, entscheidet ein weiterer Kraftfahrzeugsachverständiger als Obmann. Er soll vor Beginn des Verfahrens von dem Ausschuss gewählt werden. Einigt sich der Ausschuss nicht über die Person des Obmanns, wird er über das zuständige Amtsgericht benannt. Die Entscheidung des Obmanns muss zwischen den jeweils von den beiden Sachverständigen geschätzten Beträgen liegen.

A.2.6.4 Die Kosten des Sachverständigenverfahrens sind im Verhältnis des Obsiegens zum Unterliegen von uns bzw. von Ihnen zu tragen.

Hinweis: Außerdem haben Sie die Möglichkeit, den Rechtsweg zu beschreiten.

A.2.7 **Fälligkeit unserer Zahlung**

A.2.7.1 Sobald wir unsere Zahlungspflicht und die Höhe der Entschädigung festgestellt haben, zahlen wir diese spätestens innerhalb von zwei Wochen.

A.2.7.2 Sie können einen angemessenen Vorschuss auf die Entschädigung verlangen, wenn

- wir unsere Zahlungspflicht festgestellt haben und
- sich die Höhe der Entschädigung nicht innerhalb eines Monats nach Schadenanzeige feststellen lässt.

A.2.7.3 Ist das Fahrzeug entwendet worden, ist zunächst abzuwarten, ob es wieder aufgefunden wird. Deshalb zahlen wir die Entschädigung frühestens nach Ablauf eines Monats nach Eingang der in Textform abgegebenen Schadenanzeige.

A.2.8 **Können wir unsere Leistung vom Fahrer zurückfordern, wenn Sie nicht selbst gefahren sind?**

Fährt eine andere Person berechtigterweise das Fahrzeug und kommt *es zu einem Schaden*ereignis, fordern wir von dieser Person unsere Leistungen bei schuldloser oder einfach fahrlässiger Herbeiführung des Schadens nicht zurück.

Jedoch sind wir bei grob fahrlässiger Herbeiführung des Schadens berechtigt, unsere Leistung soweit zurückzufordern, wie dies der Schwere des Verschuldens entspricht. Lebt der Fahrer bei Eintritt des Schadens mit Ihnen in häuslicher Gemeinschaft, fordern wir unsere Ersatzleistung selbst bei grob fahrlässiger Herbeiführung des Schadens nicht zurück.

Bei vorsätzlicher Herbeiführung des Schadens sind wir berechtigt, unsere Leistungen in voller Höhe zurückzufordern.

Die Absätze 1 bis 3 gelten entsprechend, wenn eine in der Kfz-Haftpflichtversicherung gemäß A.1.2 mitversicherte Person sowie der Mieter oder der Entleiher einen Schaden herbeiführt.

A.2.9 Was ist nicht versichert?

Vorsatz und grobe Fahrlässigkeit

A.2.9.1 Kein Versicherungsschutz besteht für Schäden, die Sie vorsätzlich herbeiführen. Bei grob fahrlässiger Herbeiführung des Schadens, sind wir berechtigt, unsere Leistung in einem der Schwere Ihres Verschuldens entsprechenden Verhältnis zu kürzen.

Genehmigte Rennen

A.2.9.2 Kein Versicherungsschutz besteht für Schäden, die bei Beteiligung an behördlich genehmigten kraftfahrt-sportlichen Veranstaltungen, bei denen es auf Erzielung einer Höchstgeschwindigkeit ankommt, entstehen. Dies gilt auch für dazugehörige Übungsfahrten. Hinweis: Die Teilnahme an nicht genehmigten Rennen stellt eine Verletzung Ihrer Pflichten nach D.1.1.4 dar.

Reifenschäden

A.2.9.3 Kein Versicherungsschutz besteht für beschädigte oder zerstörte Reifen. Versicherungsschutz für Reifenschäden besteht jedoch, wenn durch dasselbe Ereignis gleichzeitig andere unter den Schutz der Kaskoversicherung fallende Schäden am Fahrzeug verursacht wurden.

Erdbeben, Kriegsereignisse, innere Unruhen, Maßnahmen der Staatsgewalt

A.2.9.4 Kein Versicherungsschutz besteht für Schäden, die durch Erdbeben, Kriegsereignisse, innere Unruhen oder Maßnahmen der Staatsgewalt unmittelbar oder mittelbar verursacht werden.

Schäden durch Kernenergie

A.2.9.5 Kein Versicherungsschutz besteht für Schäden durch Kernenergie.

A.3 Autoschutzbrief – Hilfe für unterwegs als Service oder Kostenerstattung

A.3.1 Was ist versichert?

Wir erbringen nach Eintritt der in A.3.5 bis A.3.8 genannten Schadenereignisse die dazu im Einzelnen aufgeführten Leistungen als Service oder erstatten die von Ihnen aufgewendeten Kosten im Rahmen dieser Bedingungen.

A.3.2 Wer ist versichert?

Versicherungsschutz besteht für Sie, den berechtigten Fahrer und die berechtigten Insassen, soweit nachfolgend nichts anderes geregelt ist.

A.3.3 **Versicherte Fahrzeuge**

Versichert ist das im Versicherungsschein bezeichnete Fahrzeug sowie ein mitgeführter Wohnwagen-, Gepäck- oder Bootsanhänger.

A.3.4 **In welchen Ländern besteht Versicherungsschutz?**

Sie haben mit dem Schutzbrief Versicherungsschutz in den geographischen Grenzen Europas sowie den außereuropäischen Gebieten, die zum Geltungsbereich der Europäischen Union gehören, soweit nachfolgend nicht etwas anderes geregelt ist.

A.3.5 **Hilfe bei Panne oder Unfall**

Kann das Fahrzeug nach einer Panne oder einem Unfall die Fahrt aus eigener Kraft nicht fortsetzen, erbringen wir folgende Leistungen:

Wiederherstellung der Fahrbereitschaft

A.3.5.1 Wir organisieren für Sie die Wiederherstellung der Fahrbereitschaft an der Schadenstelle durch ein Pannenhilfsfahrzeug und übernehmen die hierdurch entstehenden Kosten. Der Höchstbetrag für diese Leistung beläuft sich einschließlich der vom Pannenhilfsfahrzeug mitgeführten und verwendeten Kleinteile auf xx Euro.

Abschleppen des Fahrzeugs

A.3.5.2 Kann das Fahrzeug an der Schadenstelle nicht wieder fahrbereit gemacht werden, organisieren wir für Sie das Abschleppen des Fahrzeugs. Dies schließt das Gepäck und die nicht gewerblich beförderte Ladung mit ein.

Wir übernehmen die hierdurch entstehenden Kosten. Der Höchstbetrag für diese Leistung beläuft sich auf xx Euro; hierauf werden durch den Einsatz eines Pannenhilfsfahrzeugs entstandene Kosten angerechnet.

Bergen des Fahrzeugs

A.3.5.3 Ist das Fahrzeug von der Straße abgekommen, organisieren wir für Sie die Bergung des Fahrzeugs. Dies schließt das Gepäck und nicht gewerblich beförderte Ladung mit ein.

Wir übernehmen die hierdurch entstehenden Kosten.

Was versteht man unter Panne oder Unfall?

A.3.5.4 Unter Panne ist jeder Betriebs-, Bruch- oder Bremsschaden zu verstehen. Unfall ist ein unmittelbar von außen plötzlich mit mechanischer Gewalt auf das Fahrzeug einwirkendes Ereignis.

A.3.6 **Zusätzliche Hilfe bei Panne, Unfall oder Diebstahl ab xx km Entfernung**

Bei Panne, Unfall oder Diebstahl des Fahrzeugs erbringen wir nachfolgende Leistungen unter den Voraussetzungen, dass

- die Hilfeleistung an einem Ort erfolgt, der mindestens xx km Luftlinie von Ihrem ständigen Wohnsitz in Deutschland entfernt ist und
- das Fahrzeug weder am Schadentag noch am darauf folgenden Tag wieder fahrbereit gemacht werden kann oder es gestohlen worden ist.

Weiter- oder Rückfahrt

A.3.6.1 Folgende Fahrtkosten werden erstattet:

a Eine Rückfahrt vom Schadenort zu Ihrem ständigen Wohnsitz in Deutschland oder

b eine Weiterfahrt vom Schadenort zum Zielort, jedoch höchstens innerhalb des Geltungsbereichs nach A.3.4 und

c eine Rückfahrt vom Zielort zu Ihrem ständigen Wohnsitz in Deutschland,

d eine Fahrt einer Person von Ihrem ständigen Wohnsitz oder vom Zielort zum Schadenort, wenn das Fahrzeug dort fahrbereit gemacht worden ist.

Die Kostenerstattung erfolgt bei einer einfachen Entfernung unter 1.200 Bahnkilometern bis zur Höhe der Bahnkosten 2. Klasse. Bei größerer Entfernung werden diese bis zur Höhe der Bahnkosten 1. Klasse oder der Liegewagenkosten jeweils einschließlich Zuschlägen übernommen. Zusätzlich erstatten wir die Kosten für nachgewiesene Taxifahrten bis zu xx Euro.

Übernachtung

A.3.6.2 Wir helfen Ihnen auf Wunsch bei der Beschaffung einer Übernachtungsmöglichkeit und übernehmen die Kosten für höchstens drei Übernachtungen. Wenn Sie die Leistung Weiter- oder Rückfahrt nach A.3.6.1 in Anspruch nehmen, zahlen wir nur eine Übernachtung. Sobald das Fahrzeug Ihnen wieder fahrbereit zur Verfügung steht, besteht kein Anspruch auf weitere Übernachtungskosten. Wir übernehmen die Kosten bis höchstens xx Euro je Übernachtung und Person.

Mietwagen

A.3.6.3 Wir helfen Ihnen, ein gleichwertiges Fahrzeug anzumieten. Wir übernehmen die Kosten des Mietwagens, bis Ihnen das Fahrzeug wieder fahrbereit zur Verfügung steht. Voraussetzung ist, dass Sie weder die Leistung Weiter- oder Rückfahrt nach A.3.6.1 noch Übernachtung nach A.3.6.2 in Anspruch genommen haben.

Wir zahlen höchstens für sieben Tage und maximal xx Euro je Tag.

Fahrzeugunterstellung

A.3.6.4 Muss das Fahrzeug nach einer Panne oder einem Unfall bis zur Wiederherstellung der Fahrbereitschaft oder bis zur Durchführung des Transports in einer Werkstatt untergestellt werden, sind wir Ihnen *hierbei behilflich*. Wir übernehmen die hierdurch entstehenden Kosten, jedoch höchstens für zwei Wochen.

A.3.7 **Hilfe bei Krankheit, Verletzung oder Tod auf einer Reise**

Wir erbringen die nachfolgenden Leistungen unter den Voraussetzungen, dass auf einer Reise mit dem versicherten Fahrzeug

- Sie oder eine mitversicherte Person unvorhersehbar erkranken oder der Fahrer stirbt und
- dies an einem Ort geschieht, der mindestens xx km Luftlinie von Ihrem ständigen Wohnsitz in Deutschland entfernt ist.

Als unvorhersehbar gilt eine Erkrankung, wenn diese nicht bereits innerhalb der letzten sechs Wochen vor Beginn der Reise (erstmalig oder zum wiederholten Male) aufgetreten ist.

Krankenrücktransport

A.3.7.1 Müssen Sie oder eine mitversicherte Person infolge Erkrankung an Ihren ständigen Wohnsitz zurücktransportiert werden, organisieren wir für Sie die Durchführung des Rücktransports. Wir übernehmen dessen Kosten. Art und Zeitpunkt des Rücktransports müssen medizinisch notwendig sein. Unsere Leistung erstreckt sich auch auf die Begleitung des Erkrankten durch einen Arzt oder Sanitäter, wenn diese behördlich vorgeschrieben ist. Außerdem übernehmen wir die bis zum Rücktransport entstehenden Übernachtungskosten. Diese müssen jedoch durch die Erkrankung bedingt sein und sind begrenzt auf höchstens drei Übernachtungen bis zu je xx Euro pro Person.

Rückholung von Kindern

A.3.7.2 Wir organisieren für Sie die Abholung und Rückfahrt mitreisender minderjähriger Kinder mit einer Begleitperson zu ihrem Wohnsitz, wenn

- der Fahrer erkrankt ist oder stirbt und
- die Kinder weder von Ihnen noch von einem anderen Insassen betreut werden können.

Wir übernehmen die hierdurch entstehenden Kosten. Wir erstatten dabei die Bahnkosten 2. Klasse einschließlich Zuschlägen sowie die Kosten für nachgewiesene Taxifahrten bis zu xx Euro.

Fahrzeugabholung

A.3.7.3 Wir organisieren für Sie die Verbringung des Fahrzeugs zu Ihrem ständigen Wohnsitz, wenn

- der Fahrer länger als drei Tage erkrankt oder stirbt und
- das Fahrzeug weder von ihm noch von einem Insassen zurückgefahren werden kann.

Wir übernehmen die hierdurch entstehenden Kosten.

Veranlassen Sie die Verbringung selbst, erhalten Sie als Kostenersatz bis xx Euro je Kilometer zwischen Ihrem Wohnsitz und dem Schadenort. Außerdem erstatten wir in jedem Fall die bis zur Abholung der berechtigten Insassen entstehenden und durch den Fahrerausfall bedingten Übernachtungskosten. Die Leistung ist begrenzt auf drei Übernachtungen bis zu je xx Euro pro Person.

Was versteht man unter einer Reise?

A.3.7.4 Reise ist jede Abwesenheit von Ihrem ständigen Wohnsitz bis zu einer Höchstdauer von fortlaufend xx Wochen. Als Ihr ständiger Wohnsitz gilt der Ort in Deutschland, an dem Sie behördlich gemeldet sind und sich überwiegend aufhalten.

A.3.8 ***Zusätzliche Leistungen bei einer Auslandsreise***

Ereignet sich der Schaden an einem Ort im Ausland (Geltungsbereich nach A.3.4 ohne Deutschland), der mindestens xx km Luftlinie von

Ihrem ständigen Wohnsitz in Deutschland entfernt ist, erbringen wir zusätzlich folgende Leistungen:

A.3.8.1 Bei Panne und Unfall:

Ersatzteilversand

a Können Ersatzteile zur Wiederherstellung der Fahrbereitschaft des Fahrzeugs an einem ausländischen Schadenort oder in dessen Nähe nicht beschafft werden, organisieren wir für Sie, dass Sie diese auf schnellstmöglichem Wege erhalten. Wir übernehmen alle entstehenden Versandkosten.

Fahrzeugtransport

b Wir organisieren für Sie den Transport des Fahrzeugs zu einer Werkstatt und übernehmen die hierdurch entstehenden Kosten bis zur Höhe der Rücktransportkosten an Ihren Wohnsitz, wenn

- das Fahrzeug an einem ausländischen Schadenort oder in dessen Nähe nicht innerhalb von drei Werktagen fahrbereit gemacht werden kann und
- die voraussichtlichen Reparaturkosten nicht höher sind als der Kaufpreis für ein gleichwertiges gebrauchtes Fahrzeug.

Mietwagen

c Wir helfen Ihnen, ein gleichwertiges Fahrzeug anzumieten. Mieten Sie ein Fahrzeug nach A.3.6.3 an, übernehmen wir die Kosten hierfür bis Ihr Fahrzeug wieder fahrbereit zur Verfügung steht. Wir leisten bis zu einem Betrag von xx Euro.

Fahrzeugverzollung und -verschrottung

d Muss das Fahrzeug nach einem Unfall im Ausland verzollt werden, helfen wir bei der Verzollung. Wir übernehmen die hierbei anfallenden Verfahrensgebühren mit Ausnahme des Zollbetrags und sonstiger Steuern. Lassen Sie Ihr Fahrzeug verschrotten, um die Verzollung zu vermeiden, übernehmen wir die Verschrottungskosten.

A.3.8.2 Bei Fahrzeugdiebstahl:

Fahrzeugunterstellung

a Wir übernehmen die Kosten für eine Fahrzeugunterstellung, wenn das gestohlene Fahrzeu

- ach dem Diebstahl i Ausland wieder aufgefunden wird und
- is zur Durchführu des Rücktransports oder der Verzollung bzw. Verschrottung tergestellt werden muss.

Wir übernehmen die Kosten höchstens für xx Wochen.

Mietwagen

b Wir helfen Ihnen, gleichwertiges Fahrzeug anzumieten. Mieten Sie ein Fahrzeug h A.3.6.3 an, übernehmen wir die Kosten hierfür, bis Ihr Fahrzeug wieder fahrbereit zur Verfügung steht. Wir zahlen höchstens x uro.

Fahrzeugverzollung und -verschrottung

c Muss das Fahrzeug nach dem Diebstahl im Ausland verzollt werden, helfen wir bei der Verzollung. Wir übernehmen die hierbei anfallenden Verfahrensgebühren mit Ausnahme des Zollbetrags und sonstiger Steuern. Lassen Sie Ihr Fahrzeug verschrotten, um die Verzollung zu vermeiden, übernehmen wir die Verschrottungskosten.

A.3.8.3 Im Todesfall

Im Fall Ihres Todes auf einer Reise mit dem versicherten Fahrzeug im Ausland sorgen wir nach Abstimmung mit den Angehörigen

- für die Bestattung im Ausland oder
- für die Überführung nach Deutschland.

Wir übernehmen hierfür die Kosten.

Diese Leistung gilt nicht bei Tod einer mitversicherten Person.

A.3.9 Was ist nicht versichert?

Vorsatz und grobe Fahrlässigkeit

A.3.9.1 Kein Versicherungsschutz besteht für Schäden, die Sie vorsätzlich herbeiführen. Bei grob fahrlässiger Herbeiführung des Schadens sind wir berechtigt, unsere Leistung in einem der Schwere Ihres Verschuldens entsprechenden Verhältnis zu kürzen.

Genehmigte Rennen

A.3.9.2 Kein Versicherungsschutz besteht für Schäden, die bei Beteiligung an behördlich genehmigten kraftfahrt-sportlichen Veranstaltungen, bei denen es auf Erzielung einer Höchstgeschwindigkeit ankommt, entstehen. Dies gilt auch für dazugehörige Übungsfahrten. Hinweis: Die Teilnahme an nicht genehmigten Rennen stellt eine Verletzung Ihrer Pflichten nach D.1.1.4 dar.

Erdbeben, Kriegsereignisse, innere Unruhen und Staatsgewalt

A.3.9.3 Kein Versicherungsschutz besteht für Schäden, die durch Erdbeben, Kriegsereignisse, innere Unruhen oder Maßnahmen der Staatsgewalt unmittelbar oder mittelbar verursacht werden.

Schäden durch Kernenergie

A.3.9.4 Kein Versicherungsschutz besteht für Schäden durch Kernenergie.

A.3.10 Anrechnung ersparter Aufwendungen

Haben Sie aufgrund unserer Leistungen Kosten erspart, die Sie ohne das Schadenereignis hätten aufwenden müssen, können wir diese von unserer Zahlung abziehen.

A.3.11 Verpflichtung Dritter

A.3.11.1 Soweit im Schadenfall ein Dritter Ihnen gegenüber aufgrund eines Vertrags oder einer Mitgliedschaft in einem Verband oder Verein zur Leistung oder zur Hilfe verpflichtet ist, gehen diese Ansprüche unseren Leistungsverpflichtungen vor.

A.3.11.2 Wenden Sie sich nach einem Schadenereignis allerdings zuerst an uns, sind wir Ihnen gegenüber abweichend von A.3.11.1 zur Leistung verpflichtet.

A.4 Kfz-Unfallversicherung – wenn Insassen verletzt oder getötet werden

A.4.1 Was ist versichert?

Unfälle bei Gebrauch des Fahrzeugs

A.4.1.1 Wir bieten den vereinbarten Versicherungsschutz bei Unfällen der versicherten Person, die in unmittelbarem Zusammenhang mit dem Gebrauch Ihres Fahrzeugs oder eines damit verbunden Anhängers stehen (z.B. Fahren, Ein- und Aussteigen, Be- und Entladen).

Unfallbegriff

A.4.1.2 Ein Unfall liegt vor, wenn die versicherte Person durch

- ein plötzlich von außen auf ihren Körper wirkendes Ereignis (Unfallereignis)
- unfreiwillig eine Gesundheitsschädigung

erleidet.

Erweiterter Unfallbegriff

A.4.1.3 Als Unfall gilt auch, wenn sich die versicherte Person durch eine erhöhte Kraftanstrengung

- ein Gelenk an Gliedmaßen oder der Wirbelsäule verrenkt,
- Muskeln, Sehnen, Bänder oder Kapseln an Gliedmaßen oder der Wirbelsäule zerrt oder zerreißt.

Meniskus und Bandscheiben sind weder Muskeln, Sehnen, Bänder noch Kapseln. Deshalb werden sie von dieser Regelung nicht erfasst.

Eine erhöhte Kraftanstrengung ist eine Bewegung, deren Muskeleinsatz über die normalen Handlungen des täglichen Lebens hinausgeht. Maßgeblich für die Beurteilung des Muskeleinsatzes sind die individuellen körperlichen Verhältnisse der versicherten Person.

A.4.2 Wer ist versichert?

A.4.2.1 Pauschalsystem

Mit der Kfz-Unfallversicherung nach dem Pauschalsystem sind die jeweiligen berechtigten Insassen des Fahrzeugs versichert. Ausgenommen sind bei Ihnen angestellte Berufsfahrer und Beifahrer, wenn sie als solche das Fahrzeug gebrauchen.

Bei zwei und mehr berechtigten Insassen erhöht sich die Versicherungssumme um xx Prozent und teilt sich durch die Gesamtzahl der Insassen, unabhängig davon, ob diese zu Schaden kommen.

A.4.2.2 Kfz-Unfall-Plus-Versicherung

Mit derKfz-Unfall-Plus-Versicherung sind die jeweiligen berechtigten Insssen des Fahrzeugs mit der für Invalidität und Tod vereinbarten Versicherungssumme versichert. Wird der jeweilige Fahrer verletzt und verbleibt eine unfallbedingte Invalidität von xx Prozent, erhöht sich die für Invalidität vereinbarte Versicherungssumme für ihn um xx Prozent.

A.4.2.3 Platzsystem

Mit der Kfz-Unfallversicherung nach dem Platzsystem sind die im Versicherungsschein bezeichneten Plätze oder eine bestimmte Anzahl von berechtigten Insassen des Fahrzeugs versichert. Ausgenommen sind bei Ihnen angestellte Berufsfahrer und Beifahrer, wenn sie als solche das Fahrzeug gebrauchen. Befinden sich in dem Fahrzeug mehr berechtigte Insassen als Plätze oder Personen im Versicherungsschein angegeben, verringert sich die Versicherungssumme für den einzelnen Insassen entsprechend.

A.4.2.4 Was versteht man unter berechtigten Insassen?

Berechtigte Insassen sind Personen (Fahrer und alle weiteren Insassen), die sich mit Wissen und Willen des Verfügungsberechtigten in oder auf dem versicherten Fahrzeug befinden oder in unmittelbarem Zusammenhang mit ihrer Beförderung beim Gebrauch des Fahrzeugs tätig werden.

A.4.2.5 Berufsfahrerversicherung

Mit der Berufsfahrerversicherung sind versichert

a die Berufsfahrer und Beifahrer des im Versicherungsschein bezeichneten Fahrzeugs,

b die im Versicherungsschein namentlich bezeichneten Berufsfahrer und Beifahrer unabhängig von einem bestimmten Fahrzeug oder

c alle bei Ihnen angestellten Berufsfahrer und Beifahrer unabhängig von einem bestimmten Fahrzeug.

A.4.2.6 Namentliche Versicherung

Mit der namentlichen Versicherung ist die im Versicherungsschein bezeichnete Person unabhängig von einem bestimmten Fahrzeug versichert. Diese Person kann ihre Ansprüche selbstständig gegen uns geltend machen.

A.4.3 In welchen Ländern besteht Versicherungsschutz?

Sie haben in der Kfz-Unfallversicherung Versicherungsschutz in den geographischen Grenzen Europas sowie den außereuropäischen Gebieten, die zum Geltungsbereich der Europäischen Union gehören.

A.4.4 Welche Leistungen umfasst die Kfz-Unfallversicherung?

Ihrem Versicherungsschein können Sie entnehmen, welche der nachstehenden Leistungen mit welchen Versicherungssummen vereinbart sind.

A.4.5 Leistung bei Invalidität

A.4.5.1 Voraussetzungen für die Leistung Invalidität

A.4.5.1.1 Die versicherte Person hat eine Invalidität erlitten.

Eine Invalidität liegt vor, wenn unfallbedingt

- die körperliche oder geistige Leistungsfähigkeit
- dauerhaft

beeinträchtigt ist.

Dauerhaft ist eine Beeinträchtigung, wenn

- sie voraussichtlich länger als drei Jahre bestehen wird und
- eine Änderung dieses Zustands nicht zu erwarten ist.

Eintritt und ärztliche Feststellung der Invalidität

A.4.5.1.2 Die Invalidität ist innerhalb von 15 Monaten nach dem Unfall

- eingetreten und
- von einem Arzt schriftlich festgestellt worden.

Ist eine dieser Voraussetzungen nicht erfüllt, besteht kein Anspruch auf Invaliditätsleistung.

Geltendmachung der Invalidität

A.4.5.1.3 Sie müssen die Invalidität innerhalb von 15 Monaten nach dem Unfall bei uns geltend machen. Geltend machen heißt: Sie teilen uns mit, dass Sie von einer Invalidität ausgehen.

Versäumen Sie diese Frist, ist der Anspruch auf Invaliditätsleistung ausgeschlossen.

Nur in besonderen Ausnahmefällen lässt es sich entschuldigen, wenn Sie die Frist versäumt haben.

Keine Invaliditätsleistung bei Unfalltod im ersten Jahr

A.4.5.1.4 Stirbt die versicherte Person unfallbedingt innerhalb eines Jahres nach dem Unfall, besteht kein Anspruch auf Invaliditätsleistung.

In diesem Fall zahlen wir eine Todesfallleistung (A.4.8), sofern diese vereinbart ist.

A.4.5.2 Art und Höhe der Leistung

Berechnung der Invaliditätsleistung

A.4.5.2.1 Die Invaliditätsleistung erhalten Sie als Einmalzahlung.

Grundlagen für die Berechnung der Leistung sind

- die vereinbarte Versicherungssumme und
- der unfallbedingte Invaliditätsgrad.

Bemessung des Invaliditätsgrads, Zeitraum für die Bemessung

A.4.5.2.2 Der Invaliditätsgrad richtet sich

- nach der Gliedertaxe (A.4.5.2.3), sofern die betroffenen Körperteile oder Sinnesorgane dort genannt sind,
- ansonsten danach, in welchem Umfang die normale körperliche oder geistige Leistungsfähigkeit dauerhaft beeinträchtigt ist (A.4.5.2.4)

Maßgeblich ist der unfallbedingte Gesundheitszustand, der spätestens am Ende des dritten Jahres nach dem Unfall erkennbar ist. Dies gilt sowohl für die erste als auch für spätere Bemessungen der Invalidität (A.4.10.4).

Gliedertaxe

A.4.5.2.3 Bei Verlust oder vollständiger Funktionsunfähigkeit eines der folgenden Körperteile oder Sinnesorgane gelten ausschließlich die hier genannten Invaliditätsgrade:

Arm	xx %
Arm bis oberhalb des Ellenbogengelenks	xx %
Arm unterhalb des Ellenbogengelenks	xx %

A.4.8 Todesfallleistung

Voraussetzungen für die Leistung

A.4.8.1 Die versicherte Person stirbt unfallbedingt innerhalb eines Jahres nach dem Unfall. Beachten Sie dann die Verhaltensregeln nach E.1.5.1.

Art und Höhe der Leistung

A.4.8.2 Wir zahlen die Todesfallleistung in Höhe der vereinbarten Versicherungssumme.

A.4.9 Was passiert, wenn Unfallfolgen mit Krankheiten oder Gebrechen zusammentreffen?

Krankheiten und Gebrechen

A.4.9.1 Wir leisten ausschließlich für Unfallfolgen. Dies sind Gesundheitsschädigungen und ihre Folgen, die durch das Unfallereignis verursacht wurden.

Wir leisten nicht für Krankheiten oder Gebrechen.

Mitwirkung

A.4.9.2 Treffen Unfallfolgen mit Krankheiten oder Gebrechen zusammen, gilt Folgendes:

A.4.9.2.1 Entsprechend dem Umfang, in dem Krankheiten oder Gebrechen an der Gesundheitsschädigung oder ihren Folgen mitgewirkt haben (Mitwirkungsanteil), mindert sich

- bei der Invaliditätsleistung der Prozentsatz des Invaliditätsgrads.
- bei der Todesfallleistung und, soweit nicht etwas anderes bestimmt ist, bei den anderen Leistungsarten die Leistung selbst.

A.4.9.2.2 Beträgt der Mitwirkungsanteil weniger als 25 %, nehmen wir keine Minderung vor.

A.4.10 Fälligkeit

Wir erbringen unsere Leistungen, nachdem wir die Erhebungen abgeschlossen haben, die zur Feststellung des Versicherungsfalls und des Umfangs unserer Leistungspflicht notwendig sind. Dazu gilt Folgendes:

Erklärung über die Leistungspflicht

A.4.10.1 Wir sind verpflichtet, innerhalb eines Monats in Textform zu erklären, ob und in welchem Umfang wir unsere Leistungspflicht anerkennen. Bei Invaliditätsleistung beträgt die Frist drei Monate.

Die Fristen beginnen, sobald uns folgende Unterlagen zugehen:

- Nachweis des Unfallhergangs und der Unfallfolgen.
- Bei Invaliditätsleistung zusätzlich der Nachweis über den Abschluss des Heilverfahrens, soweit dies für die Bemessung des Invaliditätsgrads notwendig ist.

Beachten Sie dabei auch die Verhaltensregeln nach E.1.5.

Die ärztlichen Gebühren, die Ihnen zur Begründung des Leistungsanspruchs entstehen, übernehmen wir

- bei Invaliditätsleistung bis zu xx % der versicherten Summe.

• bei Tagegeld und Krankenhaustagegeld jeweils bis zu xx Tagessätze.

Sonstige Kosten übernehmen wir nicht.

Leistung innerhalb von zwei Wochen

A.4.10.2 Erkennen wir den Anspruch an oder haben wir uns mit Ihnen über Grund und Höhe geeinigt, leisten wir innerhalb von zwei Wochen.

Vorschüsse

A.4.10.3 Steht die Leistungspflicht zunächst nur dem Grunde nach fest, zahlen wir – auf Ihren Wunsch – angemessene Vorschüsse.

Vor Abschluss des Heilverfahrens kann eine Invaliditätsleistung innerhalb eines Jahres nach dem Unfall nur bis zur Höhe einer vereinbarten Todesfallsumme beansprucht werden.

Neubemessung des Invaliditätsgrads

A.4.10.4 Nach der Bemessung des Invaliditätsgrads können sich Veränderungen des Gesundheitszustands ergeben.

Sie und wir sind berechtigt, den Grad der Invalidität jährlich erneut ärztlich bemessen zu lassen.

Dieses Recht steht Ihnen und uns längstens bis zu drei Jahren nach dem Unfall zu. Bei Kindern bis zur Vollendung des xx. Lebensjahres verlängert sich diese Frist von drei auf xx Jahre.

- Wenn wir eine Neubemessung wünschen, teilen wir Ihnen dies zusammen mit der Erklärung über unsere Leistungspflicht mit.
- Wenn Sie eine Neubemessung wünschen, müssen Sie uns dies vor Ablauf der Frist mitteilen.

Ergibt die endgültige Bemessung eine höhere Invaliditätsleistung, als wir bereits gezahlt haben, ist der Mehrbetrag mit xx% jährlich zu verzinsen.

A.4.11 Zahlung für eine mitversicherte Person

Sie können die Auszahlung der auf eine mitversicherte Person entfallenden Versicherungsleistung an Sie selbst nur mit der Zustimmung der versicherten Person verlangen.

A.4.12 Was ist nicht versichert?

Straftat

A.4.12.1 Kein Versicherungsschutz besteht bei Unfällen, die der versicherten Person dadurch zustoßen, dass sie vorsätzlich eine Straftat begeht oder versucht.

Geistes- oder Bewusstseinsstörungen/Trunkenheit

A.4.12.2 Kein Versicherungsschutz besteht bei Unfällen des Fahrers durch Geistes- oder Bewusstseinsstörungen, auch soweit diese auf Trunkenheit beruhen, sowie durch Schlaganfälle, epileptische Anfälle oder andere Krampfanfälle, die den ganzen Körper des Fahrers ergreifen.

Versicherungsschutz besteht jedoch, wenn diese Störungen oder Anfälle durch ein Unfallereignis verursacht sind, das unter diesen Vertrag oder unter eine für das Vorfahrzeug bei uns abgeschlossene Kfz-Unfallversicherung fällt.

Genehmigte Rennen

A.4.12.3 Kein Versicherungsschutz besteht bei Unfällen, die bei Beteiligung an behördlich genehmigten kraftfahrt-sportlichen Veranstaltungen, bei denen es auf die Erzielung einer Höchstgeschwindigkeit ankommt, entstehen. Dies gilt auch für dazugehörige Übungsfahrten. Hinweis: Die Teilnahme an nicht genehmigten Rennen stellt eine Verletzung Ihrer Pflichten nach D.1.1.4 dar.

Erdbeben, Kriegsereignisse, innere Unruhen, Maßnahmen der Staatsgewalt

A.4.12.4 Kein Versicherungsschutz besteht bei Unfällen, die durch Erdbeben, Kriegsereignisse, innere Unruhen oder Maßnahmen der Staatsgewalt unmittelbar oder mittelbar verursacht werden.

Kernenergie

A.4.12.5 Kein Versicherungsschutz besteht bei Schäden durch Kernenergie.

Bandscheiben, innere Blutungen

A.4.12.6 Kein Versicherungsschutz besteht bei Schäden an Bandscheiben sowie bei Blutungen aus inneren Organen und Gehirnblutungen. Versicherungsschutz besteht jedoch, wenn überwiegende Ursache ein unter diesen Vertrag fallendes Unfallereignis nach A.4.1.2 ist.

Infektionen

A.4.12.7 Kein Versicherungsschutz besteht bei Infektionen. Bei Wundstarrkrampf und Tollwut besteht jedoch Versicherungsschutz, wenn die Krankheitserreger durch ein versichertes Unfallereignis sofort oder später in den Körper gelangen. Bei anderen Infektionen besteht Versicherungsschutz, wenn die Krankheitserreger durch ein versichertes Unfallereignis, das nicht nur geringfügige Haut- oder Schleimhautverletzungen verursacht, sofort oder später in den Körper gelangen. Bei Infektionen, die durch Heilmaßnahmen verursacht sind, besteht Versicherungsschutz, wenn die Heilmaßnahmen durch ein unter diesen Vertrag fallendes Unfallereignis veranlasst waren.

Psychische Reaktionen

A.4.12.8 Kein Versicherungsschutz besteht bei krankhaften Störungen infolge psychischer Reaktionen, auch wenn diese durch einen Unfall verursacht wurden.

Bauch- und Unterleibsbrüche

A.4.12.9 Kein Versicherungsschutz besteht bei Bauch- oder Unterleibsbrüchen. Versicherungsschutz besteht jedoch, wenn sie durch eine unter diesen Vertrag fallende gewaltsame, von außen kommende Einwirkung entstanden sind.

A.5 Fahrerschutzversicherung – wenn der Fahrer verletzt oder getötet wird

Die Fahrerschutzversicherung ist eine Kfz-Unfallversicherung, deren Leistungen sich nach dem tatsächlich entstandenen Personenschaden richten.

A.5.1 Was ist versichert?

Versichert sind Personenschäden des berechtigten Fahrers, die dadurch entstehen, dass er durch einen Unfall beim Lenken des versicherten Fahrzeugs verletzt oder getötet wird.

Ein Unfall liegt vor, wenn der Fahrer durch ein plötzlich von außen auf seinen Körper wirkendes Ereignis (Unfallereignis) unfreiwillig eine Gesundheitsschädigung erleidet.

Zum Lenken des Fahrzeugs gehört z.B. nicht das Ein- und Aussteigen oder das Be- und Entladen.

A.5.2 Wer ist versichert?

Versichert ist der berechtigte Fahrer des Fahrzeugs. Berechtigter Fahrer ist eine Person, die mit Wissen und Willen des Verfügungsberechtigten das Fahrzeug lenkt.

Im Todesfall des Fahrers sind seine Hinterbliebenen bezüglich ihrer gesetzlichen Unterhaltsansprüche mitversichert.

A.5.3 In welchen Ländern besteht Versicherungsschutz?

In der Fahrerschutzversicherung besteht Versicherungsschutz in den geographischen Grenzen Europas sowie den außereuropäischen Gebieten, die zum Geltungsbereich der Europäischen Union gehören.

<Redaktioneller Hinweis: Alternativ könnte z.B. der Geltungsbereich KH inklusive Internationale Versicherungskarte Geltungsbereich vereinbart werden.>

A.5.4 Was leisten wir in der Fahrerschutzversicherung?

<Achtung! Es folgen zwei Varianten von A.5.4.1>

Was wir ersetzen

A.5.4.1 Wir ersetzen den unfallbedingten Personenschaden (z.B. Verdienstausfall, Hinterbliebenenrente, [Schmerzensgeld]) so, als ob ein Dritter schadenersatzpflichtig wäre. Dabei leisten wir nach den deutschen gesetzlichen Schadenersatzbestimmungen des Privatrechts.

<Redaktioneller Hinweis: Sollen bestimmte Leistungspositionen (z.B. Schmerzensgeld, Rechtsanwaltsgebühren) nicht ersetzt werden, sind diese hier aufzuführen.>

[Wir zahlen nicht für ....]

<Redaktioneller Hinweis: Versicherer, die nicht den vollständigen Leistungsumfang analog Schadenersatzrecht nach KH abdecken wollen, können alternativ die versicherten Leistungspositionen abschließen aufzählen und ggf. limitieren.>

[Was wir ersetzen

A.5.4.1 Wir ersetzen den unfallbedingten Personenschaden so, als ob ein Dritter schadenersatzpflichtig wäre. Dabei leisten wir nach den deutschen gesetzlichen Schadenersatzbestimmungen des Privatrechts in folgendem Umfang:

- Verdienstausfall [bis xx Euro]
- [........]]

Vorrangige Leistungspflicht Dritter

A.5.4.2 Wir erbringen keine Leistungen, soweit Sie gegenüber Dritten (z.B. Schädiger, Haftpflichtversicherer, Krankenkasse, Rentenversicherungsträger, Berufsgenossenschaft, Arbeitgeber) Anspruch auf Ersatz Ihres Schadens oder Anspruch auf deckungsgleiche (kongruente) Leistungen haben.

Ausnahme: Soweit Sie einen solchen Anspruch nicht erfolgversprechend durchsetzen können, leisten wir dennoch, wenn nachfolgende Voraussetzungen vorliegen:

- Sie haben den Anspruch in Textform geltend gemacht.
- Sie haben weitere zur Durchsetzung Ihres Anspruchs erforderliche Anstrengungen unternommen, die Ihnen billigerweise zumutbar waren.
- Sie haben Ihren Anspruch wirksam an uns abgetreten.

Hinweis: Ansprüche gegen Dritte sind nicht immer wirksam abtretbar. Unter anderem können Ansprüche gegen Sozialversicherungsträger (z.B. Krankenkasse, Rentenversicherungsträger) häufig nicht oder nur mit deren Zustimmung abgetreten werden. In diesen Fällen können wir nicht im Voraus Leistungen erbringen, sondern erst dann, wenn abschließend geklärt ist, dass keine Ansprüche gegenüber Dritten bestehen.

Vereinbarungen, die Sie mit Dritten über diese Ansprüche treffen (z.B. ein Abfindungsvergleich), binden uns nur, wenn wir vorher zugestimmt haben.

Bis zu welcher Höhe leisten wir (Versicherungssumme)?

A.5.4.3 Unsere Leistung für ein Schadenereignis ist beschränkt auf die Höhe der vereinbarten Versicherungssumme. Mehrere zeitlich zusammenhängende Schäden, die dieselbe Ursache haben, gelten als ein einziges Schadenereignis. Die Höhe Ihrer Versicherungssumme können Sie dem Versicherungsschein entnehmen.

<Redaktioneller Hinweis: Wenn unter A.5.4.1 die Leistungspositionen der Höhe nach limitiert sind, kann die Aufführung der Versicherungssumme entbehrlich sein. Sind nur einzelne Leistungspositionen limitiert, sollte nachfolgender Hinweis erfolgen:>

[Hinweis: Beachten Sie zu den Summenbegrenzungen für einzelne Leistungen A.5.4.1.]

A.5.5 Fälligkeit, Abtretung, Zahlung für eine mitversicherte Person

Fälligkeit der Leistung und Vorschusszahlung

A.5.5.1 Wir sind verpflichtet, innerhalb eines Monats in Textform zu erklären, ob und in welchem Umfang wir unsere Leistungspflicht anerkennen. Die Frist beginnt, wenn uns Ihr Leistungsantrag und die zu dessen Beurteilung erforderlichen Unterlagen vorliegen.

Erkennen wir den Anspruch an oder haben wir uns mit Ihnen über Grund und Höhe geeinigt, leisten wir innerhalb von zwei Wochen.

Steht die Leistungspflicht zunächst nur dem Grunde nach fest, zahlen wir – auf Ihren Wunsch – angemessene Vorschüsse

Zahlung für eine mitversicherte Person

A.5.5.2 Sie als Versicherungsnehmer können unsere Zahlung für eine mitversicherte Person an Sie selbst nur mit Zustimmung der mitversicherten Person verlangen.

A.5.6 **Was ist nicht versichert?**

Straftat

A.5.6.1 Kein Versicherungsschutz besteht bei Unfällen, die dem Fahrer dadurch zustoßen, dass *er* vorsätzlich eine Straftat begeht oder versucht.

Psychische Reaktionen

A.5.6.2 Kein Versicherungsschutz besteht bei krankhaften Störungen infolge psychischer Reaktionen, auch wenn diese durch einen Unfall verursacht wurden.

Schäden an der Bandscheibe

A.5.6.3 Kein Versicherungsschutz besteht bei Schäden an Bandscheiben. Versicherungsschutz besteht jedoch, wenn ein unter diesen Vertrag fallendes Unfallereignis diese Gesundheitsschäden überwiegend (das heißt: zu mehr als 50 %) verursacht.

Ansprüche Dritter

A.5.6.4 Ansprüche, die von anderen Versicherern, Arbeitgebern, Dienstherrn und Sozialversicherungsträgern gegen uns geltend gemacht werden, sind ausgeschlossen.

Genehmigte Rennen

A.5.6.5 Kein Versicherungsschutz besteht für Schäden, die bei Beteiligung an behördlich genehmigten kraftfahrt-sportlichen Veranstaltungen, bei denen es auf die Erzielung einer Höchstgeschwindigkeit ankommt, entstehen. Dies gilt auch für dazugehörige Übungsfahrten. Hinweis: Die Teilnahme an nicht genehmigten Rennen stellt eine Verletzung Ihrer Pflichten nach D.1.1.4 dar.

Erdbeben, Kriegsereignisse, innere Unruhen, Maßnahmen der Staatsgewalt

A.5.6.6 Kein Versicherungsschutz besteht für Schäden, die durch Erdbeben, Kriegsereignisse, innere Unruhen oder Maßnahmen der Staatsgewalt unmittelbar oder mittelbar verursacht werden.

Schäden durch Kernenergie

A.5.6.7 Kein Versicherungsschutz besteht für Schäden durch Kernenergie.

B Beginn des Vertrags und vorläufiger Versicherungsschutz

Der Versicherungsvertrag kommt dadurch zustande, dass wir Ihren Antrag annehmen. Regelmäßig geschieht dies durch Zugang des Versicherungsscheins bei Ihnen.

B.1 Wann beginnt der Versicherungsschutz?

Der Versicherungsschutz beginnt erst, wenn Sie den in Ihrem Versicherungsschein genannten fälligen Beitrag gezahlt haben, jedoch nicht vor dem vereinbarten Zeitpunkt. Zahlen Sie den ersten oder einmaligen Beitrag nicht rechtzeitig, richten sich die Folgen nach C.1.2 und C.1.3.

B.2 **Vorläufiger Versicherungsschutz**

Bevor der Beitrag gezahlt ist, haben Sie nach folgenden Bestimmungen vorläufigen Versicherungsschutz:

Kfz-Haftpflichtversicherung und Autoschutzbrief

B.2.1 Händigen wir Ihnen die Versicherungsbestätigung aus oder nennen wir Ihnen bei elektronischer Versicherungsbestätigung die Versicherungsbestätigungs-Nummer, haben Sie in der Kfz-Haftpflichtversicherung und beim Autoschutzbrief vorläufigen Versicherungsschutz zu dem vereinbarten Zeitpunkt, spätestens ab dem Tag, an dem das Fahrzeug unter Verwendung der Versicherungsbestätigung zugelassen wird. Ist das Fahrzeug bereits auf Sie zugelassen, beginnt der vorläufige Versicherungsschutz ab dem vereinbarten Zeitpunkt.

Kasko-, Kfz-Unfall- und Fahrerschutzversicherung

B.2.2 In der Kasko-, Kfz-Unfall- und Fahrerschutzversicherung haben Sie vorläufigen Versicherungsschutz nur, wenn wir dies ausdrücklich zugesagt haben. Der Versicherungsschutz beginnt zum vereinbarten Zeitpunkt.

Übergang des vorläufigen in den endgültigen Versicherungsschutz

B.2.3 Sobald Sie den ersten oder einmaligen Beitrag nach C.1.1 gezahlt haben, geht der vorläufige in den endgültigen Versicherungsschutz über.

Rückwirkender Wegfall des vorläufigen Versicherungsschutzes

B.2.4 Der vorläufige Versicherungsschutz entfällt rückwirkend, wenn

- wir Ihren Antrag unverändert angenommen haben und
- Sie den ersten oder einmaligen Beitrag nicht unverzüglich (d.h. spätestens innerhalb von 14 Tagen) nach Ablauf von zwei Wochen nach Zugang des Versicherungsscheins bezahlt haben.

Sie haben dann von Anfang an keinen Versicherungsschutz. Dies gilt nur, wenn Sie die nicht rechtzeitige Zahlung zu vertreten haben.

Kündigung des vorläufigen Versicherungsschutzes

B.2.5 Sie und wir sind berechtigt, den vorläufigen Versicherungsschutz jederzeit zu kündigen. Unsere Kündigung wird erst nach Ablauf von zwei Wochen ab Zugang der Kündigung bei Ihnen wirksam.

Beendigung des vorläufigen Versicherungsschutzes durch Widerruf

B.2.6 Widerrufen Sie den Versicherungsvertrag nach § 8 Versicherungsvertragsgesetz[1)], endet der vorläufige Versicherungsschutz mit dem Zugang Ihrer Widerrufserklärung bei uns.

Beitrag für vorläufgen Versicherungsschutz

B.2.7 Für den Zeitraum des vorläufigen Versicherungsschutzes haben wir Anspruch auf einen der Laufzeit entsprechenden Teil des Beitrags.

[1)] Habersack, Deutsche Gesetze Nr. 62.

C Beitragszahlung

C.1 Zahlung des ersten oder einmaligen Beitrags

Rechtzeitige Zahlung

C.1.1 Der im Versicherungsschein genannte erste oder einmalige Beitrag wird in 14 Tagen nach Zugang des Versicherungsscheins fällig. Sie haben diesen Beitrag dann unverzüglich (d.h. spätestens innerhalb von 14 Tagen) zu zahlen.

Nicht rechtzeitige Zahlung

C.1.2 Zahlen Sie den ersten oder einmaligen Beitrag nicht rechtzeitig, haben Sie von Anfang an keinen Versicherungsschutz, es sei denn, Sie haben die Nichtzahlung oder verspätete Zahlung nicht zu vertreten. Haben Sie die nicht rechtzeitige Zahlung jedoch zu vertreten, beginnt der Versicherungsschutz erst ab der Zahlung des Beitrags.

C.1.3 Außerdem können wir vom Vertrag zurücktreten, solange der Beitrag nicht gezahlt ist. Der Rücktritt ist ausgeschlossen, wenn Sie die Nichtzahlung nicht zu vertreten haben. Nach dem Rücktritt können wir von Ihnen eine Geschäftsgebühr verlangen. Diese beträgt xx % des Jahresbeitrags für jeden angefangenen Monat ab dem beantragten Beginn des Versicherungsschutzes bis zu unserem Rücktritt, jedoch höchstens xx % des Jahresbeitrags.

C.2 Zahlung des Folgebeitrags

Rechtzeitige Zahlung

C.2.1 Ein Folgebeitrag ist zu dem im Versicherungsschein oder in der Beitragsrechnung angegebenen Zeitpunkt fällig und zu zahlen.

Nicht rechtzeitige Zahlung

C.2.2 Zahlen Sie einen Folgebeitrag nicht rechtzeitig, fordern wir Sie auf, den rückständigen Beitrag zuzüglich des Verzugsschadens (Kosten und Zinsen) innerhalb von zwei Wochen ab Zugang unserer Aufforderung zu zahlen.

C.2.3 Tritt ein Schadenereignis nach Ablauf der zweiwöchigen Zahlungsfrist ein und sind zu diesem Zeitpunkt diese Beträge noch nicht bezahlt, haben Sie keinen Versicherungsschutz. Wir bleiben jedoch zur Leistung verpflichtet, wenn Sie die verspätete Zahlung nicht zu vertreten haben.

C.2.4 Sind Sie mit der Zahlung dieser Beträge nach Ablauf der zweiwöchigen Zahlungsfrist noch in Verzug, können wir den Vertrag mit sofortiger Wirkung kündigen. Unsere Kündigung wird unwirksam, wenn Sie diese Beträge innerhalb eines Monats ab Zugang der Kündigung zahlen. Haben wir die Kündigung zusammen mit der Mahnung ausgesprochen, wird die Kündigung unwirksam, wenn Sie innerhalb eines Monas nach Ablauf der in der Mahnung genannten Zahlungsfrist zahlen.

Für Schadenereignisse, die in der Zeit nach Ablauf der zweiwöchigen Zahlungsfrist bis zu Ihrer Zahlung eintreten, haben Sie keinen Versicherungsschutz. Versicherungsschutz besteht erst wieder für Schadenereignisse nach Ihrer Zahlung.

C.3 Nicht rechtzeitige Zahlung bei Fahrzeugwechsel

Versichern Sie anstelle Ihres bisher bei uns versicherten Fahrzeugs ein anderes Fahrzeug bei uns (Fahrzeugwechsel), wenden wir für den neuen Vertrag bei nicht rechtzeitiger Zahlung des ersten oder einmaligen Beitrags die für Sie günstigeren Regelungen zum Folgebeitrag nach C.2.2 bis C.2.4 an. Außerdem berufen wir uns nicht auf den rückwirkenden Wegfall des vorläufigen Versicherungsschutzes nach B.2.4. Dafür müssen folgende Voraussetzungen gegeben sein:

- Zwischen dem Ende der Versicherung des bisherigen Fahrzeugs und dem Beginn der Versicherung des anderen Fahrzeugs sind nicht mehr als sechs Monate vergangen,
- Fahrzeugart und Verwendungszweck der Fahrzeuge sind gleich.

Kündigen wir das Versicherungsverhältnis wegen Nichtzahlung, können wir von Ihnen eine Geschäftsgebühr entsprechend C.1.3 verlangen.

C.4 Zahlungsperiode

Beiträge für Ihre Versicherung müssen Sie entsprechend der vereinbarten Zahlungsperiode bezahlen. Die Zahlungsperiode ist die Versicherungsperiode nach § 12 Versicherungsvertragsgesetz[1]. Welche Zahlungsperiode Sie mit uns vereinbart haben, können Sie Ihrem Versicherungsschein entnehmen.

Die Laufzeit des Vertrags, die sich von der Zahlungsperiode unterscheiden kann, ist in Abschnitt G geregelt.

C.5 Beitragspflicht bei Nachhaftung in der Kfz-Haftpflichtversicherung

Bleiben wir in der Kfz-Haftpflichtversicherung aufgrund § 117 Abs. 2 Versicherungsvertragsgesetz[1] gegenüber einem Dritten trotz Beendigung des Versicherungsvertrages zur Leistung verpflichtet, haben wir Anspruch auf den Beitrag für die Zeit dieser Verpflichtung. Unsere Rechte nach § 116 Abs. 1 Versicherungsvertragsgesetz bleiben unberührt.

D Ihre Pflichten bei Gebrauch des Fahrzeugs und Folgen einer Pflichtverletzung

D.1 Welche Pflichten haben Sie bei Gebrauch des Fahrzeugs?

D.1.1 Bei allen Versicherungsarten

Nutzung nur zum vereinbarten Verwendungszweck

D.1.1.1 Das Fahrzeug darf nur zu dem im Versicherungsvertrag angegebenen Zweck verwendet werden.

<xx Alternativformulierung für die Versicherer, die den Anhang verwenden:>

[xx siehe Tabelle zur Begriffsbestimmung für Art und Verwendung des Fahrzeugs[

[1] **Habersack, Deutsche Gesetze Nr. 62.**

Nutzung nur durch den berechtigten Fahrer

D.1.1.2 Das Fahrzeug darf nur von einem berechtigten Fahrer gebraucht werden. Berechtigter Fahrer ist, wer das Fahrzeug mit Wissen und Willen des Verfügungsberechtigten gebraucht. Außerdem dürfen Sie, der Halter oder der Eigentümer des Fahrzeugs es nicht wissentlich ermöglichen, dass das Fahrzeug von einem unberechtigten Fahrer gebraucht wird.

Fahren nur mit Fahrerlaubnis

D.1.1.3 Der Fahrer des Fahrzeugs darf das Fahrzeug auf öffentlichen Wegen oder Plätzen nur mit der erforderlichen Fahrerlaubnis benutzen. Außerdem dürfen Sie, der Halter oder der Eigentümer das Fahrzeug nicht von einem Fahrer benutzen lassen, der nicht die erforderliche Fahrerlaubnis hat.

Nicht genehmigte Rennen

D.1.1.4 Das Fahrzeug darf nicht zu Fahrveranstaltungen verwendet werden, bei denen es auf Erzielung einer Höchstgeschwindigkeit ankommt (Rennen). Dies gilt auch für die dazugehörigen Übungsfahrten. Hinweis: Behördlich genehmigte Rennen sind in der Kfz-Haftpflicht-, Kasko-, Autoschutzbrief Kfz-Unfall- und Fahrerschutzversicherung gemäß A.1.5.2, A.2.9.2, A.3.9.2, A.4.12.3, A.5.6.6 vom Versicherungsschutz ausgeschlossen.

Fahrzeuge mit Wechselkennzeichen

D.1.1.5 Der Fahrer darf ein mit einem Wechselkennzeichen zugelassenes Fahrzeug auf öffentlichen Wegen oder Plätzen nur benutzen, wenn das Wechselkennzeichen vollständig angebracht ist. Außerdem dürfen Sie, der Halter oder der Eigentümer das Fahrzeug nur von einem Fahrer benutzen lassen, wenn das Wechselkennzeichen vollständig angebracht ist.

D.1.2 **Zusätzlich in der Kfz-Haftpflichtversicherung**

Alkohol und andere berauschende Mittel

Das Fahrzeug darf nicht gefahren werden, wenn der Fahrer durch alkoholische Getränke oder andere berauschende Mittel nicht in der Lage ist, das Fahrzeug sicher zu führen.

Außerdem dürfen Sie, der Halter oder der Eigentümer des Fahrzeugs dieses nicht von einem Fahrer fahren lassen, der durch alkoholische Getränke oder andere berauschende Mittel nicht in der Lage ist, das Fahrzeug sicher zu führen. Hinweis: Auch in der Kasko-, Autoschutzbrief-, Kfz-Unfall- und Fahrerschutzversicherung besteht für solche Fahrten nach A.2.9., A.3.9.1, A.4.12.2; D.1.3.1 kein oder eingeschränkter Versicherungsschutz.

D.1.3 **Zusätzlich in der Fhrerschutzversicherung**

Alkohol und anderberauschende Mittel

D.1.3.1 Das Fahrzeug darf niht gefahren werden, wenn der Fahrer durch alkoholische Getränkoder andere berauschende Mittel nicht in der Lage ist, das Fahrzeusicher zu führen. Hinweis: Auch in der Kfz-Haftpflicht-, Kasko-,Autoschutzbrief- und Kfz-Unfallversicherung besteht für solche Fahen nach D.1.2, A.2.9.1, A.3.9.1, A.4.12.2 kein oder eingeschränkter rsicherungsschutz.

Gurtpflicht

D.1.3.2 Der Fahrer muss während der Fahrt einen vorgeschriebenen Sicherheitsgurt angelegt haben, es sei denn, das Nichtanlegen ist gesetzlich erlaubt.

D.2 Welche Folgen hat eine Verletzung dieser Pflichten?

Leistungsfreiheit bzw. Leistungskürzung

D.2.1 Verletzen Sie vorsätzlich eine Ihrer in D.1 geregelten Pflichten, haben Sie keinen Versicherungsschutz. Verletzen Sie Ihre Pflichten grob fahrlässig, sind wir berechtigt, unsere Leistung in einem der Schwere Ihres Verschuldens entsprechenden Verhältnis zu kürzen. Weisen Sie nach, dass Sie die Pflicht nicht grob fahrlässig verletzt haben, bleibt der Versicherungsschutz bestehen.

Bei einer Verletzung der Pflicht in der Kfz-Haftpflichtversicherung aus D.1.2 Satz 2 sind wir Ihnen, dem Halter oder Eigentümer gegenüber nicht von der Leistungspflicht befreit, soweit Sie, der Halter oder Eigentümer als Fahrzeuginsasse, der das Fahrzeug nicht geführt hat, einen Personenschaden erlitten haben.

D.2.2 Abweichend von D.2.1 sind wir zur Leistung verpflichtet, soweit die Pflichtverletzung weder für den Eintritt des Versicherungsfalls noch für den Umfang unserer Leistungspflicht ursächlich ist. Dies gilt nicht, wenn Sie die Pflicht arglistig verletzen.

Beschränkung der Leistungsfreiheit in der Kfz-Haftpflichtversicherung

D.2.3 In der Kfz-Haftpflichtversicherung ist die sich aus D.2.1 ergebende Leistungsfreiheit bzw. Leistungskürzung Ihnen und den mitversicherten Personen gegenüber auf den Betrag von höchstens je xx Euro beschränkt.[1)].

Dies gilt entsprechend, wenn wir wegen einer von Ihnen vorgenommenen Gefahrerhöhung (§§ 23, 26 Versicherungsvertragsgesetz[2)]) vollständig oder teilweise von der Leistungspflicht befreit sind.

D.2.4 Gegenüber einem Fahrer, der das Fahrzeug durch eine vorsätzlich begangene Straftat erlangt (z.B. durch Diebstahl), sind wir vollständig von der Verpflichtung zur Leistung frei.

E Ihre Pflichten im Schadenfall und Folgen einer Pflichtverletzung

E.1 Welche Pflichten haben Sie im Schadenfall?

E.1.1 Bei allen Versicherungsarten

Anzeigepflicht

E.1.1.1 Sie sind verpflichtet, uns jedes Scladenereignis, das zu einer Leistung durch uns führen kann, innerhalbeiner Woche anzuzeigen.

E.1.1.2 Ermittelt die Polizei, die Staatsanvaltschaft oder eine andere Behörde *im Zusammenhang* mit dem Scadenereignis, sind Sie verpflichtet,

---

[1)] **Amtl. Anm.:** Gem. § 5 Abs. 3 KfzPflVV ***[HabersaclDeutsche Gesetze Nr. 63a]*** darf die Leistungsfreiheit höchstens auf 5.000 Euro beschränkt werden.

[2)] **Habersack, Deutsche Gesetze Nr. 62.**

uns dies unverzüglich mitzuteilen. Dies gilt auch, wenn Sie uns das Schadenereignis bereits gemeldet haben.

Aufklärungspflicht

E.1.1.3 Sie müssen alles tun, was zur Aufklärung des Versicherungsfalls und des Umfangs unserer Leistungspflicht erforderlich ist. Sie müssen dabei insbesondere folgende Pflichten beachten:

- Sie dürfen den Unfallort nicht verlassen, ohne die gesetzlich erforderlichen Feststellungen zu ermöglichen oder die dabei erforderliche Wartezeit zu beachten. Ist die erforderliche Wartezeit abgelaufen oder haben Sie sich berechtigt oder entschuldigt vom Unfallort entfernt, müssen Sie die Feststellungen unverzüglich nachträglich ermöglichen (Unfallflucht nach § 142 StGB[1]).
- Sie müssen unsere Fragen zu den Umständen des Schadenereignisses, zum Umfang des Schadens und zu unserer Leistungspflicht wahrheitsgemäß und vollständig beantworten. Wir können verlangen, dass Sie uns in Textform antworten.
- Sie müssen uns angeforderte Nachweise vorlegen, soweit es Ihnen billigerweise zugemutet werden kann, diese zu beschaffen.
- Sie müssen unsere für die Aufklärung des Schadens erforderlichen Weisungen befolgen, soweit dies für Sie zumutbar ist.
- Sie müssen uns Untersuchungen zu den Umständen des Schadenereignisses und zu unserer Leistungspflicht ermöglichen, soweit es Ihnen zumutbar ist.

Schadenminderungspflicht

E.1.1.4 Sie sind verpflichtet, bei Eintritt des Schadenereignisses nach Möglichkeit für die Abwendung und Minderung des Schadens zu sorgen.

Sie haben hierbei unsere Weisungen, soweit für Sie zumutbar, zu befolgen.

E.1.2 **Zusätzlich in der Kfz-Haftpflichtversicherung**

Bei außergerichtlich geltend gemachten Ansprüchen

E.1.2.1 Werden gegen Sie Ansprüche geltend gemacht, sind Sie verpflichtet, uns dies innerhalb einer Woche nach der Erhebung des Anspruchs mitzuteilen.

Anzeige von Kleinschäden

E.1.2.2 Wenn Sie einen Sachschaden, der voraussichtlich nicht mehr als xx Euro beträgt, selbst regulieren oder regulieren wollen, müssen Sie uns den Schadenfall erst anzeigen, wenn Ihnen die Selbstregulierung nicht gelingt.

Bei gerichtlich geltend gemachten Ansprüchen

E.1.2.3 Wird ein Anspruch gegen Sie gerichtlich geltend gemacht (z.B. Klage, Mahnbescheid), haben Sie uns dies unverzüglich anzuzeigen.

E.1.2.4 Sie müssen uns die Führung des Rechtsstreits überlassen. Wir sind berechtigt, auch in Ihrem Namen einen Rechtsanwalt zu beauftragen.

---

[1] **Habersack, Deutsche Gesetze Nr. 85.**

Diesem müssen Sie Vollmacht sowie alle erforderlichen Auskünfte erteilen und angeforderte Unterlagen zur Verfügung stellen.

Bei drohendem Fristablauf

E.1.2.5 Wenn Ihnen bis spätestens zwei Tage vor Fristablauf keine Weisung von uns vorliegt, müssen Sie gegen einen Mahnbescheid oder einen Bescheid einer Behörde fristgerecht den erforderlichen Rechtsbehelf (z.B. Widerspruch) einlegen.

E.1.3 Zusätzlich in der Kaskoversicherung

Anzeige des Versicherungsfalls bei Entwendung des Fahrzeugs

E.1.3.1 Bei Entwendung des Fahrzeugs oder mitversicherter Teile sind Sie abweichend von E.1.1.1 verpflichtet, uns dies unverzüglich in Textform anzuzeigen.

Einholen unserer Weisung

E.1.3.2 Vor Beginn der Verwertung oder der Reparatur des Fahrzeugs bzw. mitversicherter Teile müssen Sie unsere Weisungen einholen, soweit die Umstände dies gestatten. Sie müssen unsere Weisungen befolgen, soweit Ihnen dies zumutbar ist.

Anzeige bei der Polizei

E.1.3.3 Übersteigt ein Entwendungs-, Brand- oder Wildschaden den Betrag von xx Euro, sind Sie verpflichtet, das Schadenereignis der Polizei unverzüglich anzuzeigen.

E.1.4 Zusätzlich beim Autoschutzbrief

Einholen unserer Weisung

E.1.4.1 Vor Inanspruchnahme einer unserer Leistungen müssen Sie unsere Weisungen einholen, soweit die Umstände dies gestatten, und befolgen, soweit Ihnen dies zumutbar ist.

Untersuchung, Belege, ärztliche Schweigepflicht

E.1.4.2 Sie müssen uns jede zumutbare Untersuchung über die Ursache und Höhe des Schadens und über den Umfang unserer Leistungspflicht gestatten. Außerdem müssen Sie Originalbelege zum Nachweis der Schadenhöhe vorlegen und die behandelnden Ärzte im Rahmen von § 213 Versicherungsvertragsgesetz[1)] von der Schweigepflicht entbinden.

E.1.5 Zusätzlich in der Kfz-Unfallversicherung

Anzeige des Todesfalls innerhalb 48 Stunden

E.1.5.1 Hat der Unfall den Tod einer versicherten Person zur Folge, müssen die aus dem Versicherungsvertrag Begünstigten uns dies innerhalb von 48 Stunden melden. Dies gilt auch, wenn der Unfall schon angezeigt ist. Uns ist das Recht zu verschaffen, eine Obduktion durch einen von uns beauftragten Arzt vornehmen zu lassen.

Medizinische Versorgung

E.1.5.2 Nach einem Unfall, der zu einer Leistung durch uns führen kann, müssen Sie unverzüglich einen Arzt hinzuziehen, seine Anordnungen befolgen und uns unterrichten.

[1)] **Habersack, Deutsche Gesetze Nr. 62.**

Bitte entlang der Linien ausschneiden; die Übersicht kann dann in die Klarsichttaschen auf der Innenseite des Ordners gesteckt werden.

Habersack Ergänzungsband
Schnellübersicht

Stand: November 2023

AbgabenO (Auszug)	**88 b**
AdoptionsvermittlungsG	**45 i**
ArbeitnehmerüberlassungsG	**84 a**
ArbeitszeitG	**78**
Artikel 10-Gesetz	**90 f**
AufwendungsausgleichsG	**80 a**
AUG	**103 o**
AVAG	**103 a**
BaufordSichG	**32**
BeratungshilfeG	**98 b**
BerechnungsV	**30 b**
BerufsO für Rechtsanwälte	**98/1**
BetäubungsmittelG	**86**
Verschreibungs V	**86 a**
BetreuungsorganisationsG	**49 c**
BetreuungsvergütungsG	**49 b**
BetriebskostenV	**30 b/1**
BetriebsverfassungsG	**82**
Beweisaufnahme, VO (EG)	**103 d**
Brüssel-Ia-Verordnung	**103**
BuchpreisbindungsG	**66 a**
BundesnotarO	**98 a**
BundesrechtsanwaltsO	**98**
BundesurlaubsG	**80 b**
BußgeldkatalogV	**94 a**
CISG	**50 c**
DepotG	**59**
DesignG	**69**
DesignV	**69 a**
Deutsches RichterG	**97**
DrittelbeteiligungsG	**82 d**
Ehesachen, VO (EG)	**103 b**
Elektronische WertpapierG	**58 e**
EMRK (Auszug)	**2**
EntgeltfortzahlungsG	**80**
ESÜ	**103 m**
EuGüVO	**103 i**
EuPartVO	**103 k**
Europ. Mahnverfahren, VO (EG)	**103 g**
Europ. Nachlasszeugnis, VO (EU)	**21 e**
Europ. Patentanwälte	**98/5**
FachanwaltsO	**98/2**
FahrerlaubnisV	**35 d**
FamilienrechtsverfahrensG	**103 n**
Fluggäste, VO (EG)	**36 a**
GebrauchsmusterG	**71**
GeldwäscheG	**88 a**
GerichtsdollmetscherG	**95 c**
Gerichtsvollzieher,GVO	**109 a**
Geschäftsanw.	**109**
Geringf. Forderungen, VO (EV)	**103 e**
GeschäftsgeheimnisG	**75**
GewaltschutzG	**49**
GrundstücksverkehrsG	**40**
HandelsregisterVO	**50 e**
GebührenV	**50 f**
HeizkostenV	**30 c**
HKÜ	**103 l**
InsolvenzrechtsvergütungsV	**110 c**
InsolvenzVO (EU)	**110 b**
IntErbRVG	**103 p**
IntFamRVG	**103 n**
IntGüRVG	**103 q**
Int. Rechtshilfe, Strafsachen	**90 h**
JustizaktenaufbewahrungsG und V	**95 d, e**
JugendarrestvollzugsO	**91 c**
Kapitalanleger-MusterverfahrensG	**105 d**
Kindergeld	**45 a, 45 b**
Kinder- und Jugendhilfe	**46**
Kontenpfändung, VO (EU)	**103 h**
KSÜ	**45 m**
LandpachtverkehrsG	**39**
LieferkettensorgfaltspflichtenG	**50 d**

Habersack Ergänzungsband
Schnellübersicht

Stand: November 2023

LPartG	**43**
LuftverkehrsG (Auszug)	**36**
LwVG	**39 a**
Makler- u. BauträgerV	**32 a**
MarkenV	**72 a**
MindestlohnG	**80 c**
Mitbestimmung	**82 a** ff.
Mitteilungen Strafsachen	**90** c
Mitteilungen Zivilsachen	**101 a**
MutterschutzG	**79**
NachweisG	**78 a**
PachtkreditG	**42**
PatentG	**70**
PatentkostenG	**70 b**
PatentV	**70 a**
VertreterGebErstG	**70 c**
PersonenstandsG	**113**
PreisangabenV	**73 a**
PreisklauselG	**73 b**
ProstitutionsG	**29 a**
Rechtsanwälte	
BRAO	**98**
BORA	**98/1**
Europ. Rechtsanwälte	**98/4**
FAO	**98/2**
Verzeichnis- und PostfachV	**98/3**
RechtsdienstleistungsG mit EG	**99, 99 a**
RechtsprechungseinheitsG	**95 b**
REITG	**57**
RichterG	**97**
RiStBV	**90 e**
ScheckG	**56**
SchlichtungsG d. Länder	**104–104 l**
SGB VIII	**46**
SchwangerschaftskonfliktG	**85 e**
SchwarzarbeitsbekämpfungsG	**94 b**
SpruchG	**51 b**
StaRUG	**110 e**
Strafverfolgungsmaßn., Entsch.	**93**
StrafvollstreckungsO	**90 d**
StrafvollzugsG	**91**
StVZO (Auszug)	**35 b**
TarifvertragG	**81**
Teilzeit/BefristungsG	**78 b**
UN-Kaufrecht	**50 c**
Unterhaltsrechtl. Leitlinien	**47–47 t**
Unterhaltssachen, VO (EG)	**21 d**
UnterhaltsvorschussG	**45 d**
UnternehmensregisterVO	**50 g**
UntersuchungshaftvollzugsO	**91 a**
VerbraucherstreitbeilegungsG	**107**
VerlagsG	**66**
VerschollenheitsG	**45**
Versicherungsbedingungen	**62 c ff.**
VerwertungsgesellschaftenG	**65 a**
VOB/B	**32 c**
Völkerstrafgesetzbuch	**85 g**
Vollstreckung, VO (EG)	**103**
Ausführungsgesetz	**103 a**
Vollstreckungstitel, europ.	**103 f**
VormündervergütungsG	**49 b**
WärmelieferV	**30 e**
WechselG	**54**
Wertpapiere, G über elektr.	**58 c**
WertpapierhandelsG	**58**
WertpapierprospektG	**58 e**
WohnflächenV	**30 d**
Wohn- u. BetreuungsvertragsG	**30 a**
WohnungsvermittlungsG	**31**
WpÜG	**58 a**
ZeugenschutzG	**90 b**
Zustellung, VO (EG)	**103 c**
ZwangsverwalterV	**108 a**

Besonderheiten in der Kfz-Haftpflichtversicherung bei Rechtsstreitigkeiten

E.2.6 Verletzen Sie Ihre Pflichten nach

- E.1.2.1 (Anzeige außergerichtlich geltend gemachter Ansprüche),
- E.1.2.3 (Anzeige gerichtlich geltend gemachter Ansprüche) oder
- E.1.2.4 (Prozessführung durch uns)

und führt dies zu einer rechtskräftigen Entscheidung, die über den Umfang der nach Sach- und Rechtslage geschuldeten Entschädigung erheblich hinausgeht, gilt:

- Bei vorsätzlicher Verletzung sind wir hinsichtlich des von uns zu zahlenden Mehrbetrags vollständig von unserer Leistungspflicht frei.
- Bei grob fahrlässiger Verletzung sind wir berechtigt, unsere Leistung hinsichtlich dieses Mehrbetrags in einem der Schwere Ihres Verschuldens entsprechenden Verhältnis zu kürzen.

F Rechte und Pflichten der mitversicherten Personen

Pflichten mitversicherter Personen

F.1 Für mitversicherte Personen finden die Regelungen zu Ihren Pflichten sinngemäße Anwendung. Dies gilt für die Technische Aufsicht nur insoweit, wie es nach der Kraftfahrzeug-Pflichtversicherungsverordnung[1] zulässig ist.

Ausübung der Rechte

F.2 Die Ausübung der Rechte der mitversicherten Personen aus dem Versicherungsvertrag steht nur Ihnen als Versicherungsnehmer zu, soweit nichts anderes geregelt ist. Andere Regelungen sind:

- Geltendmachen von Ansprüchen in der Kfz-Haftpflichtversicherung nach A.1.2,
- Geltendmachen von Ansprüchen durch namentlich Versicherte in der Kfz-Unfallversicherung nach A.4.2.6.

Auswirkungen einer Pflichtverletzung auf mitversicherte Personen

F.3 Sind wir Ihnen gegenüber von der Verpflichtung zur Leistung frei, so gilt dies auch gegenüber allen mitversicherten Personen.

Eine Ausnahme hiervon gilt in der Kfz-Haftpflichtversicherung:

Gegenüber mitversicherten Personen können wir uns auf die Leistungsfreiheit nur berufen, wenn

- die der Leistungsfreiheit zugrunde liegenden Umstände in der Person des Mitversicherten vorliegen oder
- diese Umstände der mitversicherten Person bekannt oder infolge grober Fahrlässigkeit nicht bekannt waren.

---

[1] **Habersack, Deutsche Gesetze Nr. 63a.**

G Laufzeit und Kündigung des Vertrags, Veräußerung des Fahrzeugs, Wagniswegfall

G.1 Wie lange läuft der Versicherungsvertrag?

Vertragsdauer

G.1.1 Die Laufzeit Ihres Vertrags ergibt sich aus Ihrem Versicherungsschein.

Automatische Verlängerung

G.1.2 Ist der Vertrag mit einer Laufzeit von einem Jahr abgeschlossen, verlängert er sich zum Ablauf um jeweils ein weiteres Jahr, wenn nicht Sie oder wir den Vertrag kündigen.

Dies gilt auch, wenn für die erste Laufzeit nach Abschluss des Vertrags deshalb weniger als ein Jahr vereinbart ist, um die folgenden Versicherungsjahre zu einem bestimmten Kalendertag beginnen zu lassen.

Verträge mit einer Laufzeit unter einem Jahr

G.1.3 Ist die Laufzeit ausdrücklich mit weniger als einem Jahr vereinbart, endet der Vertrag zu dem vereinbarten Zeitpunkt, ohne dass es einer Kündigung bedarf.

G.2 Wann und aus welchem Anlass können Sie den Versicherungsvertrag kündigen?

Kündigung zum Ablauf des Versicherungsjahres

G.2.1 Sie können den Vertrag zum Ablauf des Versicherungsjahres kündigen. Die Kündigung ist nur wirksam, wenn sie uns spätestens einen Monat vor Ablauf zugeht.

Kündigung des vorläufigen Versicherungsschutzes

G.2.2 Sie sind berechtigt, einen vorläufigen Versicherungsschutz zu kündigen. Die Kündigung wird sofort mit ihrem Zugang bei uns wirksam.

Kündigung nach einem Schadenereignis

G.2.3 Nach dem Eintritt eines Schadenereignisses können Sie den Vertrag kündigen. Die Kündigung muss uns innerhalb eines Monats nach Beendigung der Verhandlungen über die Entschädigung zugehen oder innerhalb eines Monats zugehen, nachdem wir in der Kfz-Haftpflichtversicherung unsere Leistungspflicht anerkannt oder zu Unrecht abgelehnt haben. Das gleiche gilt, wenn wir Ihnen in der Kfz-Haftpflichtversicherung die Weisung erteilen, es über den Anspruch des Dritten zu einem Rechtsstreit kommen zu lassen. Außerdem können Sie in der Kfz-Haftpflichtversicherung den Vertrag bis zum Ablauf eines Monats seit der Rechtskraft des im Rechtsstreit mit dem Dritten ergangenen Urteils kündigen.

G.2.4 Sie können bestimmen, ob die Kündigung sofort oder zu einem späteren Zeitpunkt, spätestens jedoch zum Ablauf des Vertrags, wirksam werden soll.

***Kündigung bei Veräußerung* oder Zwangsversteigerung des Fahrzeugs**

G.2.5 Veräußern Sie das Fahrzeug oder wird es zwangsversteigert, geht der Vertrag nach G.7.1 oder G.7.6 auf den Erwerber über. Der Erwerber ist berechtigt, den Vertrag innerhalb eines Monats nach dem Erwerb zu kündigen. Bei fehlender Kenntnis vom Bestehen der Versicherung beginnt die Kündigungsfrist des Erwerbers erst ab Kenntnis.

Der Erwerber kann bestimmen, ob der Vertrag mit sofortiger Wirkung oder spätestens zum Ablauf des Vertrags endet.

G.2.6 Schließt der Erwerber für das Fahrzeug eine neue Versicherung ab und legt er bei der Zulassungsbehörde eine Versicherungsbestätigung vor, gilt dies automatisch als Kündigung des übergegangenen Vertrages. Die Kündigung wird zum Beginn der neuen Versicherung wirksam.

Kündigung bei Beitragserhöhung

G.2.7 Erhöhen wir aufgrund unseres Beitragsanpassungsrechts nach J.1 bis J.3 den Beitrag, können Sie den Vertrag innerhalb eines Monats nach Zugang unserer Mitteilung über die Beitragserhöhung kündigen. Die Kündigung ist sofort wirksam, frühestens jedoch zu dem Zeitpunkt, zu dem die Beitragserhöhung wirksam geworden wäre. Wir teilen ihnen die Beitragserhöhung spätestens einen Monat vor dem Wirksamwerden mit und weisen Sie auf Ihr Kündigungsrecht hin.

Kündigung bei geänderter Verwendung des Fahrzeugs

G.2.8 Ändert sich die Art und Verwendung des Fahrzeugs nach K.5 und erhöht sich der Beitrag dadurch um mehr als 10 %, können Sie den Vertrag innerhalb eines Monats nach Zugang unserer Mitteilung ohne Einhaltung einer Frist kündigen.

[xx Kündigung bei Bedingungsänderung

<Achtung! Nur, wenn Bedingungsänderung gem. N vereinbart>

G.2.9 Machen wir von unserem Recht zur Bedingungsanpassung nach N Gebrauch, können Sie den Vertrag innerhalb von sechs Wochen nach Zugang unserer Mitteilung über die Bedingungsanpassung kündigen. Die Kündigung ist sofort wirksam, frühestens jedoch zum Zeitpunkt des Wirksamwerdens der Bedingungsänderung. Wir teilen Ihnen die Änderung spätestens sechs Wochen vor dem Wirksamwerden mit und weisen Sie auf Ihr Kündigungsrecht hin.]

G.3 Wann und aus welchem Anlass können wir den Versicherungsvertrag kündigen?

Kündigung zum Ablauf

G.3.1 Wir können den Vertrag zum Ablauf des Versicherungsjahres kündigen. Die Kündigung ist nur wirksam, wenn sie Ihnen spätestens einen Monat vor Ablauf zugeht.

Kündigung des vorläufigen Versicherungsschutzes

G.3.2 Wir sind berechtigt, einen vorläufigen Versicherungsschutz zu kündigen. Die Kündigung wird nach Ablauf von zwei Wochen nach ihrem Zugang bei Ihnen wirksam.

Kündigung nach einem Schadenereignis

G.3.3 Nach dem Eintritt eines Schadenereignisses können wir den Vertrag kündigen. Die Kündigung muss Ihnen innerhalb eines Monats nach Beendigung der Verhandlungen über die Entschädigung oder innerhalb eines Monats zugehen, nachdem wir in der Kfz-Haftpflichtversicherung unsere Leistungspflicht anerkannt oder zu Unrecht abgelehnt haben. Das gleiche gilt, wenn wir Ihnen in der Kfz-Haftpflichtversicherung die Weisung erteilen, es über den Anspruch des Dritten zu einem Rechtsstreit kommen zu lassen. Außerdem können wir in der Kfz-Haftpflichtversicherung den Vertrag bis zum Ablauf eines Monats seit der Rechtskraft des im Rechtsstreit mit dem Dritten ergangenen Urteils kündigen.

Unsere Kündigung wird einen Monat nach ihrem Zugang bei Ihnen wirksam.

Kündigung bei Nichtzahlung des Folgebeitrags

G.3.4 Haben Sie einen ausstehenden Folgebeitrag zuzüglich Kosten und Zinsen trotz unserer Zahlungsaufforderung nach C.2.2 nicht innerhalb der zweiwöchigen Frist gezahlt, können wir den Vertrag mit sofortiger Wirkung kündigen. Unsere Kündigung wird unwirksam, wenn Sie diese Beträge innerhalb eines Monats ab Zugang der Kündigung zahlen (siehe auch C.2.4).

Kündigung bei Verletzung Ihrer Pflichten bei Gebrauch des Fahrzeugs

G.3.5 Haben Sie eine Ihrer Pflichten bei Gebrauch des Fahrzeugs nach D verletzt, können wir innerhalb eines Monats, nachdem wir von der Pflichtverletzung Kenntnis erlangt haben, den Vertrag mit sofortiger Wirkung kündigen. Dies gilt nicht, wenn Sie nachweisen, dass Sie die Pflicht weder vorsätzlich noch grob fahrlässig verletzt haben.

Kündigung bei geänderter Verwendung des Fahrzeugs

G.3.6 Ändert sich die Art oder Verwendung des Fahrzeugs nach K.5, können wir den Vertrag mit sofortiger Wirkung kündigen. Können Sie nachweisen, dass die Änderung weder auf Vorsatz noch auf grober Fahrlässigkeit beruht, wird die Kündigung nach Ablauf von einem Monat nach ihrem Zugang bei Ihnen wirksam.

Kündigung bei Veräußerung oder Zwangsversteigerung des Fahrzeugs

G.3.7 Bei Veräußerung oder Zwangsversteigerung des Fahrzeugs nach G.7 können wir dem Erwerber gegenüber kündigen. Wir haben die Kündigung innerhalb eines Monats ab dem Zeitpunkt auszusprechen, zu dem wir von der Veräußerung oder Zwangsversteigerung Kenntnis erlangt haben. Unsere Kündigung wird einen Monat nach ihrem Zugang beim Erwerber wirksam.

G.4 Kündigung einzelner Versicherungsarten

G.4.1 Die Kfz-Haftpflicht-, Kasko-, Autoschutzbrief-, Kfz-Unfall- und Fahrerschutzversicherung sind jeweils rechtlich selbstständige Verträge. Die Kündigung eines dieser Verträge berührt das Fortbestehen anderer nicht.

G.4.2 Sie und wir sind berechtigt, bei Vorliegen eines Kündigungsanlasses zu einem dieser Verträge die gesamte Kfz-Versicherung für das Fahrzeug zu kündigen.

G.4.3 Kündigen wir von mehreren für das Fahrzeug abgeschlossenen Verträgen nur einen, können Sie die Kündigung auf die gesamte Kfz-Versicherung ausdehnen. Hierzu müssen Sie uns innerhalb von zwei

Wochen nach Zugang unserer Kündigung mitteilen, dass Sie mit einer Fortsetzung der anderen Verträge nicht einverstanden sind. Entsprechend haben wir das Recht, die gesamte Kfz-Versicherung zu kündigen, wenn Sie von mehreren nur einen Vertrag kündigen.

G.4.4 Kündigen Sie oder wir nur den Autoschutzbrief, gelten G.4.2 und G.4.3 nicht.

G.5 Zugang der Kündigung

Eine Kündigung ist nur wirksam, wenn sie innerhalb der jeweiligen Frist zugeht.

G.6 Beitragsabrechnung nach Kündigung

Bei einer Kündigung vor Ablauf des Versicherungsjahres steht uns der auf die Zeit des Versicherungsschutzes entfallende Beitrag anteilig zu.

G.7 Was ist bei Veräußerung des Fahrzeugs zu beachten?

Übergang der Versicherung auf den Erwerber

G.7.1 Veräußern Sie Ihr Fahrzeug, geht die Versicherung auf den Erwerber über. Dies gilt nicht für die Kfz-Unfall- und die Fahrerschutzversicherung.

G.7.2 Wir sind berechtigt und verpflichtet, den Beitrag entsprechend den Angaben des Erwerbers, wie wir sie bei einem Neuabschluss des Vertrags verlangen würden, anzupassen. Das gilt auch für die SF-Klasse des Erwerbers, die entsprechend seines bisherigen Schadenverlaufs ermittelt wird. Der neue Beitrag gilt ab dem Tag, der auf den Übergang der Versicherung folgt.

G.7.3 Den Beitrag für die laufende Zahlungsperiode können wir entweder von Ihnen oder vom Erwerber verlangen.

Anzeige der Veräußerung

G.7.4 Sie und der Erwerber sind verpflichtet, uns die Veräußerung des Fahrzeugs unverzüglich anzuzeigen. Unterbleibt die Mitteilung, droht unter den Voraussetzungen des § 97 Versicherungsvertragsgesetz[1] der Verlust des Versicherungsschutzes.

Kündigung des Vertrags

G.7.5 Im Falle der Veräußerung können der Erwerber nach G.2.5 und G.2.6 oder wir nach G.3.7 den Vertrag kündigen. Dann können wir den Beitrag nur von Ihnen verlangen.

Zwangsversteigerung

G.7.6 Die Regelungen G.7.1 bis G.7.5 sind entsprechend anzuwenden, wenn *Ihr Fahrzeug zwangsversteigert* wird.

G.8 Wagniswegfall (z.B. durch Fahrzeugverschrottung)

Fällt das versicherte Wagnis endgültig weg, steht uns der Beitrag bis zu dem Zeitpunkt zu, zu dem wir vom Wagniswegfall Kenntnis erlangen.

---

[1] **Habersack, Deutsche Gesetze Nr. 62.**

H Außerbetriebsetzung, Saisonkennzeichen, Fahrten mit ungestempelten Kennzeichen

H.1 Was ist bei Außerbetriebsetzung zu beachten?

Ruheversicherung

H.1.1 Wird das versicherte Fahrzeug außer Betrieb gesetzt und soll es zu einem späteren Zeitpunkt wieder zugelassen werden, wird dadurch der Vertrag nicht beendet.

H.1.2 Der Vertrag geht in eine beitragsfreie Ruheversicherung über, wenn die Zulassungsbehörde uns die Außerbetriebsetzung mitteilt. Dies gilt nicht, wenn die Außerbetriebsetzung weniger als zwei Wochen beträgt oder Sie die uneingeschränkte Fortführung des bisherigen Versicherungsschutzes verlangen.

H.1.3 Die Regelungen nach H.1.1 und H.1.2 gelten nicht für Wohnwagenanhänger sowie bei Verträgen mit ausdrücklich kürzerer Vertragsdauer als ein Jahr.

Umfang der Ruheversicherung

H.1.4 Mit der beitragsfreien Ruheversicherung gewähren wir Ihnen während der Dauer der Außerbetriebsetzung eingeschränkten Versicherungsschutz.

Der Ruheversicherungsschutz umfasst

- die Kfz-Haftpflichtversicherung,
- die Teilkaskoversicherung, wenn für das Fahrzeug im Zeitpunkt der Außerbetriebsetzung eine Voll- oder eine Teilkaskoversicherung bestand.

Ihre Pflichten bei der Ruheversicherung

H.1.5 Während der Dauer der Ruheversicherung sind Sie verpflichtet, das Fahrzeug

- in einem Einstellraum (z.B. einer Einzel- oder Sammelgarage) oder
- auf einem umfriedeten Abstellplatz (z.B. durch Zaun, Hecke, Mauer umschlossen)

nicht nur vorübergehend abzustellen. Sie dürfen das Fahrzeug außerhalb dieser Räumlichkeiten auch nicht gebrauchen. Verletzen Sie Ihre Pflichten, sind wir unter den Voraussetzungen nach D.2 leistungsfrei.

Wiederanmeldung

H.1.6 Wird das Fahrzeug wieder zum Verkehr zugelassen (Ende der Außerbetriebsetzung), lebt der ursprüngliche Versicherungsschutz wieder auf. Das Ende der Außerbetriebsetzung haben Sie uns unverzüglich mitzuteilen.

Ende des Vertrags und der Ruheversicherung

H.1.7 Der Vertrag und damit auch die Ruheversicherung enden xx Monate nach der Außerbetriebsetzung des Fahrzeugs, ohne dass es einer *Kündigung bedarf.*

H.1.8 Melden Sie das Fahrzeug während des Bestehens der Ruheversicherung mit einer Versicherungsbestätigung eines anderen Versicherers wieder an, haben wir das Recht, den Vertrag fortzusetzen und den anderen Versicherer zur Aufhebung des Vertrags aufzufordern.

H.2 Welche Besonderheiten gelten bei Saisonkennzeichen?

H.2.1 Für Fahrzeuge, die mit einem Saisonkennzeichen zugelassen sind, gewähren wir den vereinbarten Versicherungsschutz während des auf dem amtlichen Kennzeichen dokumentierten Zeitraums (Saison).

H.2.2 Außerhalb der Saison haben Sie Ruheversicherungsschutz nach H.1.4 und H.1.5.

H.2.3 Für Fahrten außerhalb der Saison haben Sie innerhalb des für den Halter zuständigen Zulassungsbezirks und eines angrenzenden Bezirks in der Kfz-Haftpflichtversicherung Versicherungsschutz, wenn diese Fahrten

- im Zusammenhang mit dem Zulassungsverfahren oder
- wegen der Hauptuntersuchung, Sicherheitsprüfung oder Abgasuntersuchung

durchgeführt werden.

H.3 Fahrten mit ungestempelten Kennzeichen

Versicherungsschutz in der Kfz-Haftpflichtversicherung und beim Autoschutzbrief

H.3.1 In der Kfz-Haftpflichtversicherung und beim Autoschutzbrief besteht Versicherungsschutz auch für Zulassungsfahrten mit ungestempelten Kennzeichen. Dies gilt nicht für Fahrten, für die ein rotes Kennzeichen oder ein Kurzzeitkennzeichen geführt werden muss.

Was sind Zulassungsfahrten?

H.3.2 Zulassungsfahrten sind Fahrten, die im Zusammenhang mit dem Zulassungsverfahren stehen. Dies sind:

- Fahrten zur Zulassungsstelle zur Anbringung der Stempelplakette sowie Fahrten zur Durchführung einer Hauptuntersuchung oder einer Sicherheitsprüfung innerhalb des zuständigen Zulassungsbezirks und eines angrenzenden Bezirks mit ungestempelten Kennzeichen, wenn die Zulassungsbehörde vorab ein solches erteilt hat.
- Fahrten nach Entfernung der Stempelplakette mit dem bisher zugeteilten Kennzeichen bis zum Ablauf des Tages der Außerbetriebsetzung des Fahrzeugs.

I Schadenfreiheitsrabatt-System

I.1 Einstufung in Schadenfreiheitsklassen (SF-Klassen)

In der Kfz-Haftpflicht- und der Vollkaskoversicherung richtet sich die Einstufung Ihres Vertrags in eine SF-Klasse und der sich daraus ergebende Beitragssatz nach Ihrem Schadenverlauf. Siehe dazu die Tabellen in Anhang 1.

Dies gilt nicht für Fahrzeuge ... <xx *alle gewünschten WKZ und Kennzeichenarten aufführen*>

I.2 Ersteinstufung

I.2.1 Ersteinstufung in SF-Klasse 0

Beginnt Ihr Vertrag ohne Übernahme eines Schadenverlaufs nach I.6, wird er in die SF-Klasse 0 eingestuft.

I.2.2 Sonderersteinstufung eines Pkw in SF-Klasse ½, 1 oder 3

I.2.2.1 Sonderersteinstufung in SF-Klasse ½ aufgrund Führerscheins

Beginnt Ihr Vertrag für einen Pkw ohne Übernahme eines Schadenverlaufs nach I.6, wird er in die SF-Klasse ½ eingestuft, wenn

- Sie seit mindestens drei Jahren eine Fahrerlaubnis für Pkw oder Krafträder besitzen, die von einem Mitgliedstaat des Europäischen Wirtschaftsraums erteilt wurde oder nach I.2.5 gleichgestellt ist.

I.2.2.2 Sonderersteinstufung in SF-Klasse 1 bei Zweitwagen

Beginnt Ihr Vertrag für einen Pkw ohne Übernahme eines Schadenverlaufs nach I.6, wird er in die SF-Klasse 1 eingestuft, wenn

- auf Sie, Ihren Ehepartner, Ihren eingetragenen Lebenspartner oder Ihren mit Ihnen in häuslicher Gemeinschaft lebenden Lebenspartner bereits ein Pkw zugelassen ist, der zu diesem Zeitpunkt in der Kfz-Haftpflichtversicherung mindestens in die SF-Klasse 1 eingestuft ist, und
- Sie seit mindestens einem Jahr eine Fahrerlaubnis für Pkw oder Krafträder besitzen, die von einem Mitgliedstaat des Europäischen Wirtschaftsraums erteilt wurde oder nach I.2.5 gleichgestellt ist.

I.2.2.3 Sondereinstufung in SF-Klasse 3 bei Zweitwagen und Fahreralter mindestens xx Jahre

Beginnt Ihr Vertrag für einen Pkw ohne Übernahme eines Schadenverlaufs nach I.6, wird er in die SF-Klasse 3 eingestuft, wenn

- auf Sie, Ihren Ehepartner, Ihren eingetragenen Lebenspartner oder Ihren mit Ihnen in häuslicher Gemeinschaft lebenden Lebenspartner bereits ein Pkw zugelassen ist, der zu diesem Zeitpunkt in der Kfz-Haftpflichtversicherung mindestens in die SF-Klasse 3 eingestuft ist, und
- Sie seit mindestens einem Jahr eine Fahrerlaubnis für Pkw oder Krafträder besitzen, die von einem Mitgliedstaat des Europäischen Wirtschaftsraums erteilt wurde oder nach I.2.5 gleichgestellt ist, und
- der hinzukommende Pkw ausschließlich von Ihnen und Ihrem Ehepartner, Ihrem eingetragenen Lebenspartner oder Ihrem mit Ihnen in häuslicher Gemeinschaft lebenden Lebenspartner gefahren wird und Sie und der jeweilige Fahrer mindestens das xx. Lebensjahr vollendet haben. Liegen diese Voraussetzungen nicht mehr vor, wird Ihr Vertrag ab diesem Zeitpunkt in diejenige SF-Klasse eingestuft, die sich ergeben hätte, wenn der Vertrag bei Beginn nach I.2.2.2 eingestuft worden wäre.

I.2.3 Anrechnung des Schadenverlaufs der Kfz-Haftpflichtversicherung in der Vollkaskoversicherung

Ist das versicherte Fahrzeug ein Pkw, ein Kraftrad oder ein Campingfahrzeug und schließen Sie neben der Kfz-Haftpflichtversicherung *eine Vollkas*k*oversich*erung mit einer Laufzeit von einem Jahr ab (siehe G.1.2), können Sie verlangen, dass die Einstufung nach dem Schadenverlauf der Kfz-Haftpflichtversicherung erfolgt. Dies gilt nicht, wenn für das versicherte Fahrzeug oder für ein Vorfahrzeug im Sinne von I.6.1.1 innerhalb der letzten 12 Monate vor Abschluss der

Vollkaskoversicherung bereits eine Vollkaskoversicherung bestanden hat; in diesem Fall übernehmen wir den Schadenverlauf der Vollkaskoversicherung nach I.6.

I.2.4 Führerscheinsonderregelung

Hat Ihr Vertrag für einen Pkw oder ein Kraftrad in der Klasse SF 0 begonnen, stufen wir ihn auf Ihren Antrag besser ein, sobald Sie drei Jahre im Besitz einer Fahrerlaubnis für Pkw oder Krafträder sind und folgende Voraussetzungen gegeben sind:

- Der Vertrag ist schadenfrei verlaufen und
- Ihre Fahrerlaubnis ist von einem Mitgliedsstaat des Europäischen Wirtschaftsraums (EWR) ausgestellt worden oder dieser nach I.2.5. gleichgestellt.

I.2.5 Gleichgestellte Fahrerlaubnisse

Fahrerlaubnisse aus Staaten außerhalb des Europäischen Wirtschaftsraums (EWR) sind Fahrerlaubnissen aus einem Mitgliedsstaat des EWR gleichgestellt, wenn diese nach der Fahrerlaubnisverordnung[1)]

- ohne weitere theoretische oder praktische Fahrprüfung umgeschrieben werden können oder
- nach Erfüllung der Auflagen umgeschrieben sind.

I.3 Jährliche Neueinstufung

Wir stufen Ihren Vertrag zum 1. Januar eines jeden Jahres nach seinem Schadenverlauf im vergangenen Kalenderjahr neu ein.

Bei einem Schadenereignis ist der Tag der Schadenmeldung maßgeblich dafür, welchem Kalenderjahr der Schaden zugeordnet wird.

I.3.1 Wirksamwerden der Neueinstufung

Die Neueinstufung gilt ab der ersten Beitragsfälligkeit im neuen Kalenderjahr.

I.3.2 Besserstufung bei schadenfreiem Verlauf

Ist Ihr Vertrag während eines Kalenderjahres schadenfrei verlaufen und hat der Versicherungsschutz während dieser Zeit ununterbrochen bestanden, wird Ihr Vertrag in die nächst bessere SF-Klasse nach der jeweiligen Tabelle im Anhang 1 eingestuft.

I.3.3 Besserstufung bei Saisonkennzeichen

Ist das versicherte Fahrzeug mit einem Saisonkennzeichen zugelassen (siehe H.2), nehmen wir bei schadenfreiem Verlauf des Vertrags eine Besserstufung nach I.3.2 nur vor, wenn die Saison mindestens sechs Monate beträgt.

I.3.4 Besserstufung bei Verträgen mit SF-Klassen 3, 1, ½, 0 oder M

I.3.4.1 Besserstufung nach SF 1 nach einem vollen Kalenderjahr aus der SF-Klasse ½, 0 oder M

Hat der Versicherungsschutz während des gesamten Kalenderjahres ununterbrochen bestanden, stufen wir Ihren Vertrag aus der SF-Klasse, ½, 0 oder M bei schadenfreiem Verlauf in die SF-Klasse 1 ein.

---

1) Nr. **35d**.

I.3.4.2 Besserstufung nach einem halben Kalenderjahr aus der SF-Ersteinstufung 3, 1, ½ oder 0

Hat Ihr Vertrag in der Zeit vom 2. Januar bis 1. Juli eines Kalenderjahres mit einer Einstufung nach I.2 in SF-Klasse 3, 1, ½ oder 0 begonnen und bestand bis zum 31. Dezember mindestens sechs Monate Versicherungsschutz, wird er bei schadenfreiem Verlauf zum 1. Januar des folgenden Kalenderjahres wie folgt eingestuft:

von SF-Klasse 3	nach	SF-Klasse 4,
von SF-Klasse 1	nach	SF-Klasse 2,
von SF-Klasse ½	nach	SF-Klasse 1,
von SF-Klasse 0	nach	SF-Klasse ½.

I.3.5 Rückstufung bei schadenbelastetem Verlauf

Ist Ihr Vertrag während eines Kalenderjahres schadenbelastet verlaufen, wird er nach der jeweiligen Tabelle in Anhang 1 zurückgestuft.

I.4 Was bedeutet schadenfreier oder schadenbelasteter Verlauf?

I.4.1 Schadenfreier Verlauf

I.4.1.1 Ein schadenfreier Verlauf des Vertrags liegt unter folgenden Voraussetzungen vor:

- Der Versicherungsschutz hat von Anfang bis Ende eines Kalenderjahres ununterbrochen bestanden und
- uns wurde in dieser Zeit kein Schadenereignis gemeldet, für das wir Entschädigungen leisten oder Rückstellungen bilden mussten. Dazu zählen nicht Kosten für Gutachter, Rechtsberatung und Prozesse.

I.4.1.2 Trotz Meldung eines Schadenereignisses gilt der Vertrag jeweils als schadenfrei, wenn eine der folgenden Voraussetzungen vorliegt:

a Wir leisten Entschädigungen oder bilden Rückstellungen nur:
  - aufgrund von Abkommen der Versicherungsunternehmen untereinander oder mit Sozialversicherungsträgern oder
  - wegen der Ausgleichspflicht aufgrund einer Mehrfachversicherung.

b Wir lösen Rückstellungen für das Schadenereignis in den drei auf die Schadenmeldung folgenden Kalenderjahren auf, ohne eine Entschädigung geleistet zu haben.

c Der Schädiger oder dessen Haftpflichtversicherung erstatten uns unsere Entschädigung in vollem Umfang.

d Wir leisten Entschädigungen in der Vollkaskoversicherung oder bilden Rückstellungen für ein Schadenereignis, das unter die Teilkaskoversicherung fällt.

e Sie nehmen Ihre Vollkaskoversicherung nur deswegen in Anspruch, weil:
  - eine Person mit einer gesetzlich vorgeschriebenen Haftpflichtversicherung für das Schadenereignis zwar in vollem Umfang haftet,
  - Sie aber gegenüber dem Haftpflichtversicherer keinen Anspruch haben, weil dieser den Versicherungsschutz ganz oder teilweise versagt hat.

I.4.2 **Schadenbelasteter Verlauf**

I.4.2.1 Ein schadenbelasteter Verlauf des Vertrags liegt vor, wenn Sie uns während eines Kalenderjahres ein oder mehrere Schadenereignisse melden, für die wir Entschädigungen leisten oder Rückstellungen bilden müssen. Hiervon ausgenommen sind die Fälle nach I.4.1.2.

I.4.2.2 Gilt der Vertrag trotz einer Schadenmeldung zunächst als schadenfrei, leisten wir jedoch in einem folgenden Kalenderjahr Entschädigungen oder bilden Rückstellungen für diesen Schaden, stufen wir Ihren Vertrag zum 1. Januar des dann folgenden Kalenderjahres zurück.

I.5 **Wie Sie eine Rückstufung in der Kfz-Haftpflichtversicherung vermeiden können**

Sie können eine Rückstufung in der Kfz-Haftpflichtversicherung vermeiden, wenn Sie uns unsere Entschädigung freiwillig, also ohne vertragliche oder gesetzliche Verpflichtung erstatten.

Um Ihnen hierzu Gelegenheit zu geben, unterrichten wir Sie nach Abschluss der Schadenregulierung über die Höhe unserer Entschädigung. Voraussetzung ist, dass unsere Entschädigung nicht mehr als 500 Euro beträgt.

Erstatten Sie uns die Entschädigung innerhalb von sechs Monaten nach unserer Mitteilung, wird Ihr Kfz-Haftpflichtversicherungsvertrag als schadenfrei behandelt.

Haben wir Sie über den Abschluss der Schadenregulierung und über die Höhe des Erstattungsbetrags unterrichtet und müssen wir eine weitere Entschädigung leisten, führt dies nicht zu einer Erhöhung des Erstattungsbetrags.

I.6 **Übernahme eines Schadenverlaufs**

I.6.1 **In welchen Fällen wird ein Schadenverlauf übernommen?**

Der Schadenverlauf eines anderen Vertrags – auch wenn dieser bei einem anderen Versicherer bestanden hat – wird auf den Vertrag des versicherten Fahrzeugs unter den Voraussetzungen nach I.6.2 und I.6.3 in folgenden Fällen übernommen:

Fahrzeugwechsel

I.6.1.1 Sie haben das versicherte Fahrzeug anstelle eines anderen Fahrzeugs angeschafft.

Rabatt-Tausch

I.6.1.2a Sie besitzen neben dem versicherten Fahrzeug noch ein anderes Fahrzeug. Sie veräußern dieses oder setzen es ohne Ruheversicherung außer Betrieb und beantragen die Übernahme des Schadenverlaufs.

I.6.1.2b Sie versichern ein weiteres Fahrzeug. Dieses soll überwiegend von demselben Personenkreis benutzt werden, wie das bereits versicherte Fahrzeug. Sie beantragen, dass der Schadenverlauf von dem bisherigen auf das weitere Fahrzeug übertragen wird.

Schadenverlauf einer anderen Person

I.6.1.3 Das Fahrzeug einer anderen Person wurde überwiegend von Ihnen gefahren und Sie beantragen die Übernahme des Schadenverlaufs.

Versichererwechsel

I.6.1.4 Sie sind mit Ihrem Fahrzeug von einem anderen Versicherer zu uns gewechselt.

I.6.2 Welche Voraussetzungen gelten für die Übernahme?

Für die Übernahme eines Schadenverlaufs gelten folgende Voraussetzungen:

Fahrzeuggruppe

I.6.2.1 Die Fahrzeuge, zwischen denen der Schadenverlauf übertragen wird, gehören derselben Fahrzeuggruppe an, oder das Fahrzeug, von dem der Schadenverlauf übernommen wird, gehört einer höheren Fahrzeuggruppe an als das Fahrzeug, auf das übertragen wird.

a Untere Fahrzeuggruppe:
Pkw, Leichtkrafträder, Krafträder, Campingfahrzeuge, Lieferwagen, Gabelstapler, Kranken- und Leichenwagen.

b Mittlere Fahrzeuggruppe:
Taxen, Mietwagen, Lkw und Zugmaschinen im Werkverkehr.

c Obere Fahrzeuggruppe:
Lkw und Zugmaschinen im gewerblichen Güterverkehr, Kraftomnibusse sowie Abschleppwagen.

Eine Übertragung ist zudem möglich

- von einem Lieferwagen auf einen Lkw oder eine Zugmaschine im Werkverkehr bis xx kW,
- von einem Pkw mit 7 bis 9 Plätzen einschließlich Mietwagen und Taxen auf einen Kraftomnibus mit nicht mehr als xx Plätzen (ohne Fahrersitz).

Gemeinsame Übernahme des Schadenverlaufs in der Kfz-Haftpflicht- und der Vollkaskoversicherung

I.6.2.2 Wir übernehmen die Schadenverläufe in der Kfz-Haftpflicht- und in der Vollkaskoversicherung nur zusammen.

Dies gilt nicht, wenn der Versicherungsnehmer die Vollkaskoversicherung aus einem anderen für ihn bestehenden Vertrag aufgibt, um den Schadenverlauf für das versicherte Fahrzeug zu nutzen.

Zusätzliche Regelung für die Übernahme des Schadenverlaufs von einer anderen Person nach I.6.1.3

I.6.2.3 Wir übernehmen den Schadenverlauf von einer anderen Person nur für den Zeitraum, in dem das Fahrzeug der anderen Person überwiegend von Ihnen gefahren wurde. Zusätzlich müssen folgende Voraussetzungen erfüllt sein:

a Es handelt sich bei der anderen Person um Ihren Ehepartner, Ihren eingetragenen Lebenspartner, Ihren mit Ihnen in häuslicher Gemeinschaft lebenden Lebenspartner, ein Elternteil, Ihr Kind oder Ihren Arbeitgeber;

b Sie machen den Zeitraum, in dem das Fahrzeug der anderen Person überwiegend von Ihnen gefahren wurde glaubhaft; hierzu gehört insbesondere

- eine Erklärung in Textform von Ihnen und der anderen Person; ist die andere Person verstorben, ist die Erklärung durch Sie ausreichend;
- die Vorlage einer Kopie Ihres Führerscheins zum Nachweis dafür, dass Sie für den entsprechenden Zeitraum im Besitz einer gültigen Fahrerlaubnis waren;

c die andere Person ist mit der Übertragung ihres Schadenverlaufs an Sie einverstanden und gibt damit ihren Schadenfreiheitsrabatt in vollem Umfang auf;

d die Nutzung des Fahrzeugs der anderen Person durch Sie liegt bei der Übernahme nicht mehr als xx Monate zurück.

I.6.3 Wie wirkt sich eine Unterbrechung des Versicherungsschutzes auf den Schadenverlauf aus?

Im Jahr der Übernahme

I.6.3.1 Nach einer Unterbrechung des Versicherungsschutzes (Außerbetriebsetzung, Saisonkennzeichen außerhalb der Saison, Vertragsbeendigung, Veräußerung, Wagniswegfall) gilt:

a Beträgt die Unterbrechung höchstens sechs Monate, übernehmen wir den Schadenverlauf, als wäre der Versicherungsschutz nicht unterbrochen worden.

b Beträgt die Unterbrechung mehr als sechs und höchstens zwölf Monate, übernehmen wir den Schadenverlauf, wie er vor der Unterbrechung bestand.

c Beträgt die Unterbrechung mehr als zwölf Monate, ziehen wir beim Schadenverlauf für jedes weitere angefangene Kalenderjahr seit der Unterbrechung ein schadenfreies Jahr ab.

d Beträgt die Unterbrechung mehr als sieben Jahre, übernehmen wir den schadenfreien Verlauf nicht.

Sofern neben einer Rückstufung aufgrund einer Unterbrechung von mehr als einem Jahr gleichzeitig eine Rückstufung aufgrund einer Schadenmeldung zu erfolgen hat, gilt Folgendes: Zunächst ist die Rückstufung aufgrund des Schadens, danach die Rückstufung aufgrund der Unterbrechung vorzunehmen.

Im Folgejahr nach der Übernahme

I.6.3.2 In dem auf die Übernahme folgenden Kalenderjahr richtet sich die Einstufung des Vertrags nach dessen Schadenverlauf und danach, wie lange der Versicherungsschutz in dem Kalenderjahr der Übernahme *bestand:*

a Bestand der Versicherungsschutz im Kalenderjahr der Übernahme mindestens sechs Monate, wird der Vertrag entsprechend seines Verlaufs so eingestuft, als hätte er ein volles Kalenderjahr bestanden.

b Bestand der Versicherungsschutz im Kalenderjahr der Übernahme weniger als sechs Monate, unterbleibt eine Besserstufung trotz schadenfreien Verlaufs.

I.6.4 **Übernahme des Schadenverlaufs nach Betriebsübergang**

Haben Sie einen Betrieb und dessen zugehörige Fahrzeuge übernommen, übernehmen wir den Schadenverlauf dieser Fahrzeuge unter folgenden Voraussetzungen:

- Der bisherige Betriebsinhaber ist mit der Übernahme des Schadenverlaufs durch Sie einverstanden und gibt damit den Schadenfreiheitsrabatt in vollem Umfang auf,
- Sie machen glaubhaft, dass sich durch die Übernahme des Betriebs die bisherige Risikosituation nicht verändert hat.

I.7 **Einstufung nach Abgabe des Schadenverlaufs**

I.7.1 Die Schadenverläufe in der Kfz-Haftpflicht- und der Vollkaskoversicherung können nur zusammen abgegeben werden.

I.7.2 Nach einer Abgabe des Schadenverlaufs Ihres Vertrags stufen wir diesen in die SF-Klasse ein, die Sie bei Ersteinstufung Ihres Vertrages nach I.2 bekommen hätten. Befand sich Ihr Vertrag in der SF-Klasse M, bleibt diese Einstufung bestehen.

I.7.3 Wir sind berechtigt, den Mehrbeitrag aufgrund der Umstellung Ihres Vertrags nachzuerheben.

I.8 **Auskünfte über den Schadenverlauf**

I.8.1 Wir sind berechtigt, uns bei Übernahme eines Schadenverlaufs folgende Auskünfte vom Vorversicherer geben zu lassen:

- Art und Verwendung des Fahrzeugs,
- Beginn und Ende des Vertrags für das Fahrzeug,
- Schadenverlauf des Fahrzeugs in der Kfz-Haftpflicht- und der Vollkaskoversicherung,
- Unterbrechungen des Versicherungsschutzes des Fahrzeugs, die sich noch nicht auf dessen letzte Neueinstufung ausgewirkt haben,
- ob für ein Schadenereignis Rückstellungen innerhalb von drei Jahren nach deren Bildung aufgelöst worden sind, ohne dass Zahlungen geleistet worden sind und
- ob Ihnen oder einem anderen Versicherer bereits entsprechende Auskünfte erteilt worden sind.

I.8.2 Versichern Sie nach Beendigung Ihres Vertrags in der Kfz-Haftpflicht- und der Vollkaskoversicherung Ihr Fahrzeug bei einem anderen Versicherer, sind wir berechtigt und verpflichtet, diesem auf Anfrage Auskünfte zu Ihrem Vertrag und dem versicherten Fahrzeug nach I.8.1 zu geben.

Unsere Auskunft bezieht sich nur auf den tatsächlichen Schadenverlauf. Sondereinstufungen – mit Ausnahme der Regelung nach I.2.2.1 und I.2.2.2 – werden nicht berücksichtigt. Sondereinstufungen aufgrund der Regelung nach I.2.2.3 werden so bestätigt, als wäre der Vertrag bei Beginn nach I.2.2.2 eingestuft worden.

J Beitragsänderung aufgrund tariflicher Maßnahmen

J.1 Typklasse

Richtet sich der Versicherungsbeitrag nach dem Typ Ihres Fahrzeugs, können Sie Ihrem Versicherungsschein entnehmen, welcher Typklasse Ihr Fahrzeug zu Beginn des Vertrags zugeordnet worden ist.

Ein unabhängiger Treuhänder ermittelt jährlich, ob und in welchem Umfang sich der Schadenbedarf Ihres Fahrzeugtyps im Verhältnis zu dem aller Fahrzeugtypen erhöht oder verringert hat. Ändert sich der Schadenbedarf Ihres Fahrzeugtyps im Verhältnis zu dem aller Fahrzeugtypen, kann dies zu einer Zuordnung in eine andere Typklasse führen. Die damit verbundene Beitragsänderung wird mit Beginn des nächsten Versicherungsjahres wirksam.

[xx Die Klassengrenzen können Sie der Tabelle im Anhang 3 entnehmen.]

J.2 Regionalklasse

Richtet sich der Versicherungsbeitrag nach dem Wohnsitz des Halters, wird Ihr Fahrzeug einer Regionalklasse zugeordnet. Maßgeblich ist der Wohnsitz, den uns die Zulassungsbehörde zu Ihrem Fahrzeug mitteilt. Ihrem Versicherungsschein können Sie entnehmen, welcher Regionalklasse Ihr Fahrzeug zu Beginn des Vertrags zugeordnet worden ist.

Ein unabhängiger Treuhänder ermittelt jährlich, ob und in welchem Umfang sich der Schadenbedarf der Region, in welcher der Wohnsitz des Halters liegt, im Verhältnis zu allen Regionen erhöht oder verringert hat. Ändert sich der Schadenbedarf Ihrer Region im Verhältnis zu dem aller Regionen, kann dies zu einer Zuordnung in eine andere Regionalklasse führen. Die damit verbundene Beitragsänderung wird mit Beginn des nächsten Versicherungsjahres wirksam.

[xx Die Klassengrenzen können Sie der Tabelle im Anhang 4 entnehmen.]

J.3 Tarifänderung

<xx *Redaktioneller Hinweis: Ein Mustertext wie zu § 9a AKB a.F. wird nicht bekannt gemacht.*>

J.4 Kündigungsrecht

Führt eine Änderung nach J.1 bis J.3 in der Kfz-Haftpflichtversicherung zu einer Beitragserhöhung, so haben Sie nach G.2.7 ein Kündigungsrecht. Werden mehrere Änderungen gleichzeitig wirksam, so besteht Ihr Kündigungsrecht nur, wenn die Änderungen in Summe zu einer Beitragserhöhung führen.

Dies gilt für die Kaskoversicherung [und xxx] entsprechend.

<Redaktioneller Hinweis: Ist auch in weiteren Sparten ein Tarifänderungsrecht nach J.3 vorgesehen, ist dies hier aufzunehmen.>

J.5 Gesetzliche Änderung des Leistungsumfangs in der Kfz-Haftpflichtversicherung

In der Kfz-Haftpflichtversicherung sind wir berechtigt, den Beitrag zu erhöhen, sobald wir aufgrund eines Gesetzes, einer Verordnung oder einer EU-Richtlinie dazu verpflichtet werden, den Leistungsumfang oder die Versicherungssummen zu erhöhen.

K Beitragsänderung aufgrund eines bei Ihnen eingetretenen Umstands

K.1 Änderung des Schadenfreiheitsrabatts

Ihr Beitrag kann sich aufgrund der Regelungen zum Schadenfreiheitsrabatt-System nach Abschnitt I ändern.

K.2 Änderung von Merkmalen zur Beitragsberechnung

Welche Änderungen werden berücksichtigt?

K.2.1 Ändert sich während der Laufzeit des Vertrags ein im Versicherungsschein unter der Überschrift xx aufgeführtes Merkmal zur Beitragsberechnung, berechnen wir den Beitrag neu. Dies kann zu einer Beitragssenkung oder zu einer Beitragserhöhung führen.

<xx Alternativformulierung für Versicherer, die die Anhänge 2 und 5 verwenden:

K.2.1 Ändert sich während der Laufzeit des Vertrags ein Merkmal zur Beitragsberechnung gemäß Anhang 2 „Merkmale zur Beitragsberechnung" und Anhang 5 „Berufsgruppen (Tarifgruppen)" berechnen wir den Beitrag neu. Dies kann zu einer Beitragssenkung oder zu einer Beitragserhöhung führen.>

Auswirkung auf den Beitrag

K.2.2 Der neue Beitrag gilt ab dem Tag der Änderung.

K.2.3 Ändert sich die im Versicherungsschein aufgeführte Jahresfahrleistung, gilt abweichend von K.2.2 der neue Beitrag rückwirkend ab Beginn des laufenden Versicherungsjahres.

K.3 Änderung der Regionalklasse wegen Wohnsitzwechsels

Wechselt der Halter seinen Wohnsitz und wird dadurch Ihr Fahrzeug einer anderen Regionalklasse zugeordnet, richtet sich der Beitrag ab der Ummeldung bei der Zulassungsbehörde nach der neuen Regionalklasse.

K.4 Ihre Mitteilungspflichten zu den Merkmalen zur Beitragsberechnung

Anzeige von Änderungen

K.4.1 Die Änderung eines im Versicherungsschein unter der Überschrift <xx *konkrete Bezeichnung eintragen*> aufgeführten Merkmals zur Beitragsberechnung müssen Sie uns unverzüglich anzeigen.

Überprüfung der Merkmale zur Beitragsberechnung

K.4.2 Wir sind berechtigt zu überprüfen, ob die bei Ihrem Vertrag berücksichtigten Merkmale zur Beitragsberechnung zutreffen. Auf Anforderung haben Sie uns entsprechende Bestätigungen oder Nachweise vorzulegen.

Folgen von unzutreffenden Angaben

K.4.3 Haben Sie unzutreffende Angaben zu Merkmalen zur Beitragsberechnung gemacht oder Änderungen nicht angezeigt und ist deshalb ein zu niedriger Beitrag berechnet worden, gilt rückwirkend ab Beginn des laufenden Versicherungsjahres der Beitrag, der den tatsächlichen Merkmalen zur Beitragsberechnung entspricht.

K.4.4 Haben Sie vorsätzlich unzutreffende Angaben gemacht oder Änderungen vorsätzlich nicht angezeigt und ist deshalb ein zu niedriger Beitrag berechnet worden, ist zusätzlich zur Beitragserhöhung eine Vertragsstrafe in Höhe von xx zu zahlen.

Folgen von Nichtangaben

K.4.5 Kommen Sie unserer Aufforderung schuldhaft nicht nach, Bestätigungen oder Nachweise vorzulegen, sind wir berechtigt, den Beitrag rückwirkend ab Beginn des laufenden Versicherungsjahres nach den für Sie ungünstigsten Annahmen zu berechnen, wenn

- wir Sie in Textform auf den dann zu zahlenden Beitrag und die dabei zugrunde gelegten Annahmen hingewiesen haben
- und Sie auch innerhalb einer von uns gesetzten Antwortfrist von mindestens X [nicht weniger als 4] Wochen die zur Überprüfung der Beitragsberechnung angeforderten Bestätigungen oder Nachweise nicht nachreichen.

K.5 Änderung der Art oder Verwendung des Fahrzeugs

Ändert sich die im Versicherungsschein ausgewiesene Art oder Verwendung des Fahrzeugs <xx *bei Verwendung des Anhangs: „gemäß der Tabelle in Anhang 6"*>, müssen Sie uns dies anzeigen. Bei der Zuordnung nach der Verwendung des Fahrzeugs gelten ziehendes Fahrzeug und Anhänger als Einheit, wobei das höhere Wagnis maßgeblich ist.

Wir können in diesem Fall den Versicherungsvertrag nach G.3.6 kündigen oder den Beitrag ab der Änderung anpassen.

Erhöhen wir den Beitrag um mehr als 10 %, haben Sie ein Kündigungsrecht nach G.2.8.

L Meinungsverschiedenheiten und Gerichtsstände

L.1 Wenn Sie mit uns einmal nicht zufrieden sind

Wir möchten, dass Sie mit uns zufrieden sind. Sollte dies einmal nicht der Fall sein, nehmen Sie bitte direkt Kontakt mit uns auf, damit wir die Angelegenheit klären können.

Darüber hinaus haben Sie auch folgende Möglichkeiten:

Versicherungsombudsmann

L.1.1 Wenn Sie als Verbraucher mit unserer Entscheidung nicht zufrieden sind oder eine Verhandlung mit uns einmal nicht zu dem von Ihnen gewünschten Ergebnis geführt hat, können Sie sich an den Ombudsmann für Versicherungen wenden.

Versicherungsombudsmann e.V.

Postfach 080632

10006 Berlin

E-Mail: beschwerde@versicherungsombudsmann.de

Internet: www.versicherungsombudsmann.de

Telefon 0800 3696000, Fax 0800 3699000 (kostenfrei aus dem deutschen Telefonnetz)

Der Ombudsmann für Versicherungen ist eine unabhängige und für Verbraucher kostenfrei arbeitende Schlichtungsstelle. Wir haben uns verpflichtet, an dem Schlichtungsverfahren teilzunehmen

Verbraucher, die diesen Vertrag online (z.B. über eine Webseite oder per E-Mail) abgeschlossen haben, können sich mit ihrer Beschwerde auch online an die Plattform http://ec.europa.eu/consumers/odr/ wenden. Ihre Beschwerde wird dann über diese Plattform an den Versicherungsombudsmann weitergeleitet. Für Fragen können Sie sich auch per E-Mail an uns wenden: xxxx@xxx.xx.

Versicherungsaufsicht

L.1.2 Sind Sie mit unserer Betreuung nicht zufrieden oder treten Meinungsverschiedenheiten bei der Vertragsabwicklung auf, können Sie sich auch an die für uns zuständige Aufsicht wenden. Als Versicherungsunternehmen unterliegen wir der Aufsicht der Bundesanstalt für Finanzdienstleistungsaufsicht,
Bundesanstalt für Finanzdienstleistungsaufsicht (BaFin)

Sektor Versicherungsaufsicht

Graurheindorfer Straße 108

53117 Bonn

E-Mail: poststelle@bafin.de

Telefon 0228 4108-0, Fax 0228 4108 – 1550 Bitte beachten Sie, dass die BaFin keine Schiedsstelle ist und einzelne Streitfälle nicht verbindlich entscheiden kann.

Rechtsweg

L.1.3 **Außerdem haben Sie die Möglichkeit, den Rechtsweg zu beschreiten.**

Hinweis: Bei Meinungsverschiedenheiten zur Schadenhöhe in der Kaskoversicherung können Sie auch das Sachverständigenverfahren nach A.2.6 nutzen.

L.2 **Gerichtsstände**

Wenn Sie uns verklagen

L.2.1 Ansprüche aus Ihrem Versicherungsvertrag können Sie insbesondere bei folgenden Gerichten geltend machen:

- dem Gericht, das für Ihren Wohnsitz örtlich zuständig ist,
- dem Gericht, das für unseren Geschäftssitz oder für die Sie betreuende Niederlassung örtlich zuständig ist.

Wenn wir Sie verklagen

L.2.2 Wir können Ansprüche aus dem Versicherungsvertrag insbesondere bei folgenden Gerichten geltend machen:

- dem Gericht, das für Ihren Wohnsitz örtlich zuständig ist,
- dem Gericht des Ortes, an dem sich der Sitz oder die Niederlassung Ihres Betriebs befindet, wenn Sie den Versicherungsvertrag für Ihren Geschäfts- oder Gewerbebetrieb abgeschlossen haben.

Sie haben Ihren Wohnsitz oder Geschäftssitz ins Ausland verlegt

L.2.3 Für den Fall, dass Sie Ihren Wohnsitz, Geschäftssitz oder gewöhnlichen Aufenthalt außerhalb Deutschlands verlegt haben oder Ihr Wohnsitz, Geschäftssitz oder gewöhnlicher Aufenthalt im Zeitpunkt der Klageerhebung nicht bekannt ist, gilt abweichend der Regelungen nach L.2.2 das Gericht als vereinbart, das für unseren Geschäftssitz zuständig ist.

M – Abschnitt gestrichen –

N **Bedingungsänderung**

<xx *Redaktioneller Hinweis: Ein Mustertext wird nicht bekannt gemacht.*>

Anhang 1: Tabellen zum Schadenfreiheitsrabatt-System

1 Pkw

1.1 Einstufung von Pkw in Schadenfreiheitsklassen (SF-Klassen) und Beitragssätze

[Anpassung der SF-Klassen in allen nachfolgenden Tabellen]-…

… *<xx Tabelle>*

1.2 Rückstufung im Schadenfall bei Pkw

1.2.1 Kfz-Haftpflichtversicherung

Aus SF Klasse Nach Klasse	1 Schaden	2 Schäden	3 Schäden	4 und mehr Schäden
xx	xx	xx	xx	xx
	…			

1.2.2 Vollkaskoversicherung

Aus SF Klasse Nach Klasse	1 Schaden	2 Schäden	3 Schäden	4 und mehr Schäden
xx	xx	xx	xx	xx
	…			

2 Krafträder

2.1 Einstufung von Krafträdern in Schadenfreiheitsklassen (SF-Klassen) und Beitragssätze

... <xx Tabelle>

2.2 Rückstufung im Schadenfall bei Krafträdern

2.2.1 Kfz-Haftpflichtversicherung

... <xx Tabelle>

2.2.2 Vollkaskoversicherung

... <xx Tabelle>

3 Leichtkrafträder

3.1 Einstufung von Leichtkrafträdern in Schadenfreiheitsklassen (SF-Klassen) und Beitragssätze

... <xx Tabelle>

3.2 Rückstufung im Schadenfall bei Leichtkrafträdern

3.2.1 Kfz-Haftpflichtversicherung

... <xx Tabelle>

3.2.2 Vollkaskoversicherung

... <xx Tabelle>

4 Taxen und Mietwagen

4.1 Einstufung von Taxen und Mietwagen in Schadenfreiheitsklassen (SF-Klassen) und Beitragssätze

... <xx Tabelle>

4.2 Rückstufung im Schadenfall bei Taxen und Mietwagen

4.2.1 Kfz-Haftpflichtversicherung

... <xx Tabelle>

4.2.2 Vollkaskoversicherung

... <xx Tabelle>

5 Campingfahrzeuge

5.1 Einstufung von Campingfahrzeugen in Schadenfreiheitsklassen (SF-Klassen) und Beitragssätze

... <xx Tabelle>

5.2 Rückstufung im Schadenfall bei Campingfahrzeugen

5.2.1 Kfz-Haftpflichtversicherung

... <xx Tabelle>

5.2.2 Vollkaskoversicherung

... <xx Tabelle>

6 Lieferwagen, Lkw, Zugmaschinen, Krankenwagen, Leichenwagen, Busse (nur Kfz-Haftpflicht), Abschleppwagen (nur Kfz-Haftpflicht) und Stapler (nur Kfz-Haftpflicht)

6.1 Einstufung von Lieferwagen, Lkw, Zugmaschinen, Krankenwagen, Leichenwagen, Busse (nur Kfz-Haftpflicht), Abschleppwagen (nur Kfz-Haftpflicht) und Stapler (nur Kfz-Haftpflicht) in Schadenfreiheitsklassen (SF-Klassen) und Beitragssätze

... <xx Tabelle>

6.2 Rückstufung im Schadenfall bei Lieferwagen, Lkw, Zugmaschinen, Krankenwagen, Leichenwagen, Busse, Abschleppwagen und Stapler

6.2.1 Kfz-Haftpflichtversicherung

... <xx Tabelle>

6.2.2 Vollkaskoversicherung (nur Lieferwagen, Lkw, Zugmaschinen, Krankenwagen, Leichenwagen)

... <xx Tabelle>

Anhang 2: Merkmale zur Beitragsberechnung

1 Individuelle Merkmale zur Beitragsberechnung bei Pkw

1.1 Abstellort

Regelmäßiger nächtlicher Abstellort:

- abschließbare Einzelgarage
- abschließbare Doppelgarage
- Mehrfachtiefgarage
- gesichertes Grundstück
- Carport

1.2 Jährliche Fahrleistung

Fahrleistungsklassen:

1.2.1 Kfz-Haftpflichtversicherung:

Fahrleistungsklasse
von XX km bis XX km

1.2.2 Vollkaskoversicherung:

Fahrleistungsklasse
von XX km bis XX km

1.2.3 Teilkaskoversicherung:

Fahrleistungsklasse
von XX km bis XX km

Unabhängig von der Fahrleistung gilt bei Verträgen für Pkw, die mit einem Saison-, Oldtimer-, Ausfuhr, Kurzzeit- oder roten Kennzeichen zugelassen sind, die Fahrleistungsklasse xx als vereinbart.

1.3 Weitere Merkmale zur Beitragsberechnung

- Selbstgenutztes Wohneigentum
- Nutzerkreis
- Nutzeralter
- Fahrzeugalter beim Erwerb durch Sie
- ... xx

2 Merkmale zur Beitragsberechnung bei Krafträdern und Leichtkrafträdern

- Nutzeralter
- Motorleistung
- ... xx

3 **Merkmale zur Beitragsberechnung bei Lkw, Zugmaschinen, Bussen, Anhängern**

Bei der Beitragsberechnung werden die nachfolgenden Merkmale berücksichtigt:

- Aufbau
- Motorleistung
- Anzahl der Plätze
- zulässiges Gesamtgewicht

Anhang 3: Tabellen zu den Typklassen

Für Pkw, Taxen, Mietwagen und Selbstfahrervermiet-Pkw gelten folgende Typklassen:

1 **Kfz-Haftpflichtversicherung:**

Typklasse	Schadenbedarfs-Indexwerte	
	von	bis unter

2 **Vollkaskoversicherung:**

Typklasse	Schadenbedarfs-Indexwerte	
	von	bis unter

3 **Teilkaskoversicherung:**

Typklasse	Schadenbedarfs-Indexwerte	
	von	bis unter

Anhang 4: Tabellen zu den Regionalklassen

Es gelten folgende Regionalklassen:

1 **Für Pkw**

1.1 **In der Kfz-Haftpflichtversicherung:**

Regionalklasse	Schadenbedarfs-Indexwerte	
	von	bis unter

1.2 **In der Vollkaskoversicherung:**

Regionalklasse	Schadenbedarfs-Indexwerte	
	von	bis unter

1.3 **In der Teilkaskoversicherung:**

Regionalklasse	Schadenbedarfs-Indexwerte	
	von	bis unter

2 **Für Krafträder, Leichtkrafträder, Quads und Trikes**

2.1 **In der Kfz-Haftpflichtversicherung:**

Regionalklasse	Schadenbedarfs-Indexwerte	
	von	bis unter

2.2 **In der Vollkaskoversicherung:**

Regionalklasse	Schadenbedarfs-Indexwerte	
	von	bis unter

2.3 In der Teilkaskoversicherung:

Regionalklasse Schadenbedarfs-Indexwerte

von bis unter

3 Für Lkw im Werkverkehr

3.1 In der Kfz-Haftpflichtversicherung:

Regionalklasse Schadenbedarfs-Indexwerte

von bis unter

3.2 In der Vollkaskoversicherung:

Regionalklasse Schadenbedarfs-Indexwerte

von bis unter

3.3 In der Teilkaskoversicherung:

Regionalklasse Schadenbedarfs-Indexwerte

von bis unter

4 Für landwirtschaftliche Zugmaschinen

4.1 In der Kfz-Haftpflichtversichrung:

Regionalklasse Schadenbedarfs-Indexwerte

von bis unter

4.2 In der Teilkaskoversicherung:

Regionalklasse Schadenbedarfs-Indexwerte

von bis unter

5 Für Campingfahrzeuge

5.1 In der Kfz-Haftpflichtversicherung

Regionalklasse Schadenbedarfs-Indexwerte

von... bis unter

5.2 In der Vollkaskoversicherung

Regionalklasse Schadenbedarfs-Indexwerte

von... bis unter

5.3 In der Teilkaskoversicherung

Regionalklasse Schadenbedarfs-Indexwerte

von... bis unter

Anhang 5: Berufsgruppen (Tarifgruppen)

1 Berufsgruppe A

Die Beiträge der Berufsgruppe A gelten in der Kfz-Haftpflichtversicherung bei Pkw für

a Landwirte und Gartenbaubetriebe
landwirtschaftliche Unternehmer im Sinne des § 123 Abs. 1 Nr. 1 Sozialgesetzbuch VII, die Mitglieder einer landwirtschaftlichen Berufsgenossenschaft oder der Gartenbauberufsgenossenschaft sind, deren Betrieb eine Mindestgröße von 1/2 ha – bei einem Gartenbaubetrieb jedoch eine Mindestgröße von 2 ha – hat, und die diesen Betrieb selbst bewirtschaften;

b Ehemalige Landwirte
ehemalige landwirtschaftliche Unternehmer, wenn sie die Voraussetzungen nach 1.a unmittelbar vor Übergabe des Betriebes erfüllt haben und nicht anderweitig berufstätig sind;

c Witwen und Witwer
nicht berufstätige Witwen/Witwer von Personen, die bei ihrem Tod die Voraussetzungen nach 1.a oder 1.b erfüllt haben.

2 Berufsgruppe B

Die Beiträge der Berufsgruppe B gelten in der Kfz-Haftpflicht-, Vollkasko- und in der Teilkaskoversicherung beschränkt auf Pkw, Campingfahrzeuge, Krafträder und Leichtkrafträder – für Versicherungsverträge von Kraftfahrzeugen, die zugelassen sind auf

a Gebietskörperschaften, Körperschaften, Anstalten und Stiftungen des öffentlichen Rechts;

b juristische Personen des Privatrechts, wenn sie im Hauptzweck Aufgaben wahrnehmen, die sonst der öffentlichen Hand obliegen würden, und wenn
- an ihrem Grundkapital juristische Personen des öffentlichen Rechts mit mindestens 50 % beteiligt sind oder
- sie Zuwendungen aus öffentlichen Haushalten zu mehr als der Hälfte ihrer Haushaltsmittel erhalten (§ 23 Bundeshaushaltsordnung[1]) oder die entsprechenden haushaltsrechtlichen Vorschriften der Länder);

c mildtätige und kirchliche Einrichtungen (§§ 53, 54 Abgabenordnung);

d als gemeinnützig anerkannte Einrichtungen (§ 52 Abgabenordnung), die im Hauptzweck der Gesundheitspflege und Fürsorge oder der Jugend- und Altenpflege dienen oder die im Hauptzweck durch Förderung der Wissenschaft, Kunst, Religion, der Erziehung oder der Volks- und Berufsbildung dem Allgemeinwohl auf materiellem, geistigem oder sittlichem Gebiet nutzen;

e Selbsthilfeeinrichtungen der Angehörigen des öffentlichen Dienstes;

f Beamte, Richter, Angestellte und Arbeiter der unter 2.a bis 2.e genannten juristischen Personen und Einrichtungen, sofern ihre nicht selbstständige und der Lohnsteuer unterliegende Tätigkeit für diese mindestens 50 % der normalen Arbeitszeit beansprucht und sofern sie von ihnen besoldet oder entlohnt werden, sowie die bei diesen juristischen Personen und Einrichtungen in einem anerkannten Ausbildungsverhältnis stehenden Personen, ferner Berufssoldaten und Soldaten auf Zeit der Bundeswehr (nicht Wehr- bzw. Zivildienstpflichtige und freiwillige Helfer);

g Beamte, Angestellte und Arbeiter überstaatlicher oder zwischenstaatlicher Einrichtungen; für sie gilt das gleiche wie für die nach 2.f genannten Beamten, Angestellten und Arbeiter;

h Pensionäre, Rentner und beurlaubte Angehörige des öffentlichen Dienstes, wenn sie die Voraussetzungen von 2.f oder 2.g unmittelbar vor ihrem *Eintritt in den Ruhestand* bzw. vor ihrer Beurlaubung erfüllt haben und nicht anderweitig berufstätig sind, sowie nicht berufstätige versorgungsberechtigte Witwen/Witwer von Beamten, Richtern, Angestellten, Ar-

---

[1]) **Sartorius Nr. 700.**

beitern, Berufssoldaten und Soldaten auf Zeit der Bundeswehr, Pensionären und Rentnern, die jeweils bei ihrem Tode die Voraussetzungen von 2.f, 2.g oder 2.h erfüllt haben;

i Familienangehörige von Beamten, Richtern, Angestellten, Arbeitern, Berufssoldaten und Soldaten auf Zeit der Bundeswehr, Pensionären und Rentnern, die die Voraussetzungen von 2.f, 2.g oder 2.h erfüllen. Voraussetzung ist, dass die Familienangehörigen nicht erwerbstätig sind und mit den vorher genannten Personen in häuslicher Gemeinschaft leben und von ihnen unterhalten werden.

3 **Berufsgruppe D**

Die Beiträge der Berufsgruppe D gelten in der Kfz-Haftpflicht- und der Kaskoversicherung – in der Teilkaskoversicherung beschränkt auf Pkw, Campingfahrzeuge, Krafträder und Leichtkrafträder – für Verträge von Kraftfahrzeugen, die zugelassen sind auf privatisierte, ehemals öffentlich-rechtliche Banken und Sparkassen, andere privatisierte, ehemals öffentlich-rechtliche Einrichtungen (z.B. Telekom, Deutsche Bahn, Deutsche Post, Postbank, Lufthansa) und deren Tochterunternehmen, sonstige Finanzdienstleistungs-, Wohnungsbau- oder Energieversorgungsunternehmen, Krankenhäuser, Kliniken, Sanatorien, Pflegeheime, kirchliche Einrichtungen, sonstige mildtätige oder gemeinnützige Einrichtungen und deren Beschäftigte, wenn sie nicht bereits die Voraussetzungen der Berufsgruppe B erfüllen.

Anhang 6: Art und Verwendung von Fahrzeugen

1 **Leichtkrafträder**

Leichtkrafträder sind Krafträder und Kraftroller mit einem Hubraum von mehr als 50 ccm und nicht mehr als 125 ccm und einer Nennleistung von nicht mehr als 11 kW.

2 < – entfällt – >

3 **Krafträder**

Krafträder sind alle Krafträder und Kraftroller, die ein amtliches Kennzeichen führen müssen, mit Ausnahme von Leichtkrafträdern.

4 **Pkw**

Pkw sind als Personenkraftwagen zugelassene Kraftfahrzeuge mit höchstens *acht* Sitzplätzen außer dem Fahrersitz, mit Ausnahme von Mietwagen, Taxen und Selbstfahrervermietfahrzeugen.

5 **Mietwagen**

Mietwagen sind Pkw, mit denen ein genehmigungspflichtiger Gelegenheitsverkehr gewerbsmäßig betrieben wird (unter Ausschluss der Taxen, Kraftomnibusse, Güterfahrzeuge und Selbstfahrervermietfahrzeuge).

6 **Taxen**

Taxen sind Pkw, die der Unternehmer an behördlich zugelassenen Stellen bereithält und mit denen er – auch am Betriebssitz oder während der Fahrt entgegengenommene – Beförderungsaufträge zu einem vom Fahrgast bestimmten Ziel ausführt.

7 **Selbstfahrvermietfahrzeuge**

Selbstfahrvermietfahrzeuge sind Kraftfahrzeuge und Anhänger, die gewerbsmäßig ohne Gestellung eines Fahrers vermietet werden.

8 **Leasingfahrzeuge**

Leasingfahrzeuge sind Kraftfahrzeuge und Anhänger, die gewerbsmäßig ohne Gestellung eines Fahrers vermietet werden und auf den Mieter zugelassen sind oder bei Zulassung auf den Vermieter dem Mieter durch Vertrag mindestens sechs Monate überlassen werden.

9 **Kraftomnibusse**

Kraftomnibusse sind Kraftfahrzeuge und Anhänger, die nach ihrer Bauart und Ausstattung zur Beförderung von mehr als neun Personen (einschließlich Fahrer) geeignet und bestimmt sind.

10 **Campingfahrzeuge**

Campingfahrzeuge sind als Wohnmobil zugelassene Fahrzeuge.

10.1 Linienverkehr ist eine zwischen bestimmten Ausgangs- und Endpunkten eingerichtete regelmäßige Verkehrsverbindung, auf der Fahrgäste an bestimmten Haltestellen ein- und aussteigen können, sowie Verkehr, der unter Ausschluss anderer Fahrgäste der regelmäßigen Beförderung von Personen zum Besuch von Märkten und Theatern dient.

10.2 Gelegenheitsverkehr sind Ausflugsfahrten und Ferienziel-Reisen sowie Verkehr mit Mietomnibussen.

10.3 Nicht unter 10.1 oder 10.2 fallen sonstige Busse, insbesondere Hotelomnibusse, Werkomnibusse, Schul-, Lehr- und Krankenomnibusse.

11 **Werkverkehr**

Werkverkehr ist die Güterbeförderung mit Kraftfahrzeugen, Anhängern und Aufliegern nur für eigene Zwecke durch Personal eines Unternehmens oder von Personal, das dem Unternehmen im Rahmen einer vertraglichen Verpflichtung zur Verfügung gestellt worden ist.

12 **Gewerblicher Güterverkehr**

Gewerblicher Güterverkehr ist die geschäftsmäßige, entgeltliche Beförderung von Gütern mit Kraftfahrzeugen, Anhängern und Aufliegern für andere.

13 **Umzugsverkehr**

Umzugsverkehr ist die ausschließliche Beförderung von Umzugsgut.

14 **Wechselaufbauten**

Wechselaufbauten sind Aufbauten von Kraftfahrzeugen, Anhängern und Aufliegern, die zur Güterbeförderung bestimmt sind und mittels mechanischer Vorrichtungen an diesen Fahrzeugen ausgewechselt werden können.

15 Landwirtschaftliche Zugmaschinen

Landwirtschaftliche Zugmaschinen oder Anhänger sind Zugmaschinen und Raupenschlepper oder Anhänger, die wegen ihrer Verwendung in der Land- und Forstwirtschaft von der Kraftfahrzeugsteuer freigestellt sind und ein amtliches grünes Kennzeichen führen.

16 Melkwagen und Milchsammel-Tankwagen

Melkwagen und Milchsammel-Tankwagen sind Fahrzeuge mit Vorrichtungen zur mechanischen Milchentnahme, die dem Transport der Milch von Weiden und Gehöften zu den Molkereien der Einzugsgebiete dienen.

17 Sonstige landwirtschaftliche Sonderfahrzeuge

Sonstige landwirtschaftliche Sonderfahrzeuge sind Fahrzeuge, die als Sonderfahrzeuge für die Land- und Forstwirtschaft zugelassen werden und ein amtliches grünes Kennzeichen führen.

18 Milchtankwagen

Milchtankwagen sind Fahrzeuge, die dem Transport der Milch zwischen Molkereien oder von Molkereien zum Verteiler oder Verbraucher dienen.

Sie gelten nicht als landwirtschaftliche Sonderfahrzeuge, sondern als Güterfahrzeuge.

19 Selbstfahrende Arbeitsmaschinen

Selbstfahrende Arbeitsmaschinen sind Fahrzeuge, die nach ihrer Bauart und ihren besonderen mit dem Fahrzeug fest verbundenen Einrichtungen zur Verrichtung von Arbeit – nicht zur Beförderung von Personen oder Gütern – bestimmt und geeignet sind und die zu einer vom Bundesminister für Verkehr bestimmten Art solcher Fahrzeuge gehören (z.B. Selbstlader, Bagger, Greifer, Kran-Lkw sowie Räum- und Bergungsfahrzeuge, auch wenn sie zu Abschleppzwecken mitverwendet werden).

20 Lkw bis 3,5 t zulässige Gesamtmasse

Lkw bis 3,5 t zulässige Gesamtmasse sind zur Güterbeförderung zugelassene Kraftfahrzeuge mit einer Gesamtmasse von bis zu 3,5 t.

21 Lkw über 3,5 t zulässige Gesamtmasse

Lkw über 3,5 t zulässige Gesamtmasse sind zur Güterbeförderung zugelassene Kraftfahrzeuge mit einer zulässigen Gesamtmasse von mehr als 3,5 t.

22 Zugmaschinen

Zugmaschinen sind Kraftfahrzeuge, die ausschließlich oder überwiegend zum Ziehen von Anhängern oder Aufliegern gebaut sind, mit Ausnahme von landwirtschaftlichen Zugmaschinen.

[illegible]

[illegible]

[illegible]

18 **Milchtankwagen**

[illegible]

[illegible]

[illegible]

[illegible]

22 **Zugmaschinen**

[illegible]

62g. Allgemeine Bedingungen für die Rechtsschutzversicherung (ARB 2021)

Musterbedingungen des GDV[1]

(Stand: August 2022)

Unverbindliche Bekanntgabe des Gesamtverbandes der Deutschen Versicherungswirtschaft e.V. (GDV) Zur fakultativen Verwendung/Abweichende Vereinbarungen sind möglich

Inhaltsverzeichnis

1. Aufgaben der Rechtsschutzversicherung

2. Welchen Rechtsschutz haben Sie?

2.1. Wer/was ist versichert?
2.2. In welchen Rechtsbereichen sind Sie versichert (Leistungsarten)?
2.3. Leistungsumfang
2.4. Voraussetzungen für den Anspruch auf Versicherungsschutz

3. Was ist nicht versichert?

3.1. Zeitliche Ausschlüsse
3.2. Inhaltliche Ausschlüsse
3.3. Einschränkung unserer Leistungspflicht
3.4. Ablehnung des Versicherungsschutzes wegen mangelnder Erfolgsaussichten oder wegen Mutwilligkeit/Schiedsgutachter
3.4[2]. Ablehnung des Versicherungsschutzes wegen mangelnder Erfolgsaussichten oder wegen Mutwilligkeit/Stichentscheidverfahren

4. Was müssen Sie beachten?

4.1. Verhalten im Versicherungsfall/Erfüllung von Obliegenheiten
4.2. Weitere besondere Verhaltensregeln/Obliegenheiten
4.3. Besonderheiten im Fahrzeug-Rechtsschutz bei Fahrzeugwechsel oder Verkauf

5. In welchen Ländern sind Sie versichert?

5.1. Hier haben Sie Versicherungsschutz
5.2. Hier haben Sie Versicherungsschutz mit Einschränkungen

6. Wann beginnt und endet Ihre Rechtsschutzversicherung?

6.1. Beginn des Versicherungsschutzes
6.2. Dauer und Ende des Vertrages

7. Wann und wie müssen Sie Ihren Beitrag zahlen?

7.1. Beitragszahlung
7.2. Versicherungsjahr
7.3. Versicherungssteuer
7.4. Zahlung und Folgen verspäteter Zahlung/Erster Beitrag
7.5. Zahlung und Folgen verspäteter Zahlung/Folgebeitrag
7.6. Rechtzeitige Zahlung bei Sepa-Lastschriftmandat
7.7. Beitrag bei vorzeitiger Vertragsbeendigung
7.8. Beitragsanpassung
7.9. Änderung wesentlicher Umstände der Beitragsfestsetzung

8. Wann verjähren Ansprüche aus dem Versicherungsvertrag?

8.1. Gesetzliche Verjährung
8.2. Die Verjährung wird ausgesetzt

9. Wenn Sie mit uns einmal nicht zufrieden sind

9.1. Versicherungsombudsmann
9.2. Versicherungsaufsicht
9.3. Rechtsweg

---

[1] In der jeweils aktuellen Fassung kostenlos abrufbar unter www.gdv.de.
[2] Zählung amtlich.

10. Welches Recht ist anzuwenden und wo ist der Gerichtsstand?
10.1. Anzuwendendes Recht
10.2. Klagen gegen das Versicherungsunternehmen
10.3. Klagen gegen den Versicherungsnehmer
Anhang: Beitragsfreiheit bei Arbeitslosigkeit (Zahlungspause)

Die unverbindlichen Muster-ARB 2021 sind nach dem Bausteinprinzip aufgebaut. Die Klauseln sind den einzelnen Vertragsarten (Privat, Unternehmen, Verein, Landwirte, Beruf, Verkehr, Fahrzeug und Wohnen) durch den nachfolgenden Buchstabenschlüssel zugeordnet. Klauseln bzw. Abschnitte, die für alle Vertragsarten einschlägig sind, haben die Zuordnung A:

Allgemein	**A**	Landwirte	**L**
Privat	**P**	Beruf	**B**
Optional: Cyber-Privat	**CP**	Verkehr	**Vk**
Unternehmen	**U**	Fahrzeug	**F**
Verein	**Ver**	Wohnen	**W**

1. Aufgaben der Rechtsschutzversicherung **A**

Sie möchten Ihre rechtlichen Interessen wahrnehmen. Wir erbringen die dafür erforderlichen Leistungen und sichern Ihnen so den Zugang zum Recht. Der Umfang unserer Leistungen ist im Versicherungsantrag, im Versicherungsschein und in diesen Versicherungsbedingungen beschrieben. Gerne unterstützen wir Sie, Ihren Konflikt schnell und nachhaltig zu lösen. Fragen Sie uns nach Ihren Möglichkeiten.

2. Welchen Rechtsschutz haben Sie? **A**

Sie haben folgenden Bereich *(Vertragsform)* versichert: **A**

- Privat-Rechtsschutz **P**
- ***Optional***: Cyber-Rechtsschutz als Ergänzung für den Privat-Rechtsschutz, **CP**
- Rechtsschutz für Selbstständige oder Firmen, **U**
- Rechtsschutz für Vereine, **Ver**
- Rechtsschutz für Landwirte, **L**
- Berufs-Rechtsschutz, **B**
- Verkehrs-Rechtsschutz, **Vk**
- Fahrzeug-*Rechtsschutz*, **F**
- Wohnungs- und Grundstücks-Rechtsschutz. **W**

2.1 Wer/was ist versichert? **A**

Aus rechtlichen Gründen weisen wir Sie auf Folgendes hin:

Es besteht – unbeschadet der übrigen Vertragsbestimmungen – Versicherungsschutz nur, soweit und solange dem keine auf die Vertragsparteien direkt anwendbaren Wirtschafts-, Handels- oder Finanzsanktionen bzw. Embargos der Europäischen Union oder der Bundesrepublik Deutschland entgegenstehen.

Dies gilt auch für Wirtschafts-, Handels- oder Finanzsanktionen bzw. Embargos der Vereinigten Staaten von Amerika, soweit dem nicht Rechtsvorschriften der Europäischen Union oder der Bundesrepublik Deutschland entgegenstehen.

2.1.1 Versicherte Lebensbereiche **A**

Im Privat-Rechtsschutz: **P**

Sie haben Versicherungsschutz für Ihren *privaten* Bereich. Sie haben hier *keinen* Versicherungsschutz, wenn Sie rechtliche Interessen im Zusammenhang mit einer der folgenden Tätigkeiten wahrnehmen:

- eine gewerbliche Tätigkeit,
- eine freiberufliche Tätigkeit,
- eine sonstige selbstständige Tätigkeit.

Wann liegt eine sonstige selbstständige Tätigkeit vor?

Wenn Einkünfte im steuerrechtlichen Sinne erzielt werden oder werden sollen, die keine Einkünfte aus nichtselbstständiger Tätigkeit (zum Beispiel Löhne oder Gehälter) oder Einkünfte aus Rente sind.

Optional:

Cyber-Rechtsschutz als Ergänzung für den Privat-Rechtsschutz **CP**

Sie haben Versicherungsschutz in Ihrem *privaten Bereich* im Zusammenhang mit der Nutzung *elektronischer Daten/Medien (zum Beispiel im Internet, in einem Intranet, in digitalen Kurznachrichten- oder Messengerdiensten, … [ggf. unternehmensindividuell zu ergänzen])*.

Folgende Bereiche sind mit einem extra Baustein zu versichern und nicht im Privat-Rechtsschutz enthalten: **P**

- Rechtsschutz für Selbstständige oder Firmen,
- Rechtsschutz für Vereine,
- Berufs-Rechtsschutz,
- Verkehrs-Rechtsschutz und Fahrzeug-Rechtsschutz,
- Wohnungs- und Grundstücks-Rechtsschutz.

Im Rechtsschutz für Selbstständige oder Firmen: **U**

Sie haben Versicherungsschutz für Ihre im Versicherungsschein bezeichnete gewerbliche, freiberufliche oder sonstige selbstständige Tätigkeit.

Im Rechtsschutz für Vereine: **Ver**

Sie haben Versicherungsschutz für den im Versicherungsschein bezeichneten Verein.

Im Rechtsschutz für Landwirte: **L**

Sie haben Versicherungsschutz
- als Inhaber für Ihren im Versicherungsschein bezeichneten land- oder forstwirtschaftlichen Betrieb,
- für den privaten Bereich und
- für die Ausübung nichtselbstständiger Tätigkeiten.

Versicherungsschutz besteht für Sie als
- Eigentümer,
- Halter,
- Erwerber,
- Leasingnehmer/Mieter,
- Fahrer

von Motorfahrzeugen sowie Anhängern.

Versichert sind folgende Fahrzeuge:
- Pkw oder Kombiwagen,
- Krafträder oder
- land- bzw. forstwirtschaftlich genutzte Fahrzeuge.

Für andere Fahrzeuge besteht *kein* Versicherungsschutz (zum Beispiel nicht land- oder forstwirtschaftlich genutzte Lkws).

Als Fahrer und Mitfahrer sind Sie *unabhängig* von der Fahrzeugart *versichert* (zum Beispiel: Sie kaufen sich ein privates Motorboot; der Kauf ist nicht versichert, wohl aber das Führen des Bootes).

Im Berufs-Rechtsschutz: **B**

Sie haben Versicherungsschutz für Ihre berufliche, nichtselbstständige Tätigkeit (zum Beispiel als Arbeitnehmer, Beamter, Richter).

Sie haben keinen Versicherungsschutz, wenn Sie rechtliche Interessen wahrnehmen als: **P U Ver B**
- Eigentümer,
- Halter,
- Erwerber,
- Leasingnehmer/Mieter,
- Fahrer

von Motorfahrzeugen sowie Anhängern.

Der Verkehrs-Rechtsschutz und der Fahrzeug-Rechtsschutz sind mit einem extra Baustein zu versichern.

Im Verkehrs-Rechtsschutz **Vk**

Sie haben Versicherungsschutz, wenn Sie rechtliche Interessen wahrnehmen als
- Eigentümer,
- Halter,
- Erwerber,
- Leasingnehmer/Mieter,
- *Fahrer*

von Kraftfahrzeugen sowie Anhängern.

Die Kraftfahrzeuge oder Anhänger müssen entweder:
- bei Vertragsabschluss oder während der Vertragsdauer auf Sie zugelassen sein oder
- auf Ihren Namen mit einem Versicherungskennzeichen (sogenanntes Nummernschild) versehen sein oder
- zum vorübergehenden Gebrauch von Ihnen gemietet sein.

Sie sind ferner als Fahrer und Mitfahrer fremder oder eigener Kraftfahrzeuge, Motorfahrzeuge zu Wasser oder in der Luft versichert.

Versicherungsschutz haben Sie auch, wenn Sie am öffentlichen Straßenverkehr teilnehmen, und zwar
- als Fahrgast,
- als Fußgänger oder
- als Radfahrer.

Im Fahrzeug-Rechtsschutz **F**

Sie haben Versicherungsschutz für die im Versicherungsschein genannten Kraftfahrzeuge, Motorfahrzeuge zu Wasser oder in der Luft sowie für Anhänger.

Dabei kommt es nicht darauf an, ob
- das Fahrzeug auf Ihren Namen zugelassen ist oder
- das Fahrzeug mit einem Versicherungskennzeichen (sogenanntes Nummernschild) auf Ihren Namen versehen ist.

Im Wohnungs- und Grundstücks-Rechtsschutz **W**

Sie haben Versicherungsschutz, wenn Sie Grundstücke, Gebäude oder Gebäudeteile in folgenden Eigenschaften nutzen: als
- Eigentümer,
- Vermieter,
- Verpächter,
- Mieter,
- Pächter,
- sonstiger Nutzungsberechtigter.

Die Eigenschaften und das Grundstück, Gebäude oder Gebäudeteil müssen im Versicherungsschein angegeben sein. Einer Wohneinheit zuzurechnende Garagen oder Kraftfahrzeug-Abstellplätze sind eingeschlossen.

Wenn Sie das im Versicherungsschein bezeichnete, selbst genutzte Wohnobjekt wechseln, geht der Versicherungsschutz auf das neue Wohnobjekt über und umfasst auch Versicherungsfälle,
- die erst *nach* dem Auszug aus dem bisherigen Wohnobjekt eintreten oder
- die sich auf das neue Wohnobjekt beziehen und *vor* dessen geplantem oder tatsächlichem Bezug eintreten.

Wenn Sie ein Objekt wechseln, das Sie für Ihre gewerbliche, freiberufliche oder sonstige selbstständige Tätigkeit selbst nutzen, dann gilt dies nur unter **folgender Voraussetzung**:

Das neue Objekt darf nach unserem Tarif weder nach Größe noch nach Miet- oder Pachthöhe einen höheren als den vereinbarten Beitrag ausmachen.

2.1.2 Mitversicherung **P U Ver L B Vk F**

Mitversichert sind:

- die von Ihnen beschäftigten Mitarbeiter, soweit sie für Sie beruflich im versicherten Betrieb tätig sind, **U L**
- die gesetzlichen Vertreter, Angestellten und Mitglieder des Vereins im Rahmen der Aufgaben, die sie nach der Satzung zu erfüllen haben, **Ver**
- Ihr ehelicher/eingetragener Lebenspartner, **P L B**
- im Versicherungsschein genannte sonstige Lebenspartner,
- Ihre minderjährigen Kinder,
- Ihre unverheirateten volljährigen Kinder bis zur Vollendung des 25. Lebensjahrs.
  Die Kinder dürfen allerdings nicht in einer eigenen eingetragenen oder sonstigen Lebenspartnerschaft leben.

Ausnahme: Volljährige Kinder sind nicht mitversichert, wenn sie rechtliche Interessen wahrnehmen als **L**
- Eigentümer,
- Halter,
- Erwerber,
- Leasingnehmer/Mieter,
- Fahrer,

von Kraftfahrzeugen, Motorfahrzeugen zu Wasser oder in der Luft sowie Anhänger.

Die Mitversicherung von volljährigen Kindern endet in jedem Fall zu dem Zeitpunkt, zu dem sie erstmalig eine auf Dauer angelegte, berufliche Tätigkeit ausüben und hierfür ein Einkommen erhalten. **P L B**

- alle Personen in ihrer Eigenschaft als berechtigte Fahrer und berechtigte Mitfahrer eines Kraftfahrzeugs sowie eines Anhängers. **L**
  Voraussetzung ist:
  das Kraftfahrzeug oder der Anhänger ist im Zeitpunkt des Versicherungsfalls
  – auf Sie, Ihren mitversicherten Lebenspartner oder Ihre minderjährigen Kinder zugelassen oder
  – auf Ihren Namen mit einem Versicherungskennzeichen (sogenanntes Nummernschild) versehen oder
  – von Ihnen, Ihrem mitversicherten Lebenspartner oder Ihren minderjährigen Kindern zum vorübergehenden Gebrauch angemietet.
- im Versicherungsschein genannte Mitinhaber sowie deren eheliche/eingetragene oder im Versicherungsschein genannte sonstige Lebenspartner, sofern diese **L**

– in Ihrem Betrieb tätig und
– in Ihrem Betrieb wohnhaft sind.

• im Versicherungsschein genannte Altenteiler sowie deren eheliche/eingetragene oder im Versicherungsschein genannte sonstige Lebenspartner, sofern diese in Ihrem Betrieb wohnhaft sind. **L**

Im Verkehrs-Rechtsschutz: **VK**

Im Fahrzeug-Rechtsschutz: **F**

Versichert sind alle Personen (mitversicherte Personen) in ihrer Eigenschaft als berechtigte Fahrer oder berechtigte Mitfahrer des Kraftfahrzeugs. (Berechtigt ist jede Person, die das Kraftfahrzeug mit Ihrem Einverständnis führt oder nutzt.) **Vk F**

Alle Bestimmungen aus diesem Rechtsschutzvertrag gelten auch für diese mitversicherten Personen. **P U Ver L B Vk F**

Wenn eine mitversicherte Person Versicherungsschutz verlangt, können Sie dem widersprechen. (Warum können Sie widersprechen, wenn eine mitversicherte Person Versicherungsschutz verlangt? Sie sind unser Versicherungsnehmer und können zum Beispiel bestimmen, ob wir Kosten für mitversicherte Personen bezahlen sollen.)

Ausnahme: Bei Ihrem ehelichen/eingetragenen Lebenspartnerkönnen Sie nicht widersprechen. **P U Ver L B Vk F**

Versicherungsschutz besteht außerdem für Ansprüche, die natürlichen Personen kraft Gesetzes dann zustehen, wenn Sie oder eine mitversicherte Person verletzt oder getötet wurden. **P L Vk F**

(Beispiel: Wenn Sie bei einem Verkehrsunfall schwer verletzt werden, haben Ihre nächsten Angehörigen Versicherungsschutz und können damit Unterhaltsansprüche gegen den Unfallgegner geltend machen. Eine „natürliche Person" ist ein Mensch, im Gegensatz zur „juristischen Person"; das ist zum Beispiel eine GmbH, eine AG oder ein Verein.)

2.2 In welchen Rechtsbereichen sind Sie versichert (Leistungsarten)? **A**

Je nach Vereinbarung umfasst der Versicherungsschutz folgende Leistungsarten:

2.2.1 Schadenersatz-Rechtsschutz **P U Ver L Vk F**

für die Durchsetzung Ihrer Schadenersatzansprüche.

Solche Schadenersatzansprüche dürfen allerdings nicht auch auf einer Vertragsverletzung oder einer Verletzung eines dinglichen Rechts an Grundstücken, Gebäuden oder Gebäudeteilen beruhen (dingliche Rechte sind Rechte, die gegenüber jedermann wirken und von jedem respektiert werden müssen, zum Beispiel Eigentum).

(Das bedeutet zum Beispiel, dass wir Schadenersatzansprüche wegen der Beschädigung eines Fernsehers gegen den Schädiger abdecken, nicht aber Ansprüche bei einer mangelhaften **P U Ver L**

Fernseherreparatur. Diese können über den Vertrags-Rechtsschutz versichert werden; siehe 2.2.4)

(Das bedeutet zum Beispiel, dass wir Schadenersatzansprüche wegen eines Autounfalls gegen den Unfallgegner abdecken, nicht aber Ansprüche bei einer mangelhaften Handwerkerleistung – wie aus einer Autoreparatur. Diese können über den Vertrags-Rechtsschutz nach 2.2.4 versichert werden.) **Vk F**

Optional:
für die Durchsetzung **Ihrer** vorbeugenden Unterlassungsansprüche wegen der Verletzung des Persönlichkeitsrechts in unmittelbarem Zusammenhang mit der Nutzung elektronischer Daten/Medien (zum Beispiel im Internet, in einem Intranet, in digitalen Kurznachrichten- oder Messengerdiensten, ... *[ggf. unternehmensindividuell zu ergänzen]*). **CP**

(Beispiel: Sie wurden in einem Gruppen-Chat beleidigt oder es wurden widerrechtlich Fotos von Ihnen im Internet veröffentlicht, und es drohen hieraus weitere gleichartige Rechtsverletzungen.)

Wir erstatten hier Kosten bis zu maximal ... EUR je Kalenderjahr.

2.2.2 Arbeits-Rechtsschutz **U Ver L B**

um Ihre rechtlichen Interessen wahrzunehmen, aus
- Arbeitsverhältnissen,
- öffentlich-rechtlichen Dienstverhältnissen hinsichtlich dienstrechtlicher und versorgungsrechtlicher Ansprüche.

2.2.3 Wohnungs- und Grundstücks-Rechtsschutz **L W**

für land- und forstwirtschaftlich genutzte Grundstücke, Gebäude oder Gebäudeteile. Um Ihre rechtlichen Interessen wahrzunehmen, aus **L**

- Miet- und Pachtverhältnissen (zum Beispiel Streitigkeiten wegen Mieterhöhung), **L W**
- sonstigen Nutzungsverhältnissen (zum Beispiel Streitigkeit um ein Wohnrecht),
- dinglichen Rechten, die Grundstücke, Gebäude oder Gebäudeteile betreffen (zum Beispiel Streitigkeit um den Verlauf der Grundstücksgrenze).

2.2.4 Rechtsschutz im Vertrags- und Sachenrecht **P L Vk F**

um Ihre rechtlichen Interessen wahrzunehmen, aus privatrechtlichen Schuldverhältnissen und dinglichen Rechten.
(„Ein Schuldverhältnis“ besteht zum Beispiel zwischen Käufer und Verkäufer. Ein Streit über ein dingliches Recht kann beispielsweise zwischen dem Eigentümer und dem Besitzer auf Herausgabe einer Sache bestehen.)

Dieser Versicherungsschutz gilt nicht, soweit es sich um eine Angelegenheit aus folgenden Bereichen handelt:
- Schadenersatz-Rechtsschutz (siehe 2.2.1),

- Arbeits-Rechtsschutz (zum Beispiel Streit aus oder um Ihr Arbeitsverhältnis)

  oder
- Wohnungs- oder Grundstücks-Rechtsschutz (zum Beispiel Streit aus Ihrem Mietverhältnis oder wenn Sie als Eigentümer oder Besitzer eines Grundstücks oder Gebäudes betroffen sind).

Es besteht auch Versicherungsschutz für Verträge, mit denen Sie Kraftfahrzeuge und Anhänger zur Eigennutzung erwerben wollen, auch wenn diese später nicht auf Sie zugelassen werden. **L Vk F**

Ausnahme: Sie haben keinen Versicherungsschutz im Vertrags- und Sachenrecht, wenn Sie Teilnehmer im öffentlichen Straßenverkehr sind (Beispiel: Streit um eine Taxirechnung). **Vk F**

2.2.5 Steuer-Rechtsschutz vor Gerichten **P L Vk F W**

um Ihre rechtlichen Interessen im Zusammenhang mit Steuern und Abgaben vor deutschen Finanz- und Verwaltungsgerichten wahrzunehmen, aber erst ab dem gerichtlichen Verfahren.

Dieser Versicherungsschutz gilt für folgende Lebensbereiche (2.1.1) **U**
- Privat-Rechtsschutz,
- Verkehrs-Rechtsschutz und
- Berufs-Rechtsschutz

(Das bedeutet, es besteht beim Steuer-Rechtsschutz vor Gerichten **kein Versicherungsschutz im Bereich Rechtsschutz für Selbstständige oder Firmen**).

2.2.6 Sozialgerichts-Rechtsschutz **P U Ver L**

um Ihre rechtlichen Interessen vor deutschen Sozialgerichten wahrzunehmen, aber erst ab dem gerichtlichen Verfahren.

2.2.7 Verwaltungs-Rechtsschutz in Verkehrssachen **L Vk F**

um Ihre rechtlichen Interessen in verkehrsrechtlichen Angelegenheiten vor Verwaltungsbehörden und Verwaltungsgerichten wahrzunehmen.

2.2.8 Disziplinar- und Standes-Rechtsschutz **U Ver L B**

für die Verteidigung in Disziplinar- und Standesrechtsverfahren (*Disziplinarrecht*: es geht um Dienstvergehen von zum Beispiel Beamten oder Soldaten; Standesrecht: berufsrechtliche Belange von freien Berufen, zum Beispiel von Ärzten oder Rechtsanwälten).

2.2.9 Straf-Rechtsschutz **P U Ver L Vk F**

für die Verteidigung, wenn Ihnen ein strafrechtliches Vergehen vorgeworfen wird. (Vergehen sind Straftaten, die im Mindestmaß mit einer Freiheitsstrafe von unter einem Jahr oder Geldstrafe bedroht sind.) **P U Ver L**

Sie haben Versicherungsschutz unter **folgenden Voraussetzungen**:
- das Vergehen ist vorsätzlich *und* fahrlässig nach dem Gesetz strafbar
- und Ihnen wird ein fahrlässiges Verhalten vorgeworfen.

Wird Ihnen jedoch ein vorsätzliches Verhalten vorgeworfen, erhalten Sie zunächst keinen Versicherungsschutz. Wenn Sie nicht wegen vorsätzlichen Verhaltens verurteilt werden, erhalten Sie rückwirkend Versicherungsschutz. Ändert sich der Vorwurf während des Verfahrens auf fahrlässiges Verhalten, besteht ab diesem Zeitpunkt Versicherungsschutz.

In folgenden Fällen haben Sie also keinen Versicherungsschutz: **P U Ver L**
- Ihnen wird ein *Verbrechen* vorgeworfen (Straftat, die im Mindestmaß mit einer Freiheitsstrafe von einem Jahr bedroht ist).
- Ihnen wird ein *Vergehen* vorgeworfen, das nur vorsätzlich begangen werden kann (zum Beispiel Beleidigung, Diebstahl, Betrug).

Dabei ist es egal, ob der Vorwurf berechtigt ist oder wie das Strafverfahren ausgeht.

Optional:
für die Verteidigung, wenn Ihnen ein vorsätzliches Vergehen in unmittelbarem Zusammenhang mit der Nutzung *elektronischer Daten/Medien* (zum Beispiel im Internet, in einem Intranet, in digitalen Kurznachrichten- oder Messengerdiensten, ... [ggf. unternehmensindividuell zu ergänzen]) vorgeworfen wird (Beispiel: Sie werden angezeigt, eine andere Person in einem sozialen Netzwerk beleidigt zu haben). **CP**

Wir erstatten hier Kosten bis zu maximal ... EUR je Kalenderjahr.

Ausnahme: Ein Gericht stellt rechtskräftig fest, dass Sie das Vergehen *vorsätzlich* begangen haben. In diesem Fall sind Sie verpflichtet, uns die entstandenen Kosten zu erstatten.

Sie haben *keinen* Versicherungsschutz, wenn Ihnen ein *Verbrechen* vorgeworfen wird (Ein Verbrechen ist eine Straftat, die im Mindestmaß mit einer Freiheitsstrafe von einem Jahr bedroht ist).

Optional: Sie haben jedoch keinen Versicherungsschutz, wenn Ihnen eine der folgenden Straftaten vorgeworfen wird: ... (ggfls. unternehmensindividuell zu ergänzen)

für die Verteidigung, wenn Ihnen ein verkehrsrechtliches Vergehen vorgeworfen wird (das ist eine Straftat, die die *Verletzung der Sicherheit* und Ordnung im Straßenverkehr unter Strafe stellt und im Mindestmaß mit einer Freiheitsstrafe von unter einem Jahr oder Geldstrafe bedroht ist). **Vk F**

Ausnahme: Ein Gericht stellt rechtskräftig fest, dass Sie das Vergehen *vorsätzlich* begangen haben. In diesem Fall sind Sie verpflichtet, uns die entstandenen Kosten zu erstatten. **L Vk F**

Sie haben *keinen* Versicherungsschutz, wenn Ihnen ein *Verbrechen* vorgeworfen wird (Ein Verbrechen ist eine Straftat, die im Mindestmaß mit einer Freiheitsstrafe von einem Jahr bedroht ist).

2.2.10 Ordnungswidrigkeiten-Rechtsschutz **P U Ver L Vk F**

für Ihre Verteidigung, wenn Ihnen eine Ordnungswidrigkeit vorgeworfen wird. (Beispiel: Sie verstoßen gegen die Gurtplicht oder verursachen unzulässigen Lärm.)

2.2.11 Beratungs-Rechtsschutz im Familien-, Lebenspartnerschafts- und Erbrecht **P L**

für einen Rat oder eine Auskunft eines in Deutschland zugelassenen Rechtsanwalts in Familien-, Lebenspartnerschafts- und erbrechtlichen Angelegenheiten. Wird der Rechtsanwalt darüber hinaus tätig, erstatten wir insgesamt keine Kosten.

2.2.12 Opfer-Rechtsschutz **P U Ver L**

als Nebenkläger für eine erhobene öffentliche Klage vor einem deutschen Strafgericht. Voraussetzung ist, dass Sie oder eine mitversicherte Person als **Opfer einer Gewaltstraftat** verletzt wurden.

Eine Gewaltstraftat liegt vor bei Verletzung der sexuellen Selbstbestimmung, schwerer Verletzung der körperlichen Unversehrtheit und der persönlichen Freiheit sowie bei Mord und Totschlag.

Sie haben Versicherungsschutz für die Beistandsleistung eines Rechtsanwalts im:
- Ermittlungsverfahren,
- Nebenklageverfahren,
- für den Antrag nach § 1 Gewaltschutzgesetz[1)],
- für den so genannten Täter-Opfer-Ausgleich nach § 46a Ziffer 1 Strafgesetzbuch[2)] in nicht vermögensrechtlichen Angelegenheiten.

Sie haben zusätzlich Versicherungsschutz für die außergerichtliche Durchsetzung von Ansprüchen nach dem Sozialgesetzbuch und dem Opferentschädigungsgesetz[3)].

Aber nur unter **folgenden Voraussetzungen**:
- Sie sind nebenklageberechtigt und
- Sie wurden durch eine der oben genannten Straftaten verletzt und
- es sind dadurch dauerhafte Körperschäden eingetreten.

[1)] Nr. **49**.
[2)] **Habersack, Deutsche Gesetze Nr. 85.**
[3)] Nr. **93a**.

Ausnahme: Wenn Sie die kostenlose Beiordnung eines Rechtsanwalts als Beistand gemäß §§ 397a Abs. 1, 406g Abs. 3 Strafprozessordnung[1] in Anspruch nehmen können, besteht kein Versicherungsschutz.

Optional: **CP**

2.2.13 Aktiver Straf-Rechtsschutz

für die Erstattung einer Strafanzeige bei Straftaten, die in unmittelbarem Zusammenhang mit der Nutzung *elektronischer Daten/Medien* (zum Beispiel im Internet, in einem Intranet, in digitalen Kurznachrichten- oder Messengerdiensten, ... [ggf. unternehmensindividuell zu ergänzen]) begangen wurden.

Voraussetzung ist, dass Sie oder eine mitversicherte Person als Opfer der Straftat betroffen sind. Sie haben Versicherungsschutz für die Beistandsleistung eines Rechtsanwalts zur Erstattung einer Strafanzeige.

(Beispiel: In einem Gruppen-Chat sind Sie über einen längeren Zeitraum belästigt worden. Sie stellen mit anwaltlicher Unterstützung Strafanzeige gegen diese Person.)

Wir erstatten hier Kosten bis zum maximal ... EUR je Kalenderjahr

Optional: **CP**

2.2.14 Rechtsschutz bei Urheberrechtsverstößen

um Ihre rechtlichen Interessen wahrzunehmen, wenn Ihnen ein Urheberrechtsverstoß in unmittelbarem Zusammenhang mit der Nutzung elektronischer Daten/Medien (zum Beispiel im Internet, in einem Intranet, in digitalen Kurznachrichten- oder Messengerdiensten, ... [ggf. unternehmensindividuell zu ergänzen]) vorgeworfen wird (Beispiel: Für Ihre private Homepage verwenden Sie Fotos aus dem Internet, welche urheberrechtlich geschützt sind. Sie werden aufgrund dessen von dem Inhaber der Bildrechte abgemahnt).

Wir erstatten hier Kosten bis zu maximal ... EUR je Kalenderjahr.

2.3 Leistungsumfang **A**

Wir erbringen und vermitteln Dienstleistungen, damit Sie Ihre Interessen im nachfolgend erläuterten Umfang wahrnehmen können.

Wir zahlen in jedem Versicherungsfall höchstens die in unserem Vertrag vereinbarte Versicherungssumme.

Zahlungen für Sie selbst und für mitversicherte Personen in demselben Versicherungsfall rechnen wir zusammen. Dies gilt *auch für Zahlungen aufgrund* mehrerer Versicherungsfälle, die zeitlich und ursächlich zusammenhängen.

[1] **Habersack, Deutsche Gesetze Nr. 90.**

2.3.1 Leistungsumfang im Inland **A**

Wir übernehmen folgende Kosten:

2.3.1.1 Um Ihnen eine einvernehmliche und nachhaltige Konfliktbeilegung zu ermöglichen, tragen wir die Kosten bis zu ... EUR je Mediation für einen von uns vorgeschlagenen Mediator. (Mediation ist ein vertrauliches und strukturiertes Verfahren. Angestrebt wird eine einvernehmliche Beilegung des Konflikts durch die Parteien. Diese erhalten hierzu die Hilfe eines Mediators. Eine Mediation erfolgt freiwillig und eigenverantwortlich.)

Ausnahme: Sie und die andere Partei haben sich bereits auf einen anderen Mediator geeinigt. Dann tragen wir dessen Kosten bis zu ... EUR je Mediation.

Die Mediation kann in Anwesenheit der Beteiligten, telefonisch oder auch online erfolgen.

Die Kosten für den Mediator übernehmen wir in folgenden Leistungsarten:

- ...
- ...

Nehmen an der Mediation nicht versicherte Personen teil, übernehmen wir anteilig die Kosten, die auf Sie und mitversicherte Personen entfallen (Beispiel: Sie und Ihr Ehepartner haben einen Konflikt mit einem Dritten. Die Kosten des Mediators werden hälftig zwischen den Parteien geteilt. Die Kosten, die auf Sie und Ihren Ehepartner entfallen, tragen wir. Der Dritte muss seinen Kostenanteil, also 50 %, selbst bezahlen).

Für die Tätigkeit des Mediators sind wir nicht verantwortlich.

2.3.1.2 Die Vergütung *eines* Rechtsanwalts, der Ihre Interessen vertritt (Wenn Sie mehr als einen Rechtsanwalt beauftragen, tragen wir die dadurch entstehenden Mehrkosten nicht. Auch Mehrkosten aufgrund eines Anwaltswechsels tragen wir nicht). **A**

Wir erstatten maximal die gesetzliche Vergütung eines Rechtsanwalts, der am Ort des zuständigen Gerichts ansässig ist oder wäre. Die gesetzliche Vergütung richtet sich nach dem Rechtsanwaltsvergütungsgesetz[1]. **A**

Wohnen Sie mehr als 100 km Luftlinie vom zuständigen Gericht entfernt? Dann übernehmen wir bei Ihrer gerichtlichen Streitigkeit weitere anwaltliche Kosten, und zwar bis zur Höhe der gesetzlichen Vergütung eines anderen Rechtsanwalts, der nur den Schriftverkehr mit dem Anwalt am Ort des zuständigen Gerichts führt (sogenannter Verkehrsanwalt). Dies gilt nur für die erste Instanz. **A**

---

[1] **Habersack, Deutsche Gesetze Nr. 117.**

Ausnahme: Im Straf-, Ordnungswidrigkeiten- und Disziplinar- und Standes-Rechtsschutz tragen wir diese weiteren Kosten nicht. **P U Ver L B Vk F**

Wenn sich die Tätigkeit des Anwalts auf die folgenden Leistungen beschränkt, dann tragen wir je Versicherungsfall Kosten von höchstens ... EUR: **A**

- Ihr Anwalt erteilt Ihnen einen mündlichen oder schriftlichen Rat,
- er gibt Ihnen eine Auskunft oder
- er erarbeitet für Sie ein Gutachten.

2.3.1.3 Wir übernehmen Ihre Kosten für einen Sachverständigen, wenn folgende Voraussetzungen erfüllt sind: **L Vk F**

Alternative 1:
- Der Sachverständige verfügt über die erforderliche technische Sachkunde. Als technisch sachkundig gelten Sachverständige, die von einer staatlichen oder staatlich anerkannten Stelle bestellt oder von einer nach den jeweils gültigen DIN/ISO-Normen akkreditierten Stelle zertifiziert worden sind.

oder

Alternative 2:
- Der Sachverständige verfügt über die erforderliche technische Sachkunde. Als technisch sachkundig gelten Sachverständige, die von einer staatlichen oder staatlich anerkannten Stelle bestellt oder von einer nach den jeweils gültigen DIN/ISO-Normen akkreditierten Stelle zertifiziert worden sind.
- Wir haben der Beauftragung des Sachverständigen zuvor in Textform (Beispiel: Brief oder E-Mail) zugestimmt.

oder

Alternative 3:
- Der Sachverständige verfügt über die erforderliche technische Sachkunde. Als technisch sachkundig gelten Sachverständige, die von einer staatlichen oder staatlich anerkannten Stelle bestellt oder von einer nach den jeweils gültigen DIN/ISO-Normen akkreditierten Stelle zertifiziert worden sind.
- Wir haben der Beauftragung des Sachverständigen zuvor in Textform (Beispiel: Brief oder E-Mail) zugestimmt. Unserer vorherigen Zustimmung bedarf es nicht, wenn der Sachverständige auf der Liste der von unserem Unternehmen empfohlenen Sachverständigen aufgeführt ist. Diese Liste erhalten Sie auf Anfrage.

oder

Alternative 4:
- Der Sachverständige verfügt über die erforderliche technische Sachkunde. Als technisch sachkundig gelten Sachverständige, die von einer staatlichen oder staatlich anerkannten Stelle bestellt oder von einer nach den jeweils

gültigen DIN/ISO-Normen akkreditierten Stelle zertifiziert worden sind.
- Der Sachverständige wurde Ihnen durch uns vermittelt.

Die Kostenübernahme gilt für folgende Fälle:
- In Fällen der Verteidigung in einem verkehrsrechtlichen Straf- und Ordnungswidrigkeitenverfahren.
- Wenn Sie Ihre rechtlichen Interessen aus Kauf- und Reparaturverträgen von Kraftfahrzeugen und Anhängern wahrnehmen.

2.3.1.4 Alle Bestimmungen, die den Rechtsanwalt betreffen, gelten auch **P L Vk F W**
- im Steuer-Rechtsschutz vor Gerichten (siehe 2.2.5) für Angehörige der steuerberatenden Berufe (Beispiel: Steuerberater),
- in Angelegenheiten der freiwilligen Gerichtsbarkeit sowie im Beratungs-Rechtsschutz im Familien-, Lebenspartnerschafts- und Erbrecht (siehe 2.2.11) für Notare.

2.3.2 Leistungsumfang im Ausland **A**

2.3.2.1 Bei einem Versicherungsfall im Ausland tragen wir die Kosten für einen Rechtsanwalt, der für Sie am zuständigen Gericht im Ausland tätig wird.

Dies kann sein entweder:
- ein am Ort des zuständigen Gerichts ansässiger, *ausländischer* Rechtsanwalt oder
- ein Rechtsanwalt in Deutschland.

Den Rechtsanwalt in Deutschland vergüten wir so, als wäre der Rechtsstreit am Ort seines Anwaltsbüros in Deutschland.

Diese Vergütung ist begrenzt auf die gesetzliche Vergütung.

Ist ein ausländischer Rechtsanwalt für Sie tätig und wohnen Sie mehr als 100 km Luftlinie vom zuständigen Gericht (im Ausland) entfernt? Dann übernehmen wir **zusätzlich** die Kosten eines Rechtsanwalts an Ihrem Wohnort. Diesen Rechtsanwalt bezahlen wir dann bis zur Höhe der gesetzlichen Vergütung eines Rechtsanwalts, der den Schriftverkehr mit dem Anwalt am Ort des zuständigen Gerichts führt (sogenannter Verkehrsanwalt).

Dies gilt nur für die erste Instanz.

Wenn sich die Tätigkeit des Anwalts auf die folgenden Leistungen beschränkt, dann tragen wir je Versicherungsfall Kosten von höchstens ... EUR: **A**
- Ihr Anwalt erteilt Ihnen einen mündlichen oder schriftlichen Rat,
- er gibt Ihnen eine Auskunft,
- er erarbeitet für Sie ein Gutachten.

Haben Sie einen Versicherungsfall, der aufgrund eines Verkehrsunfalls im europäischen Ausland eingetreten ist, und haben Sie daraus Ansprüche? **L Vk F**

Dann muss zunächst eine Regulierung mit dem Schadenregulierungsbeauftragten bzw. mit der Entschädigungsstelle im Inland erfolgen. Erst wenn diese Regulierung erfolglos geblieben ist, tragen wir auch Kosten für eine Rechtsverfolgung im Ausland.
Die zusätzlichen Kosten der Regulierung im Inland übernehmen wir im Rahmen der gesetzlichen Gebühren, und zwar bis zur Höhe von ... EUR.

2.3.2.2 Wir tragen die übliche Vergütung eines im Ausland ansässigen Sachverständigen. Dies tun wir, wenn Sie Ersatzansprüche wegen der im Ausland eingetretenen Beschädigung eines Kraftfahrzeugs oder eines Anhängers geltend machen wollen. **L Vk F**

2.3.2.3 Wir tragen Ihre Kosten für eine Reise zu einem ausländischen Gericht, wenn: **A**
- Sie dort als Beschuldigter oder Prozesspartei erscheinen müssen
  und
- Sie Rechtsnachteile nur durch Ihr persönliches Erscheinen vermeiden können.

Wir übernehmen die tatsächlich entstehenden Kosten bis zur Höhe der für Geschäftsreisen von deutschen Rechtsanwälten geltenden Sätze.

2.3.2.4 Wir sorgen für die Übersetzung der Unterlagen, wenn dies notwendig ist, um Ihre rechtlichen Interessen im Ausland wahrzunehmen. Wir übernehmen dabei auch die Kosten, die für die Übersetzung anfallen. **A**

2.3.2.5 Alle Bestimmungen, die den Rechtsanwalt betreffen, gelten auch für dort ansässige rechts- und sachkundige Bevollmächtigte. **A**

2.3.2.6 Wenn Sie diese Kosten in fremder Währung bezahlt haben, erstatten wir Ihnen diese in EUR. Als Abrechnungsgrundlage benutzen wir den Wechselkurs des Tages, an dem Sie die Kosten vorgestreckt haben. **A**

2.3.3 Darüber hinaus leisten wir im In- und Ausland Folgendes: **A**

2.3.3.1 Wir tragen
- die Gerichtskosten, einschließlich der Entschädigung für Zeugen und Sachverständige, die vom Gericht herangezogen werden,
- die Kosten des Gerichtsvollziehers,
- die Verfahrenskosten vor Verwaltungsbehörden, die Ihnen von der Behörde in Rechnung gestellt werden.

2.3.3.2 Wir übernehmen die Gebühren eines Schieds- oder Schlichtungsverfahrens. Und zwar bis zur Höhe der Gebühren, die im Falle der Anrufung eines zuständigen staatlichen Gerichts *erster Instanz entstünden.* **A**

Versicherungsschutz für Mediation besteht nur nach 2.3.1.1 und beschränkt auf das Inland.

2.3.3.3 Wir übernehmen die Anwalts- und Gerichtskosten Ihres Prozessgegners, wenn Sie zur Erstattung dieser Verfahrenskosten aufgrund gerichtlicher Festsetzung verpflichtet sind.

2.3.3.4 Wir erstatten die von uns zu tragenden Kosten, wenn Sie nachweisen, dass Sie
- zu deren Zahlung verpflichtet sind oder
- diese Kosten bereits gezahlt haben.

2.3.3.5 Um Sie vorübergehend von Strafverfolgungsmaßnahmen zu verschonen, zahlen wir für Sie – wenn nötig – eine Kaution. Dies geschieht in Form eines zinslosen Darlehens bis zu der in unserem Vertrag vereinbarten Höhe. **P L Vk F**

2.4 Voraussetzungen für den Anspruch auf Versicherungsschutz **A**

Sie haben Anspruch auf Versicherungsschutz, wenn ein Versicherungsfall eingetreten ist. **A**

Diesen Anspruch haben Sie aber nur, wenn der Versicherungsfall nach Beginn des Versicherungsschutzes und vor dessen Ende eingetreten ist.

Ausnahme: Endet Ihr Versicherungsvertrag durch Berufsaufgabe oder Tod, besteht für Sie oder Ihre Erben Versicherungsschutz auch für Versicherungsfälle, die **U**
- innerhalb eines Jahres nach der Beendigung des Versicherungsvertrags eintreten und
- im Zusammenhang mit Ihrer im Versicherungsschein genannten Tätigkeit stehen.

Der Versicherungsfall ist: **A**

2.4.1 Im Beratungs-Rechtsschutz für Familien-, Lebenspartnerschafts- und Erbrecht (siehe 2.2.11) das Ereignis, das zur Änderung Ihrer Rechtslage oder der Rechtslage einer mitversicherten Person geführt hat. **P L**

2.4.2 Im Schadenersatz-Rechtsschutz das erste Ereignis, bei dem der Schaden eingetreten ist oder eingetreten sein soll. **P U Ver L Vk F**

2.4.3 Soweit keine andere Regelung besteht, der Zeitpunkt, zu dem Sie oder ein anderer (zum Beispiel der Gegner oder ein Dritter) gegen Rechtspflichten oder Rechtsvorschriften verstoßen hat oder verstoßen haben soll. **A**

2.4.4 Wenn sich Ihr Versicherungsfall über einen *Zeitraum* erstreckt, ist dessen *Beginn* maßgeblich. **A**

2.4.5 *Sind mehrere* Versicherungsfälle für Ihren Anspruch auf Versicherungsschutz ursächlich, ist der erste entscheidend. Wenn dieser erste Versicherungsfall innerhalb der Vertragslaufzeit eintritt, erhalten Sie Versicherungsschutz. Wenn dieser erste Versicherungsfall vor Vertragsbeginn eingetreten ist, haben Sie keinen Anspruch auf Versicherungsschutz. **A**

Optional: Zu Ihren Gunsten bleiben Versicherungsfälle unberücksichtigt, die länger als ein Jahr vor Beginn des Versicherungsschutzes eingetreten sind.

3. Was ist nicht versichert? **A**

3.1 Zeitliche Ausschlüsse **A**

In folgenden Fällen haben Sie *keinen* Versicherungsschutz:

3.1.1 Der Versicherungsfall ist **innerhalb von drei Monaten nach Versicherungsbeginn** eingetreten (Das ist die sogenannte Wartezeit. Während der Wartezeit besteht kein Versicherungsschutz).

Ausnahme: Auch in den ersten drei Monaten haben Sie Versicherungsschutz **A**

- im Schadenersatz-Rechtsschutz (2.2.1), **P U Ver L Vk F**
- im Disziplinar- und Standes-Rechtsschutz (2.2.8), **U Ver L B**
- im Straf-Rechtsschutz (2.2.9), **P U Ver L Vk F**
- im Ordnungswidrigkeiten-Rechtsschutz (2.2.10), **P U Ver L Vk F**
- bei Streitigkeiten aus Kauf- und Leasingverträgen über ein fabrikneues Kraftfahrzeug, **L Vk F**
- im Beratungs-Rechtsschutz im Familien- und Erbrecht (2.2.11), **P L**
- im Opfer-Rechtsschutz (2.2.12). **P U Ver L**

3.1.2 Der Versicherungsfall liegt zwar nach Beginn des Versicherungsschutzes. Diesem ging jedoch voraus, dass Sie vor Versicherungsbeginn **A**

- Einen Antrag bei einer Behörde gestellt haben (Beispiel: Bestimmung des Grades einer Behinderung, Unfallanzeige bei einer Berufsgenossenschaft, Wiedererteilung der Fahrerlaubnis).
- Einen Antrag auf Leistung aus einem anderen Versicherungsvertrag gestellt haben (Beispiel: Anspruch auf Berufsunfähigkeits-Rente oder Unfall-Invaliditätsleistung)
- ***Optional***:
  ein Kündigungsrecht ausgeübt haben und der Versicherungsfall hängt mit der Beendigung des gekündigten Vertrages zusammen (Beispiel: Sie haben einen Mietvertrag gekündigt und nach Versicherungsbeginn gibt es Streit um die Kaution oder Schönheitsreparaturen)
- ***Optional***: ...

Optional:
Zu Ihren Gunsten bleiben Anträge [und Kündigungen] unberücksichtigt, die länger als ein Jahr vor Beginn des Versicherungsschutzes gestellt [oder ausgeübt] wurden.

3.1.3 Sie melden uns einen Versicherungsfall, sind aber zu diesem Zeitpunkt länger als drei Jahre für den betroffenen Bereich nicht mehr bei uns versichert. **A**

3.1.4 Im Steuer-Rechtsschutz vor Gerichten (siehe 2.2.5) liegen die tatsächlichen oder behaupteten Voraussetzungen für die **P L Vk F W**

Festsetzung Ihrer Abgaben (zum Beispiel: Steuern, Gebühren) vor Vertragsbeginn.

3.2 Inhaltliche Ausschlüsse **A**

In folgenden Fällen haben Sie *keinen* Versicherungsschutz:

3.2.1 Jede Interessenwahrnehmung in ursächlichem Zusammenhang mit **A**

- Krieg, feindseligen Handlungen, Aufruhr, inneren Unruhen, Streik, Aussperrung oder Erdbeben, **A**
- Nuklearschäden und genetischen Schäden. Dieser Ausschluss gilt nicht für Schäden aus einer medizinischen Behandlung, **A**
- Bergbauschäden und Beeinträchtigungen aufgrund von bergbaubedingten Immissionen (das sind Einwirkungen, wie zum Beispiel Erschütterungen) an Grundstücken, Gebäuden oder Gebäudeteilen. **L W**

3.2.2 Jede Interessenwahrnehmung in ursächlichem Zusammenhang mit **P L W**

- dem Kauf oder Verkauf eines Grundstücks, das bebaut werden soll,
- der Planung oder Errichtung eines Gebäudes oder Gebäudeteils, das sich in Ihrem Eigentum oder Besitz befindet oder das Sie erwerben oder in Besitz nehmen möchten,
- der genehmigungs-/anzeigepflichtigen baulichen Veränderung eines Grundstücks, Gebäudes oder Gebäudeteils. Dieses Grundstück, Gebäude oder Gebäudeteil befindet sich in Ihrem Eigentum oder Besitz oder Sie möchten es erwerben oder in Besitz nehmen.

Auch bei der *Finanzierung* eines der unter 3.2.2 genannten Vorhaben haben Sie keinen Versicherungsschutz.

3.2.3 Sie wollen Schadenersatzansprüche abwehren. (Beispiel: Sie haben einen Verkehrsunfall und der Gegner will Schadenersatz von Ihnen. Dies ist nicht durch die Rechtsschutzversicherung, sondern im Rahmen der Haftpflichtversicherung versichert.) **A**

Ausnahme: der Schadenersatzanspruch beruht auf einer Vertragsverletzung. (Beispiel: Der Vermieter des Mietfahrzeugs verlangt Schadenersatz wegen verspäteter Rückgabe. Dies ist aufgrund des Mietvertrags über den Vertrags-Rechts*schutz versichert.*)

3.2.4 Streitigkeiten aus kollektivem Arbeits- oder Dienstrecht (zum Beispiel das Mitbestimmungsrecht in Unternehmen und Betrieben). **U L B**

3.2.5 Streitigkeiten aus dem Recht der Handelsgesellschaften oder aus Anstellungsverhältnissen gesetzlicher Vertreter juristischer Personen (zum Beispiel: Geschäftsführer einer GmbH oder Vorstände einer Aktiengesellschaft). **P U Ver L B**

3.2.6 Streitigkeiten in ursächlichem Zusammenhang mit Patent-, Urheber-, Marken-, Geschmacksmuster-/Gebrauchsmusterrechten oder sonstigen Rechten aus geistigem Eigentum. **P U Ver L B**

Optional:
Ausnahme: Rechtsschutz bei dem Vorwurf von Urheberrechtsverstößen gemäß 2.2.14. **CP**

3.2.7 Streitigkeiten aus dem Kartell- oder sonstigem Wettbewerbsrecht. **P U Ver L B**

3.2.8 Streitigkeiten in ursächlichem Zusammenhang mit dem Erwerb, der Veräußerung, der Verwaltung und der Finanzierung von Kapitalanlagen. **P U Ver L B**

Ausgenommen hiervon sind:
- Güter zum eigenen Ge- oder Verbrauch,
- Gebäude oder Gebäudeteile, soweit diese zu eigenen Wohnzwecken genutzt werden oder genutzt werden sollen,
- sowie ... [*Aufzählung von bestimmten Kapitalanlagen möglich*][1)]

3.2.9 Streitigkeiten in ursächlichem Zusammenhang mit **P U Ver L B**
- der Vergabe von Darlehen,
- Spiel- oder Wettverträgen,
- Gewinnzusagen

3.2.10 Streitigkeiten aus dem Bereich des Familien-, Lebenspartnerschafts- und Erbrechts. **P L**

Ausnahme: Sie haben Beratungs-Rechtsschutz (siehe 2.2.11) vereinbart.

3.2.11 Sie wollen gegen uns oder unser Schadenabwicklungsunternehmen vorgehen. **A**

3.2.12 Streitigkeiten wegen **L W**
- der steuerlichen Bewertung von Grundstücken, Gebäuden oder Gebäudeteilen,
- Erschließungs- und sonstiger Anliegerabgaben.

Ausnahme: Es handelt sich um laufend erhobene Gebühren für die Grundstücksversorgung.

3.2.13 Sie nehmen Ihre rechtlichen Interessen wahr **A**
- vor Verfassungsgerichten oder
- vor internationalen oder supranationalen Gerichtshöfen (zum Beispiel dem Europäischen Gerichtshof).

Ausnahme: Sie nehmen Ihre rechtlichen Interessen wahr, als Bediensteter internationaler oder supranationaler Organisationen aus Arbeitsverhältnissen oder öffentlich-rechtlichen Dienstverhältnissen. **L B**

3.2.14 Jede Interessenwahrnehmung in ursächlichem Zusammenhang mit einem Insolvenzverfahren, das über Ihr Vermögen **A**

[1)] **Amtl. Anm.:** Die Deckung kann an dieser Stelle für in der Bevölkerung weit verbreitete und/oder im Risiko gut einschätzbare Anlageformen geöffnet werden. Auch bei nicht selbst zu Wohnzwecken genutzten Gebäuden ist eine Öffnung denkbar. Diese Öffnung kann an weitere Voraussetzungen geknüpft werden, etwa eine bestimmte Form der Finanzierung (zum Beispiel: Fremdfinanzierungsanteil) oder eine maximale Kaufpreishöhe.

eröffnet wurde oder eröffnet werden soll (zum Beispiel: Zwangsversteigerung des Fahrzeugs infolge Ihres Insolvenzantrags).

3.2.15 Streitigkeiten **L W**
- in Enteignungs-, Planfeststellungs-, Flurbereinigungs-Angelegenheiten,
- in Angelegenheiten, die im Baugesetzbuch[1] geregelt sind.

3.2.16 Gegen Sie wird ein Ordnungswidrigkeiten- bzw. Verwaltungsverfahren wegen eines Halt- oder Parkverstoßes geführt. **L Vk F**

3.2.17 Es bestehen Streitigkeiten **A**
- zwischen Ihnen und weiteren Versicherungsnehmern desselben Versicherungsvertrags,
- von Mitversicherten gegen Sie,
- von Mitversicherten untereinander.

3.2.18 Streitigkeiten sonstiger Lebenspartner (nicht eheliche und nicht eingetragene Lebenspartner gleich welchen Geschlechts) untereinander, wenn diese Streitigkeiten in ursächlichem Zusammenhang mit der Partnerschaft stehen. Dies gilt auch, wenn die Partnerschaft beendet ist. **P L Vk F W**

3.2.19 Ansprüche oder Verbindlichkeiten werden auf Sie übertragen oder sind auf Sie übergegangen, nachdem ein Versicherungsfall bereits eingetreten ist. (Beispiel: Ihr Arbeitskollege hat einen Verkehrsunfall und überträgt seine Schadenersatzansprüche auf Sie. Diese wollen Sie gegenüber dem Unfallgegner geltend machen. Dies ist nicht versichert.) **A**

3.2.20 Sie wollen die Ansprüche eines anderen geltend machen (Beispiel: Sie lassen sich die Schadenersatzansprüche eines Freundes gegen einen Dritten abtreten, um diese geltend zu machen. Dies ist nicht versichert.) **A**

oder

Sie sollen für Verbindlichkeiten eines anderen einstehen.

(Beispiel: Ihr Arbeitskollege kauft ein Fahrzeug. Sie bürgen für den Darlehensvertrag mit dem Autoverkäufer. Streitigkeiten aus dem Bürgschaftsvertrag sind nicht versichert.)

3.2.21 Es besteht in den Rechtsbereichen nach 2.2.1 bis 2.2.8 ein ursächlicher Zusammenhang mit einer von Ihnen oder einer mitversicherten Person vorsätzlichen begangenen Straftat. **A**

Wird dies erst später bekannt, sind Sie verpflichtet, die von uns erbrachten Leistungen zurückzuzahlen.

3.2.22 Jegliche Interessenwahrnehmung in ursächlichem Zusammenhang mit einer geplanten oder ausgeübten gewerblichen, freiberuflichen oder sonstigen selbstständigen Tätigkeit. **P L B Vk F W**

Ausnahme: Der Versicherungsschein umfasst ausdrücklich Streitigkeiten im Zusammenhang mit dieser Tätigkeit.

---

[1] **Sartorius Nr. 300.**

3.2.23 Sie wollen Interessen wahrnehmen im Zusammenhang mit dem Erwerb oder der Veräußerung von Teilnutzungsrechten (Timesharing) an: **P L**
- Grundstücken,
- Gebäuden,
- Gebäudeteilen.

3.3 Einschränkung unserer Leistungspflicht **A**

Wir können folgende Kosten *nicht* erstatten: **A**

3.3.1 Kosten, die Sie übernommen haben, ohne rechtlich dazu verpflichtet zu sein. **A**

3.3.2 Kosten, die bei einer gütlichen Einigung entstanden sind und die nicht dem Verhältnis des von Ihnen angestrebten Ergebnisses zum erzielten Ergebnis entsprechen. (Beispiel: Sie verlangen Schadenersatz in Höhe von 10.000 EUR. In einem Vergleich mit dem Gegner erlangen Sie einen Betrag von 8.000 EUR = 80 % des angestrebten Ergebnisses. In diesem Fall übernehmen wir 20 % der entstandenen Kosten – nämlich für den Teil, den Sie nicht durchsetzen konnten.) Dies bezieht sich auf die **gesamten Kosten der Streitigkeit**. **A**

Ausnahme: Es ist gesetzlich eine andere Kostenregelung vorgeschrieben.

3.3.3 Sie einigen sich auch über unstrittige oder nicht versicherte Ansprüche. In diesem Fall zahlen wir die darauf entfallenden Kosten nicht. **A**

3.3.4 Von den von uns zu tragenden Kosten ziehen wir die vereinbarte Selbstbeteiligung je Versicherungsfall ab. **A**

Ausnahme: Hängen mehrere Versicherungsfälle zeitlich und ursächlich zusammen, ziehen wir zu Ihren Gunsten die Selbstbeteiligung nur einmal ab.

3.3.5 Kosten von Zwangsvollstreckungsmaßnahmen (zum Beispiel: Kosten eines Gerichtsvollziehers), **A**
- die aufgrund der vierten oder jeder weiteren Zwangsvollstreckungsmaßnahme je Vollstreckungstitel entstehen,
- die später als fünf Jahre nach Rechtskraft des Vollstreckungstitels eingeleitet werden („Vollstreckungstitel" sind zum Beispiel ein Vollstreckungsbescheid und ein Urteil).

3.3.6 Kosten für Strafvollstreckungsverfahren jeder Art, bei denen vom Gericht eine Geldstrafe oder Geldbuße unter ... EUR verhängt wurde. **P L Vk F**

3.3.7 Kosten, zu deren Übernahme ein anderer verpflichtet wäre, wenn der Rechtsschutzversicherungsvertrag nicht bestünde. **A**

3.4 Ablehnung des Versicherungsschutzes wegen mangelnder Erfolgsaussichten oder wegen Mutwilligkeit/ Schiedsgutachter **A**

3.4.1 Wir können den Versicherungsschutz **ablehnen**, *wenn* unserer Auffassung nach

3.4.1.1 die Wahrnehmung Ihrer rechtlichen Interessen nach 2.2.1 bis 2.2.7 **keine hinreichende Aussicht auf Erfolg** hat oder

3.4.1.2 Sie Ihre rechtlichen Interessen **mutwillig** wahrnehmen wollen. Mutwilligkeit liegt dann vor, wenn die voraussichtlich entstehenden Kosten in einem groben Missverhältnis zum angestrebten Erfolg stehen. In diesem Fall können wir nicht zahlen, weil die berechtigten Interessen der Versichertengemeinschaft beeinträchtigt würden.

Die Ablehnung müssen wir Ihnen in diesen beiden Fällen unverzüglich schriftlich mitteilen, und zwar mit Begründung. („Unverzüglich" heißt nicht unbedingt „sofort", sondern „ohne schuldhaftes Zögern bzw. so schnell wie eben möglich".)

3.4.2 Wenn wir den Versicherungsschutz ablehnen, können Sie von uns die Einleitung eines Schiedsgutachterverfahrens verlangen. Wir sind verpflichtet, Sie auf diese Möglichkeit und die voraussichtlichen Kosten hinzuweisen. Mit diesem Hinweis müssen wir Sie auffordern, uns alle nach unserer Auffassung für die Durchführung des **Schiedsgutachterverfahrens** wesentlichen Mitteilungen und Unterlagen zuzusenden.

3.4.3 Wenn Sie die Durchführung eines Schiedsgutachterverfahrens verlangen, haben wir dieses Verfahren innerhalb eines Monats einzuleiten und Sie hierüber zu unterrichten. Wenn zur Durchsetzung Ihrer rechtlichen Interessen Fristen einzuhalten sind, müssen wir die zur Fristwahrung notwendigen Kosten tragen und dies bis zum Abschluss des Schiedsgutachterverfahrens. (Beispiele für das Einhalten von Fristen: Berufungsfrist droht abzulaufen, Verjährung droht einzutreten.) Dies ist unabhängig davon, wie das Schiedsgutachterverfahren ausgeht. Wenn wir das Schiedsgutachterverfahren nicht innerhalb eines Monats einleiten, besteht für Sie Versicherungsschutz in beantragtem Umfang.

3.4.4 Der Schiedsgutachter ist ein seit mindestens fünf Jahren zugelassener Rechtsanwalt. Er wird vom Präsidenten der für Ihren Wohnsitz zuständigen Rechtsanwaltskammer benannt. Dem Schiedsgutachter müssen wir alle uns vorliegenden Mitteilungen und Unterlagen zur Verfügung stellen, die für die Durchführung des Schiedsgutachterverfahrens wesentlich sind. Der Schiedsgutachter entscheidet schriftlich, ob Versicherungsschutz besteht.

Diese Entscheidung ist für den Rechtsschutzversicherer verbindlich.

3.4.5 Wenn der Schiedsgutachter feststellt, dass unsere Leistungsverweigerung ganz oder teilweise *unberechtigt* war, tragen *wir* die Kosten des Schiedsgutachterverfahrens.

Wenn die Leistungsverweigerung nach dem Schiedsspruch berechtigt war, tragen *Sie* die Kosten des Verfahrens und die des Schiedsgutachters. Die Kosten, die *uns* durch das Schiedsgutachterverfahren entstanden sind, tragen wir selbst.

3.4[1)] Ablehnung des Versicherungsschutzes wegen mangelnder Erfolgsaussichten oder wegen Mutwilligkeit/ Stichentscheidverfahren **A**

3.4.1 Wir können den Versicherungsschutz **ablehnen**, wenn unserer Auffassung nach

3.4.1.1 die Wahrnehmung Ihrer rechtlichen Interessen nach 2.2.1 bis 2.2.7 **keine hinreichende Aussicht auf Erfolg** hat oder

3.4.1.2 Sie Ihre rechtlichen Interessen **mutwillig** wahrnehmen wollen. Mutwilligkeit liegt dann vor, wenn die voraussichtlich entstehenden Kosten in einem groben Missverhältnis zum angestrebten Erfolg stehen. In diesem Fall können wir nicht zahlen, weil die berechtigten Interessen der Versichertengemeinschaft beeinträchtigt würden.

Die Ablehnung müssen wir Ihnen in diesen Fällen unverzüglich schriftlich mitteilen, und zwar mit Begründung. („Unverzüglich" heißt nicht unbedingt „sofort", sondern „ohne schuldhaftes Zögern bzw. so schnell wie eben möglich".)

3.4.2 Was geschieht, wenn wir eine Leistungspflicht nach 3.4.1 ablehnen und Sie damit *nicht* einverstanden sind?

In diesem Fall können Sie den für Sie tätigen oder noch zu beauftragenden Rechtsanwalt veranlassen, eine begründete Stellungnahme abzugeben, und zwar zu folgenden Fragen:

- Besteht eine hinreichende Aussicht auf Erfolg und
- steht die Durchsetzung Ihrer rechtlichen Interessen in einem angemessenen Verhältnis zum angestrebten Erfolg?

Die Kosten für diese Stellungnahme übernehmen wir.

Die Entscheidung des Rechtsanwalts ist für Sie und uns bindend, es sei denn, dass diese Entscheidung offenbar von der tatsächlichen Sach- oder Rechtslage erheblich abweicht.

3.4.3 Damit der Rechtsanwalt die Stellungnahme abgeben kann, müssen Sie ihn vollständig und wahrheitsgemäß über die Sachlage unterrichten. Außerdem müssen Sie die Beweismittel angeben. Wenn Sie diesen Verpflichtungen nicht nachkommen, entfällt Ihr Versicherungsschutz.

4. Was müssen Sie beachten? **A**

4.1 Verhalten im Versicherungsfall/Erfüllung von Obliegenheiten

Obliegenheiten bezeichnen sämtliche Verhaltensregeln, die Sie und die versicherten Personen beachten müssen, um den Anspruch auf Versicherungsschutz zu erhalten.

4.1.1 Was müssen Sie tun, wenn ein Versicherungsfall eintritt und Sie Versicherungsschutz brauchen?

4.1.1.1 Sie müssen uns den Versicherungsfall *unverzüglich* mitteilen, *gegebenenfalls auch telefonisch.* („Unverzüglich" heißt nicht unbedingt „sofort", sondern „ohne schuldhaftes Zögern bzw. so schnell wie eben möglich".)

[1)] Zählung amtlich.

4.1.1.2 Sie müssen uns
- *vollständig und wahrheitsgemäß* über *sämtliche* Umstände des Versicherungsfalls unterrichten und
- alle Beweismittel angeben und
- uns Unterlagen auf Verlangen zur Verfügung stellen.

4.1.1.3 Kosten verursachende Maßnahmen müssen Sie nach Möglichkeit mit uns abstimmen, soweit dies für Sie zumutbar ist. (Beispiele für kostenverursachende Maßnahmen: die Beauftragung eines Rechtsanwalts, Erhebung einer Klage oder Einlegung eines Rechtsmittels)

4.1.1.4 Sie haben bei Eintritt des Versicherungsfalles nach Möglichkeit für die Abwendung und Minderung des Schadens zu sorgen, siehe § 82 VVG[1)].

4.1.2 Wir bestätigen Ihnen den Umfang des Versicherungsschutzes, der für den konkreten Versicherungsfall besteht.

Ergreifen Sie jedoch Maßnahmen zur Durchsetzung Ihrer rechtlichen Interessen,
- *bevor* wir den Umfang des Versicherungsschutzes bestätigt haben
  und
- entstehen durch solche Maßnahmen Kosten?

Dann tragen wir nur *die Kosten,* die wir bei einer Bestätigung des Versicherungsschutzes *vor* Einleitung dieser Maßnahmen zu tragen gehabt hätten.

4.1.3 Den Rechtsanwalt können *Sie* auswählen.
Wir wählen den Rechtsanwalt aus,
- wenn Sie das verlangen oder
- wenn Sie keinen Rechtsanwalt benennen und uns die umgehende Beauftragung eines Rechtsanwalts notwendig erscheint.

Wenn *wir* den Rechtsanwalt auswählen, beauftragen wir ihn in Ihrem Namen. Für die Tätigkeit des Rechtsanwalts sind wir nicht verantwortlich.

4.1.4 Sie müssen nach der Beauftragung des Rechtsanwalts Folgendes tun:
Ihren Rechtsanwalt
- vollständig und wahrheitsgemäß unterrichten,
- die Beweismittel angeben,
- die möglichen Auskünfte erteilen,
- die notwendigen Unterlagen beschaffen und

uns auf Verlangen Auskunft über den Stand Ihrer Angelegenheit geben.

4.1.5 Wenn Sie eine der in 4.1.1 und 4.1.4 genannten Obliegenheiten *vorsätzlich* verletzen, **verlieren Sie Ihren Versicherungsschutz**.

[1)] **Habersack, Deutsche Gesetze Nr. 62.**

Bei grob fahrlässiger Verletzung einer Obliegenheit sind wir berechtigt, unsere Leistung zu kürzen, und zwar in einem der Schwere Ihres Verschuldens entsprechenden Verhältnis. (Beispiel für „grob fahrlässiges Verhalten“: Jemand verletzt die erforderliche Sorgfalt in ungewöhnlich hohem Maße.)

Wenn Sie eine Auskunfts- oder Aufklärungsobliegenheit *nach* Eintritt des Versicherungsfalls verletzen, kann auch dies zum vollständigen oder teilweisen Wegfall des Versicherungsschutzes führen. Dies setzt jedoch voraus, dass wir Sie vorher durch gesonderte Mitteilung in Textform (Beispiel: Brief oder E-Mail) über diese Pflichten informiert haben.

Der Versicherungsschutz bleibt bestehen, wenn Sie nachweisen, dass Sie die Obliegenheiten nicht grob fahrlässig verletzt haben.

Der Versicherungsschutz bleibt auch in folgendem Fall bestehen:

Sie weisen nach, dass die Obliegenheitsverletzung nicht die Ursache war

- für den Eintritt des Versicherungsfalls,
- für die Feststellung des Versicherungsfalls oder
- für die Feststellung oder den Umfang unserer Leistung (zum Beispiel: Sie haben die Einlegung des Rechtsmittels mit uns nicht abgestimmt. Bei nachträglicher Prüfung hätten wir jedoch auch bei rechtzeitiger Abstimmung die Kostenübernahme bestätigt.)

Der Versicherungsschutz bleibt *nicht* bestehen, wenn Sie Ihre Obliegenheit *arglistig* verletzt haben.

4.1.6 gelöscht

4.1.7 Ihre Ansprüche auf Versicherungsleistungen können Sie nur mit unserem Einverständnis abtreten. („Abtreten“ heißt: Sie übertragen Ihre Ansprüche auf Versicherungsleistung, die Sie uns gegenüber haben, auf Ihren Rechtsanwalt oder eine andere Person.). Unser Einverständnis bedarf der Textform.

Ausnahme: Das Zustimmungserfordernis entfällt, wenn Sie auf Geld gerichtete Ansprüche gegen uns haben (zum Beispiel: Sie sind mit der Bezahlung einer Gerichtskostenrechnung ausnahmsweise in Vorleistung getreten.).

Wenn wir Sie von noch nicht bezahlten Kostenrechnungen freistellen sollen, liegt kein auf Geld gerichteter Anspruch vor.

4.1.8 Wenn ein anderer (zum Beispiel: Ihr Prozessgegner) Ihnen Kosten der Rechtsverfolgung erstatten muss, dann geht dieser Anspruch auf uns über. Aber nur dann, wenn wir die Kosten bereits beglichen haben.

Sie *müssen uns die Unterlagen aushändigen*, die wir brauchen, um diesen Anspruch durchzusetzen. Bei der Durchsetzung des Anspruchs müssen Sie auch mitwirken, wenn wir das verlangen.

Wenn Sie diese Pflicht vorsätzlich verletzen und wir deshalb diese Kosten von den anderen nicht erstattet bekommen, dann müssen wir über die geleisteten Kosten hinaus keine weiteren Kosten mehr erstatten. Wenn Sie *grob fahrlässig* gehandelt haben, sind wir berechtigt, die Kosten in einem der Schwere Ihres Verschuldens entsprechenden Verhältnis zu kürzen. Sie müssen beweisen, dass Sie nicht grob fahrlässig gehandelt haben. (Beispiel für „grob fahrlässiges Verhalten": Jemand verletzt die im Verkehr erforderliche Sorgfalt in ungewöhnlich hohem Maße).

4.1.9 Hat Ihnen ein anderer (zum Beispiel: Ihr Prozessgegner) Kosten der Rechtsverfolgung erstattet und wurden diese zuvor von uns gezahlt? Dann müssen Sie *uns* diese Kosten zurückzahlen.

4.2 Weitere besondere Verhaltensregeln/Obliegenheiten **L Vk F**
im Verkehrs-Rechtsschutz **Vk**
im Fahrzeug-Rechtsschutz **F**

Wenn wir einen Versicherungsfall für Sie übernehmen sollen, müssen folgende Bedingungen erfüllt sein: **L Vk F**

- Der Fahrer muss bei Eintritt des Versicherungsfalls die vorgeschriebene Fahrerlaubnis haben.
- Der Fahrer muss berechtigt sein, das Fahrzeug zu führen.
- Das Fahrzeug muss zugelassen sein oder ein Versicherungskennzeichen (sogenanntes Nummernschild) haben.

Was geschieht, wenn gegen diese Bedingungen verstoßen wird?

Dann besteht Versicherungsschutz nur für diejenigen versicherten Personen, die von diesem Verstoß nichts wussten. Das heißt, die Personen haben *ohne Verschulden* oder höchstens *leicht fahrlässig* gehandelt. Wenn der Verstoß *grob fahrlässig* war, sind wir berechtigt, unsere Leistung zu kürzen, und zwar entsprechend der Schwere des Verschuldens. (Beispiel für „grob fahrlässiges Verhalten":

Jemand verletzt die allgemein übliche Sorgfalt in ungewöhnlich hohem Maße.)

Wenn die versicherte Person nachweist, dass ihre Unkenntnis nicht grob fahrlässig war, bleibt der Versicherungsschutz bestehen.

Der Versicherungsschutz bleibt auch in folgenden Fällen bestehen:

Die versicherte Person oder der Fahrer weist nach, dass der Verstoß nicht ursächlich war für

- den Eintritt des Versicherungsfalls,
- die Feststellung des Versicherungsfalls oder
- den Umfang der von uns zu erbringenden Leistung.

4.3 Besonderheiten im Fahrzeug-Rechtsschutz bei Fahrzeugwechsel oder Verkauf F

Sie haben Versicherungsschutz auch für ein Folgefahrzeug. Wir gehen davon aus, dass Sie ein Folgefahrzeug haben, wenn Sie innerhalb eines Monats vor oder nach dem Verkauf Ihres bei uns versicherten Fahrzeugs ein neues Fahrzeug erwerben. Ihr altes Fahrzeug versichern wir maximal einen Monat ohne zusätzlichen Beitrag mit.

Versicherungsschutz besteht auch für die Durchsetzung Ihrer Interessen im Zusammenhang mit dem beabsichtigten Fahrzeugkauf. (Beispiel: Sie machen eine Anzahlung für ein Kfz, der Verkäufer weigert sich aber, dieses auszuliefern.)

Sie müssen uns den Verkauf oder Verlust Ihres Fahrzeugs innerhalb von zwei Monaten melden. Außerdem müssen Sie uns über Ihr Folgefahrzeug informieren.

Bei Verstoß gegen diese Obliegenheiten haben Sie Versicherungsschutz nur dann, wenn Sie die Meldung ohne Verschulden oder leicht fahrlässig versäumt haben. Wenn Sie grob fahrlässig gehandelt haben, sind wir berechtigt, unsere Leistungen zu kürzen, und zwar je nach Schwere des Verschuldens. Wenn Sie nachweisen, dass Sie nicht grob fahrlässig gehandelt haben, bleibt Ihr Versicherungsschutz bestehen. (Beispiel für „grob fahrlässiges Verhalten“: Jemand verletzt die im Verkehr erforderliche Sorgfalt in ungewöhnlich hohem Maße.)

Der Versicherungsschutz bleibt auch in folgendem Fall bestehen:
Sie weisen nach, dass der Verstoß gegen die genannten Obliegenheiten nicht die Ursache war
- für den Eintritt des Versicherungsfalls oder
- für die Feststellung des Versicherungsfalls oder
- für den Umfang unserer Leistung.

Unter zwei Bedingungen können Sie Ihren Versicherungsvertrag mit uns *sofort* kündigen:
- Es ist seit mindestens sechs Monaten kein Fahrzeug (im Sinne 2.1) auf Ihren Namen zugelassen.

Es ist auch kein Fahrzeug mit einem Versicherungskennzeichen (sogenanntes Nummernschild) auf Ihren Namen versehen. Unabhängig davon haben Sie das Recht, von uns eine Herabsetzung Ihres Versicherungsbeitrags nach 7.9.2 zu verlangen.

5. In welchen Ländern sind Sie versichert? A

5.1 Hier haben Sie Versicherungsschutz

Sie haben Versicherungsschutz, wenn ein Gericht oder eine *Behörde in folgenden Gebieten* gesetzlich zuständig ist oder wäre und Sie Ihre Rechtsinteressen dort verfolgen:
- in Europa,
- in den Anliegerstaaten des Mittelmeers,
- auf den Kanarischen Inseln,

• auf Madeira.

Ausnahme: Haben Sie Steuer-, Sozialgerichts- oder Opfer-Rechtsschutz (siehe 2.2.5, 2.2.6, 2.2.12) versichert, gilt dieser nur vor deutschen Gerichten.

5.2 Hier haben Sie Versicherungsschutz mit Einschränkungen

Für die Wahrnehmung Ihrer rechtlichen Interessen außerhalb des Geltungsbereichs nach 5.1 tragen wir die Kosten bis zu einem Höchstbetrag von ... EUR.

Dies tun wir unter **folgenden Voraussetzungen**: **A**

Ihr Versicherungsfall muss dort während eines höchstens sechswöchigen nicht beruflich bedingten Aufenthalts eingetreten sein

Optional: oder die Interessenwahrnehmung muss dort notwendig sein, weil Sie einen Vertrag über das Internet oder ... [ggf. unternehmensindividuell zu ergänzen] geschlossen haben (Beispiel: Sie bestellen eine Kamera über das Internet in Japan. Sie haben den Kaufpreis gezahlt, aber die Ware wird nicht geliefert.)

CP

- der Versicherungsschutz darf nicht auf deutsche Gerichte beschränkt sein (siehe Ausnahme zu 5.1). **A**
- Sie nehmen nicht Interessen im Zusammenhang mit dem Erwerb oder der Veräußerungen von dinglichen Rechten an Grundstücken, Gebäuden oder Gebäudeteilen wahr. **A**

6. Wann beginnt und endet Ihre Rechtsschutzversicherung? **A**

6.1 Beginn des Versicherungsschutzes

Der Versicherungsschutz beginnt zu dem im Versicherungsschein angegebenen Zeitpunkt. Voraussetzung für den Versicherungsschutz ist, dass Sie den ersten oder den einmaligen Beitrag unverzüglich nach Ablauf von 14 Tagen nach Zugang des Versicherungsscheins zahlen (siehe 7.4.1).

Eine vereinbarte Wartezeit bleibt unberührt (das heißt: sie gilt in jedem Fall).

6.2 Dauer und Ende des Vertrages

6.2.1 Vertragsdauer

Der Vertrag ist für die im Versicherungsschein angegebene Zeit abgeschlossen.

6.2.2 Stillschweigende Verlängerung

Bei einer Vertragsdauer von mindestens einem Jahr verlängert sich der Vertrag um jeweils ein weiteres Jahr, wenn der Vertrag nicht gekündigt wird. Kündigen können sowohl Sie als auch wir. Die Kündigung muss Ihnen oder uns spätestens drei Monate vor dem Ablauf der Vertragszeit zugehen.

6.2.3 Vertragsbeendigung

Bei einer Vertragsdauer von weniger als einem Jahr endet der Vertrag zum vorgesehenen Zeitpunkt, ohne dass es einer Kündigung bedarf.

Bei einer Vertragsdauer von mehr als drei Jahren können Sie den Vertrag schon zum Ablauf des dritten Jahres oder jedes darauf folgenden Jahres kündigen. Ihre Kündigung muss uns spätestens drei Monate vor Ablauf des jeweiligen Jahres zugehen.

6.2.4 Ist der Versicherungsschutz nicht mehr nötig, weil sich die äußeren Umstände geändert haben? (Beispiel: Sie teilen uns mit, dass Sie kein Auto mehr haben.) Dann gilt Folgendes (sofern nichts anderes vereinbart ist):

6.2.4.1 Der Vertrag endet, sobald wir erfahren haben, dass sich die äußeren Umstände geändert haben.

Beiträge stehen uns nur anteilig bis zu diesem Zeitpunkt zu.

6.2.4.2 Der Versicherungsschutz besteht über Ihren Tod hinaus bis zum Ende der Versicherungsperiode. Dies gilt, wenn der Beitrag am Todestag gezahlt war und die Versicherung nicht aus sonstigen Gründen beendet ist. Wenn der nächste fällige Beitrag bezahlt wird, bleibt der Versicherungsschutz bestehen.

Derjenige, der den Beitrag gezahlt hat oder für den gezahlt wurde, wird anstelle des Verstorbenen Versicherungsnehmer. Er kann innerhalb eines Jahres nach dem Todestag verlangen, dass der Versicherungsvertrag vom Todestag an beendet wird.

6.2.5 Kündigung nach Versicherungsfall

6.2.5.1 Wenn wir Ihren Versicherungsschutz ablehnen, obwohl wir zur Leistung verpflichtet sind, können Sie den Vertrag vorzeitig kündigen. Die Kündigung muss uns innerhalb eines Monats zugehen, nachdem Sie unsere Ablehnung erhalten haben.

6.2.5.2 Sind mindestens zwei Versicherungsfälle innerhalb von zwölf Monaten eingetreten und besteht für diese Versicherungsschutz? In diesem Fall können sowohl Sie als auch wir den Vertrag vorzeitig kündigen.

Wann müssen *Sie* oder wir kündigen? Die Kündigung muss uns beziehungsweise Ihnen innerhalb eines Monats zugehen, nachdem wir unsere Leistungspflicht für den zweiten Versicherungsfall bestätigt haben. Die Kündigung muss in Textform (Beispiel: Brief oder E-Mail) erfolgen.

Wenn Sie kündigen, wird Ihre Kündigung wirksam, sobald sie uns zugeht. Sie können jedoch bestimmen, dass die Kündigung zu einem späteren Zeitpunkt wirksam wird; spätestens jedoch am Ende des Versicherungsjahrs. Unsere Kündigung wird einen Monat, nachdem Sie sie erhalten haben, wirksam.

6.2.6 Versichererwechsel

Damit Sie bei einem Versichererwechsel möglichst keine Nachteile haben, haben Sie uns gegenüber Anspruch auf Versicherungsschutz in folgenden Fällen (dies gilt abweichend von den Regelungen unter 3.1.2 bis 3.1.4):

- Der Versicherungsfall ist in unserer Vertragslaufzeit eingetreten. Der Versicherungsschutz gilt auch dann, wenn ein Fall von 3.1.2 vorliegt und Ihre Handlung nach 3.1.2 in die Zeit des Vorversicherers fällt.
- Der Versicherungsfall liegt zwar in der Vertragslaufzeit des Vorversicherers, der Anspruch wird aber erstmals später als drei Jahre nach Beendigung der Vorversicherung geltend gemacht. Die Meldung beim Vorversicherer darf jedoch nicht vorsätzlich oder grob fahrlässig versäumt worden sein. (Beispiel für „grob fahrlässiges Verhalten“: Jemand verletzt die im Verkehr erforderliche Sorgfalt in ungewöhnlich hohem Maße.)
- Der Versicherungsfall im Steuer-Rechtsschutz vor Gerichten (Beispiel: Steuerbescheid) fällt in unsere Vertragslaufzeit, die Grundlagen für Ihre Steuer- oder Abgabenfestsetzung sind aber in der Vertragslaufzeit des Vorversicherers eingetreten (Beispiel: Sie erhalten in unserer Vertragslaufzeit einen Steuerbescheid, der ein Steuerjahr in der Vertragszeit des Vorversicherers betrifft.)
- Der Vorversicherer und wir haben unterschiedliche Regelungen zur Bestimmung des Versicherungsfalls: Der Versicherungsfall ist nach den Bedingungen des Vorversicherers nach Beendigung seines Vertrages eingetreten. Nach unseren Bedingungen ist der Versicherungsfall in der Vertragslaufzeit des Vorversicherers eingetreten.

Voraussetzung für Versicherungsschutz ist in allen eben genannten Fällen, dass

- Sie bei Ihrer vorherigen Versicherung gegen dieses Risiko versichert waren,
- ***Optional:***
  Sie bei uns zum Zeitpunkt der Inanspruchnahme gegen dieses Risiko versichert sind und
- der Wechsel zu uns lückenlos erfolgt ist.

In diesen Fällen haben Sie Versicherungsschutz in genau dem Umfang, den Sie bei Ihrem Vorversicherer versichert hatten; *höchstens jedoch* im Umfang des von Ihnen mit uns geschlossenen Vertrages.

7. Wann und wie müssen Sie Ihren Beitrag zahlen? A

7.1 Beitragszahlung

Die Beiträge können Sie je nach Vereinbarung monatlich, vierteljährlich, halbjährlich oder jährlich bezahlen. Die Versicherungsperiode umfasst dementsprechend

- bei Monatsbeiträgen einen Monat,
- bei Vierteljahresbeiträgen ein Vierteljahr,
- bei Halbjahresbeiträgen ein Halbjahr und

- bei Jahresbeiträgen ein Jahr.

7.2 Versicherungsjahr

Das Versicherungsjahr dauert grundsätzlich zwölf Monate. Besteht die vereinbarte Vertragsdauer jedoch nicht aus *ganzen* Jahren, wird das erste Versicherungsjahr entsprechend verkürzt. Die folgenden Versicherungsjahre bis zum vereinbarten Vertragsablauf sind jeweils ganze Jahre. (Beispiel: Bei einer Vertragsdauer von 15 Monaten beträgt das erste Versicherungsjahr 3 Monate, das folgende Versicherungsjahr 12 Monate.)

7.3 Versicherungssteuer

Der Versicherungsbeitrag enthält die Versicherungssteuer, die Sie in der jeweils vom Gesetz bestimmten Höhe zu entrichten haben.

7.4 Zahlung und Folgen verspäteter Zahlung/Erster Beitrag

7.4.1 Fälligkeit der Zahlung

Wenn Sie den Versicherungsschein von uns erhalten, müssen Sie den ersten Beitrag unverzüglich nach Ablauf von 14 Tagen bezahlen. („Unverzüglich" heißt nicht unbedingt „sofort", sondern „ohne schuldhaftes Zögern bzw. so schnell wie eben möglich".)

7.4.2 Späterer Beginn des Versicherungsschutzes

Wenn Sie den ersten Beitrag zu einem späteren Zeitpunkt bezahlen, beginnt der Versicherungsschutz erst ab diesem späteren Zeitpunkt. Auf diese Folge einer verspäteten Zahlung müssen wir Sie allerdings aufmerksam gemacht haben, und zwar in Textform (Beispiel: Brief oder E-Mail) oder durch einen auffallenden Hinweis im Versicherungsschein.

Wenn Sie uns nachweisen, dass Sie die verspätete Zahlung nicht verschuldet haben, beginnt der Versicherungsschutz zum vereinbarten Zeitpunkt.

7.4.3 Rücktritt

Wenn Sie den ersten Beitrag nicht rechtzeitig bezahlen, können wir vom Vertrag zurücktreten, solange der Beitrag nicht bezahlt ist. Wir können nicht zurücktreten, wenn Sie nachweisen, dass Sie die verspätete Zahlung nicht verschuldet haben.

7.5 Zahlung und Folgen verspäteter Zahlung/Folgebeitrag

7.5.1 Die Folgebeiträge werden zu dem jeweils vereinbarten Zeitpunkt fällig.

7.5.2 Verzug

Wenn Sie einen Folgebeitrag nicht rechtzeitig bezahlen, geraten Sie in Verzug, auch ohne dass Sie eine Mahnung von uns erhalten haben. Wir sind dann berechtigt, Ersatz für den Schaden zu verlangen, der uns durch den Verzug entstanden ist (siehe 7.5.3).

Sie geraten *nicht* in Verzug, wenn Sie die verspätete Zahlung nicht verschuldet haben.

7.5.3 Zahlungsaufforderung

Wenn Sie einen Folgebeitrag nicht rechtzeitig bezahlen, können wir Ihnen eine Zahlungsfrist einräumen. Das geschieht in Textform (Beispiel: Brief oder E-Mail) und auf Ihre Kosten. Diese Zahlungsfrist muss mindestens zwei Wochen betragen.

Unsere Zahlungsaufforderung ist nur wirksam, wenn sie folgende Informationen enthält:

- Die ausstehenden Beträge, die Zinsen und die Kosten müssen im Einzelnen beziffert sein und
- die Rechtsfolgen müssen angegeben sein, die nach 7.5.4 mit der Fristüberschreitung verbunden sind.

7.5.4 Welche rechtlichen Folgen hat die Fristüberschreitung?

- Verlust des Versicherungsschutzes
  Wenn Sie nach Ablauf der Zahlungsfrist immer noch nicht bezahlt haben, haben Sie ab diesem Zeitpunkt bis zur Zahlung **keinen Versicherungsschutz.** Allerdings müssen wir Sie bei unserer Zahlungsaufforderung nach 7.5.3 auf den Verlust des Versicherungsschutzes hingewiesen haben.
- Kündigung des Versicherungsvertrags
  Wenn Sie nach Ablauf der Zahlungsfrist immer noch nicht bezahlt haben, können wir den Vertrag kündigen, ohne eine Frist einzuhalten. Allerdings müssen wir Sie bei unserer Zahlungsaufforderung nach 7.5.3 auf die fristlose Kündigungsmöglichkeit hingewiesen haben.
  Wenn wir Ihren Vertrag gekündigt haben und Sie danach innerhalb eines Monats den angemahnten Betrag bezahlen, besteht der Vertrag fort. Dann aber haben Sie für Versicherungsfälle, die zwischen dem Ablauf der Zahlungsfrist und Ihrer Zahlung eingetreten sind, **keinen Versicherungsschutz**.

7.6 Rechtzeitige Zahlung bei Sepa-Lastschriftmandat

7.6.1 Wenn wir die Einziehung des Beitrags von einem Konto vereinbart haben, gilt die Zahlung als rechtzeitig, wenn

- **der Beitrag zu dem Fälligkeitstag eingezogen werden kann und**
- **Sie der Einziehung nicht widersprechen.**

Was geschieht, wenn der fällige Beitrag ohne Ihr Verschulden nicht eingezogen werden kann? In diesem Fall ist die Zahlung auch dann noch rechtzeitig, wenn Sie nach einer Aufforderung in Textform (Beispiel: Brief oder E-Mail) unverzüglich zahlen. („Unverzüglich" heißt nicht unbedingt „sofort", sondern „ohne schuldhaftes Zögern bzw. so schnell wie eben möglich".)

7.6.2 Beendigung des Lastschriftverfahrens

Wenn Sie dafür verantwortlich sind, dass der fällige Beitrag nicht eingezogen werden kann, sind wir berechtigt, künftig eine andere Zahlungsweise zu verlangen. Sie müssen allerdings erst dann zahlen, wenn wir Sie hierzu in Textform (Beispiel: Brief oder E-Mail) aufgefordert haben.

7.7 Beitrag bei *vorzeitiger* Vertragsbeendigung

In diesem Fall haben wir nur Anspruch auf den Teil des Beitrags, der dem Zeitraum des Versicherungsschutzes entspricht. Das gilt, soweit nicht etwas anderes bestimmt ist.

7.8 Beitragsanpassung

7.8.1 Warum nehmen wir eine Beitragsanpassung vor?

Die Beiträge sind Ihre Gegenleistung für unser Leistungsversprechen. Wir benötigen die Beiträge, damit wir unsere Leistungsverpflichtungen in allen versicherten Schadensfällen erfüllen können. Wir prüfen deshalb jährlich, ob der Beitrag wegen einer Veränderung des Schadensbedarfs anzupassen ist.

Die Ermittlung des Veränderungswerts (siehe 7.8.2) kann dazu führen, dass der Beitrag erhöht oder gesenkt wird oder in der bisherigen Höhe bestehen bleibt.

7.8.2 Ermittlung des Veränderungswerts als Grundlage der Beitragsanpassung

Der ermittelte Veränderungswert ist maßgeblich für die Frage, ob der Beitrag in der bisherigen Höhe bestehen bleibt.

7.8.2.1 Statistische Ermittlung durch einen unabhängigen Treuhänder

Ein unabhängiger Treuhänder ermittelt bis zum 1. Juli eines jeden Jahres einen **Veränderungswert** für die Beitragsanpassung. Der Treuhänder legt bei seiner Ermittlung die Daten einer möglichst großen Zahl von Unternehmen, die die Rechtsschutzversicherung anbieten, zugrunde, so dass der von ihm ermittelte Wert den gesamten Markt der Rechtsschutzversicherung bestmöglich widerspiegelt.

Der Ermittlung des Veränderungswerts liegt folgende Fragestellung (Berechnungsmethode) zugrunde:

Um wie viel Prozent hat sich im letzten Kalenderjahr der Bedarf für Zahlungen (das heißt: das Produkt von Schadenhäufigkeit und Durchschnitt der Schadenzahlungen) gegenüber dem vorletzten Kalenderjahr (Bezugsjahre) erhöht oder vermindert?

(Als Schadenhäufigkeit eines Kalenderjahres gilt die Anzahl der in diesem Jahr gemeldeten Versicherungsfälle, geteilt durch die Anzahl der im Jahresmittel versicherten Risiken. Mit anderen Worten: die Schadenhäufigkeit gibt an, für wie viel Prozent der versicherten Verträge ein Schaden gemeldet worden ist. Um den Durchschnitt der Schadenzahlungen eines Kalenderjahres zu berechnen, werden alle in diesem Jahr erledigten Versicherungsfälle betrachtet. Die Summe der insgesamt geleisteten Zahlungen für diese Versicherungsfälle wird durch deren Anzahl geteilt.)

Veränderungen, die aus Leistungsverbesserungen (zum Beispiel: Einschluss einer neuen Leistungsart) herrühren, berücksichtigt der Treuhänder nur, wenn die Leistungsverbesserungen in beiden Vergleichsjahren zum Leistungsinhalt gehörten.

Der Treuhänder ermittelt den Veränderungswert getrennt für folgende **Vertragsgruppen**:

- Verkehrs-, Fahrzeug- und Fahrer-Rechtsschutz,
- Privat- und Berufs-Rechtsschutz, Rechtsschutz für Selbstständige oder Firmen, Vereins-, sowie Wohnungs- und Grundstücks-Rechtsschutz,
- Privat-, Berufs- und Verkehrs-Rechtsschutz sowie Rechtsschutz für Landwirte,
- Rechtsschutz für Selbstständige oder Firmen mit Privat-, Berufs-, Verkehrs- sowie Wohnungs- und Grundstücks-Rechtsschutz.

Innerhalb jeder Vertragsgruppe wird der Veränderungswert getrennt für Verträge mit und ohne Selbstbeteiligung ermittelt. Die so ermittelten Veränderungswerte gelten jeweils einheitlich für alle in der Gruppe zusammengefassten Verträge mit bzw. ohne Selbstbeteiligung.

Der Treuhänder **rundet** einen nicht durch 2,5 teilbaren Veränderungswert auf die nächst geringere positive durch 2,5 teilbare Zahl ab (Beispielsweise wird 8,4 % auf 7,5 % abgerundet.) bzw. auf die nächst größere negative durch 2,5 teilbare Zahl auf (Beispielsweise wird –8,4 % auf –7,5 % aufgerundet.). Veränderungswerte im Bereich von –5 % bis +5 % werden nicht gerundet.

7.8.2.2 Ermittlung aufgrund unternehmenseigener Zahlen

Auf der Grundlage unserer unternehmenseigenen Zahlen ermitteln wir bis zum 1. Juli eines jeden Jahres den für unser Unternehmen individuellen Veränderungswert. Dabei wenden wir die für die Ermittlung durch den unabhängigen Treuhänder geltenden Regeln (siehe 7.8.2.1) entsprechend an.

7.8.3 Welches ist der für die Anpassung des Beitrags maßgebliche Veränderungswert?

Grundsatz: Für die Beitragsanpassung (Erhöhung oder Senkung) ist grundsätzlich der Veränderungswert maßgeblich, den der unabhängige Treuhänder ermittelt hat (siehe 7.8.2.1).

Ausnahme: Wir vergleichen unseren unternehmensindividuellen Veränderungswert mit dem vom Treuhänder nach 7.8.2.1 ermittelten Wert. Unser unternehmensindividueller Wert ist dann für die Beitragsanpassung maßgeblich, wenn dieser Vergleich ergibt,

- dass unser Wert unter dem vom Treuhänder ermittelten Wert liegt und
- dies auch in den zwei letzten Kalenderjahren der Fall ist, in denen eine Beitragsanpassung zulässig war.

Die zu betrachtenden Kalenderjahre müssen nicht notwendig unmittelbar aufeinander folgen.

7.8.4 Unterbleiben einer Beitragsanpassung

Eine Beitragsanpassung unterbleibt, wenn der vom unabhängigen Treuhänder ermittelte Veränderungswert (siehe 7.8.2.1) geringer +5 % und größer –5 % ist. Dieser Veränderungswert wird bei der Ermittlung der Voraussetzungen für die nächste Beitragsanpassung mit berücksichtigt (Dies geschieht, indem das Bezugsjahr solange beibehalten wird, bis die 5 %-Grenze erreicht wird. Es wird immer der Bedarf für Zahlungen aus dem jeweiligen Vorjahr mit dem Bedarf für Zahlungen aus dem „festgehaltenen" Bezugsjahr verglichen.)

Unabhängig von der Höhe des Veränderungswerts unterbleibt eine Beitragsanpassung bei Verträgen, bei denen seit dem Versicherungsbeginn noch nicht 12 Monate abgelaufen sind.

7.8.5 Erhöhung oder Senkung des Beitrags

Wenn der maßgebliche Veränderungswert +5 % oder mehr beträgt, sind wir berechtigt, den Beitrag entsprechend zu **erhöhen**. Der angepasste Beitrag darf nicht höher sein als der für Neuverträge geltende Tarifbeitrag.

Wenn der maßgebliche Veränderungswert –5 % oder weniger beträgt, sind wir verpflichtet, den Beitrag entsprechend zu **senken**.

7.8.6 Wann wird die Beitragsanpassung wirksam?

Die Beitragsanpassung wird zu Beginn des zweiten Monats wirksam, der auf unsere Mitteilung über die Beitragsanpassung folgt. Sie gilt für alle Beiträge, die nach unserer Mitteilung ab einschließlich 1. Oktober fällig werden.

In der Mitteilung weisen wir Sie auf Ihr außerordentliches Kündigungsrecht hin (siehe 7.8.7).

7.8.7 Ihr außerordentliches Kündigungsrecht

Wenn sich der Beitrag erhöht, können Sie den Versicherungsvertrag mit sofortiger Wirkung kündigen. Sie können frühestens jedoch zu dem Zeitpunkt kündigen, an dem die Beitragserhöhung wirksam wird (siehe 7.8.5). Ihre Kündigung muss uns innerhalb eines Monats zugehen, nachdem Ihnen unsere Mitteilung über die Beitragsanpassung zugegangen ist.

Wenn sich der Beitrag ausschließlich wegen einer Erhöhung der Versicherungssteuer erhöht, steht Ihnen das Recht zur außerordentlichen Kündigung nicht zu.

7.9 Änderung wesentlicher Umstände der Beitragsfestsetzung

7.9.1 Wenn nach Vertragsabschluss ein Umstand eintritt, der einen höheren als den vereinbarten Versicherungsbeitrag rechtfertigt, können wir von da ab diesen höheren Beitrag verlangen. Denn damit sichern wir eine höhere Gefahr ab (Beispiel: Sie haben ein Auto bei uns versichert und schaffen sich jetzt zusätzlich ein Motorrad an.).

Wenn wir diese höhere Gefahr auch gegen einen höheren Beitrag nicht versichern können, müssen wir die Absicherung gegen diese Gefahr ausschließen.

In folgenden Fällen können Sie den Versicherungsvertrag kündigen:
- Ihr Beitrag erhöht sich um mehr als 10 % oder
- wir lehnen die Absicherung der höheren Gefahr ab.

In diesen Fällen können Sie den Vertrag innerhalb eines Monats, nachdem Ihnen unsere Mitteilung zugegangen ist, ohne eine Frist kündigen. In unserer Mitteilung müssen wir Sie auf Ihr Kündigungsrecht hinweisen.

Nachdem wir von der Erhöhung der Gefahr Kenntnis erhalten haben, müssen wir unser Recht auf Beitragsänderung innerhalb eines Monats ausüben.

7.9.2 Wenn nach Vertragsabschluss ein Umstand eintritt, der einen niedrigeren als den vereinbarten Versicherungsbeitrag rechtfertigt, können wir von da ab nur noch diesen niedrigeren Beitrag verlangen. Sie müssen uns diesen Umstand innerhalb von zwei Monaten anzeigen. Wenn Sie uns nach Ablauf von zwei Monaten informieren, wird Ihr Versicherungsbeitrag erst zu dem Zeitpunkt herabgesetzt, zu dem Sie uns informiert haben.

7.9.3 Wenn wir Sie auffordern, uns die zur Beitragsberechnung erforderlichen Angaben zu machen, müssen Sie uns diese innerhalb eines Monats zuschicken. Wenn Sie dieser Verpflichtung nicht nachkommen, können wir den Versicherungsvertrag mit einer Frist von einem Monat kündigen. Es sei denn, Sie weisen uns nach, dass Sie nicht vorsätzlich oder grob fahrlässig gehandelt haben. (Beispiel für „grob fahrlässiges Verhalten": Jemand verletzt die im Verkehr erforderliche Sorgfalt in ungewöhnlich hohem Maße.)

In folgenden Fällen haben Sie *keinen* Versicherungsschutz:
- Sie machen innerhalb der Frist vorsätzlich falsche Angaben.
- Sie unterlassen vorsätzlich erforderliche Angaben.
- Der Versicherungsfall tritt später als einen Monat nach dem Zeitpunkt ein, zu dem Sie uns über die Gefahrerhöhung hätten informieren müssen. Ihr Versicherungsschutz entfällt *nicht,* wenn uns die zur Beitragsberechnung erforderlichen Angaben bereits bekannt waren.

Wenn **Sie grob fahrlässig Angaben verschweigen** oder **unrichtige Angaben gemacht** haben, können wir den Umfang unserer Leistungen kürzen, und zwar in einem der Schwere Ihres Verschuldens entsprechendem Verhältnis.

Sie müssen nachweisen, dass Sie nicht grob fahrlässig gehandelt haben. (Beispiel für „grob fahrlässiges Verhalten": Jemand verletzt die im Verkehr erforderliche Sorgfalt in ungewöhnlich hohem Maße.)

Ausnahme: In folgenden Fällen haben Sie trotzdem Versicherungsschutz:
- Sie weisen uns nach, dass die Veränderung weder den Eintritt des Versicherungsfalls beeinflusst noch den Umfang unserer Leistung erhöht hat.
- Die Frist für unsere Kündigung ist abgelaufen und wir haben nicht gekündigt.

Die soeben beschriebenen Regelungen werden nicht angewandt, wenn
- die Veränderung so unerheblich ist, dass diese nicht zu einer Erhöhung der Beiträge führen würde oder
- ersichtlich ist, dass diese Veränderung mitversichert sein soll.

8. Wann verjähren Ansprüche aus dem Versicherungsvertrag? A

8.1 Gesetzliche Verjährung

Die Ansprüche aus dem Versicherungsvertrag verjähren in drei Jahren. Die Fristberechnung richtet sich nach den allgemeinen Vorschriften des Bürgerlichen Gesetzbuchs[1)].

8.2 Die Verjährung wird ausgesetzt

Wenn Sie einen Anspruch aus Ihrem Versicherungsvertrag bei uns angemeldet haben, ist die Verjährung ausgesetzt. Die Aussetzung wirkt von der Anmeldung bis zu dem Zeitpunkt, zu dem Ihnen unsere Entscheidung in Textform zugeht (Das heißt: bei der Berechnung der Verjährungsfrist berücksichtigen wir zu Ihren Gunsten den Zeitraum von der Meldung bis zum Eintreffen unserer Entscheidung bei Ihnen nicht).

9. Wenn Sie mit uns einmal nicht zufrieden sind

Unser Interesse ist es, Sie mit unseren Leistungen zufrieden zu stellen. Sollte uns das einmal nicht gelingen, nehmen Sie am besten direkt Kontakt zu uns auf, um die Sache zu klären: (Kontaktdaten des Rechtsschutzversicherers oder ggf. des Schadenabwicklungsunternehmens)

Darüber hinaus haben Sie auch folgende Möglichkeiten:

9.1 Versicherungsombudsmann

Wenn Sie als Verbraucher mit unserer Entscheidung nicht zufrieden sind, können Sie sich an den Ombudsmann für Versicherungen wenden:

Versicherungsombudsmann e.V.
Postfach 080632
10006 Berlin
Tel.: 0800 3696000 Fax.: 0800 3699000
E-Mail: beschwerde@versicherungsombudsmann.de
Internet: www.versicherungsombudsmann.de

---

1) **Habersack, Deutsche Gesetze Nr. 20.**

Der Ombudsmann für Versicherungen ist eine unabhängige und für Verbraucher kostenfrei arbeitende Schlichtungsstelle. Wir haben uns verpflichtet, an dem Schlichtungsverfahren teilzunehmen.

Verbraucher, die diesen Vertrag online (zum Beispiel über eine Webseite oder per E-Mail) abgeschlossen haben, können sich mit ihrer Beschwerde auch online an die Plattform wenden: http://ec.europa.eu/consumers/odr/. Ihre Beschwerde wird dann über diese Plattform an den Versicherungsombudsmann weitergeleitet.

9.2 Versicherungsaufsicht

Sind Sie mit unserer Betreuung nicht zufrieden, können Sie sich auch an die für uns zuständige Aufsicht wenden. Als Versicherungsunternehmen unterliegen wir der Aufsicht der Bundesanstalt für Finanzdienstleistungsaufsicht:

Bundesanstalt für Finanzdienstleistungsaufsicht (BaFin)

Sektor Versicherungsaufsicht

Graurheindorfer Straße 108

53117 Bonn

Tel.: 0800 2 100 500

E-Mail: poststelle@bafin.de

Internet: https://www.bafin.de

Bitte beachten Sie, dass die BaFin keine Schiedsstelle ist und einzelne Streitfälle nicht verbindlich entscheiden kann.

9.3 Rechtsweg

Außerdem haben Sie die Möglichkeit, den Rechtsweg zu beschreiten. Bitte beachten Sie jedoch, dass hierfür kein Versicherungsschutz besteht (siehe 3.2.11).

10. Welches Recht ist anzuwenden und wo ist der Gerichtsstand? **A**

10.1 Anzuwendendes Recht

Für diesen Versicherungsvertrag gilt deutsches Recht.

10.2 Klagen gegen das Versicherungsunternehmen

Wenn Sie uns verklagen wollen, können Sie die Klage an folgenden Orten einreichen:

- Am Sitz des Versicherungsunternehmens oder am Sitz der für Ihren Vertrag zuständigen Niederlassung,
- oder, wenn Sie eine natürliche Person sind, auch am Gericht *Ihres Wohnsitzes. (Eine* „natürliche Person“ ist ein Mensch, im Gegensatz zur „juristischen Person“; das ist zum Beispiel eine GmbH, eine AG oder ein Verein). Haben Sie keinen Wohnsitz, können Sie die Klage am Gericht Ihres gewöhnlichen Aufenthalts einreichen.

10.3 Klagen gegen den Versicherungsnehmer

Wenn wir Sie verklagen müssen, können wir die Klage an folgenden Orten einreichen:

- Wenn Sie eine natürliche Person sind, am Gericht Ihres Wohnsitzes. (Eine „natürliche Person" ist ein Mensch, im Gegensatz zur „juristischen Person"; das ist zum Beispiel eine GmbH, eine AG oder ein Verein). Haben Sie keinen Wohnsitz, können wir die Klage am Gericht Ihres gewöhnlichen Aufenthalts einreichen.
- Wenn Ihr Wohnsitz oder Ihr gewöhnlicher Aufenthalt zum Zeitpunkt der Klageerhebung nicht bekannt ist, am Sitz unseres Versicherungsunternehmens oder am Sitz der für Ihren Vertrag zuständigen Niederlassung.
- Wenn Sie eine juristische Person sind oder eine Offene Handelsgesellschaft, Kommanditgesellschaft, Gesellschaft bürgerlichen Rechts oder eine eingetragene Partnerschaftsgesellschaft, ist das Gericht an Ihrem Sitz oder Ihrer Niederlassung zuständig.

Anhang: Beitragsfreiheit bei Arbeitslosigkeit (Zahlungspause) A

1. Wir bieten Ihnen die Möglichkeit, Ihren Versicherungsschutz aufrechtzuerhalten, ohne dass Sie Ihren Versicherungsbeitrag zahlen müssen.

Die Voraussetzungen hierfür sind:
- Die Regelung muss zwischen uns vereinbart sein.
- Sie sind arbeitslos gemeldet (§ 137 Sozialgesetzbuch III) bzw. berufs- oder erwerbsunfähig (§ 43 Sozialgesetzbuch VI).

Die Regelung gilt höchstens für ... Jahre. Dies gilt auch dann, wenn während der Zahlungspause mehrere dieser Voraussetzungen gegeben sind (Beispiel: erst Arbeitslosigkeit, dann Erwerbsunfähigkeit).

Nach Ihrem Tod gilt die Zahlungspause für die Person, die den Versicherungsvertrag mit uns fortführt.

2. Eine Zahlungspause nach 1. tritt nicht ein,

2.1 wenn eine andere Person verpflichtet ist oder verpflichtet wäre, den Beitrag zu zahlen – davon ausgenommen ist eine gesetzliche Unterhaltspflicht – oder

2.2 wenn Sie bereits vor Versicherungsbeginn arbeitslos bzw. berufs- oder erwerbsunfähig geworden sind oder

2.3 wenn die Arbeitslosigkeit oder die Berufs- bzw. Erwerbsunfähigkeit innerhalb von 6 Monaten nach Versicherungsbeginn eintritt. Dies gilt nicht, wenn die Berufs- bzw. Erwerbsunfähigkeit *Folge eines Unfalls* innerhalb dieses Zeitraums ist oder

2.4 wenn die Arbeitslosigkeit oder Berufs- bzw. Erwerbsunfähigkeit verursacht ist durch
- militärische Konflikte,
- *innere Unruhen,*
- Streiks oder
- Nuklearschäden – ausgenommen durch eine medizinische Behandlung

oder

2.5 wenn die Arbeitslosigkeit oder Berufs- bzw. Erwerbsunfähigkeit von Ihnen vorsätzlich verursacht wurde oder im ursächlichen Zusammenhang mit einer von Ihnen begangenen vorsätzlichen Straftat steht.

3. Den Anspruch auf Zahlungspause müssen Sie unverzüglich geltend machen. („Unverzüglich" heißt nicht unbedingt „sofort", sondern „ohne schuldhaftes Zögern bzw. so schnell wie eben möglich".)

Sie müssen
- uns Auskunft über alle Umstände Ihres Anspruchs erteilen und
- uns nachweisen, dass die Voraussetzung für eine Zahlungspause nach 1. gegeben ist. Zum Nachweis müssen Sie eine amtliche Bescheinigung vorlegen.

4. Wir können Sie höchstens alle drei Monate auffordern, aktuelle Nachweise dafür vorzulegen, ob Sie noch die Voraussetzung für eine Zahlungspause erfüllen.

Wenn Sie dieser Aufforderung nicht unverzüglich nachkommen, beenden wir die Zahlungspause. („Unverzüglich" heißt nicht unbedingt „sofort", sondern „ohne schuldhaftes Zögern bzw. so schnell wie eben möglich".) Diese Zahlungspause tritt jedoch mit sofortiger Wirkung wieder in Kraft, wenn die Auskünfte und Nachweise nachgereicht werden.

1. bis 3. gelten nicht im Todesfall oder solange ein anderer bereits erbrachter Nachweis für die Zahlungspause noch vorliegt.

5. Diese Zusatzvereinbarung können wir oder Sie kündigen, und zwar drei Monate vor dem Ende jedes Versicherungsjahrs.

Die Zusatzvereinbarung endet automatisch, wenn
- Sie das 60. Lebensjahr erreichen,
- Sie sterben oder
- die Person, die nach Ihrem Tod Ihren Versicherungsvertrag mit uns fortführt, zum Zeitpunkt Ihres Todes das 60. Lebensjahr beendet hat.

Für Mitversicherte aus Ihrem Versicherungsvertrag gilt diese Zusatzvereinbarung nicht.

62g ARB

66a. Gesetz über die Preisbindung für Bücher (Buchpreisbindungsgesetz)[1)]

Vom 2. September 2002
(BGBl. I S. 3448, 3670)

FNA 703-6

Lfd. Nr.	Änderndes Gesetz	Datum	Fundstelle	Betroffen	Hinweis
1.	Art. 32 G zur Umbenennung des Bundesgrenzschutzes in Bundespolizei	21.6.2005	BGBl. I S. 1818	§ 7	
2.	Art. 1 ÄndG	14.7.2006	BGBl. I S. 1530	§§ 7, 8	
3.	Art. 1 Zweites G zur Änd. des BuchpreisbindungsG	31.7.2016	BGBl. I S. 1937	§§ 2, 3, 5	geänd. mWv 1.9.2016
				§§ 4, 11	aufgeh. mit Ablauf des 31.8. 2016
4.	Art. 8 G zur Stärkung des fairen Wettbewerbs	26.11. 2020	BGBl. I S. 2568	§ 9	geänd. mWv 1.12.2021
5.	Art. 23 Verbandsklagenrichtlinienumsetzungs G (VRUG)[2)]	8.10.2023	BGBl. 2023 I Nr. 272	§ 9	geänd. mWv 13.10.2023

§ 1 Zweck des Gesetzes. [1] Das Gesetz dient dem Schutz des Kulturgutes Buch. [2] Die Festsetzung verbindlicher Preise beim Verkauf an Letztabnehmer sichert den Erhalt eines breiten Buchangebots. [3] Das Gesetz gewährleistet zugleich, dass dieses Angebot für eine breite Öffentlichkeit zugänglich ist, indem es die Existenz einer großen Zahl von Verkaufsstellen fördert.

§ 2[3)] Anwendungsbereich. (1) Bücher im Sinne dieses Gesetzes sind auch

1. Musiknoten,
2. kartographische Produkte,
3. Produkte, die Bücher, Musiknoten oder kartographische Produkte reproduzieren oder substituieren, wie zum Beispiel zum dauerhaften Zugriff angebotene elektronische Bücher, und bei Würdigung der Gesamtumstände als überwiegend verlags- oder buchhandelstypisch anzusehen sind sowie
4. kombinierte Objekte, bei denen eines der genannten Erzeugnisse die Hauptsache bildet.

(2) Fremdsprachige Bücher fallen nur dann unter dieses Gesetz, wenn sie überwiegend für den Absatz in Deutschland bestimmt sind.

(3) Letztabnehmer im Sinne dieses Gesetzes ist, wer Bücher zu anderen Zwecken als dem Weiterverkauf erwirbt.

[1)] Verkündet als Art. 1 G v. 2.9.2002 (BGBl. I S. 3448); Inkrafttreten gem. Art. 3 dieses G am 1.10. 2002.

[2)] **Amtl. Anm.:** Dieses Gesetz dient der Umsetzung der Richtlinie (EU) 2020/1828 des Europäischen Parlaments und des Rates vom 25. November 2020 über Verbandsklagen zum Schutz der Kollektivinteressen der Verbraucher und zur Aufhebung der Richtlinie 2009/22/EG (ABl. L 409 vom 4.12.2020, S. 1).

[3)] § 2 Abs. 1 Nr. 3 geänd. mWv 1.9.2016 durch G v. 31.7.2016 (BGBl. I S. 1937).

§ 3[1)] Preisbindung. [1] Wer gewerbs- oder geschäftsmäßig Bücher an Letztabnehmer in Deutschland verkauft, muss den nach § 5 festgesetzten Preis einhalten. [2] Dies gilt nicht für den Verkauf gebrauchter Bücher.

§ 4[2)] *(aufgehoben)*

§ 5[3)] Preisfestsetzung. (1) [1] Wer Bücher für den Verkauf an Letztabnehmer in Deutschland verlegt oder importiert, ist verpflichtet, einen Preis einschließlich Umsatzsteuer (Endpreis) für die Ausgabe eines Buches für den Verkauf an Letztabnehmer in Deutschland festzusetzen und in geeigneter Weise zu veröffentlichen. [2] Entsprechendes gilt für Änderungen des Endpreises.

(2) [1] Wer Bücher importiert, darf zur Festsetzung des Endpreises den vom Verleger des Verlagsstaates für Deutschland empfohlenen Letztabnehmerpreis einschließlich der in Deutschland jeweils geltenden Mehrwertsteuer nicht unterschreiten. [2] Hat der Verleger keinen Preis für Deutschland empfohlen, so darf der Importeur zur Festsetzung des Endpreises den für den Verlagsstaat festgesetzten oder empfohlenen Nettopreis des Verlegers für Endabnehmer zuzüglich der in Deutschland jeweils geltenden Mehrwertsteuer nicht unterschreiten.

(3) Wer als Importeur Bücher in einem Vertragsstaat des Abkommens über den Europäischen Wirtschaftsraum zu einem von den üblichen Einkaufspreisen im Einkaufsstaat abweichenden niedrigeren Einkaufspreis kauft, kann den gemäß Absatz 2 festzulegenden Endpreis in dem Verhältnis herabsetzen, wie es dem Verhältnis des erzielten Handelsvorteils zu den üblichen Einkaufspreisen im Einkaufsstaat entspricht; dabei gelten branchentypische Mengennachlässe und entsprechende Verkaufskonditionen als Bestandteile der üblichen Einkaufspreise.

(4) Verleger oder Importeure können folgende Endpreise festsetzen:

1. Serienpreise,
2. Mengenpreise,
3. Subskriptionspreise,
4. Sonderpreise für Institutionen, die bei der Herausgabe einzelner bestimmter Verlagswerke vertraglich in einer für das Zustandekommen des Werkes ausschlaggebenden Weise mitgewirkt haben,
5. Sonderpreise für Abonnenten einer Zeitschrift beim Bezug eines Buches, das die Redaktion dieser Zeitschrift verfasst oder herausgegeben hat, und
6. Teilzahlungszuschläge.

(5) Die Festsetzung unterschiedlicher Endpreise für einen bestimmten Titel durch einen Verleger oder Importeur oder deren Lizenznehmer ist zulässig, wenn dies sachlich gerechtfertigt ist.

§ 6 Vertrieb. (1) [1] Verlage müssen bei der Festsetzung ihrer Verkaufspreise und sonstigen Verkaufskonditionen gegenüber Händlern den von kleineren Buchhandlungen erbrachten Beitrag zur flächendeckenden Versorgung mit Büchern sowie ihren buchhändlerischen Service angemessen berücksichtigen. [2] Sie dürfen ihre Rabatte nicht allein an dem mit einem Händler erzielten Umsatz ausrichten.

(2) Verlage dürfen branchenfremde Händler nicht zu niedrigeren Preisen oder günstigeren Konditionen beliefern als den Buchhandel.

---

1) § 3 Satz 1 geänd. mWv 1.9.2016 durch G v. 31.7.2016 (BGBl. I S. 1937).
2) § 4 aufgeh. mWv 1.9.2016 durch G v. 31.7.2016 (BGBl. I S. 1937).
3) § 5 Abs. 1 Satz 1 neu gef. mWv 1.9.2016 durch G v. 31.7.2016 (BGBl. I S. 1937).

(3) Verlage dürfen für Zwischenbuchhändler keine höheren Preise oder schlechteren Konditionen festsetzen als für Letztverkäufer, die sie direkt beliefern.

§ 7[1)] Ausnahmen. (1) § 3 gilt nicht beim Verkauf von Büchern
1. an Verleger oder Importeure von Büchern, Buchhändler oder deren Angestellte und feste Mitarbeiter für deren Eigenbedarf,
2. an Autoren selbständiger Publikationen eines Verlages für deren Eigenbedarf,
3. an Lehrer zum Zwecke der Prüfung einer Verwendung im Unterricht,
4. die auf Grund einer Beschädigung oder eines sonstigen Fehlers als Mängelexemplare gekennzeichnet sind,
5. im Rahmen eines auf einen Zeitraum von 30 Tagen begrenzten Räumungsverkaufs anlässlich der endgültigen Schließung einer Buchhandlung, sofern die Bücher aus den gewöhnlichen Beständen des schließenden Unternehmens stammen und den Lieferanten zuvor mit angemessener Frist zur Rücknahme angeboten wurden.

(2) Beim Verkauf von Büchern können wissenschaftlichen Bibliotheken, die jedem auf ihrem Gebiet wissenschaftlich Arbeitenden zugänglich sind, bis zu 5 Prozent, jedermann zugänglichen kommunalen Büchereien, Landesbüchereien und Schülerbüchereien sowie konfessionellen Büchereien und Truppenbüchereien der Bundeswehr und der Bundespolizei bis zu 10 Prozent Nachlass gewährt werden.

(3) [1] Bei Sammelbestellungen von Büchern für den Schulunterricht, die zu Eigentum der öffentlichen Hand, eines Beliehenen oder allgemein bildender Privatschulen, die den Status staatlicher Ersatzschulen besitzen, angeschafft werden, gewähren die Verkäufer folgende Nachlässe:

1. bei einem Auftrag im Gesamtwert bis zu 25 000 Euro für Titel mit

mehr als 10 Stück	8 Prozent Nachlass,
mehr als 25 Stück	10 Prozent Nachlass,
mehr als 100 Stück	12 Prozent Nachlass,
mehr als 500 Stück	13 Prozent Nachlass,

2. bei einem Auftrag im Gesamtwert von mehr als

25 000 Euro	13 Prozent Nachlass,
38 000 Euro	14 Prozent Nachlass,
50 000 Euro	15 Prozent Nachlass.

[2] Soweit Schulbücher von den Schulen im Rahmen eigener Budgets angeschafft werden, ist stattdessen ein genereller Nachlass von 12 Prozent für alle Sammelbestellungen zu gewähren.

(4) Der Letztverkäufer verletzt seine Pflicht nach § 3 nicht, wenn er anlässlich des Verkaufs eines Buches
1. Waren von geringem Wert oder Waren, die im Hinblick auf den Wert des gekauften Buches wirtschaftlich nicht ins Gewicht fallen, abgibt,
2. geringwertige Kosten der Letztabnehmer für den Besuch der Verkaufsstelle übernimmt,

---

[1)] § 7 Abs. 2 geänd. mWv 1.7.2005 durch G v. 21.6.2005 (BGBl. I S. 1818); Abs. 1 Nr. 4 neu gef., Nr. 5 angef., Abs. 3 Satz 1 geänd. mWv 20.7.2006 durch G v. 14.7.2006 (BGBl. I S. 1530).

3. Versand- oder besondere Beschaffungskosten übernimmt oder
4. andere handelsübliche Nebenleistungen erbringt.

§ 8[1] Dauer der Preisbindung. (1) Verleger und Importeure sind berechtigt, durch Veröffentlichung in geeigneter Weise die Preisbindung für Buchausgaben aufzuheben, deren erstes Erscheinen länger als 18 Monate zurückliegt.

(2) Bei Büchern, die in einem Abstand von weniger als 18 Monaten wiederkehrend erscheinen oder deren Inhalt mit dem Erreichen eines bestimmten Datums oder Ereignisses erheblich an Wert verliert, ist eine Beendigung der Preisbindung durch den Verleger oder Importeur ohne Beachtung der Frist gemäß Absatz 1 nach Ablauf eines angemessenen Zeitraums seit Erscheinen möglich.

§ 9[2] Schadensersatz- und Unterlassungsansprüche. (1) [1] Wer den Vorschriften dieses Gesetzes zuwiderhandelt, kann auf Unterlassung in Anspruch genommen werden. [2] Wer vorsätzlich oder fahrlässig handelt, ist zum Ersatz des durch die Zuwiderhandlung entstandenen Schadens verpflichtet.

(2) [1] Der Anspruch auf Unterlassung kann nur geltend gemacht werden

1. von Gewerbetreibenden, die Bücher vertreiben,
2. von rechtsfähigen Verbänden zur Förderung gewerblicher oder selbstständiger beruflicher Interessen, die in der Liste der qualifizierten Wirtschaftsverbände nach § 8b des Gesetzes gegen den unlauteren Wettbewerb[3] eingetragen sind,
3. von einem Rechtsanwalt, der von Verlegern, Importeuren oder Unternehmen, die Verkäufe an Letztabnehmer tätigen, gemeinsam als Treuhänder damit beauftragt worden ist, ihre Preisbindung zu betreuen (Preisbindungstreuhänder),
4. von Stellen nach § 3 Absatz 1 Satz 1 Nummer 1 des Unterlassungsklagengesetzes[4].

[2] Die Stellen nach Satz 1 Nr. 4 können den Anspruch auf Unterlassung nur geltend machen, soweit der Anspruch eine Handlung betrifft, durch die wesentliche Belange der Letztabnehmer berührt werden.

(3) Für das Verfahren gelten bei den Anspruchsberechtigten nach Absatz 2 Nr. 1 bis 3 die Vorschriften des Gesetzes gegen den unlauteren Wettbewerb und bei Einrichtungen nach Absatz 2 Nr. 4 die Vorschriften des Unterlassungsklagegesetzes.

§ 10 Bucheinsicht. (1) [1] Sofern der begründete Verdacht vorliegt, dass ein Unternehmen gegen § 3 verstoßen hat, kann ein Gewerbetreibender, der ebenfalls Bücher vertreibt, verlangen, dass dieses Unternehmen einem von Berufs wegen zur Verschwiegenheit verpflichteten Angehörigen der wirtschafts- oder steuerberatenden Berufe Einblick in seine Bücher und Geschäftsunterlagen gewährt. [2] Der Bericht des Buchprüfers darf sich ausschließlich auf die ihm bekannt gewordenen Verstöße gegen die Vorschriften dieses Gesetzes beziehen.

---

[1] § 8 Abs. 1 geänd. mWv 20.7.2006 durch G v. 14.7.2006 (BGBl. I S. 1530).
[2] § 9 Abs. 2 Satz 1 Nr. 2 neu gef. mWv 1.12.2021 durch G v. 26.11.2020 (BGBl. I S. 2568); Abs. 2 Satz 1 Nr. 4 neu gef., Satz 2 geänd. mWv 13.10.2023 durch G v. 8.10.2023 (BGBl. 2023 I Nr. 272).
[3] **Habersack, Deutsche Gesetze Nr. 73.**
[4] **Habersack, Deutsche Gesetze Nr. 105.**

§ 20[1)] Transparenzpflichten im Hinblick auf bestimmte Vereinigungen.

(1) [1] Juristische Personen des Privatrechts und eingetragene Personengesellschaften haben die in § 19 Absatz 1 aufgeführten Angaben zu den wirtschaftlich Berechtigten dieser Vereinigungen einzuholen, aufzubewahren, auf aktuellem Stand zu halten und der registerführenden Stelle unverzüglich zur Eintragung in das Transparenzregister mitzuteilen. [2] Die Pflicht nach Satz 1 gilt auch für Vereinigungen mit Sitz im Ausland, wenn sie Eigentum an einer im Inland gelegenen Immobilie halten oder sich verpflichten, solches Eigentum zu erwerben, wenn Anteile im Sinne des § 1 Absatz 3 des Grunderwerbsteuergesetzes sich bei ihr vereinigen oder auf sie übergehen, oder wenn sie im Sinne des § 1 Absatz 3a des Grunderwerbsteuergesetzes aufgrund eines Rechtsvorgangs eine wirtschaftliche Beteiligung innehaben. [3] Die Pflicht nach Satz 1 gilt nicht für in Satz 2 genannte Vereinigungen, wenn sie die Angaben nach Artikel 1 Nummer 15 Buchstabe c der Richtlinie (EU) 2018/843 und nach § 19 Absatz 1 bereits an ein anderes Register eines Mitgliedstaates der Europäischen Union übermittelt haben. [4] Die Mitteilung hat elektronisch in einer Form zu erfolgen, die ihre elektronische Zugänglichmachung ermöglicht. [5] Bei den Angaben zu Art und Umfang des wirtschaftlichen Interesses nach § 19 Absatz 1 Nummer 4 ist anzugeben, woraus nach § 19 Absatz 3 die Stellung als wirtschaftlich Berechtigter folgt.

(2) Eine juristische Person des Privatrechts oder eine eingetragene Personengesellschaft, die nach Absatz 1 Satz 1 mitteilungspflichtig ist und die nicht im Handelsregister, Genossenschaftsregister, Partnerschaftsregister oder Vereinsregister eingetragen ist, hat der registerführenden Stelle unverzüglich mitzuteilen, wenn

1. sich ihre Bezeichnung oder ihr Sitz geändert hat,
2. sie verschmolzen worden ist,
3. sie aufgelöst worden ist oder
4. ihre Rechtsform geändert wurde.

(3) [1] Wirtschaftlich Berechtigte von Vereinigungen nach Absatz 1 haben diesen Vereinigungen die zur Erfüllung der Pflichten nach Absatz 1 notwendigen Angaben mitzuteilen und jede Änderung dieser Angaben unverzüglich mitzuteilen. [2] Anteilseigner, die wirtschaftlich Berechtigte sind oder die von dem wirtschaftlich Berechtigten unmittelbar kontrolliert werden, haben den Vereinigungen nach Absatz 1 die zur Erfüllung der Pflichten nach Absatz 1 notwendigen Angaben mitzuteilen und jede Änderung dieser Angaben unverzüglich mitzuteilen. [3] Kontrolliert ein Mitglied eines Vereins oder einer Genossenschaft mehr als 25 Prozent der Stimmrechte, so trifft die Mitteilungspflicht nach Satz 1 dieses Mitglied. [4] Bei Stiftungen trifft die Mitteilungspflicht nach Satz 1 die Personen nach § 3 Absatz 3.

(3a) [1] Hat die Vereinigung keine Angaben der wirtschaftlich Berechtigten nach Absatz 3 erhalten, so hat sie von ihren Anteilseignern, soweit sie ihr bekannt sind, in angemessenem Umfang Auskunft zu den wirtschaftlich Berechtigten der Vereinigung zu verlangen. [2] Die Anteilseigner sind verpflichtet, das Auskunftsersuchen innerhalb angemessener Frist zu beantworten. [3] Die Pflicht, Auskunft nach Satz 1

[1)] § 20 Abs. 2 Satz 2 geänd. mWv 14.7.2018 durch G v. 10.7.2018 (BGBl. I S. 1102); Abs. 1 Sätze 2 und 3 eingef., bish. Sätze 2 und 3 werden Sätze 4 und 5, Abs. 1a, 3a und 3b eingef., Abs. 2 Satz 1 geänd., Abs. 3 neu gef., Abs. 5 Satz 2 angef. mWv 1.1.2020 durch G v. 12.12.2019 (BGBl. I S. 2602); Abs. 1 Sätze 2 und 5 geänd., Abs. 1a wird Abs. 2 und Satz 1 einl. Satzteil und Nr. 1 und Abs. 4 geänd., Abs. 2 aufgeh. mWv 1.8.2021 durch G v. 25.6.2021 (BGBl. I S. 2083); Abs. 2 Satz 1 Nr. 4 und 5 geänd., Nr. 6 angef. mWv 1.1.2024 durch G v. 10.8.2021 (BGBl. I S. 3436; Änderung nicht ausführbar aufgrund der Aufhebung des früheren Abs. 2 mWv 1.8.2021 durch G v. 25.6.2021, BGBl. I S. 2083); Abs. 1 Satz 2 geänd. mWv 28.12.2022 durch G v. 19.12.2022 (BGBl. I S. 2606).

zu verlangen, gilt nicht, wenn der Vereinigung die Angaben zum wirtschaftlich Berechtigten nach § 19 bereits anderweitig bekannt sind. [4]Die Vereinigung hat die Auskunftsersuchen sowie die eingeholten Informationen zu dokumentieren.

(3b) [1]Gelangt der Anteilseigner zu der Erkenntnis, dass sich der wirtschaftlich Berechtigte der Vereinigung geändert hat, so muss er dies der Vereinigung innerhalb einer angemessenen Frist mitteilen. [2]Satz 1 gilt nicht, wenn

1. die Angaben zu dem neuen wirtschaftlich Berechtigten bereits über das Transparenzregister zugänglich sind, oder
2. der Anteilseigner anderweitig positive Kenntnis davon hat, dass der Vereinigung der neue wirtschaftlich Berechtigte bekannt ist.

[3]Der Anteilseigner hat die Mitteilung an die Vereinigung zu dokumentieren und aufzubewahren.

(4) Die Angabepflicht nach Absatz 3 entfällt, wenn die Anteilseigner, Mitglieder und wirtschaftlich Berechtigten die erforderlichen Angaben bereits in anderer Form mitgeteilt haben.

(5) [1]Die Zentralstelle für Finanztransaktionsuntersuchungen und die Aufsichtsbehörden können im Rahmen ihrer Aufgaben und Befugnisse die nach Absatz 1 aufbewahrten Angaben einsehen oder sich vorlegen lassen. [2]Die Angaben sind ihnen unverzüglich zur Verfügung zu stellen.

§ 20a[1)] Automatische Eintragung für Vereine. (1) [1]Für eingetragene Vereine nach § 21 des Bürgerlichen Gesetzbuchs[2)] erstellt die registerführende Stelle anhand der im Vereinsregister eingetragenen Daten eine Eintragung in das Transparenzregister, ohne dass es hierfür einer Mitteilung nach § 20 Absatz 1 Satz 1 bedarf. [2]Im Rahmen dieser Eintragung werden alle Mitglieder des Vorstands eines Vereins mit den Daten nach § 19 Absatz 1 als wirtschaftliche Berechtigte nach § 3 Absatz 2 Satz 5 im Transparenzregister erfasst. [3]Soweit diese Daten nicht im Vereinsregister vorhanden sind, wird als Wohnsitzland Deutschland und als einzige Staatsangehörigkeit die deutsche Staatsangehörigkeit angenommen. [4]Die nach Satz 1 eingetragenen Daten gelten als Angaben des Vereins, soweit der Verein der registerführenden Stelle keine abweichenden Angaben mitgeteilt hat.

(2) [1]Abweichend von § 20 Absatz 1 Satz 1 muss ein eingetragener Verein nach § 21 des Bürgerlichen Gesetzbuchs die in § 19 Absatz 1 aufgeführten Angaben zu den wirtschaftlich Berechtigten der registerführenden Stelle nur dann zur Eintragung mitteilen, wenn

1. eine Änderung des Vorstands nicht unverzüglich zur Eintragung in das Vereinsregister angemeldet worden ist,
2. mindestens ein wirtschaftlich Berechtigter nach § 3 Absatz 2 Satz 1 bis 4 vorhanden ist oder
3. die Annahmen nach Absatz 1 Satz 3 nicht zutreffen.

[2]Eine Eintragung durch die registerführende Stelle nach Absatz 1 wird nicht vorgenommen, wenn der Verein der registerführenden Stelle Angaben nach § 19 Absatz 1 *zur Eintragung in das Transparenzregister* mitgeteilt hat. [3]Dies gilt nicht,

---

[1)] § 20a eingef. mWv 1.8.2021 durch G v. 25.6.2021 (BGBl. I S. 2083).
[2)] **Habersack, Deutsche Gesetze Nr. 20.**

94a. Verordnung über die Erteilung einer Verwarnung, Regelsätze für Geldbußen und die Anordnung eines Fahrverbotes wegen Ordnungswidrigkeiten im Straßenverkehr (Bußgeldkatalog-Verordnung – BKatV)

Vom 14. März 2013
(BGBl. I S. 498)

FNA 9231-1-21

Lfd. Nr.	Änderndes Gesetz	Datum	Fundstelle	Betroffen	Hinweis
1.	Art. 4 Neunte VO zur Änd. der Fahrerlaubnis-VO und anderer straßenverkehrsrechtlicher Vorschriften	5.11.2013	BGBl. I S. 3920, geänd. durch VO v. 16.4. 2014 (BGBl. I S. 348)	§§ 1, 2, 3, Anl., Anh. (zu Nr. 11 der Anl.) Anh. (zu Nr. 12 der Anl.), Anh. (zu § 3 Abs. 3)	geänd. mWv 1.5.2014 neu gef. mWv 1.5.2014
2.	Art. 7a Zehnte VO zur Änd. der Fahrerlaubnis-VO und anderer straßenverkehrsrechtlicher Vorschriften[1]	16.4.2014	BGBl. I S. 348	§§ 3, 4, Anl.	geänd. mWv 1.5.2014
3.	Art. 3 49. VO zur Änd. straßenverkehrsrechtlicher Vorschriften	22.10. 2014	BGBl. I S. 1635	Anl.	geänd. mWv 30.10.2014
4.	Art. 3 Zweite VO zur Änd. der Fahrzeug-ZulassungsVO und anderer straßenverkehrsrechtlicher Vorschriften	30.10. 2014	BGBl. I S. 1666	Anl. Anl.	geänd. mWv 1.1.2015 geänd. mWv 1.4.2015
5.	Art. 3 51. VO zur Änd. straßenverkehrsrechtlicher Vorschriften	17.6.2016	BGBl. I S. 1463	Anl.	geänd. mWv 1.2.2017
6.	Art. 5 Dritte VO zur Änd. der Fahrzeug-ZulassungsVO und anderer straßenverkehrsrechtlicher Vorschriften[2]	23.3.2017	BGBl. I S. 522	Anl.	geänd. mWv 1.10.2017
7.	Art. 3 52. VO zur Änd. straßenverkehrsrechtlicher Vorschriften	18.5.2017	BGBl. I S. 1282	Anl.	geänd. mWv 1.6.2017

[1] **Amtl. Anm.:** Diese Verordnung dient der Umsetzung der Richtlinie 2006/126/EG des Europäischen Parlaments und des Rates vom 20. Dezember 2006 über den Führerschein (ABl. L 403 vom 30.12. 2006, S. 18) und der Richtlinie 2013/47/EG der Kommission vom 2. Oktober 2013 zur Änderung der Richtlinie 2006/126/EG des Europäischen Parlaments und des Rates über den Führerschein (ABl. L 261 vom 3.10.2013, S. 29).

[2] **Amtl. Anm.:** Diese Verordnung dient der Umsetzung der
- Richtlinie 2014/45/EU des Europäischen Parlaments und des Rates vom 3. April 2014 über die regelmäßige technische Überwachung von Kraftfahrzeugen und Kraftfahrzeuganhängern und zur Aufhebung der Richtlinie 2009/40/EG (ABl. L 127 vom 29.4.2014, S. 51) in Teilen sowie
- Richtlinie 2014/46/EU des Europäischen Parlaments und des Rates vom 3. April 2014 zur Änderung der Richtlinie 1999/37/EG des Rates über Zulassungsdokumente für Fahrzeuge (ABl. L 127 vom 29.4. 2014, S. 129).

Lfd. Nr.	Änderndes Gesetz	Datum	Fundstelle	Betroffen	Hinweis
8.	Art. 3 56. StrafrechtsänderungsG	30.9.2017	BGBl. I S. 3532	§ 4, Anl.	geänd. mWv 13.10.2017
9.	Art. 3 53. VO zur Änd. straßenverkehrsrechtlicher Vorschriften	6.10.2017	BGBl. I S. 3549, ber. 2018 S. 53	§ 4, Anl.	geänd. mWv 19.10.2017
10.	Art. 3 Vierte VO zur Änd. der Fahrzeug-ZulassungsVO und anderer straßenverkehrsrechtlicher Vorschriften	22.3.2019	BGBl. I S. 382	Anl.	geänd. mWv 1.10.2019
11.	Art. 4 VO über die Teilnahme von Elektrokleinstfahrzeugen am Straßenverkehr und zur Änd. weiterer straßenverkehrsrechtlicher Vorschriften	6.6.2019	BGBl. I S. 756	Anl.	geänd. mWv 15.6.2019
12.	Art. 3 54. VO zur Änd. straßenverkehrsrechtlicher Vorschriften	20.4.2020	BGBl. I S. 814	§ 4, Anl., Anh. (zu Nr. 11 der Anl.)	geänd. mWv 28.4.2020
13.	Art. 6 55. VO zur Änd. straßenverkehrsrechtlicher Vorschriften	25.6.2021	BGBl. I S. 2204	Anl.	geänd. mWv 3.7.2021
14.	Art. 14 Viertes G zur Änd. des StraßenverkehrsG und anderer straßenverkehrsrechtlicher Vorschriften	12.7.2021	BGBl. I S. 3091	§§ 1, 2, 3, 4, Anl.	geänd. mWv 28.7.2021
15.	Art. 1 Erste ÄndVO	13.10. 2021	BGBl. I S. 4688	§ 4, Anl.	geänd. mWv 9.11.2021
				Anh.	neu gef. mWv 9.11.2021
16.	Art. 5 VO zum Neuerlass der Fahrzeug-ZulassungsVO und zur Änd. weiterer Vorschriften[1]	20.7.2023	BGBl. 2023 I Nr. 199	Anl.	geänd. mWv 1.9.2023
17.	Art. 3 VO zum Erl. einer Straßenverkehr-TransportbegleitungsVO und zur Änd. straßenverkehrsrechtlicher Vorschriften	28.8.2023	BGBl. 2023 I Nr. 236	Anl.	geänd. mWv 7.9.2023

[1] **Amtl. Anm.:** Diese Verordnung dient der Umsetzung der Richtlinie 1999/37/EG des Rates vom 29. April 1999 über Zulassungsdokumente für Fahrzeuge (ABl. L 138 vom 1.6.1999, S. 57).

Auf Grund des § 26a des Straßenverkehrsgesetzes[1] in der Fassung der Bekanntmachung vom 5. März 2003 (BGBl. I S. 310, 919), der zuletzt durch Artikel 1 Nummer 3 des Gesetzes vom 19. Juli 2007 (BGBl. I S. 1460) geändert worden ist, verordnet das Bundesministerium für Verkehr, Bau und Stadtentwicklung:

§ 1[2] **Bußgeldkatalog.** (1) [1] Bei Ordnungswidrigkeiten nach § 24 Absatz 1, § 24a Absatz 1 bis 3 und § 24c Absatz 1 und 2 des Straßenverkehrsgesetzes[1], die in der Anlage zu dieser Verordnung (Bußgeldkatalog – BKat) aufgeführt sind, ist eine Geldbuße nach den dort bestimmten Beträgen festzusetzen. [2] Bei Ordnungswidrigkeiten nach § 24 Absatz 1 des Straßenverkehrsgesetzes, bei denen im Bußgeldkatalog ein Regelsatz von bis zu 55 Euro bestimmt ist, ist ein entsprechendes Verwarnungsgeld zu erheben.

(2) [1] Die im Bußgeldkatalog bestimmten Beträge sind Regelsätze. [2] Sie gehen von gewöhnlichen Tatumständen sowie in Abschnitt I des Bußgeldkatalogs von fahrlässiger und in Abschnitt II des Bußgeldkatalogs von vorsätzlicher Begehung aus.

§ 2[3] **Verwarnung.** (1) Die Verwarnung muss mit einem Hinweis auf die Verkehrszuwiderhandlung verbunden sein.

(2) Bei unbedeutenden Ordnungswidrigkeiten nach § 24 Absatz 1 des Straßenverkehrsgesetzes[1] kommt eine Verwarnung ohne Verwarnungsgeld in Betracht.

(3) Das Verwarnungsgeld wird in Höhe von 5, 10, 15, 20, 25, 30, 35, 40, 45, 50 und 55 Euro erhoben.

(4) Bei Fußgängern soll das Verwarnungsgeld in der Regel 5 Euro, bei Radfahrern in der Regel 15 Euro betragen, sofern der Bußgeldkatalog nichts anderes bestimmt.

(5) Ist im Bußgeldkatalog ein Regelsatz für das Verwarnungsgeld von mehr als 20 Euro vorgesehen, so kann er bei offenkundig außergewöhnlich schlechten wirtschaftlichen Verhältnissen des Betroffenen bis auf 20 Euro ermäßigt werden.

(6) Hat der Betroffene durch dieselbe Handlung mehrere geringfügige Ordnungswidrigkeiten begangen, für die jeweils eine Verwarnung mit Verwarnungsgeld in Betracht kommt, so wird nur ein Verwarnungsgeld, und zwar das höchste der in Betracht kommenden Verwarnungsgelder, erhoben.

(7) Hat der Betroffene durch mehrere Handlungen geringfügige Ordnungswidrigkeiten begangen oder gegen dieselbe Vorschrift mehrfach verstoßen, so sind die einzelnen Verstöße getrennt zu verwarnen.

(8) In den Fällen der Absätze 6 und 7 ist jedoch zu prüfen, ob die Handlung oder die Handlungen insgesamt noch geringfügig sind.

§ 3[4] ***Bußgeldregelsätze.*** (1) Etwaige Eintragungen des Betroffenen im Fahreignungsregister sind im Bußgeldkatalog nicht berücksichtigt, soweit nicht in den

---

[1] **Habersack, Deutsche Gesetze Nr. 35.**

[2] § 1 Abs. 1 Satz 2 geänd. mWv 1.5.2014 durch VO v. 5.11.2013 (BGBl. I S. 3920); Abs. 1 Sätze 1 und 2 geänd. mWv 28.7.2021 durch G v. 12.7.2021 (BGBl. I S. 3091).

[3] § 2 Abs. 3 neu gef. mWv 1.5.2014 durch VO v. 5.11.2013 (BGBl. I S. 3920); Abs. 2 geänd. mWv 28.7.2021 durch G v. 12.7.2021 (BGBl. I S. 3091).

[4] § 3 Abs. 1–3, 4 Satz 1 abschl. Satzteil, Abs. 4a Satz 1, Abs. 5 Satz 1, Abs. 6 Sätze 1 und 2 geänd. mWv 1.5.2014 durch VO v. 5.11.2013 (BGBl. I S. 3920); Abs. 4 Satz 1 Nr. 2 geänd. mWv 1.5.2014 durch VO v. 16.4.2014 (BGBl. I S. 348); Abs. 6 Satz 1 geänd. mWv 28.7.2021 durch G v. 12.7.2021 (BGBl. I S. 3091).

Nummern 152.1, 241.1, 241.2, 242.1 und 242.2 des Bußgeldkatalogs etwas anderes bestimmt ist.

(2) Wird ein Tatbestand der Nummer 119, der Nummer 198.1 in Verbindung mit Tabelle 3 des Anhangs oder der Nummern 212, 214.1, 214.2 oder 223 des Bußgeldkatalogs, für den ein Regelsatz von mehr als 55 Euro vorgesehen ist, vom Halter eines Kraftfahrzeugs verwirklicht, so ist derjenige Regelsatz anzuwenden, der in diesen Fällen für das Anordnen oder Zulassen der Inbetriebnahme eines Kraftfahrzeugs durch den Halter vorgesehen ist.

(3) Die Regelsätze, die einen Betrag von mehr als 55 Euro vorsehen, erhöhen sich bei Vorliegen einer Gefährdung oder Sachbeschädigung nach Tabelle 4 des Anhangs, soweit diese Merkmale oder eines dieser Merkmale nicht bereits im Tatbestand des Bußgeldkatalogs enthalten sind.

(4) [1] Wird von dem Führer eines kennzeichnungspflichtigen Kraftfahrzeugs mit gefährlichen Gütern oder eines Kraftomnibusses mit Fahrgästen ein Tatbestand

1. der Nummern 8.1, 8.2, 15, 19, 19.1, 19.1.1, 19.1.2, 21, 21.1, 21.2, 212, 214.1, 214.2, 223,
2. der Nummern 12.5, 12.6 oder 12.7, jeweils in Verbindung mit Tabelle 2 des Anhangs, oder
3. der Nummern 198.1 oder 198.2, jeweils in Verbindung mit Tabelle 3 des Anhangs,

des Bußgeldkatalogs verwirklicht, so erhöht sich der dort genannte Regelsatz, sofern dieser einen Betrag von mehr als 55 Euro vorsieht, auch in den Fällen des Absatzes 3, jeweils um die Hälfte. [2] Der nach Satz 1 erhöhte Regelsatz ist auch anzuwenden, wenn der Halter die Inbetriebnahme eines kennzeichnungspflichtigen Kraftfahrzeugs mit gefährlichen Gütern oder eines Kraftomnibusses mit Fahrgästen in den Fällen

1. der Nummern 189.1.1, 189.1.2, 189.2.1, 189.2.2, 189.3.1, 189.3.2, 213 oder
2. der Nummern 199.1, 199.2, jeweils in Verbindung mit der Tabelle 3 des Anhangs, oder 224

des Bußgeldkatalogs anordnet oder zulässt.

(4a) [1] Wird ein Tatbestand des Abschnitts I des Bußgeldkatalogs vorsätzlich verwirklicht, für den ein Regelsatz von mehr als 55 Euro vorgesehen ist, so ist der dort genannte Regelsatz zu verdoppeln, auch in den Fällen, in denen eine Erhöhung nach den Absätzen 2, 3 oder 4 vorgenommen worden ist. [2] Der ermittelte Betrag wird auf den nächsten vollen Euro-Betrag abgerundet.

(5) [1] Werden durch eine Handlung mehrere Tatbestände des Bußgeldkatalogs verwirklicht, die jeweils einen Bußgeldregelsatz von mehr als 55 Euro vorsehen, so ist nur ein Regelsatz anzuwenden; bei unterschiedlichen Regelsätzen ist der höchste anzuwenden. [2] Der Regelsatz kann angemessen erhöht werden.

(6) [1] Bei Ordnungswidrigkeiten nach § 24 Absatz 1 des Straßenverkehrsgesetzes[1)], die von nicht motorisierten Verkehrsteilnehmern begangen werden, ist, sofern der Bußgeldregelsatz mehr als 55 Euro beträgt und der Bußgeldkatalog nicht besondere Tatbestände für diese Verkehrsteilnehmer enthält, der Regelsatz um die Hälfte zu ermäßigen. [2] Beträgt der nach Satz 1 ermäßigte Regelsatz weniger als 60 Euro, so soll eine Geldbuße nur festgesetzt werden, wenn eine Verwarnung mit Verwarnungsgeld nicht erteilt werden kann.

[1)] **Habersack, Deutsche Gesetze Nr. 35.**

§ 4[1] Regelfahrverbot. (1) [1]Bei Ordnungswidrigkeiten nach § 24 Absatz 1 des Straßenverkehrsgesetzes[2] kommt die Anordnung eines Fahrverbots (§ 25 Absatz 1 Satz 1 des Straßenverkehrsgesetzes) wegen grober Verletzung der Pflichten eines Kraftfahrzeugführers in der Regel in Betracht, wenn ein Tatbestand

1. der Nummern 9.1 bis 9.3, der Nummern 11.1 bis 11.3, jeweils in Verbindung mit Tabelle 1 des Anhangs,
2. der Nummern 12.6.3, 12.6.4, 12.6.5, 12.7.3, 12.7.4 oder 12.7.5 der Tabelle 2 des Anhangs,
3. der Nummern 19.1.1, 19.1.2, 21.1, 21.2, 39.1, 41, 50, 50.1, 50.2, 50.3, 50a, 50a.1, 50a.2, 50a.3, 83.3, 89b.2, 132.1, 132.2, 132.3, 132.3.1, 132.3.2, 135, 135.1, 135.2, 152.1 oder
4. der Nummern 244, 246.2, 246.3 oder 250a

des Bußgeldkatalogs verwirklicht wird. [2]Wird in diesen Fällen ein Fahrverbot angeordnet, so ist in der Regel die dort bestimmte Dauer festzusetzen.

(2) [1]Wird ein Fahrverbot wegen beharrlicher Verletzung der Pflichten eines Kraftfahrzeugführers zum ersten Mal angeordnet, so ist seine Dauer in der Regel auf einen Monat festzusetzen. [2]Ein Fahrverbot kommt in der Regel in Betracht, wenn gegen den Führer eines Kraftfahrzeugs wegen einer Geschwindigkeitsüberschreitung von mindestens 26 km/h bereits eine Geldbuße rechtskräftig festgesetzt worden ist und er innerhalb eines Jahres seit Rechtskraft der Entscheidung eine weitere Geschwindigkeitsüberschreitung von mindestens 26 km/h begeht.

(3) Bei Ordnungswidrigkeiten nach § 24a des Straßenverkehrsgesetzes ist ein Fahrverbot (§ 25 Absatz 1 Satz 2 des Straßenverkehrsgesetzes) in der Regel mit der in den Nummern 241, 241.1, 241.2, 242, 242.1 und 242.2 des Bußgeldkatalogs vorgesehenen Dauer anzuordnen.

(4) Wird von der Anordnung eines Fahrverbots ausnahmsweise abgesehen, so soll das für den betreffenden Tatbestand als Regelsatz vorgesehene Bußgeld angemessen erhöht werden.

§ 5 Inkrafttreten, Außerkrafttreten. [1]Diese Verordnung tritt am 1. April 2013 in Kraft. [2]Gleichzeitig tritt die Bußgeldkatalog-Verordnung vom 13. November 2001 (BGBl. I S. 3033), die zuletzt durch Artikel 3 der Verordnung vom 19. Oktober 2012 (BGBl. I S. 2232) geändert worden ist, außer Kraft.

---

[1] § 4 Abs. 1 Satz 1 Nr. 2 neu gef., Nr. 3 geänd. mWv 1.5.2014 durch VO v. 16.4.2014 (BGBl. I S. 348); Abs. 1 Satz 1 Nr. 4 neu gef. mWv 13.10.2017 durch G v. 30.9.2017 (BGBl. I S. 3532); Abs. 1 Satz 1 Nr. 3 und 4 geänd. mWv 19.10.2017 durch VO v. 6.10.2017 (BGBl. I S. 3549, ber. 2018 S. 53); Abs. 1 Nr. 3 geänd. mWv 28.4.2020 durch VO v. 20.4.2020 (BGBl. I S. 814); Abs. 1 Satz 1 einl. Satzteil geänd. mWv 28.7.2021 durch G v. 12.7.2021 (BGBl. I S. 3091); Abs. 1 Nr. 3 neu gef. mWv 9.11.2021 durch VO v. 13.10.2021 (BGBl. I S. 4688).

[2] **Habersack, Deutsche Gesetze Nr. 35.**

Anlage[1)]
(zu § 1 Absatz 1)

Bußgeldkatalog (BKat)

Abschnitt I. Fahrlässig begangene Ordnungswidrigkeiten

Lfd. Nr.	Tatbestand	Straßenverkehrs-Ordnung (StVO)	Regelsatz in Euro (€), Fahrverbot in Monaten
	A. Zuwiderhandlungen gegen § 24 Absatz 1 StVG		
	a) Straßenverkehrs-Ordnung		
	Grundregeln		
1	Durch Außer-Acht-Lassen der im Verkehr erforderlichen Sorgfalt	§ 1 Absatz 2 § 49 Absatz 1 Nummer 1	
1.1	einen Anderen mehr als nach den Umständen unvermeidbar belästigt		10 €
1.2	einen Anderen mehr als nach den Umständen unvermeidbar behindert		20 €
1.3	einen Anderen gefährdet		30 €
1.4	einen Anderen geschädigt, soweit im Folgenden nichts anderes bestimmt ist		35 €
1.5	Beim Fahren in eine oder aus einer Parklücke stehendes Fahrzeug beschädigt	§ 1 Absatz 2 § 49 Absatz 1 Nummer 1	30 €
	Straßenbenutzung durch Fahrzeuge		
2	Vorschriftswidrig Gehweg, linksseitig angelegten Radweg, Seitenstreifen (außer auf Autobahnen oder Kraftfahrstraßen), Verkehrsinsel oder Grünanlage benutzt	§ 2 Absatz 1 § 49 Absatz 1 Nummer 2	55 €
2.1	– mit Behinderung	§ 2 Absatz 1 § 1 Absatz 2 § 49 Absatz 1 Nummer 1, 2	70 €
2.2	– mit Gefährdung		80 €
2.3	– mit Sachbeschädigung		100 €
3	Gegen das Rechtsfahrgebot verstoßen durch Nichtbenutzen		
3.1	der rechten Fahrbahnseite	§ 2 Absatz 2 § 49 Absatz 1 Nummer 2	15 €

[1)] Anlage geänd. mWv 1.5.2014 durch VO v. 5.11.2013 (BGBl. I S. 3920, geänd. durch VO v. 16.4. 2014 (BGBl. I S. 348); geänd. mWv 1.5.2014 durch VO v. 16.4.2014 (BGBl. I S. 348); geänd. mWv 30.10.2014 durch VO v. 22.10.2014 (BGBl. I S. 1635); geänd. mWv 1.1.2015 und mWv 1.4.2015 durch VO v. 30.10.2014 (BGBl. I S. 1666); geänd. mWv 1.2.2017 durch VO v. 17.6.2016 (BGBl. I S. 1463); geänd. mWv 1.10.2017 durch VO v. 23.3.2017 (BGBl. I S. 522); geänd. mWv 1.6.2017 durch VO v. 18.5.2017 (BGBl. I S. 1282); geänd. mWv 13.10.2017 durch G v. 30.9.2017 (BGBl. I S. 3532); geänd. mWv 19.10.2017 durch VO v. 6.10.2017 (BGBl. I S. 3549, ber. 2018 S. 53); geänd. mWv 1.10.2019 durch VO v. 22.3.2019 (BGBl. I S. 382); geänd. mWv 15.6.2019 durch VO v. 6.6.2019 (BGBl. I S. 756); geänd. mWv 28.4.2020 durch VO v. 20.4.2020 (BGBl. I S. 814); geänd. mWv 3.7.2021 durch VO v. 25.6.2021 (BGBl. I S. 2204); geänd. mWv 28.7.2021 durch G v. 12.7.2021 (BGBl. I S. 3091); geänd. mWv 9.11.2021 durch VO v. 13.10.2021 (BGBl. I S. 4688); geänd. mWv 1.9.2023 durch VO v. 20.7. 2023 (BGBl. 2023 I Nr. 199); geänd. mWv 7.9.2023 durch VO v. 28.8.2023 (BGBl. 2023 I Nr. 236).

Lfd. Nr.	Tatbestand	Straßenverkehrs-Ordnung (StVO)	Regelsatz in Euro (€), Fahrverbot in Monaten
	Umweltschutz		
117	Bei Benutzung eines Fahrzeugs unnötigen Lärm oder vermeidbare Abgasbelästigungen verursacht	§ 30 Absatz 1 Satz 1, 2 § 49 Absatz 1 Nummer 25	80 €
118	Innerhalb einer geschlossenen Ortschaft unnütz hin- und hergefahren und dadurch Andere belästigt	§ 30 Absatz 1 Satz 3 § 49 Absatz 1 Nummer 25	100 €
	Sonn- und Feiertagsfahrverbot		
119	Verbotswidrig an einem Sonntag oder Feiertag gefahren	§ 30 Absatz 3 Satz 1 § 49 Absatz 1 Nummer 25	120 €
120	Als Halter das verbotswidrige Fahren an einem Sonntag oder Feiertag angeordnet oder zugelassen	§ 30 Absatz 3 Satz 1 § 49 Absatz 1 Nummer 25	570 €
	Inline-Skaten und Rollschuhfahren		
120a	Beim Inline-Skaten oder Rollschuhfahren Fahrbahn, Seitenstreifen oder Radweg unzulässig benutzt oder bei durch Zusatzzeichen erlaubtem Inline-Skaten und Rollschuhfahren sich nicht mit äußerster Vorsicht und unter besonderer Rücksichtnahme auf den übrigen Verkehr am rechten Rand in Fahrtrichtung bewegt oder Fahrzeugen das Überholen nicht ermöglicht	§ 31 Absatz 1 Satz 1, Absatz 2 Satz 3 § 49 Absatz 1 Nummer 26	10 €
120a.1	– mit Behinderung	§ 31 Absatz 1 Satz 1, Absatz 2 Satz 3 § 1 Absatz 2 § 49 Absatz 1 Nummer 1, 26	15 €
120a.2	– mit Gefährdung		20 €
	Verkehrshindernisse		
121	Straße beschmutzt oder benetzt, obwohl dadurch der Verkehr gefährdet oder erschwert werden konnte	§ 32 Absatz 1 Satz 1 § 49 Absatz 1 Nummer 27	10 €
122	Verkehrswidrigen Zustand nicht oder nicht rechtzeitig beseitigt oder nicht ausreichend kenntlich gemacht	§ 32 Absatz 1 Satz 2 § 49 Absatz 1 Nummer 27	10 €
123	Gegenstand auf eine Straße gebracht oder dort liegen gelassen, obwohl dadurch der Verkehr gefährdet oder erschwert werden konnte	§ 32 Absatz 1 Satz 1 § 49 Absatz 1 Nummer 27	60 €
124	Gefährliches Gerät nicht wirksam verkleidet	§ 32 Absatz 2 § 49 Absatz 1 Nummer 27	5 €
	Unfall		
125	Als an einem Unfall beteiligte Person den Verkehr *nicht gesichert oder bei geringfügigem* Schaden nicht unverzüglich beiseite gefahren	§ 34 Absatz 1 Nummer 2 § 49 Absatz *1 Nummer* 29	30 €
125.1	– mit Sachbeschädigung	§ 34 Absatz 1 Nummer 2 § 1 Absatz 2 § 49 Absatz 1 Nummer 1, 29	35 €
126	Unfallspuren beseitigt, bevor die notwendigen Feststellungen getroffen worden waren	§ 34 Absatz 3 § 49 Absatz 1 Nummer 29	30 €

Lfd. Nr.	Tatbestand	Straßenverkehrs-Ordnung (StVO)	Regelsatz in Euro (€), Fahrverbot in Monaten
	Warnkleidung		
127	Bei Arbeiten außerhalb von Gehwegen oder Absperrungen keine auffällige Warnkleidung getragen	§ 35 Absatz 6 Satz 4 § 49 Absatz 4 Nummer 1a	5 €
	Zeichen und Weisungen der Polizeibeamten		
128	Weisung eines Polizeibeamten nicht befolgt	§ 36 Absatz 1 Satz 1, Absatz 3, Absatz 5 Satz 4 § 49 Absatz 3 Nummer 1	20 €
128a	Weisung eines Transportbegleiters bei einem Großraum- oder Schwertransport nicht befolgt	§ 36a Satz 1, § 49 Absatz 3 Nummer 1	20 €
129	Zeichen oder Haltgebot eines Polizeibeamten nicht befolgt	§ 36 Absatz 1 Satz 1, Absatz 2, Absatz 4, Absatz 5 Satz 4 § 49 Absatz 3 Nummer 1	70 €
129a	Zeichen eines Transportbegleiters bei einem Großraum- oder Schwertransport nicht befolgt	§ 36a Satz 1, § 49 Absatz 3 Nummer 1	70 €
	Wechsellichtzeichen, Dauerlichtzeichen und Grünpfeil		
130	Beim zu Fuß gehen rotes Wechsellichtzeichen nicht befolgt oder den Weg beim Überschreiten der Fahrbahn beim Wechsel von Grün auf Rot nicht zügig fortgesetzt	§ 37 Absatz 2 Nummer 1 Satz 7, Nummer 2, 5 Satz 3 § 49 Absatz 3 Nummer 2	5 €
130.1	– mit Gefährdung	§ 37 Absatz 2 Nummer 1 Satz 7, Nummer 2, 5 Satz 3 § 1 Absatz 2 § 49 Absatz 1 Nummer 1, Absatz 3 Nummer 2	5 €
130.2	– mit Sachbeschädigung		10 €
131	Beim Rechtsabbiegen mit Grünpfeil		
131.1	aus einem anderen als dem rechten Fahrstreifen abgebogen	§ 37 Absatz 2 Nummer 1 Satz 9 § 49 Absatz 3 Nummer 2	15 €
131.2	den Fahrzeugverkehr der freigegebenen Verkehrsrichtungen, ausgenommen den Fahrradverkehr auf Radwegfurten, behindert	§ 37 Absatz 2 Nummer 1 Satz 12 § 49 Absatz 3 Nummer 2	35 €
132	Als Kfz-Führer in anderen als den Fällen des Rechtsabbiegens mit Grünpfeil rotes Wechsellichtzeichen oder rotes Dauerlichtzeichen nicht befolgt	§ 37 Absatz 2 Nummer 1 Satz 7, 13, Nummer 2, Absatz 3 Satz 1, 2 § 49 Absatz 3 Nummer 2	90 €
132.1	– mit Gefährdung	§ 37 Absatz 2 Nummer 1 Satz 7, 13, Nummer 2, Absatz 3 Satz 1, 2 § 1 Absatz 2 § 49 Absatz 1 Nummer 1, Absatz 3 Nummer 2	200 € **Fahrverbot 1 Monat**
132.2	– mit Sachbeschädigung		240 € **Fahrverbot 1 Monat**
132.3	bei schon länger als 1 Sekunde andauernder Rotphase eines Wechsellichtzeichens	§ 37 Absatz 2 Nummer 1 Satz 7, 13, Nummer 2 § 49 Absatz 3 Nummer 2	200 € **Fahrverbot 1 Monat**

Lfd. Nr.	Tatbestand	Straßenverkehrs-Ordnung (StVO)	Regelsatz in Euro (€), Fahrverbot in Monaten
132.3.1	– mit Gefährdung	§ 37 Absatz 2 Nummer 1 Satz 7, 13, Nummer 2 § 1 Absatz 2 § 49 Absatz 1 Nummer 1, Absatz 3 Nummer 2	320 € **Fahrverbot 1 Monat**
132.3.2	– mit Sachbeschädigung		360 € **Fahrverbot 1 Monat**

(Fortsetzung nächstes Blatt)

101a. Anordnung über Mitteilungen in Zivilsachen (MiZi)[1) 2)]

In der Fassung der Bekanntmachung vom 29. April 1998[3)]
(BAnz. Nr. 138a)

Lfd. Nr.	Änderndes Gesetz	Datum	Fundstelle	Betroffen	Hinweis
1.	Erste ÄndAV	10.8.1999	BAnz. S. 14921		mWv 1.9.1999
2.	Zweite ÄndAV	26.7.2001	BAnz. S. 17722		mWv 1.9.2001
3.	Dritte ÄndAV	1.8.2002	BAnz. S. 19894		mWv 1.10.2002
4.	Vierte ÄndAV	22.7.2003	BAnz. S. 18237		mWv 1.9.2003
5.	Fünfte ÄndAV	18.7.2005	BAnz. S. 12239		mWv 1.9.2005
6.	Sechste ÄndAV	10.7.2006	BAnz. S. 5419		mWv 1.9.2006
7.	Siebte ÄndAV	12.7.2007	BAnz. S. 7083		mWv 1.9.2007
8.	Achte ÄndAV	25.8.2008	BAnz. S. 3428		mWv 1.10.2008
9.	Neunte ÄndAV	27.8.2009	BAnz. S. 3276		mWv 1.10.2009
10.	Zehnte ÄndAV	28.7.2010	BAnz. S. 2893		mWv 1.10.2010
11.	Elfte ÄndAV	7.9.2011	BAnz. S. 3350		mWv 1.10.2011
12.	Zwölfte ÄndAV	17.8.2012	BAnz AT 12.09. 2012 B1		mWv 1.10.2012
13.	13. ÄndAV	15.9.2014	BAnz AT 29.09. 2014 B1		mWv 1.10.2014
14.	14. ÄndAV	23.12. 2016	BAnz AT 24.05. 2017 B1		mWv 1.10.2016
15.	15. ÄndAV	23.11. 2018	BAnz AT 24.12. 2018 B2	Abkürzungsverzeichnis, Nr. I/5, I/10, II/2, II/4, II/5, III/2, III/4, III/5, VI/4, VII/1, VII/2, VIII/4, IX/1, IX/3, XIII/2, XIII/3, XIII/14, XV/5, XV/8, XVI/1, XVIII/1, XVIII/2, XVIII/5, XXI/1, XXI/8, XXII/1,	geänd. mWv 1.10.2018

[1)] Änderungen vor dem 1.1.2012 sind nicht in Fußnoten nachgewiesen.

[2)] Durch Nr. 1 der 16. ÄndAV v. 9.8.2021 (BAnz AT 16.09.2021 B3) wurden in allen Unterabschnitten einschließlich in den allgemeinen Vorschriften (Erster Teil) und in allen Anmerkungen die Angaben „Abs." durch „Absatz", „Buchst." durch „Buchstabe", „Nr." durch „Nummer" und „Nrn." durch „Nummern" ersetzt. Diese Änderungen sind nicht einzeln in den Änderungsfußnoten nachgewiesen.

[3)] Neubekanntmachung der Anordnung über Mitteilungen in Zivilsachen idF der Bek. v. 31.1.1993 (BAnz. S. 945) in der ab 1.6.1998 geltenden Fassung.

Lfd. Nr.	Änderndes Gesetz	Datum	Fundstelle	Betroffen	Hinweis
				XXII/2, XXV/3, Anl. zu XIV/1 und XIV/2	
				Nr. XVII/6	neu gef. mWv 1.10.2018
				Nr. Va., VI/5	eingef. mWv 1.10.2018
16.	16. ÄndAV[1)]	9.8.2021	BAnz AT 16.09. 2021 B3	Allg/2, Allg/5, Nr. I/1, I/2, I/5, I/7, I/10, I/11, II/2, II/3, II/4, II/5, III/3, IV/1, V/1, VI/3, VIII/2, VIII/3, IX/1, IX/2, IX/3, IX/4, X/1, X/2, XIII/2, XIII/5, XIII/13, XIII/14, XIV/1, XIV/2, XV/1, XV/5, XVI/1, XVI/2, XVI/3, XVII/3, XVII/8, XVIII/1, XVIII/2, XVIII/5, XVIII/13, XVIII/15, XXI/1, XXI/3, XXI/4, XXI/8, XXI/9, XXII/1, XXII/2, XXIII/1, XXIII/2, XXIII/3, XXIII/4, XXIV/2, XXV/1, XXV/3, Anl. zu XIV/1 und XIV/2	geänd. mWv 1.10.2021
				Abkürzungsverzeichnis, Nr. XI/1	neu gef. mWv 1.10.2021
				Nr. I/7a, IXa	eingef. mWv 1.10.2021
				Nr. XV/4	aufgeh. mWv 1.10.2021
17.	17. ÄndAV	3.8.2023	BAnz AT 22.09. 2023 B1	Inhaltsübersicht, Allg/2, Allg/4, Allg/5, Allg/6, Allg/7, Nr. I/2, I/5, I/7, I/8, I/11, I/12, II, II/1, II/2, II/3, II/4, II/5, III/1, III/3, III/6, IV/1, VI/3, VII/2, IX/1, IX/3, IX/4, IXa/1, XI/1, XIII/1, XIII/2, XIII/3, XIII/4, XIII/6, XIII/7, XIII/13, XIII/14, XV/1, XV/2, XV/3, XV/5, XV/6, XV/8, XVI/1, XVI/2, XVII/1, XVII/8, XVIII/2, XVIII/5, XVIII/13, XVIII/15, XXI, XXI/1, XXI/2, XXI/3, XXI/4, XXI/7, XXII/1, XXII/2, XXIII/2, XXIII/3, XXIII/4, XXIV/1, XXIV/2, XXIV/3, XXIV/4, XXV/1, XXV/2, XXV/3, Anl. zu XIV/1 und XIV/2	geänd. mWv 1.10.2023

[1)] Durch Nr. 1 der 16. ÄndAV v. 9.8.2021 (BAnz AT 16.09.2021 B3) wurden in allen Unterabschnitten einschließlich in den allgemeinen Vorschriften (Erster Teil) und in allen Anmerkungen die Angaben „Abs." durch „Absatz", „Buchst." durch „Buchstabe", „Nr." durch „Nummer" und „Nrn." durch „Nummern" ersetzt. Diese Änderungen sind nicht einzeln in den Änderungsfußnoten nachgewiesen.

Lfd. Nr.	Änderndes Gesetz	Datum	Fund-stelle	Betroffen	Hinweis
				Abkürzungsverzeichnis, Nr. XIII/11, XV/4, XVII/7, XXIII/1	neu gef. mWv 1.10.2023
				Nr. XIV/3, XV/9	eingef. mWv 1.10.2023

Diese Anordnung gilt mWv 1.6.1998 in sämtlichen Ländern bundeseinheitlich.

Siehe hierzu ua:

- **Baden-Württemberg:** AV v. 15.5.1998 (Die Justiz S. 236), zuletzt geänd. durch VwV v. 18.8.2023 (Die Justiz S. 286); beachte hierbei die Sondervorschriften für Baden-Württemberg v. 21.2.2023 (Die Justiz S. 174)
- **Bayern:** Bek. v. 11.5.1998 (JMBl S. 64), zuletzt geänd. durch Bek. v. 22.9.2023 (BayMBl. Nr. 472)
- **Berlin:** AV v. 14.5.1998 (ABl S. 2092), zuletzt geänd. durch VwV v. 1.8.2023 (ABl. S. 3813)
- **Brandenburg:** AV v. 13.5.1998 (JMBl Sondernr. 2 S. 2), zuletzt geänd. durch AO v. 14.9.2021 (JMBl. S. 86)
- **Hamburg:** AV v. 26.5.1998 (JVBl S. 44), zuletzt geänd. durch AV v. 22.9.2021 (JVBl S. 110)
- **Hessen:** RdErl. v. 23.7.1998 (JMBl. S. 645), zuletzt geänd. durch RdErl. v. 12.9.2023 (JMBl. S. 593)
- **Niedersachsen:** AV v. 13.5.1998 (Nds. RPfl. S. 103), zuletzt geänd. durch AV v. 20.9.2023 (Nds. RPfl. S. 506)
- **Nordrhein-Westfalen:** AV v. 14.5.1998 (JMBl. S. 133), zuletzt geänd. durch AV v. 15.8.2023 (JMBl. S. 727); beachte hierbei die Sondervorschriften für Nordrhein-Westfalen v. 23.9.1998 (JMBl. S. 269), zuletzt geänd. durch AO v. 5.8.2014 (JMBl. S. 201)
- **Rheinland-Pfalz:** VwV v. 20.10.1998 (JBl. S. 324), zuletzt geänd. durch VwV v. 11.10.2018 (JBl. S. 88)
- **Saarland:** AV v. 28.5.1998 (Amtsbl. S. 218), zuletzt geänd. durch AV v. 18.9.2023 (Amtsbl. I S. 846)
- **Sachsen:** VwV v. 6.11.2006 (SächsJMBl. S. 153), zuletzt geänd. durch VwV v. 11.9.2023 (SächsJMBl. S. 203)
- **Sachsen-Anhalt:** AV v. 26.5.1998 (JMBl. LSA S. 253), zuletzt geänd. durch AV v. 18.8.2021 (JMBl. LSA S. 107)
- **Schleswig-Holstein:** AnO v. 18.5.1998 (SchlHA S. 210), zuletzt geänd. durch Allgemeine Verfügung v. 23.1.2019 (SchlHA S. 78)
- **Thüringen:** VwV v. 20.5.1998 (JMBl. S. 22), zuletzt geänd. durch VwV v. 21.9.2018 (JMBl. S. 87)

(Amtliches Abkürzungsverzeichnis und amtliche Inhaltsübersicht nicht wiedergegeben)

Erster Teil. Allgemeine Vorschriften

1. Geltungsbereich

(1) [1] In Verfahren der streitigen Zivilgerichtsbarkeit und der freiwilligen Gerichtsbarkeit sind die Gerichte nach den §§ 12, 13 Absatz 1, §§ 15 bis 17 EGGVG[1)] zur Mitteilung personenbezogener Daten von Amts wegen an öffentliche Stellen für andere Zwecke als die des Verfahrens, für die die Daten erhoben worden sind, befugt. [2] Verpflichtet sind sie zu Mitteilungen nur, wenn dies im Folgenden angeordnet oder in besonderen Vorschriften bestimmt ist.

(2) Absatz 1 gilt entsprechend für die Übermittlung personenbezogener Daten an Stellen der öffentlich-rechtlichen Religionsgesellschaften, sofern eine Befugnis zur Mitteilung geregelt und sichergestellt ist, dass bei dem Empfänger ausreichende Datenschutzmaßnahmen getroffen werden.

(3) Wichtige, in besonderen Rechtsvorschriften enthaltene Mitteilungspflichten werden in dieser Verwaltungsvorschrift neben den erst durch diese Verwaltungsvorschrift angeordneten Mitteilungen wiedergegeben.

(4) [1] Eine Mitteilung ist im Einzelfall auch ohne besondere Anordnung zu machen, soweit die Kenntnis der Daten aus der Sicht der übermittelnden Stelle zu den in §§ 13, 15 und 17 EGGVG genannten Zwecken erforderlich, die Mitteilung wegen eines besonderen öffentlichen Interesses unerlässlich ist und ihr keine besonderen bundes- oder landesgesetzlichen Verwendungsregelungen entgegenstehen. [2] Die Entscheidung treffen Richterinnen oder Richter.

(5) Diese Verwaltungsvorschrift gilt nicht für

1. Mitteilungen an Privatpersonen,
2. Auskünfte und Akteneinsicht auf Ersuchen,
3. Mitteilungen für Verfahrenszwecke, es sei denn, solche Mitteilungen sind im folgenden aufgenommen,
4. Mitteilungen zur Wahrnehmung von Aufsichts-, Kontroll- und Weisungsbefugnissen, zur Rechnungsprüfung, zur Durchführung von Organisationsuntersuchungen oder zu Ausbildungs- und Prüfungszwecken.

2.[2)] Einschränkung vorgeschriebener Mitteilungspflichten; Auskunft an die und Unterrichtung der betroffene(n) Person

(1) [1] Eine an sich vorgeschriebene Mitteilung unterbleibt im Einzelfall, soweit ihr eine besondere bundesrechtliche Verwendungsregelung, insbesondere § 30 AO[3)], § 78 SGB X, oder eine entsprechende landesrechtliche Verwendungsregelung entgegensteht. [2] In anderen als den in § 13 Absatz 1 EGGVG[1)] genannten Fällen unterbleibt eine Mitteilung ferner, wenn im Einzelfall offensichtlich ist, dass schutzwürdige Interessen betroffener Personen an dem Ausschluß der Übermittlung überwiegen (§ 13 Absatz 2 EGGVG). [3] Gesetzlich besonders geregelte Mitteilungspflichten und deren Einschränkungen bleiben von § 13 Absatz 2 EGGVG unberührt.

[1)] **Habersack, Deutsche Gesetze Nr. 95a.**

[2)] Allg/2 Überschrift, Abs. 1 Satz 2, Abs. 3 Sätze 1, 2, 4 und 5 geänd. mWv 1.10.2021 durch AV v. 9.8. 2021 (BAnz AT 16.09.2021 B3); Abs. 3 Satz 4 neu gef., Satz 5 geänd. mWv 1.10.2023 durch AV v. 3.8. 2023 (BAnz AT 22.09.2023 B1).

[3)] Nr. **88b**.

(2) Die Entscheidung treffen Richterinnen oder Richter.

(3) [1] Die Voraussetzungen von Auskunft (auf Antrag) und Unterrichtung (von Amts wegen) der betroffenen Personen sind in § 21 EGGVG geregelt. [2] Ihnen ist danach grundsätzlich nur auf Antrag Auskunft über Mitteilungen zu erteilen; die Unterrichtung von Amts wegen ist nur dann veranlaßt, wenn von einer Mitteilung betroffene Personen nicht zugleich Partei oder Beteiligte im Verfahren sind. [3] Auf die Beschränkungen in § 21 Absatz 3 und 4 EGGVG wird hingewiesen. [4] Die Form der Auskunftserteilung und Unterrichtung unterliegt pflichtgemäßem Ermessen; grundsätzlich empfiehlt sich, betroffenen Personen eine Abschrift der Mitteilung zu übermitteln. [5] Von der Beifügung der Dokumente (etwa Urteile), die betroffenen Personen schon übermittelt worden sind, kann abgesehen werden.

3. Mitteilungspflichtige Stellen und dort funktional zuständige Personen

(1) [1] Mitteilungspflichtige Stelle ist, soweit nichts anderes bestimmt ist, das mit dem Verfahren befaßte Gericht. [2] Für die Mitteilung gerichtlicher Entscheidungen ist das Gericht zuständig, das im ersten Rechtszug entschieden hat. [3] Wird ein Gericht auf Ersuchen eines anderen Gerichts oder einer anderen sonstigen Behörde tätig, so obliegt die Mitteilungspflicht dem ersuchten Gericht.

(2) Die Mitteilungen sind, soweit nichts anderes vorgeschrieben ist, von der Urkundsbeamtin oder dem Urkundsbeamten der Geschäftsstelle zu veranlassen und durchzuführen.

(3) [1] Richterinnen oder Richter ordnen die Mitteilung in den Fällen an, in denen dies ausdrücklich bestimmt ist oder in denen sie sich die Anordnung vorbehalten haben. [2] An ihre Stelle treten Rechtspflegerinnen oder Rechtspfleger, wenn sie ihnen im Rahmen des Rechtspflegergesetzes übertragene Aufgaben wahrnehmen.

4.[1)] Dokumentation der Mitteilung

[1] Ist die Mitteilung durchgeführt, so ist dies

1. im Falle der Übermittlung einer gerichtlichen Urkunde auf der Urschrift der Urkunde,
2. im Falle der Übermittlung einer Urkunde mit gerichtlich beglaubigter Unterschrift auf der zurückbehaltenen beglaubigten Abschrift,
3. in allen übrigen Fällen in den Akten

zu vermerken. [2] Aus dem Vermerk müssen der Inhalt, die Art und Weise der Übermittlung sowie der Empfänger der Mitteilung ersichtlich sein.

5.[2)] Inhalt, Form und Zeitpunkt der Mitteilungen; erforderliche Folgemitteilungen

(1) [1] Der Inhalt, die Form und der Zeitpunkt der Mitteilungen sowie die Notwendigkeit etwaiger Folgemitteilungen richten sich nach den besonderen Vorschriften. [2] Soweit dort nichts anderes bestimmt ist, gelten die folgenden Bestimmungen.

[1)] Allg/4 Satz 1 Nr. 1 und 2 geänd. mWv 1.10.2023 durch AV v. 3.8.2023 (BAnz AT 22.09.2023 B1).

[2)] Allg/5 Abs. 2 Nr. 3 geänd. mWv 1.10.2014 durch AV v. 15.9.2014 (BAnz AT 29.09.2014 B1); Abs. 4 und 5 Sätze 2 und 4 geänd. mWv 1.10.2021 durch AV v. 9.8.2021 (BAnz AT 16.09.2021 B3); Abs. 2 neu gef. mWv 1.10.2023 durch AV v. 3.8.2023 (BAnz AT 22.09.2023 B1).

(2) Mitzuteilen sind

1. gerichtliche Entscheidungen durch Übermittlung einer beglaubigten Teilabschrift; diese ist mit einem Rechtskraftvermerk zu versehen, wenn gegen die Entscheidung ein befristeter Rechtsbehelf statthaft war. Die beglaubigte Teilabschrift des Urteils enthält keinen Tatbestand und keine Entscheidungsgründe; die beglaubigte Teilabschrift einer anderen Entscheidung enthält keine Gründe. Die Richterin oder der Richter kann – soweit nichts anderes bestimmt ist – im Einzelfall anordnen, dass auch der Tatbestand und Entscheidungsgründe oder Gründe zu übermitteln sind, soweit dies zur Erfüllung des Zwecks der Mitteilung erforderlich ist. Die richterliche Anordnung ist einzelfallbezogen in geeigneter Form zu dokumentieren,
2. gerichtliche Urkunden durch Übermittlung einer beglaubigten Abschrift,
3. Eintragungen in das Grundbuch oder in ein Register durch Übermittlung einer Abschrift oder eines Ausdrucks der Eintragung oder einer Eintragungsnachricht.

(3) [1] Gerichtliche Entscheidungen sind, wenn gegen sie ein Rechtsbehelf unzweifelhaft nicht eingelegt werden kann oder nur ein unbefristeter Rechtsbehelf stattfindet, alsbald nach ihrem Erlass, sonst nach Rechtskraft mitzuteilen. [2] Sonstige Mitteilungen sind zu bewirken, sobald der mitzuteilende Vorgang vollzogen oder der mitzuteilende Sachverhalt bekannt geworden ist.

(4) Neben den mitzuteilenden Daten dürfen weitere damit in Verbindung stehende Daten der betroffenen Person oder eines Dritten nur dann übermittelt werden, wenn eine Trennung nicht oder nur mit unvertretbarem Aufwand möglich ist und soweit nicht berechtigte Interessen der betroffenen Person oder eines Dritten an deren Geheimhaltung offensichtlich überwiegen (§ 18 Absatz 1 EGGVG[1)]).

(5) [1] Betreffen Daten, die vor Beendigung eines Verfahrens übermittelt worden sind, den Gegenstand des Verfahrens, ist der Empfänger vom Ausgang des Verfahrens zu unterrichten; das Gleiche gilt für die Abänderung oder Aufhebung einer übermittelten Entscheidung sowie dann, wenn nach den Umständen angenommen werden kann, dass das Verfahren nur vorläufig nicht weiterbetrieben wird. [2] Der Empfänger ist über neue Erkenntnisse unverzüglich zu unterrichten, wenn dies erforderlich erscheint, um drohende Nachteile für die betroffene Person zu vermeiden (§ 20 Absatz 1 EGGVG). [3] Sind unrichtige Daten übermittelt worden, ist der Empfänger unverzüglich zu unterrichten (§ 20 Absatz 2 EGGVG). [4] Die Unterrichtung nach § 20 Absatz 1 oder 2 Satz 1 EGGVG kann unterbleiben, wenn sie erkennbar weder zur Wahrung der schutzwürdigen Interessen der betroffenen Person noch zur Erfüllung der Aufgaben des Empfängers erforderlich ist (§ 20 Absatz 3 EGGVG). [5] Schicken Empfänger Unterlagen zurück, weil sie zu ihren Zwecken nicht erforderlich sind, ist sicherzustellen, daß sie keine Folgemitteilungen erhalten. [6] Schicken Empfänger Unterlagen gemäß § 19 Absatz 2 Satz 3 EGGVG weiter, sind Folgemitteilungen an die nach der Mitteilung, der Empfänger tatsächlich zuständigen Stellen zu machen.

(6) [1] Wird ein Antrag auf gerichtliche Entscheidung gestellt, ist der Empfänger zu unterrichten (§ 22 Absatz 2 Satz 1 EGGVG). [2] Auf § 22 Absatz 2 Satz 2 EGGVG soll er hingewiesen werden.

[1)] **Habersack, Deutsche Gesetze Nr. 95a.**

6.[1] Form der Mitteilungen

(1) [1]Ergibt sich aus Nummer 5 Absatz 2 oder anderen Vorschriften nichts anderes, wird die Form der Mitteilungen von der übermittelnden Stelle nach pflichtgemäßem Ermessen bestimmt. [2]Mitteilungen in Papierform werden in einem verschlossenen Umschlag übermittelt. [3]Elektronische Dokumente können nur auf einem sicheren Übermittlungsweg im Sinne von § 130a Absatz 4 ZPO[2] elektronisch übermittelt werden.

(2) [1]Die Durchführung von Mitteilungen kann auch in einem automatisierten Verfahren erfolgen. [2]Der automatisierte Abruf durch die empfangende Stelle ist unzulässig.

(3) Bedarf es nicht der Übermittlung einer Abschrift oder eines Ausdrucks, sollen Vordrucke oder Muster verwendet werden.

(4) [1]Bei der Mitteilung wird in geeigneter Weise vermerkt:

„(Absendende Stelle) (Ort und Tag)
An
.... – Vertraulich zu behandeln –
in ....
Zum dortigen Aktenzeichen (falls bekannt)
Mitteilung nach der Anordnung über Mitteilungen in Zivilsachen (MiZi)."

[2]Die Mitteilung darf nur zu dem Zweck verwendet werden, zu dessen Erfüllung sie übermittelt worden ist. [3]Eine Verwendung für andere Zwecke ist zulässig, soweit die Daten auch dafür hätten mitgeteilt werden dürfen (§ 19 Absatz 1 EGGVG[3]). [4]Die Zweckbindung ergibt sich aus der angegebenen Nummer der MiZi. [5]Sind die übermittelten Daten im Sinne von § 19 Absatz 2 Satz 1 EGGVG nicht erforderlich, ist nach § 19 Absatz 2 Satz 2 EGGVG zu verfahren. [6]Die Verwendung der mit der Mitteilung verbundenen Daten Dritter ist unzulässig (§ 18 Absatz 1 EGGVG).

7.[4] Mitteilungsweg

(1) [1]Die Mitteilungen werden vorbehaltlich besonderer Vorschriften der empfangenden Stelle unmittelbar übermittelt. [2]Mitteilungen an oberste Bundes- oder Landesbehörden sind auf dem Dienstweg zu übermitteln.

(2) Soweit dies nach der Art der zu übermittelnden Daten und der Organisation der empfangenden Stelle veranlaßt oder im folgenden ausdrücklich angeordnet ist, trifft die übermittelnde Stelle angemessene Vorkehrungen, um sicherzustellen, daß Mitteilungen unmittelbar die bei der empfangenden Stelle funktionell zuständigen Bediensteten erreichen (§ 18 Absatz 2 EGGVG[3]).

---

[1] Allg/6 Abs. 3 geänd. mWv 1.10.2014 durch AV v. 15.9.2014 (BAnz AT 29.09.2014 B1); Abs. 1 Satz 2 eingef., bish. Sätze 2 und 3 aufgeh., Satz 3 angef., Abs. 3 und 4 Satz 1 geänd., Satz 7 aufgeh. mWv 1.10. 2023 durch AV v. 3.8.2023 (BAnz AT 22.09.2023 B1).

[2] **Habersack, Deutsche Gesetze Nr. 100.**

[3] **Habersack, Deutsche Gesetze Nr. 95a.**

[4] Allg/7 Abs. 1 Satz 1 geänd. mWv 1.10.2023 durch AV v. 3.8.2023 (BAnz AT 22.09.2023 B1).

Zweiter Teil. Die einzelnen Mitteilungen

1. Abschnitt. Mitteilungen in Verfahren verschiedener Art

I. Allgemeine Mitteilungen

1.[1] Mitteilungen zur Herbeiführung einer Tätigkeit des Familien- oder Betreuungsgerichts

(1) [1] Wird infolge eines gerichtlichen Verfahrens eine Tätigkeit des Familien- oder Betreuungsgerichts erforderlich, hat das Gericht dem Familien- oder Betreuungsgericht Mitteilung zu machen. [2] Im Übrigen dürfen Gerichte dem Familien- oder Betreuungsgericht personenbezogene Daten übermitteln, wenn deren Kenntnis aus ihrer Sicht für familien- oder betreuungsgerichtliche Maßnahmen erforderlich ist, soweit nicht für die übermittelnde Stelle erkennbar ist, dass schutzwürdige Interessen des Betroffenen an dem Ausschluss der Übermittlung das Schutzbedürfnis eines Minderjährigen oder Betreuten oder das öffentliche Interesse an der Übermittlung überwiegen. [3] Die Übermittlung unterbleibt, wenn ihr eine besondere bundes- oder entsprechende landesgesetzliche Verwendungsregelung entgegensteht (§ 22a Absatz 2 Satz 2 FamFG[2], § 12 Absatz 3 EGGVG[3]).

(2) Die Mitteilungen sind von der Richterin oder dem Richter zu veranlassen.

Anmerkung: Siehe insbesondere auch XIV/2 Absatz 3, XVI/3 Absatz 2 Nummer 1, XVII/5 Absatz 3 und XVII/6 Absatz 3.

2.[4] Mitteilungen über unrichtige, unvollständige oder unterlassene Anmeldungen zum Handels-, Genossenschafts-, Gesellschafts-, Partnerschafts- oder Vereinsregister

(1) Mitzuteilen sind die zu amtlicher Kenntnis gelangenden Fälle einer unrichtigen, unvollständigen oder unterlassenen Anmeldung zum Handels-, Genossenschafts-, Gesellschafts-, Partnerschafts- oder Vereinsregister (§ 379 Absatz 1 FamFG[2]).

(2) Die Mitteilungen sind von der Richterin oder dem Richter zu veranlassen.

(3) Die Mitteilungen sind an das zuständige Registergericht zu richten.

Anmerkung: Siehe auch XVII/4 (Mitteilungen bei Zugehörigkeit eines Handelsgeschäfts zum Nachlaß).

3. Mitteilungen über Grenzstreitigkeiten

(1) [1] Mitzuteilen sind Grenzstreitigkeiten, die Gegenstand eines Urteils, eines Vergleichs oder eines dem Gericht mitgeteilten außergerichtlichen Vergleichs sind, wenn ihre Kenntnis aus Sicht des Gerichts zur Führung der in § 2 Absatz 2 GBO[5] bezeichneten amtlichen Verzeichnisse erforderlich ist. [2] Die Mitteilung ist insbesondere dann erforderlich, wenn durch das Urteil oder den Vergleich eine Grundstücksgrenze neu festgelegt wird (§ 15 Nummer 2 EGGVG[3]).

---

[1] Nr. I/1 Anm. geänd. mWv 1.10.2016 durch AV v. 23.12.2016 (BAnz AT 24.05.2017 B1); Abs. 1 *Satz 3 geänd. mWv 1.10.2021 durch AV v. 9.8.2021* (BAnz AT 16.09.2021 B3).

[2] **Habersack, Deutsche Gesetze Nr. 112.**

[3] **Habersack, Deutsche Gesetze Nr. 95a.**

[4] Nr. I/2 Abs. 1 geänd. mWv 1.10.2021 durch AV v. 9.8.2021 (BAnz AT 16.09.2021 B3); Überschrift und Abs. 1 geänd. mWv 1.10.2023 durch AV v. 3.8.2023 (BAnz AT 22.09.2023 B1).

[5] **Habersack, Deutsche Gesetze Nr. 114.**

(2) Soweit der Rechtsstreit durch rechtskräftiges Urteil beendet wurde, erfolgen die Mitteilungen durch Übersendung einer Ausfertigung der Entscheidungsformel bzw. soweit diese aus sich heraus nicht verständlich ist, der Entscheidung, im übrigen durch Übersendung einer Ausfertigung eines gerichtlichen Vergleichs oder einer Abschrift eines dem Gericht übermittelten außergerichtlichen Vergleichs.

(3) Die Mitteilungen sind von der Richterin oder dem Richter zu veranlassen.

(4) Sie sind an die für die Führung des Liegenschaftskatasters zuständige Behörde zu richten.

4. *(aufgehoben)*

5.[1] **Mitteilungen aufgrund des Schwarzarbeitsbekämpfungsgesetzes, des Dritten Buches Sozialgesetzbuch, des Arbeitnehmerüberlassungsgesetzes, Arbeitnehmer-Entsendegesetzes und des Mindestlohngesetzes**

(1) [1] Mitzuteilen sind Erkenntnisse, die aus Sicht des übermittelnden Gerichts zur Verfolgung von Ordnungswidrigkeiten nach

1) §§ 8, 13 Absatz 3 SchwarzArbG[2],
2) §§ 404 Absatz 1, Absatz 2 Nummer 3, 405 Absatz 6 SGB III,
3) § 16 Absatz 1 Nummer 1 bis 2, 7a, 7b AÜG[3],
4) § 23 Absatz 1 und 2 AEntG oder
5) § 21 Absatz 1, 2 MiLoG[4]

erforderlich sind, soweit nicht für das übermittelnde Gericht erkennbar ist, daß schutzwürdige Interessen des Betroffenen oder anderer Verfahrensbeteiligter an dem Ausschluß der Übermittlung überwiegen. [2] Dabei ist zu berücksichtigen, wie gesichert die zu übermittelnden Erkenntnisse sind.

(2) Absatz 1 gilt entsprechend für Erkenntnisse, die zur Verfolgung von Straftaten nach

1. §§ 10, 10a, 11 SchwarzArbG,
2. §§ 15, 15a des Arbeitnehmerüberlassungsgesetzes

erforderlich sind.

(3) Die Mitteilungen sind von der Richterin oder dem Richter zu veranlassen.

(4) Die Mitteilungen sind zu richten in den Fällen des Absatzes

1) 1 Nummer 1 an die Behörden der Zollverwaltung, die Leistungsträger (Bundesagentur für Arbeit, Kranken-, Pflege-, Unfall-, Rentenversicherungsträger, Träger der Sozialhilfe, Träger von Leistungen nach dem Asylbewerberleistungsgesetz (AsylbLG), soweit ein Zusammenhang mit einer Verletzung der Mitteilungspflicht gegenüber dem Träger besteht sowie an die nach Landesrecht für

---

[1] Nr. I/5 Überschrift neu gef., Abs. 1 Satz 1 Nr. 2–4, Abs. 2 Nr. 1, Abs. 4 Nr. 2 und Anm. geänd. mWv 1.10.2012 durch AV v. 17.8.2012 (BAnz AT 12.09.2012 B1); Überschrift geänd. mWv 1.10.2014 durch AV v. 15.9.2014 (BAnz AT 29.09.2014 B1); Überschrift, Abs. 1 Satz 1 Nr. 3 geänd., Nr. 4 neu gef., Nr. 5 angef., Abs. 4 Nr. 2 neu gef., Nr. 3 aufgeh., bish. Nr. 4 wird Nr. 3 mWv 1.10.2016 durch AV v. 23.12.2016 (BAnz AT 24.05.2017 B1); Abs. 2 Nr. 1 geänd., Nr. 2 aufgeh., bish. Nr. 3 wird Nr. 2, Abs. 4 Nr. 2 geänd. mWv 1.10.2018 durch AV v. 23.11.2018 (BAnz AT 24.12.2018 B2); Anm. geänd. mWv 1.10.2021 durch AV v. 9.8.2021 (BAnz AT 16.09.2021 B3); Anm. geänd. mWv 1.10.2023 durch AV v. 3.8.2023 (BAnz AT 22.09.2023 B1).

[2] Nr. **94b**.

[3] Nr. **84a**.

[4] Nr. **80c**.

die Verfolgung und Ahndung von Ordnungswidrigkeiten nach dem Gesetz zur Bekämpfung der Schwarzarbeit und illegalen Beschäftigung (SchwarzArbG) zuständigen Behörden,

2) 1 Nummer 2, 3, 4, 5 an die Behörden der Zollverwaltung, in den Fällen des § 16 Absatz 1 Nummer 1b, 1e, 7a AÜG an die Bundesagentur für Arbeit,

3) 2 an die Staatsanwaltschaft und die Bundesagentur für Arbeit.

Anmerkung: Die Mitteilungen an die Bundesagentur für Arbeit sind im Fall des Absatz 4 Nummer 1 an die Dienststelle zu richten, die die unter Verletzung der Mitteilungspflicht gewährte Leistung bewilligt hat.

Nach Landesrecht sind für die Verfolgung und Ahndung von Ordnungswidrigkeiten nach dem Gesetz zur Bekämpfung der Schwarzarbeit zuständige Behörden:

Baden-Württemberg
Landratsämter, große Kreisstädte, Verwaltungsgemeinschaften und in den Stadtkreisen die Gemeinden.

Bayern
Kreisverwaltungsbehörden.

Berlin
Das örtlich zuständige Bezirksamt.

Brandenburg
Kreisordnungsbehörden.

Bremen
Stadtamt Bremen, Stadt Bremerhaven – Ortspolizeibehörde.

Hamburg
Bezirksamt Hamburg-Mitte, Verbraucherschutzamt (M/VS 14), Zentrale Schwarzarbeitsbekämpfung (ZLS).

Hessen
Die Kreissausschüsse der Landkreise, in kreisfreien Städten der Magistrat.

Mecklenburg-Vorpommern
Landräte der Landkreise sowie die Oberbürgermeister der kreisfreien Städte.

Niedersachsen
Landkreise, kreisfreie Städte, große selbständige Städte und die selbständige Gemeinde Stadt Norden.

Nordrhein-Westfalen
Ordnungsbehörden der großen kreisangehörigen Städte, im übrigen die Kreisordnungsbehörden.

Rheinland-Pfalz
Kreisverwaltungen, Stadtverwaltungen der kreisfreien Städte und großen kreisangehörigen Städte.

Saarland
Landkreise, der Regionalverband Saarbrücken und die Landeshauptstadt Saarbrücken.

Sachsen
Landkreise und Kreisfreie Städte.

Sachsen-Anhalt
Landkreise und kreisfreie Städte.

Schleswig-Holstein
Landräte, Bürgermeister der Städte über 20 000 Einwohner.
Thüringen
Landesverwaltungsamt, 99425 Weimar.

6. Mitteilungen über in der Sitzung begangene Straftaten

(1) Mitzuteilen ist das Protokoll, das zur Feststellung des Tatbestandes einer in einer Sitzung begangenen Straftat aufgenommen worden ist (§ 183 GVG[1]).

(2) Die Mitteilungen sind von der Richterin oder dem Richter zu veranlassen.

(3) Sie sind zu richten an die zuständige Staatsanwaltschaft und, falls sofort gerichtliche Untersuchungshandlungen vorzunehmen sind oder eine festgenommene Person der Richterin oder dem Richter vorzuführen ist, auch an das zuständige Amtsgericht.

7.[2] Mitteilungen über Tatsachen, die auf eine Steuerstraftat, eine Steuerordnungswidrigkeit, eine Ordnungswidrigkeit aus der Zuständigkeit der Zollverwaltung, einen Subventionsbetrug und die Zuwendung von Vorteilen schließen lassen

(1) Mitzuteilen sind dienstlich bekannt gewordene Tatsachen, die auf

1. Eine Steuerstraftat oder eine andere Straftat, für deren Verfolgung die Finanzbehörden nach
   § 8 des Investitionszulagengesetzes 1999,
   § 7 des Investitionszulagengesetzes 2005,
   § 14 des Investitionszulagengesetzes 2007,
   § 15 des Investitionszulagengesetzes 2010,
   § 15 Absatz 2 des Eigenheimzulagengesetzes,
   § 96 Absatz 7, §§ 108, 121, 126 des Einkommensteuergesetzes,
   § 29a des Berlinförderungsgesetzes 1990,
   § 14 Absatz 3 des Fünften Vermögensbildungsgesetzes,
   § 8 Absatz 2 des Wohnungsbau-Prämiengesetzes und
   § 13 des Forschungszulagengesetzes zuständig sind,
2. eine Steuerordnungswidrigkeit,
3. eine Straftat oder Ordnungswidrigkeit, für deren Verfolgung nach § 21 des Außenwirtschaftsgesetzes die Staatsanwaltschaft oder Behörden der Zollverwaltung zuständig sind,

3a. Ordnungswidrigkeiten nach
   § 36 des Marktorganisationsgesetzes,
   § 69 Absatz 3 Nummer 22 und 23 und Absatz 4 Nummer 2 des Bundesnaturschutzgesetzes[3],
   § 62 Absatz 1 Nummer 9 bis 11 des Bundes-Immissionsschutzgesetzes[4],
   § 41 Absatz 1 Nummer 5 des Sprengstoffgesetzes,

---

[1] **Habersack, Deutsche Gesetze Nr. 95.**

[2] Nr. I/7 Abs. 1 Nr. 3, Abs. 3 Nr. 1 erster Spiegelstrich und Anm. geänd. mWv 1.10.2014 durch AV v. 15.9.2014 (BAnz AT 29.09.2014 B1); Abs. 1 Nr. 1 und Abs. 3 Nr. 1 Buchst. a geänd. mWv 1.10.2016 durch AV v. 23.12.2016 (BAnz AT 24.05.2017 B1); Überschrift neu gef., Abs. 1 Nr. 1 geänd., Nr. 3a eingef., Abs. 3 und Anm. neu gef. mWv 1.10.2021 durch AV v. 9.8.2021 (BAnz AT 16.09.2021 B3); Abs. 1 Nr. 1 und 3 neu gef., abschl. Satzteil geänd., Abs. 3 Nr. 1 und 2 neu gef., Nr. 1a Buchst. a geänd., Nr. 3 eingef., bish. Nr. 3 wird Nr. 4 mWv 1.10.2023 durch AV v. 3.8.2023 (BAnz AT 22.09.2023 B1).

[3] **Sartorius Nr. 880.**

[4] **Sartorius Nr. 296.**

§ 53 Absatz 1 Nummer 15 des Waffengesetzes[1],
§ 22b des Kriegswaffenkontrollgesetzes[2] und
§ 31a des Zollverwaltungsgesetzes,
4. einen Subventionsbetrug oder
5. eine Zuwendung von Vorteilen, die den Tatbestand eines Strafgesetzes oder eines Gesetzes, welches die Ahndung mit einer Geldbuße zulässt, verwirklicht (§ 4 Absatz 5 Satz 1 Nummer 10 Satz 2 EStG),

schließen lassen (insbesondere § 116 der Abgabenordnung, § 6 SubvG).

(2) Die Mitteilungen sind von der Richterin oder dem Richter zu veranlassen.

(3) Die Mitteilungen sind zu richten

1. in den Fällen des Absatzes 1 Nummer 1 bis 3a:
an die Behörden der Zollverwaltung bei Steuerstraftaten oder Steuerordnungswidrigkeiten im Bereich des Zollrechts, des Verbrauchsteuerrechts, des Kraftfahrzeugsteuer- und des Luftverkehrsteuerrechts (hierzu zählen auch der Bannbruch gemäß § 372 Absatz 1 der Abgabenordnung[3], mithin die verbotswidrige Einfuhr, Ausfuhr oder Durchfuhr von Waren, beispielsweise der Schmuggel von Drogen oder Waffen) sowie bei Straftaten und Ordnungswidrigkeiten, für deren Verfolgung die Behörden der Zollverwaltung gemäß § 21 des Außenwirtschaftsgesetzes zuständig sind;

1a. in den Fällen des Absatzes 1 Nummer 1 und 2:
an das Bundeszentralamt für Steuern, An der Küppe 1, 53225 Bonn, oder, soweit bekannt, an die für das Steuerstrafverfahren zuständigen Finanzbehörden,
   a) bei Steuerstraftaten und Steuerordnungswidrigkeiten im Bereich der Besitzsteuern und der Verkehrsteuern (ausgenommen Kraftfahrzeug- und Luftverkehrsteuer) sowie bei anderen Straftaten, für deren Verfolgung die Finanzbehörden nach
   § 8 des Investitionszulagengesetzes 1999,
   § 7 des Investitionszulagengesetzes 2005,
   § 14 des Investitionszulagengesetzes 2007,
   § 15 des Investitionszulagengesetzes 2010,
   § 15 Absatz 2 des Eigenheimzulagengesetzes,
   § 96 Absatz 7, §§ 108, 121, 126 des Einkommensteuergesetzes,,[4]
   § 29a des Berlinförderungsgesetzes 1990,
   § 14 Absatz 3 des Fünften Vermögensbildungsgesetzes,
   § 8 Absatz 2 des Wohnungsbau-Prämiengesetzes und
   § 13 des Forschungszulagengesetzes zuständig sind und
   b) bei Steuerstraftaten im Kindergeldrecht. Diese Mitteilungen sind zusätzlich an die jeweils zuständige Familienkasse zu richten;

2. in den Fällen des Absatzes 1 Nummer 3 an die Staatsanwaltschaft, wenn diese nach § 21 des Außenwirtschaftsgesetzes für die Verfolgung zuständig ist, andernfalls an die Behörden der Zollverwaltung (vergleiche Nummer 1);
3. in den Fällen des Absatzes 1 Nummer 4 an die Staatsanwaltschaft (mit Ausnahme des Investitionsbetrugs, vergleiche Absatz 3 Nummer 1a[5];

---

[1] **Sartorius Nr. 820.**
[2] **Sartorius Nr. 823.**
[3] Nr. **88b**.
[4] Zeichensetzung amtlich.
[5] Amtlich ohne schließende Klammer.

4. in den Fällen des Absatzes 1 Nummer 5 an das für den Zuwendenden örtlich zuständige Finanzamt.

Anmerkung: Für die Mitteilungen an die Finanzbehörden sind unter https://www.bzst.de/DE/Behoerden/Steuerstraftaten/MitteilungSteuerstraftaten/mitteilungsteuerstraftaten.html ein erläuterndes Merkblatt und ein Vordruckmuster abrufbar.

7a.[1] Mitteilungen zur Bekämpfung der Geldwäsche und der Terrorismusfinanzierung

(1) Mitzuteilen sind dienstlich bekannt gewordene Tatsachen, die darauf schließen lassen, dass

1. ein Vermögensgegenstand mit Geldwäsche nach § 1 Absatz 1 des Geldwäschegesetzes[2] in Verbindung mit § 261 des Strafgesetzbuchs[3] oder
2. ein Vermögensgegenstand mit Terrorismusfinanzierung nach § 1 Absatz 2 des Geldwäschegesetzes

im Zusammenhang steht.

(2) [1]Die Meldungen im Sinne des § 43 Absatz 1 des Geldwäschegesetzes sind von der Richterin oder dem Richter zu veranlassen. [2]Die Richterin oder der Richter wird nicht zu einem Verpflichteten im Sinne des § 2 des Geldwäschegesetzes. [3]Eine über Absatz 1 hinausgehende Mitteilungspflicht besteht nicht, § 2 Absatz 3 des Geldwäschegesetzes bleibt unberührt.

(3) [1]Die Meldungen haben nach § 45 Absatz 1 Satz 1 des Geldwäschegesetzes elektronisch zu erfolgen, wenn nicht zuvor die Übermittlung auf dem Postweg nach § 45 Absatz 2 des Geldwäschegesetzes genehmigt wurde. [2]Bei einer Störung der elektronischen Datenübermittlung ist die Übermittlung auf dem Postweg an die Generalzolldirektion, Zentralstelle für Finanztransaktionsuntersuchungen, Postfach 85 05 55, 51030 Köln, zu richten.

8.[4] Mitteilungen über gerichtliche Vernehmungen von Personen an Bord ausländischer Seehandelsschiffe und von Angehörigen ihrer Besatzung an Land

(1) Mitzuteilen ist die gerichtliche Vernehmung

1. einer Person an Bord eines ausländischen Seehandelsschiffes, das sich in inländischen Hoheitsgewässern, insbesondere in einem inländischen Hafen, befindet,
2. eines Angehörigen der Besatzung eines ausländischen Seehandelsschiffes an Land,

wenn dies mit dem Staat, dessen Flagge das Seehandelsschiff führt, vertraglich vereinbart ist.

(2) Die Mitteilungen sind rechtzeitig vor der gerichtlichen Vernehmung unter genauer Angabe von deren Zeit und Ort und mit dem Anheimgeben zu bewirken, bei ihr anwesend zu sein; ist Gefahr im Verzuge oder wird die gerichtliche Vernehmung weder am Sitz des Mitteilungsempfängers noch in dessen Nähe vorgenommen, so sind die Mitteilungen unverzüglich nach Durchführung der Vernehmung zu bewirken.

---

[1] Nr. I/7a eingef. mWv 1.10.2021 durch AV v. 9.8.2021 (BAnz AT 16.09.2021 B3).
[2] Nr. **88a.**
[3] **Habersack, Deutsche Gesetze Nr. 85.**
[4] Nr. I/8 Anm. 1 Buchst. a neu gef. mWv 1.10.2023 durch AV v. 3.8.2023 (BAnz AT 22.09.2023 B1).

(3) Die Mitteilungen sind von der Richterin oder dem Richter zu veranlassen.

(4) Sie sind an die konsularische Vertretung oder die Konsularabteilung der diplomatischen Vertretung des Staates zu richten, dessen Flagge das Seehandelsschiff führt.

(5) Einer Mitteilung bedarf es nicht, wenn die Anwesenheit des Mitteilungsempfängers oder seines Vertreters mit den gesetzlichen Vorschriften in Widerspruch stehen würde oder wenn es sich um Angelegenheiten der freiwilligen Gerichtsbarkeit, insbesondere um Verklarungen handelt, die auf Antrag eines Angehörigen der Besatzung vorgenommen werden.

Anmerkung:

1) Die Mitteilungen beruhen im Verhältnis

a) zur ehemaligen Sowjetunion auf Artikel 30 Absatz 2, Artikeln 33 und 34 des Konsularvertrages vom 25. April 1958 (BGBl. 1959 II S. 232, 469) in Verbindung mit den jeweiligen Bekanntmachungen über die Weiteranwendung des Konsularvertrages vom 25. April 1958 im Verhältnis zu den jeweiligen Mitgliedern der Gemeinschaft unabhängiger Staaten; im Einzelnen:
– Aserbaidschan vom 13. August 1996 (BGBl. 1996 Il S. 2471),
– Kasachstan vom 19. Oktober 1992 (BGBl. 1992 II S. 1120),
– Russische Föderation vom 14. August 1992 (BGBl. 1992 II S. 1016),
– Ukraine vom 30. Juni 1993 (BGBl. 1993 II S. 1189),
– Usbekistan vom 26. Oktober 1993 (BGBl. 1993 II S. 2038);
Mitteilungen sind auch zu bewirken, wenn es sich um Handelsschiffe, die nicht Seehandelsschiffe sind, oder um Luftfahrzeuge handelt;

b) zu Spanien – nur hinsichtlich der Mitteilungen nach Absatz 1 Nummer 1 – auf Artikel 14 der Konsular-Konvention vom 22. Februar 1870 (BGBl. des Norddeutschen Bundes S. 99; RGBl. 1872 S. 211).

2) Siehe auch II/5.

9. Mitteilungen bei Auflösungsklagen gegen Aktiengesellschaften und Kommanditgesellschaften auf Aktien

(1) Mitzuteilen sind gerichtliche Entscheidungen, die auf eine Auflösungsklage nach § 396 AktG[1)] oder auf einen Antrag auf Erlaß einer einstweiligen Verfügung nach § 397 AktG gegen eine Aktiengesellschaft oder eine Kommanditgesellschaft auf Aktien ergehen (§ 398 AktG).

(2) Die Mitteilungen sind an das Registergericht zu richten.

10.[2)] Mitteilungen aufgrund des Aufenthaltsgesetzes

(1) Mitzuteilen sind unverzüglich nach Kenntnis

1. der Aufenthalt eines Ausländers, der keinen erforderlichen Aufenthaltstitel besitzt und dessen Abschiebung nicht ausgesetzt ist,
2. der Verstoß gegen eine räumliche Beschränkung oder
3. ein sonstiger Ausweisungsgrund.

[1)] **Habersack, Deutsche Gesetze Nr. 51.**

[2)] Nr. I/10 Anm. geänd. mWv 1.10.2012 durch AV v. 17.8.2012 (BAnz AT 12.09.2012 B1); Abs. 2 geänd. mWv 1.10.2014 durch AV v. 15.9.2014 (BAnz AT 29.09.2014 B1); Anm. geänd. mWv 1.10.2018 durch AV v. 23.11.2018 (BAnz AT 24.12.2018 B2); Anm. geänd. mWv 1.10.2021 durch AV v. 9.8.2021 (BAnz AT 16.09.2021 B3).

(2) Die Mitteilungen sind von der Richterin oder dem Richter nach Maßgabe von Nummer 87 der Allgemeinen Verwaltungsvorschrift des Bundesministeriums des Innern zum Aufenthaltsgesetz (AufenthG) zu veranlassen.

(3) [1] Die Mitteilungen sind an die zuständige Ausländerbehörde zu richten. [2] In den Fällen des Absatzes 1 Nummer 1 und 2 und sonstiger strafbarer Handlungen nach dem Aufenthaltsgesetz[1)] kann anstelle der Ausländerbehörde die zuständige Polizeibehörde unterrichtet werden, wenn eine Zurückschiebung, die Durchsetzung der Pflicht des Ausländers, den Teil des Bundesgebietes, in dem er sich ohne Erlaubnis der Ausländerbehörde einer räumlichen Beschränkung zuwider aufhält, unverzüglich zu verlassen, die Durchführung der Abschiebung oder, soweit zur Vorbereitung und Sicherung dieser Maßnahmen erforderlich, die Festnahme und Beantragung der Haft in Betracht kommen (§ 87 Absatz 2 AufenthG).

Anmerkung: Zuständige Ausländer- bzw. Polizeibehörden sind

in **Baden-Württemberg** die unteren Verwaltungsbehörden, Verwaltungsgemeinschaften im Sinne von § 14 LVG jedoch nur, soweit ihnen eine Große Kreisstadt angehört, in den Fällen des Absatzes 3 Satz 2 die Polizeidienststellen;

in **Bayern** die für den Gerichtsort zuständigen Polizeidirektionen und die gemäß § 5 der Verordnung über die Zuständigkeiten zur Ausführung des Aufenthaltsgesetzes und ausländerrechtlicher Bestimmungen in anderen Gesetzen (ZustVAuslR) zuständigen Kreisverwaltungsbehörden;

in **Berlin** das Landesamt für Einwanderung;

in **Brandenburg** die Kreise und kreisfreien Städte, für Asylbewerber die Zentrale Ausländerbehörde in Eisenhüttenstadt; Polizeibehörde ist das Polizeipräsidium;

in **Bremen** das Stadtamt Bremen, in Bremerhaven der Magistrat der Stadt Bremerhaven;

in **Hamburg** die Behörde für Inneres und Sport, für Ausländersachen das Amt für Migration, als Polizeibehörde die Polizei;

in **Hessen** die Kreisordnungsbehörden der Landkreise und kreisfreien Städte sowie die örtlichen Ordnungsbehörden der kreisangehörigen Gemeinden mit mehr als 50 000 Einwohnern;

in **Mecklenburg-Vorpommern** die Landräte der Landkreise sowie die Oberbürgermeister der kreisfreien Städte, sofern die Unterbringung eines Ausländers nicht in einer Aufnahmeeinrichtung des Landes erfolgt. Ist letzteres der Fall, ist das Landesamt für innere Verwaltung als zentrale Ausländerbehörde zuständig;

in **Niedersachsen**

- als Ausländerbehörden: die Landkreise, die kreisfreien Städte, die großen selbständigen Städte, die Landeshauptstadt Hannover, die Region Hannover, die Stadt Göttingen sowie die Zentralen Aufnahme- und Ausländerbehörden (ZAAB) in Braunschweig und Oldenburg für Asylbegehrende und Ausländer, die zum Wohnen in zentralen Aufnahmeeinrichtungen verpflichtet sind, sowie
- als Polizeibehörden: die Polizeiinspektionen sowie in den Städten Braunschweig und Hannover die Polizeidirektionen;

in **Nordrhein-Westfalen** die Kreisordnungsbehörden und die örtlichen Ordnungsbehörden der großen kreisangehörigen Städte; kommen Maßnahmen nach Absatz 3 Satz 2 in Betracht, so sind die Mitteilungen an die zuständige Polizeibehörde zu richten;

[1)] **Sartorius Nr. 565.**

in **Rheinland-Pfalz** die Kreisordnungsbehörden, d.h. die Kreisverwaltungen in den Landkreisen und die Stadtverwaltungen in den kreisfreien Städten; zuständige Polizeibehörden sind die Polizeipräsidien;

im **Saarland** das Landesverwaltungsamt;

in **Sachsen** die Landkreise und kreisfreien Städte;

in **Sachsen-Anhalt** die Landkreise und kreisfreien Städte;

in **Schleswig-Holstein** die Landräte der Kreise sowie die Bürgermeister der kreisfreien Städte;

in **Thüringen** die Landkreise und kreisfreien Städte.

11.[1] Mitteilungen an das Bundeskartellamt

(1) Mitzuteilen sind

1. alle bürgerlichen Rechtsstreitigkeiten, die in den geltend gemachten Ansprüchen oder in Vorfragen die Anwendung des Gesetzes gegen Wettbewerbsbeschränkungen, einschließlich des vergaberechtlichen Teils, des Artikels 101 oder 102 des Vertrages über die Arbeitsweise der Europäischen Union[2] oder des Artikels 53 oder 54 des Abkommens über den europäischen Wirtschaftsraum betreffen, einschließlich des zur Anwendung dieser Vorschriften ergangenen Sekundärrechts (§ 90 Absatz 1 GWB[3]),
2. alle Rechtsstreitigkeiten, die die Durchsetzung eines nach § 30 GWB gebundenen Preises gegenüber einem gebundenen Abnehmer oder einem anderen Unternehmen zum Gegenstand haben (§ 90 Absatz 4 GWB),
3. alle Entscheidungen in gerichtlichen Verfahren, in denen Artikel 101 oder 102 des Vertrags über die Arbeitsweise der Europäischen Union zur Anwendung kommt (§ 90a Absatz 1 Satz 1 GWB),
4. schriftliche Stellungnahmen der Europäischen Kommission nach § 90a Absatz 2 GWB,
5. Antworten der Europäischen Kommission auf Ersuchen des Gerichts nach § 90a Absatz 3 GWB.

(2) Die Mitteilungen sind von der Richterin oder dem Richter zu veranlassen.

(3) [1]Die Mitteilung der Entscheidungen nach Absatz 1 Nummer 3 ist unverzüglich nach deren Zustellung an die Parteien zu bewirken (§ 90a Absatz 1 Satz 1 GWB). [2]Mitzuteilen ist eine Abschrift der Entscheidung.

(4) Die Mitteilungen sind an das Bundeskartellamt, Kaiser-Friedrich-Straße 16, 53113 Bonn, zu richten.

(5) Bei Stellungnahmen und Ersuchen nach § 90a Absatz 2 und 3 GWB kann der Geschäftsverkehr zwischen dem Gericht und der Europäischen Kommission auch über das Bundeskartellamt erfolgen (§ 90a Absatz 4 GWB).

---

[1] *Nr. 1/11* Abs. 1 Nr. 1, 3 und 4, Abs. 4 geänd. mWv 1.10.2014 durch AV v. 15.9.2014 (BAnz AT 29.09.2014 B1); Abs. 1 Nr. 3 eingef., bish. Nr. 3 und 4 werden Nr. 4 und 5, Abs. 3 eingef., bish. Abs. 3 und 4 werden Abs. 4 und 5 mWv 1.10.2021 durch AV v. 9.8.2021 (BAnz AT 16.09.2021 B3); Überschrift geänd. mWv 1.10.2023 durch AV v. 3.8.2023 (BAnz AT 22.09.2023 B1).

[2] **Sartorius Nr. 1001.**

[3] **Habersack, Deutsche Gesetze Nr. 74.**

12.[1] Mitteilungen an die Bundesnetzagentur für Elektrizität, Gas, Telekommunikation, Post und Eisenbahnen (Bundesnetzagentur)

(1) Mitzuteilen sind alle bürgerlichen Rechtsstreitigkeiten, die sich

1. aus dem Telekommunikationsgesetz (§ 220 TKG i.V.m. § 90 Absatz 1 GWB[2]),
2. aus dem Postgesetz (§ 44 Satz 2 PostG i.V.m. § 220 TKG (ex-§ 80 Absatz 3 TKG 1996), § 90 Absatz 1 GWB),[3] und
3. aus dem Energiewirtschaftsgesetz – EnWG[4] (§ 104 Absatz 1 EnWG)

ergeben.

(2) Die Mitteilungen sind von der Richterin oder dem Richter zu veranlassen.

(3) Die Mitteilungen sind an die Bundesnetzagentur für Elektrizität, Gas, Telekommunikation, Post und Eisenbahnen, Tulpenfeld 4, 53113 Bonn, zu richten.

II.[5] Mitteilungen in Unterbringungs- und Freiheitsentziehungssachen sowie in Verfahren über Unterbringungsmaßnahmen bei Minderjährigen

1.[6] Mitteilungen über Unterbringungsmaßnahmen an ein anderes Gericht

(1) Mitzuteilen sind in Verfahren in Unterbringungssachen und in Verfahren, die Unterbringungsmaßnahmen bei Minderjährigen betreffen, (§§ 312, 151 Nummer 6 und 7 FamFG[7])

1. einstweilige Anordnungen oder einstweilige Maßregeln, wenn diese von einem anderen als dem nach § 313 Absatz 1 Nummer 1 oder Nummer 2 oder Absatz 3 FamFG zuständigen Gericht angeordnet werden;
2. die Unterbringungsmaßnahme, ihre Änderung, Verlängerung und Aufhebung, wenn für die Maßnahme ein anderes Gericht zuständig ist als dasjenige, bei dem eine Vormundschaft oder eine die Unterbringung erfassende Betreuung oder Pflegschaft für den Betroffenen anhängig ist (§ 167 Absatz 2 zweiter Halbsatz, § 313 Absatz 2 und 4 in Verbindung mit § 272 FamFG).

(2) Die Mitteilungen sind von der Richterin oder dem Richter zu veranlassen.

(3) Die Mitteilungen sind zu richten in den Fällen

1. des Absatzes 1 Nummer 1
   an das nach § 313 Absatz 1 Nummer 1 oder Nummer 2 FamFG für die Unterbringungsmaßnahme zuständige Gericht;
2. des Absatzes 1 Nummer 2
   an das Gericht, bei dem die Vormundschaft, Betreuung oder Pflegschaft geführt wird.

---

[1] Nr. I/12 Abs. 1 Nr. 1 und 2 geänd. mWv 1.10.2016 durch AV v. 23.12.2016 (BAnz AT 24.05.2017 B1); Abs. 1 Nr. 1 und 2 geänd. mWv 1.10.2023 durch AV v. 3.8.2023 (BAnz AT 22.09.2023 B1).

[2] **Habersack, Deutsche Gesetze Nr. 74.**

[3] Zeichensetzung amtlich.

[4] **Sartorius Nr. 830.**

[5] Nr. II Überschrift geänd. mWv 1.10.2023 durch AV v. 3.8.2023 (BAnz AT 22.09.2023 B1).

[6] Nr. II/1 Abs. 1 einl. Satzteil., Nr. 1 (mangels Textübereinstimmung nicht ausführbar) und 2 geänd. mWv 1.10.2023 durch AV v. 3.8.2023 (BAnz AT 22.09.2023 B1).

[7] **Habersack, Deutsche Gesetze Nr. 112.**

2.[1] Mitteilungen über Unterbringungsmaßnahmen zur Unterrichtung anderer Stellen und Personen

(1) Mitzuteilen sind Entscheidungen, durch die

1. eine Unterbringungsmaßnahme einschließlich einer solchen Maßnahme gemäß § 1867 BGB[2] getroffen wird,
2. eine vorläufige Unterbringungsmaßnahme getroffen wird,
3. eine Unterbringungsmaßnahme verlängert wird,
4. eine Unterbringungsmaßnahme abgelehnt wird

(Artikel 104 Absatz 4 GG[3], §§ 167, 312, 325 Absatz 2, §§ 338 und 339 FamFG[4]).

(2) Die Mitteilungen sind von der Richterin oder dem Richter zu veranlassen.

(3) Die Mitteilungen sind zu richten

1. in den Fällen des Absatzes 1 Nummer 1 bis 3
   a) an den Ehegatten/Lebenspartner des Betroffenen, wenn die Ehegatten/Lebenspartner nicht dauernd getrennt leben,
   b) an jeden Elternteil und jedes volljährige Kind, bei dem der Betroffene lebt oder bei Einleitung des Verfahrens gelebt hat,
   c) an den Betreuer des Betroffenen,
   d) an eine von dem Betroffenen benannte Person seines Vertrauens,
   e) an den Leiter der Einrichtung, in der der Betroffene lebt oder untergebracht werden soll,
   f) an
      aa) die Elternteile, denen die Personensorge zusteht,
      bb) den gesetzlichen Vertreter in persönlichen Angelegenheiten,
      cc) die Pflegeeltern, wenn der Betroffene minderjährig ist,
   g) an die zuständige Behörde,
2. in den Fällen des Absatzes 1 Nummer 4
   an die zuständige Behörde, wenn ihr Gelegenheit zur Äußerung gegeben worden war.

Anmerkungen: Zuständige Behörden sind

1) für Unterbringungsmaßnahmen nach § 151 Nummer 6 FamFG
in **Baden-Württemberg** die unteren Verwaltungsbehörden (§ 13 LVG);
in **Bayern** die Landkreise und kreisfreien Städte;
in **Berlin** die Bezirksämter;
in **Brandenburg** die Landkreise und kreisfreien Städte;
in **Bremen** das Amt für Soziale Dienste, in Bremerhaven der Magistrat der Stadt Bremerhaven;
in **Hamburg** die Bezirksämter;
in **Hessen** die Magistrate der kreisfreien Städte sowie die Kreisausschüsse der Landkreise;

---

[1] Nr. II/2 Abs. 1 geänd. mWv 1.10.2016 durch AV v. 23.12.2016 (BAnz AT 24.05.2017 B1); Anm. 1 geänd. mWv 1.10.2018 durch AV v. 23.11.2018 (BAnz AT 24.12.2018 B2); Anm. 2 geänd. mWv 1.10.2021 durch AV v. 9.8.2021 (BAnz AT 16.09.2021 B3); Abs. 1 Nr. 1 und abschl. Satzteil geänd. mWv 1.10.2023 durch AV v. 3.8.2023 (BAnz AT 22.09.2023 B1).

[2] **Habersack, Deutsche Gesetze Nr. 20.**

[3] **Habersack, Deutsche Gesetze Nr. 1.**

[4] **Habersack, Deutsche Gesetze Nr. 112.**

in **Mecklenburg-Vorpommern** die Landräte der Landkreise sowie die Oberbürgermeister der kreisfreien Städte – Jugendämter –;
in **Niedersachsen** die Landkreise und kreisfreien Städte;
in **Nordrhein-Westfalen** die Kreise, kreisfreien Städte sowie kreisangehörige Gemeinden mit eigenem Jugendamt;
in **Rheinland-Pfalz** die Kreisverwaltungen, in kreisfreien Städten und großen kreisangehörigen Städten mit eigenem Jugendamt die Stadtverwaltungen;
im **Saarland** die Landkreise, der Regionalverband Saarbrücken, die Landeshauptstadt Saarbrücken und die Mittelstädte St. Ingbert und Völklingen;
in **Sachsen** die Landkreise und kreisfreien Städte;
in **Sachsen-Anhalt** die Landkreise und kreisfreien Städte;
in **Schleswig-Holstein** die bei den Kreisen und kreisfreien Städten eingerichteten Jugendämter;
in **Thüringen** die Landkreise und kreisfreien Städte;

2) für Unterbringungsmaßnahmen nach § 312 Nummern 1 und 2 FamFG
in **Baden-Württemberg** die unteren Verwaltungsbehörden (§ 13 LVG);
in **Bayern** die Landkreise und kreisfreien Städte;
in **Berlin** die Bezirksämter;
in **Brandenburg** die Landkreise und kreisfreien Städte;
in **Bremen** das Amt für Soziale Dienste, in Bremerhaven der Magistrat der Stadt Bremerhaven;
in **Hamburg** die Bezirksämter;
in **Hessen** die Magistrate der kreisfreien Städte sowie die Kreisausschüsse der Landkreise;
in **Mecklenburg-Vorpommern** die Landräte der Landkreise sowie die Oberbürgermeister der kreisfreien Städte – Betreuungsbehörden –;
in **Niedersachsen** die Landkreise und kreisfreien Städte;
in **Nordrhein-Westfalen** die kreisfreien und die großen kreisangehörigen Städte; für die übrigen kreisangehörigen Gemeinden die Kreise;
in **Rheinland-Pfalz** die Kreisverwaltungen, in kreisfreien Städten die Stadtverwaltungen;
im **Saarland** die Landkreise, der Regionalverband Saarbrücken, die Landeshauptstadt Saarbrücken und die Mittelstädte St. Ingbert und Völklingen;
in **Sachsen** die Landkreise und kreisfreien Städte;
in **Sachsen-Anhalt** die Landkreise und kreisfreien Städte;
in **Schleswig-Holstein** die in den Kreisen und kreisfreien Städten eingerichteten Betreuungsbehörden;
in **Thüringen** die Landkreise und kreisfreien Städte;

3) für Unterbringungsmaßnahmen nach § 312 Nummer 3 FamFG
in **Baden-Württemberg** die unteren Verwaltungsbehörden (§ 3 LVG);
in **Bayern** die Landkreise und kreisfreien Städte;
*in **Berlin** die Bezirksämter;*
in **Brandenburg** die Landkreise und kreisfreien Städte;
in **Bremen**
a) die Ortspolizeibehörde (in Bremen das Stadtamt Bremen, in Bremerhaven der Magistrat der Stadt Bremerhaven),
b) außerdem – wenn Ihnen im Verfahren Gelegenheit zur Äußerung gegeben wurde – sind die Mitteilungen zu richten:
– in Bremen an den Sozialpsychiatrischen Dienst des Gesundheitsamtes,
– in Bremerhaven an den Magistrat der Stadt Bremerhaven – Sozialpsychiatrischer Dienst –;

in **Hamburg** die Bezirksämter;
in **Hessen** die Gemeindevorstände;
in **Mecklenburg-Vorpommern** die Landräte der Landkreise sowie die Oberbürgermeister der kreisfreien Städte;
in **Niedersachsen** die Landkreise und kreisfreien Städte;
in **Nordrhein-Westfalen** das Ordnungsamt;
in **Rheinland-Pfalz** die Kreisverwaltungen, in kreisfreien Städten die Stadtverwaltungen;
im **Saarland** die Landkreise, der Regionalverband Saarbrücken, die Landeshauptstadt Saarbrücken und die Mittelstädte St. Ingbert und Völklingen;
in **Sachsen** die Landkreise und kreisfreien Städte;
in **Sachsen-Anhalt** die Landkreise und kreisfreien Städte;
in **Schleswig-Holstein** die bei den Kreisen und kreisfreien Städten eingerichteten Kreisgesundheitsbehörden;
in **Thüringen** die Landkreise und kreisfreien Städte.

3.[1] Mitteilungen über die Aufhebung und Aussetzung von Unterbringungsmaßnahmen

(1) Mitzuteilen sind Entscheidungen, durch die eine Anordnung einer Unterbringungsmaßnahme
1. aufgehoben oder
2. ausgesetzt

wird (§§ 167, 325, 338 Satz 2 FamFG[2]).

(2) Die Mitteilungen sind von der Richterin oder dem Richter zu veranlassen.

(3) Die Mitteilungen sind zu richten
1. in den Fällen des Absatzes 1 Nummer 1 und 2 an den Leiter der Einrichtung, in der der Betroffene lebt;
2. außerdem in den Fällen des Absatzes 1 Nummer 1 an die zuständige Behörde.

Anmerkung: Wegen der zuständigen Behörden siehe Anmerkungen zu II/2; in Bremen nur die Behörde zu 3a).

4.[3] Mitteilungen zur Gefahrenabwehr

(1) Mitzuteilen sind Entscheidungen, soweit dies unter Beachtung berechtigter Interessen des Betroffenen nach den Erkenntnissen im gerichtlichen Verfahren erforderlich ist, um eine erhebliche Gefahr für das Wohl des Betroffenen, für Dritte oder für die öffentliche Sicherheit abzuwenden (§ 308 Absatz 1 FamFG[2]).

(2) [1] Die Mitteilungen sind von der Richterin oder dem Richter zu veranlassen. [2] Sie sind nach Abschluss des Verfahrens zu bewirken.

---

[1] Nr. II/3 Überschrift und Abs. 1 einl. Satzteil geänd. mWv 1.10.2016 durch AV v. 23.12.2016 (BAnz AT 24.05.2017 B1); Überschrift und Abs. 1 einl. Satzteil geänd. mWv 1.10.2021 durch AV v. 9.8.2021 (BAnz AT 16.09.2021 B3); Überschrift, Abs. 1 einl. und abschl. Satzteil geänd. mWv 1.10.2023 durch AV v. 3.8.2023 (BAnz AT 22.09.2023 B1).

[2] **Habersack, Deutsche Gesetze Nr. 112.**

[3] *Nr. II/4 Anm. 2 und 3 geänd. mWv 1.10.2012* durch AV v. 17.8.2012 (BAnz AT 12.09.2012 B1); Anm. 3 geänd. mWv 1.10.2014 durch AV v. 15.9.2014 (BAnz AT 29.09.2014 B1); Anm. 3 geänd. mWv 1.10.2016 durch AV v. 23.12.2016 (BAnz AT 24.05.2017 B1); Anm. 2 und 3 geänd. mWv 1.10.2018 durch AV v. 23.11.2018 (BAnz AT 24.12.2018 B2); Anm. 1–4 geänd. mWv 1.10.2021 durch AV v. 9.8. 2021 (BAnz AT 16.09.2021 B3); Anm. 2–4 geänd. mWv 1.10.2023 durch AV v. 3.8.2023 (BAnz AT 22.09.2023 B1).

(3) Ergeben sich im Verlauf eines Verfahrens Erkenntnisse, die eine Mitteilung vor Abschluss des Verfahrens erforderlich machen, so hat die Richterin oder der Richter diese unverzüglich mitzuteilen (§ 308 Absatz 2 FamFG).

(4) [1] Die Mitteilungen sind an die Stelle zu richten, die für die Abwehr der Gefahr zuständig ist. [2] Erfolgt die Mitteilung im Hinblick auf eine dem Betroffenen erteilte oder von ihm beantragte behördliche Erlaubnis, so ist die Mitteilung an die Stelle zu richten, die für die Erteilung der Erlaubnis zuständig ist.

(5) [1] Zugleich mit der Mitteilung sind der Betroffene, sein Pfleger für das Verfahren und sein Betreuer über den Inhalt und den Empfänger der Mitteilung zu unterrichten. [2] Die Unterrichtung des Betroffenen unterbleibt, wenn

1. der Zweck des Verfahrens oder der Zweck der Mitteilung durch die Unterrichtung gefährdet würde,
2. nach ärztlichem Zeugnis von der Mitteilung erhebliche Nachteile für die Gesundheit des Betroffenen zu besorgen sind oder
3. der Betroffene nach dem unmittelbaren Eindruck des Gerichts offensichtlich nicht in der Lage ist, den Inhalt der Unterrichtung zu verstehen.

[3] Die Unterrichtung ist nachzuholen, sobald die Gründe für ihr Unterbleiben entfallen sind (§ 308 Absatz 3 Satz 3 FamFG).

(6) Ist die übermittelte Entscheidung abgeändert oder aufgehoben worden oder haben neue Erkenntnisse ergeben, daß die erhebliche Gefahr für das Wohl des Betroffenen, für Dritte oder für die öffentliche Sicherheit nicht mehr bestehen, sind die abändernden oder aufhebenden Entscheidungen und die neuen Erkenntnisse an die Stellen und Personen mitzuteilen, die nach den Absätzen 1 bis 5 unterrichtet worden sind.

(7) Der Inhalt der Mitteilung, die Art und Weise der Übermittlung, der Empfänger sowie die Unterrichtung nach Absatz 5 oder die Gründe für deren Unterbleiben sind aktenkundig zu machen (§ 308 Absatz 4 FamFG).

Anmerkungen:

1) Für die Erteilung der Fahrerlaubnis sind zuständig
in **Baden-Württemberg** die Landratsämter und die Stadtkreise;
in **Bayern** die Kreisverwaltungsbehörden;
in **Berlin** das Landesamt für Bürger- und Ordnungsangelegenheiten;
in **Brandenburg** die Landkreise und kreisfreien Städte;
in **Bremen**
– in der Stadt Bremen
   a) in den Stadtbezirken Bremen-Mitte, Bremen-West, Bremen-Süd und Bremen-Ost
   das Stadtamt – 3 –, Bremen,
   b) im Stadtbezirk Bremen-Nord das Straßenverkehrsamt Bremen-Nord,
– *in der Stadt Bremerhaven der Magistrat* der Stadt Bremerhaven;
in **Hamburg** die Behörde für Verkehr und Mobilitätswende – Landesbetrieb Verkehr;
in **Hessen** in kreisfreien Städten der Oberbürgermeister, im übrigen die Landräte;
in **Mecklenburg-Vorpommern** die Landräte der Landkreise sowie die Oberbürgermeister der kreisfreien Städte;
in **Niedersachsen** die Landkreise und kreisfreien Städte sowie die Stadt Göttingen;
in **Nordrhein-Westfalen** die Straßenverkehrsämter;

in **Rheinland-Pfalz** die Kreisverwaltungen, in kreisfreien Städten die Stadtverwaltungen;
im **Saarland** die Gemeinden;
in **Sachsen** die Landkreise und kreisfreien Städte;
in **Sachsen-Anhalt** die Landkreise und kreisfreien Städte;
in **Schleswig-Holstein** die Landräte der Kreise sowie die Bürgermeister der kreisfreien Städte – Verkehrsbehörden –;
in **Thüringen** die Fahrerlaubnisbehörden der Landkreise und kreisfreien Städte.

2) Für die Erteilung waffenrechtlicher Erlaubnisse sind zuständig
das **Bundesverwaltungsamt** in Fällen, in denen deutsche Staatsangehörige ihren gewöhnlichen Aufenthalt nicht im Bundesgebiet haben, sowie in Fällen, in denen natürliche und juristische Personen ihren Unternehmenssitz nicht im Inland haben (§ 48 Absatz 2 Nummer 4 und 5 WaffG[1]);
in **Baden-Württemberg** die unteren Verwaltungsbehörden als Kreispolizeibehörden;
in **Bayern** die Kreisverwaltungsbehörden;
in **Berlin** der Polizeipräsident in Berlin;
in **Brandenburg** das Polizeipräsidium;
in **Bremen**

– in der Stadt Bremen das Stadtamt, Bremen,
– in der Stadt Bremerhaven der Magistrat der Stadt Bremerhaven;

in **Hamburg** die Behörde für Inneres und Sport – Polizei;
in **Hessen**

a) für die Erteilung der Erlaubnis zur Herstellung von Schusswaffen und Munition:
die Oberbürgermeister der kreisfreien Städte und Landräte (Kreisordnungsbehörden),
b) für die Erteilung der Erlaubnis zum Handel mit Schusswaffen und Munition und zur Waffeneinfuhr:
die Regierungspräsidien,
c) für die Erteilung einer Waffenbesitzkarte, eines Munitionserwerbscheins, eines Waffenscheins oder eines Waffenerwerbscheins sowie
d) für die Ausnahmebescheinigung nach § 42 WaffG:
die Oberbürgermeister der kreisfreien Städte und Landräte (Kreisordnungsbehörden),
e) für die Bescheinigung über die Berechtigung zum Erwerb und Besitz von Waffen oder Munition sowie die Bescheinigung zum Führen dieser Waffen:
die dem Ministerium für Wirtschaft, Verkehr und Landesentwicklung unmittelbar nachgeordneten Behörden jeweils für ihre Bediensteten,
die Staatsanwaltschaft bei dem Oberlandesgericht für die Bediensteten der nachgeordneten Behörden,
die Leiter der Justizvollzugsanstalten für die Bediensteten der jeweiligen Anstalt,
das Ministerium der Justiz, für Integration und Europa für die Leiterinnen und Leiter der Justizvollzugsanstalten,

im Übrigen die Regierungspräsidien;

---

[1] **Sartorius Nr. 820.**

in **Mecklenburg-Vorpommern**

a) die Landräte der Landkreise sowie die Oberbürgermeister der kreisfreien Städte
– Kreisordnungsbehörden –,

b) für Bescheinigungen nach § 55 Absatz 2 WaffG der Ministerpräsident und die Minister in den Fällen, die ihren jeweiligen Geschäftsbereich betreffen; der Innenminister zudem auch in den Fällen, die Mitglieder des Landtags, Bedienstete der Landtagsverwaltung oder Bedienstete des Landesrechnungshofes betreffen;

in **Niedersachsen** die Landkreise, die kreisfreien Städte, die großen selbständigen Städte und die selbständigen Gemeinden und die Polizeidirektionen;
in **Nordrhein-Westfalen** die Kreispolizeibehörden;
in **Rheinland-Pfalz**

a) für Bescheinigungen nach § 55 Absatz 2 WaffG die Staatskanzlei und die Ministerien für Bedienstete ihres Geschäftsbereichs; das Ministerium des Innern und für Sport zudem im Einvernehmen mit der Präsidentin oder dem Präsidenten des Landtags für die Mitglieder und Bediensteten des Landtags, im Einvernehmen mit der Präsidentin oder dem Präsidenten des Rechnungshofs für die Mitglieder und Bediensteten des Rechnungshofs und für alle übrigen Personen, die wegen der von ihnen wahrzunehmenden hoheitlichen Aufgaben des Landes erheblich gefährdet sind,

b) für Bescheinigungen nach § 56 WaffG, soweit nicht das Bundesverwaltungsamt zuständig ist, das Landeskriminalamt,

c) im Übrigen in Landkreisen die Kreisverwaltungen und in kreisfreien Städten die Stadtverwaltungen;

im **Saarland** die Landkreise, der Regionalverband Saarbrücken – mit Ausnahme der Landeshauptstadt Saarbrücken – sowie die Landeshauptstadt Saarbrücken und die Mittelstädte Völklingen und St. Ingbert;
in **Sachsen**

a) die Landkreise und kreisfreie Städte,

b) für waffenrechtliche Bescheinigungen nach § 55 Absatz 2 WaffG das Sächsische Staatsministerium der Justiz, das Landeskriminalamt, das Polizeiverwaltungsamt, das Präsidium der Bereitschaftspolizei, die Polizeidirektionen, die Einrichtungen für den Polizeivollzugsdienst und die Landesdirektion Sachsen jeweils für die Bediensteten ihres Geschäftsbereichs, im Übrigen das Sächsische Staatsministerium des Innern;

in **Sachsen-Anhalt** die Landkreise und die kreisfreie Stadt Dessau-Roßlau sowie die jeweilige Polizeiinspektion anstelle der kreisfreien Städte Halle und *Magdeburg;*
in **Schleswig-Holstein** der Ministerpräsident und die Ministerien für ihren Geschäftsbereich nach § 55 Absatz 2 WaffG, die Landräte der Kreise und die Bürgermeister der kreisfreien Städte;
in **Thüringen** die Landkreise und kreisfreien Städte.

3) Für die Erteilung sprengstoffrechtlicher Erlaubnisse, Befähigungsscheine und Berechtigungen (§§ 7, 20 und 27 SprengG), Lagergenehmigungen (§ 17 SprengG) und Unbedenklichkeitsbescheinigungen (§ 34 der Ersten Verordnung zum Sprengstoffgesetz) sowie die Durchführung von Zuverlässigkeitsüberprüfungen (§ 8a SprengG) sind zuständig

die **Bundesanstalt Technisches Hilfswerk**
Ausbildungszentrum Neuhausen
– THW-Sprengstoffbehörde –
Novizenweg 1
73765 Neuhausen auf den Fildern
in Fällen, in denen THW-Angehörige Sprengberechtigungen besitzen oder ihnen erteilt werden sollen;

in **Baden-Württemberg**

a) für Betriebe, die der Aufsicht der Bergbehörde unterstehen:
das Regierungspräsidium Freiburg, Landesamt für Geologie, Rohstoffe und Bergbau, 79095 Freiburg im Breisgau,

b) für Lagergenehmigungen:
die Landratsämter und Bürgermeisterämter der Stadtkreise als untere Verwaltungsbehörde,

c) im Übrigen:
die Kreispolizeibehörden einschließlich der Großen Kreisstädte und Verwaltungsgemeinschaften nach § 17 des Landesverwaltungsgesetz als untere Verwaltungsbehörden;

in **Bayern**

a) für Erlaubnisse nach § 7 Sprengstoffgesetz: die Gewerbeaufsichtsämter,

b) für Erlaubnisse nach § 27 Sprengstoffgesetz: die Gewerbeaufsichtsämter;

die Kreisverwaltungsbehörden für Ladungspulver zum Schießen mit Böllern und Vorderladern und zum Laden von Patronenhülsen;

in **Berlin** das Landesamt für Arbeitsschutz, Gesundheitsschutz und technische Sicherheit;

in **Brandenburg** das Landesamt für Arbeitsschutz, Verbraucherschutz und Gesundheit; für Anlagen und Betriebe, die der Bergaufsicht unterliegen, das Landesamt für Bergbau, Geologie und Rohstoffe;

in **Bremen** die Gewerbeaufsichtsämter, für Anlagen und Betriebe, die der Bergaufsicht unterliegen, das Bergamt Hannover; in Bremerhaven das Gewerbeaufsichtsamt;

in **Hamburg** die Behörde für Justiz und Verbraucherschutz – Arbeitsschutz;

in **Hessen** für Erlaubnisse zum gewerbsmäßigen Betrieb und Umgang die Regierungspräsidien, bei Erlaubnissen zum nichtgewerblichen Betrieb und Umgang die Kreisordnungsbehörden;

in **Mecklenburg-Vorpommern**

a) im gewerblichen Bereich:
das Landesamt für Gesundheit und Soziales; für Anlagen und Betriebe, die der Bergaufsicht unterliegen, das Bergamt Stralsund,

b) im nichtgewerblichen Bereich und für Lagergenehmigungen nach § 17 SprengG für pyrotechnische Gegenstände der Kategorie F1 und F2 im Einzelhandel:
die Landräte der Landkreise und Oberbürgermeister der kreisfreien Städte;

in **Niedersachsen**

a) für Erlaubnisse nach § 7 SprengG:
Gewerbeaufsichtsämter Braunschweig, Celle, Göttingen, Hannover, Hildesheim und Osnabrück; für Anlagen und Betriebe, die der Bergaufsicht unterliegen, das Landesamt für Bergbau, Energie und Geologie,

b) für Erlaubnisse nach § 27 SprengG:
die Landkreise, kreisfreien Städte, großen selbstständigen Städte und selbstständigen Gemeinden;

in Hannover und Braunschweig die Polizeidirektionen;
in **Nordrhein-Westfalen** die Bezirksregierungen – Dezernate Gefahrenabwehr –;
in **Rheinland-Pfalz** die Struktur- und Genehmigungsdirektionen Nord und Süd – Regionalstellen Gewerbeaufsicht –, für Anlagen und Betriebe, die der Bergaufsicht unterliegen, das Landesamt für Geologie und Bergbau, Abteilung Bergbau, in Koblenz;
im **Saarland**

a) für Erlaubnisse nach § 7 SprengG für Betriebe, die der Bergaufsicht unterliegen, das Bergamt, im Übrigen das Landesamt für Umwelt- und Arbeitsschutz,
b) für Lagergenehmigungen nach § 17 Absatz 1 Nummer 1 und 2 SprengG das Landesamt für Umwelt- und Arbeitsschutz,
c) für Bauartzulassungen nach § 17 Absatz 4 SprengG das Ministerium für Umwelt, Klima, Mobilität, Agrar und Verbraucherschutz,
d) für die Erteilung von Ausnahmen nach § 22 Absatz 5 SprengG das für Wirtschaft zuständige Ministerium;

in **Sachsen**

a) für Erlaubnisse nach § 7 und für Befähigungsscheine nach § 20 Sprengstoffgesetz die Landesdirektion Sachsen; für Betriebe, die der Bergaufsicht unterliegen, und Personen, die in diesen Betrieben tätig sind, das Sächsische Oberbergamt,
b) für Erlaubnisse nach § 27 Sprengstoffgesetz die Landkreise und kreisfreie Städte;

in **Sachsen-Anhalt**

a) für Erlaubnisse nach § 7 und für Befähigungsscheine nach § 20 des Sprengstoffgesetzes das Landesamt für Verbraucherschutz. Sofern Betriebe und Anlagen der Bergaufsicht unterliegen, tritt das Landesamt für Geologie und Bergwesen Sachsen-Anhalt an die Stelle des Landesamtes für Verbraucherschutz,
b) für Lagergenehmigungen nach § 17 des Sprengstoffgesetzes das Landesamt für Verbraucherschutz. Sofern Betriebe und Anlagen der Bergaufsicht unterliegen, tritt das Landesamt für Geologie und Bergwesen Sachsen-Anhalt an die Stelle des Landesamtes für Verbraucherschutz,
c) für Erlaubnisse nach § 27 des Sprengstoffgesetzes der Landkreis/die kreisfreie Stadt, in Magdeburg und Halle die Polizeiinspektion;

in **Schleswig-Holstein** die Staatliche Arbeitsschutzbehörde bei der Unfallkasse Nord;
in **Thüringen** das Thüringer Landesamt für Verbraucherschutz und für den bergbaulichen Bereich das Thüringer Landesamt für Umwelt, Bergbau und Naturschutz (TLUBN).

4) Für die Erteilung jagdrechtlicher Erlaubnisse sind zuständig:
in **Baden-Württemberg** die nach § 33 Absatz 3 Satz 1 Landesjagdgesetz bei den Landratsämtern und den Stadtkreisen errichtete untere Jagdbehörde (Kreisjagdamt);
in **Bayern** die Kreisverwaltungsbehörden;
in **Berlin** der Polizeipräsident in Berlin;

in **Brandenburg** die Landkreise und kreisfreien Städte;
in **Bremen** das Stadtamt Bremen – Jagdbehörde –, in Bremerhaven der Magistrat der Stadt Bremerhaven;
in **Hamburg** die Behörde für Inneres und Sport – Polizei;
in **Hessen** die Kreisausschüsse der Landkreise und der Magistrat der kreisfreien Städte;
in **Mecklenburg-Vorpommern** die Landräte der Landkreise sowie die Oberbürgermeister der kreisfreien Städte – Unteren Jagdbehörden –;
in **Niedersachsen** die Landkreise und kreisfreien Städte;
in **Nordrhein-Westfalen** die untere Jagdbehörde;
untere Jagdbehörde ist der Kreis oder die kreisfreie Stadt als Kreisordnungsbehörde;
in **Rheinland-Pfalz** die Kreisverwaltungen, in kreisfreien Städten die Stadtverwaltungen;
im **Saarland** die Landkreise, der Regionalverband Saarbrücken – mit Ausnahme der Landeshauptstadt Saarbrücken – und die Landeshauptstadt Saarbrücken;
in **Sachsen** die Landkreise und kreisfreie Städte;
in **Sachsen-Anhalt** die Landkreise und kreisfreien Städte – Jagdbehörden –;
in **Schleswig-Holstein** die Landräte der Kreise sowie die Bürgermeister der kreisfreien Städte – Jagdbehörden –;
in **Thüringen** die Landkreise und kreisfreien Städte.

5.[1)] Mitteilungen über die Entziehung der Freiheit von Angehörigen fremder Staaten und von Personen an Bord ausländischer Seehandelsschiffe

(1) Mitzuteilen ist die gerichtliche Entziehung der Freiheit

1. eines Angehörigen eines fremden Staates, wenn der Betroffene nach unverzüglicher Belehrung über seine Rechte die Unterrichtung der zuständigen konsularischen Vertretung verlangt oder wenn eine Mitteilungspflicht ohne Rücksicht auf den Willen das Betroffenen vertraglich mit einem fremden Staat vereinbart ist,
2. einer Person an Bord eines ausländischen Seehandelsschiffes, das sich in inländischen Hoheitsgewässern, insbesondere in einem inländischen Hafen, befindet, wenn dies mit dem Staat, dessen Flagge das Seehandelsschiff führt, vertraglich vereinbart ist.

(2) Die Mitteilungen sind zu bewirken

1. im Falle des Absatzes 1 Nummer 1 unverzüglich nach dem Beginn des Vollzugs der Freiheitsentziehung;
2. im Falle des Absatzes 1 Nummer 2 rechtzeitig v o r der Freiheitsentziehung unter genauer Angabe des Ortes und der Zeit der Amtshandlung und mit dem Anheimgeben, bei ihr anwesend zu sein; ist Gefahr im Verzuge oder wird die Amtshandlung weder am Sitz des Mitteilungsempfängers noch in dessen Nähe vorgenommen, so sind die Mitteilungen unverzüglich n a c h der Freiheitsentziehung zu bewirken.

[1)] Nr. II/5 Anm. 1 geänd. mWv 1.10.2018 durch AV v. 23.11.2018 (BAnz AT 24.12.2018 B2); Abs. 4 neu gef. mWv 1.10.2021 durch AV v. 9.8.2021 (BAnz AT 16.09.2021 B3); Abs. 4 geänd., Abs. 6 angef., Anm. 1 und 2 Buchst. a geänd., Anm. 3 aufgeh., bish. Anm. 4 und 5 werden Anm. 3 und 4 mWv 1.10. 2023 durch AV v. 3.8.2023 (BAnz AT 22.09.2023 B1).

(3) Die Mitteilungen sind von der Richterin oder dem Richter zu veranlassen.

(4) Mitzuteilen ist eine abgekürzte Ausfertigung der Entscheidung, es sei denn, die betroffene Person hat in die Übersendung einer vollständigen Ausfertigung eingewilligt und schutzwürdige Belange einer anderen Person werden nicht beeinträchtigt.

(5) Die Mitteilungen sind an die konsularische Vertretung oder die Konsularabteilung der diplomatischen Vertretung des Staates zu richten,

1. dem im Falle des Absatzes 1 Nummer 1 der Betroffene angehört und gegebenenfalls zusätzlich
2. dessen Flagge im Falle des Absatzes 1 Nummer 2 das Seehandelsschiff führt.

(6) Die Belehrung nach Absatz 1 Nummer 1 erste Alternative und die Mitteilungen nach Absatz 1 können entfallen, soweit sie bereits von der Einrichtung, in der sich die betroffene Person befindet (Justizvollzugsanstalt, Bezirkskrankenhaus, Universitätsklinik), bewirkt worden sind.

Anmerkungen:

1) Zu den Mitteilungen auf Verlangen des Betroffenen wird auf Artikel 36 Absatz 1 Buchstabe b des Wiener Übereinkommens vom 24. April 1963 über konsularische Beziehungen (BGBl. 1969 II S. 1585, 1971 II S. 1285) betreffend Mitteilung einer Freiheitsentziehung an die zuständige konsularische Vertretung auf Verlangen des Betroffenen hingewiesen. Artikel 36 Absatz 1 Buchstabe b des Wiener Übereinkommens vom 24. April 1963 über konsularische Beziehungen, der eine Kodifizierung geltenden Völkergewohnheitsrechts darstellt, und die dazu erlassenen Vorschriften in II/5 gelten auch im Verhältnis zu Staaten, die dem Übereinkommen nicht beigetreten sind. Mitteilungen ohne Rücksicht auf den Willen des Betroffenen sind vertraglich vereinbart im Verhältnis

a) zu **Dominica**
(Artikel 18 Absatz 1 des deutsch-britischen Konsularvertrages vom 30. Juli 1956 – BGBl. 1957 II S. 284 –, Verbalnote Nummer 160/01/26/1 vom 22. Juni 2004),

b) zu **Fidschi**
(Bekanntmachung über die Fortgeltung des deutsch-britischen Konsularvertrages vom 30. Juli 1956 im Verhältnis zu Fidschi vom 22. Oktober 1975 – BGBl. 1975 II S. 1739 –),

c) zu **Grenada**
(Bekanntmachung über die Weiteranwendung der Verträge, deren Geltung auf das Hoheitsgebiet von Grenada erstreckt worden war, vom 12. März 1975 – BGBl. 1975 II S. 366 –),

d) zu **Griechenland**
(Artikel 3 Absatz 2 des Gesetzes vom 22. Oktober 1962 zu dem Niederlassungs- und Schifffahrtsvertrag vom 18. März 1960 – BGBl. 1962 II S. 1505, 1963 II S. 912 –),

e) zu **Großbritannien** und **Nordirland**
(Artikel 18 Absatz 1 des Konsularvertrages vom 30. Juli 1956 – BGBl. 1957 II S. 284, 1958 II S. 17 –),

f) zu **Guyana**
(Artikel 18 Absatz1 des deutsch-britischen Konsularvertrages vom 30. Juli 1956 – BGBl. 1957 II S. 284 –, Verbalnote Nummer 272 vom 30. März 2004),

g) zu **Italien**
(Artikel 4 Absatz 2 des Gesetzes vom 19. August 1959 zu dem Freundschafts-, Handels- und Schifffahrtsvertrag vom 21. November 1957 – BGBl. 1959 II S. 949, 1961 II S. 1662 –),

h) zu **Jamaika**
(Bekanntmachung über die Fortgeltung des deutsch-britischen Konsularvertrages im Verhältnis zu Jamaika vom 22. Dezember 1972 – BGBl. 1973 II S. 49 –),

i) zu **Lesotho**
(Artikel 18 Absatz 1 des deutsch-britischen Konsularvertrages vom 30. Juli 1956 – BGBl. 1957 II S. 284 –, Verbalnote Nummer 10 vom 21. Februar 2005),

j) zu **Malawi**
(Bekanntmachung über die Weiteranwendung des deutsch-britischen Konsularvertrages im Verhältnis zu Malawi vom 13. Februar 1967 – BGBl. 1967 II S. 936 –),

k) zu **Malta**
(Artikel 18 Absatz 1 des deutsch-britischen Konsularvertrages vom 30. Juli 1956 – BGBl. 1957 II S. 284 –, Verbalnote Nummer 1130/04 vom 23. Juni 2004),

l) zu **Mauritius**
(Bekanntmachung über die Fortgeltung des deutsch-britischen Konsularvertrages im Verhältnis zu Mauritius vom 27. Dezember 1972 – BGBl. 1973 II S. 50 –),

m) zu **Sierra Leone**
(Artikel 18 Absatz 1 des deutsch-britischen Konsularvertrages vom 30. Juli 1956 – BGBl. 1957 II S. 284 –, Verbalnote Nummer 15277/20 vom 1. Februar 2005),

n) zu **Spanien**
(Artikel 3 Absatz 2 des Gesetzes vom 7. September 1972 zu dem Niederlassungsvertrag vom 23. April 1970 – BGBl. 1972 II S. 1041, 1557 –, eine Mitteilung ist nach Artikel 5 Buchstabe d Halbsatz 2 des deutsch-spanischen Niederlassungsvertrages vom 23. April 1970 von Amts wegen nur dann zu bewirken, wenn die betroffene Person nicht in der Lage ist, die Benachrichtigung der nächsten konsularischen Vertretung zu verlangen),

o) zu **St. Kitts** und **Nevis**
(Artikel 18 Absatz 1 des deutsch-britischen Konsularvertrages vom 30. Juli 1956 – BGBl. 1957 II S. 284 –, Verbalnote Nummer 440/2006 vom 6. Juni 2006),

p) zu **St. Vincent** und die **Grenadinen**
(Artikel 18 Absatz 1 des deutsch-britischen Konsularvertrages vom 30. Juli 1956 – BGBl. 1957 II S. 284 –, Verbalnote Nummer 352/2004 vom 9. Juli 2004)[1)]

q) zu **Zypern**
(Artikel 18 Absatz 1 des deutsch-britischen Konsularvertrages vom 30. Juli 1956 – BGBl. 1957 II S. 284, Schreiben des Auswärtigen Amtes vom 5. November 2007).

[1)] Amtlich ohne Zeichensetzung.

2) Die Mitteilungen nach Absatz 1 Nummer 2 beruhen im Verhältnis

a) zur ehemaligen Sowjetunion auf Artikel 30 Absatz 2, Artikeln 33 und 34 des Konsularvertrages vom 25. April 1958 (BGBl. 1959 II S. 232 und 469 in Verbindung mit den jeweiligen Bekanntmachungen über die Weiteranwendung des Konsularvertrages vom 25. April 1958 im Verhältnis zu den jeweiligen Mitgliedern der Gemeinschaft Unabhängiger Staaten; im einzelnen:
Aserbaidschan vom 13. August 1996 – BGBl. 1996 II S. 2471 –,
Kasachstan vom 19. Oktober 1992 – BGBl. 1992 II S. 1120 –,
Russische Föderation vom 14. August 1992 – BGBl. 1992 II S. 1016 –,
Ukraine vom 30. Juni 1993 – BGBl. 1993 II S. 1189 –,
Usbekistan vom 26. Oktober 1993 – BGBl. 1993 II S. 2038 –);
danach sind die Mitteilungen auch dann zu bewirken, wenn es sich um Handelsschiffe, die nicht Seehandelsschiffe sind, oder um Luftfahrzeuge handelt,

b) zu Spanien auf Artikel 14 der Konsular-Konvention vom 22. Februar 1870 (BGBl. des Norddeutschen Bundes S. 99, RGBl. 1872 S. 211).

3) Ergänzend wird für Bayern auf folgende landesrechtliche Vorschrift verwiesen: Bekanntmachung über Mitteilungen der Justizvollzugsanstalten über die Entziehung der Freiheit von Angehörigen fremder Staaten außerhalb eines Strafverfahrens vom 14. Dezember 1998 (JMBl. 99, S. 2).

4) Siehe auch I/8.

6.[1)] Mitteilungen zur Verfolgung von Straftaten und Ordnungswidrigkeiten

(1) Mitzuteilen sind Entscheidungen oder Erkenntnisse zur Verfolgung von Straftaten oder Ordnungswidrigkeiten, soweit nicht schutzwürdige Interessen des Betroffenen am Ausschluß der Übermittlung erkennbar überwiegen (§ 338 Satz 1 i.V.m. § 311 Satz 1 FamFG).

(2) Die Mitteilungen sind von der Richterin oder dem Richter zu veranlassen.

(3) [1] Die Mitteilungen sind nach Abschluss des Verfahrens zu bewirken. [2] Ergeben sich im Verlauf eines Verfahrens Erkenntnisse, die eine Mitteilung vor Abschluß des Verfahrens zu Verfolgung von Straftaten und Ordnungswidrigkeiten erforderlich machen, so sind diese Erkenntnisse unverzüglich mitzuteilen.

(4) Die Mitteilungen sind an die Gerichte oder Behörden zu richten, die für die Verfolgung der Straftat oder Ordnungswidrigkeit zuständig sind.

(5) [1] Zugleich mit der Mitteilung sind der Betroffene, sein Pfleger für das Verfahren und sein Betreuer über den Inhalt und den Empfänger der Mitteilung zu unterrichten. [2] Die Unterrichtung des Betroffenen unterbleibt, wenn

1. der Zweck des Verfahrens oder der Zweck der Mitteilung durch die Unterrichtung gefährdet würde,
2. nach ärztlichem Zeugnis von der Mitteilung erhebliche Nachteile für die Gesundheit des Betroffenen zu besorgen sind oder
3. der Betroffene nach dem unmittelbaren Eindruck des Gerichts offensichtlich nicht in der Lage ist, den Inhalt der Unterrichtung zu verstehen.

[1)] Nr. II/6 Abs. 1, Abs. 5 Satz 3 und Abs. 6 geänd. mWv 1.10.2012 durch AV v. 17.8.2012 (BAnz AT 12.09.2012 B1).

[3] Die Unterrichtung ist nachzuholen, sobald die Gründe für ihr Unterbleiben entfallen sind (§ 338 Satz 1 i.V.m. § 311 Satz 2 i.V.m. § 308 Absatz 3 FamFG[1)]).

(6) Der Inhalt der Mitteilung, die Art und Weise der Übermittlung, der Empfänger sowie die Unterrichtung nach Absatz 5 oder die Gründe für deren Unterbleiben sind aktenkundig zu machen (§ 338 Satz 1 i.V.m. § 311 Satz 2 i.V.m. § 308 Absatz 4 FamFG).

III. Mitteilungen bei Beurkundungen

1.[2)] Mitteilungen über die Beurkundung von Schenkungen und Zweckzuwendungen unter Lebenden in einem gerichtlichen Vergleich zu steuerlichen Zwecken

(1) Mitzuteilen ist die in einem gerichtlichen Vergleich erfolgte Beurkundung von Schenkungen im Sinne von § 7 ErbStG und Zweckzuwendungen unter Lebenden im Sinne von § 8 ErbStG sowie von Rechtsgeschäften, die zum Teil oder der Form nach entgeltlich sind, aber nach den Umständen, die bei der Beurkundung oder sonst bekanntgeworden sind, eine Schenkung oder Zweckzuwendung unter Lebenden enthalten (§ 34 ErbStG, § 8 ErbStDV).

(2) Die Mitteilung kann unterbleiben in Fällen, in denen Gegenstand der Schenkung oder Zweckzuwendung nur Hausrat (einschließlich Wäsche und Kleidung) im Wert von nicht mehr als 12 000 Euro und anderes Vermögen im reinen Wert von nicht mehr als 20 000 Euro bildet (§ 8 Absatz 3 ErbStDV).

(3) [1] Außer der beglaubigten Abschrift der Urkunde sind die gemäß § 8 Absatz 1 ErbStDV zu treffenden Feststellungen über das persönliche Verhältnis (Verwandtschaftsverhältnis) des Erwerbers zum Schenker, über den Wert der Zuwendung und – bei einer Zuwendung von Grundbesitz – über den zuletzt festgestellten Einheitswert, Grundsteuerwert oder Grundbesitzwert mit einem Vordruck nach Muster 6 zu § 8 ErbStDV mitzuteilen, soweit die Mitteilung hiernach vorgesehen ist. [2] Darin ist auch der der Kostenberechnung zu Grunde gelegte Wert anzugeben.

(4) [1] Die Mitteilungen sind schriftlich an das für die Verwaltung der Erbschaftsteuer zuständige Finanzamt (§ 34 Absatz 1 ErbStG i.V.m. § 35 ErbStG) zu richten. [2] Eine elektronische Übermittlung der Mitteilungen ist ausgeschlossen.

Anmerkung: Im Saarland werden Schenkungsfälle nicht mehr durch ein saarländisches Finanzamt, sondern auf der Grundlage eines Staatsvertrags im Wege einer Kooperation mit Rheinland-Pfalz durch ein rheinland-pfälzisches Finanzamt bearbeitet. Mitteilungen sind an das Finanzamt Kusel-Landstuhl zu richten.

2.[3)] Mitteilungen über die Beurkundung von Rechtsvorgängen, die sich auf Grundstücke oder grundstücksgleiche Rechte beziehen, zu steuerlichen Zwecken

(1) Mitzuteilen sind die folgenden Rechtsvorgänge, die das Gericht in einem Vergleich oder durch Aufnahme eines Antrags zu Protokoll beurkundet hat:

1. Rechtsvorgänge, die ein Grundstück im Geltungsbereich des GrEStG betreffen (§ 18 Absatz 1 Satz 1 Nummer 1 GrEStG);

[1)] *Habersack*, Deutsche Gesetze Nr. 112.

[2)] Nr. III/1 Anm. angef. mWv 1.10.2016 durch AV v. 23.12.2016 (BAnz AT 24.05.2017 B1); Abs. 3 Satz 1 geänd. mWv 1.10.2023 durch AV v. 3.8.2023 (BAnz AT 22.09.2023 B1).

[3)] Nr. III/2 Abs. 5 Satz 3 neu gef. mWv 1.10.2016 durch AV v. 23.12.2016 (BAnz AT 24.05.2017 B1); Abs. 1, 2 und 4 neu gef., Anm. geänd. mWv 1.10.2018 durch AV v. 23.11.2018 (BAnz AT 24.12.2018 B2).

2. Anträge auf Berichtigung des Grundbuchs, wenn der Antrag darauf gestützt wird, dass der Grundstückseigentümer gewechselt hat (§ 18 Absatz 1 Satz 1 Nummer 2 GrEStG);
3. nachträgliche Änderungen oder Berichtigungen eines der unter Nummern 1 und 2 aufgeführten Vorgänge (§ 18 Absatz 1 Satz 1 Nummer 4 GrEStG).

(2) Absatz 1 gilt sinngemäß für die Beurkundung von Rechtsvorgängen, die sich beziehen auf

1. ein Erbbaurecht (§ 18 Absatz 2 Satz 1 GrEStG),
2. ein Gebäude auf fremdem Boden (§ 18 Absatz 2 Satz 1 GrEStG),
3. die Übertragung von Anteilen an einer Kapitalgesellschaft, einer Personenhandelsgesellschaft oder einer Gesellschaft des bürgerlichen Rechts, wenn zum Vermögen der Gesellschaft ein im Geltungsbereich des GrEStG liegendes Grundstück gehört (§ 18 Absatz 2 Satz 2 GrEStG).

(3) Die Mitteilungen sind auch dann zu bewirken, wenn die Wirksamkeit des Rechtsvorgangs vom Eintritt einer Bedingung, vom Ablauf einer Frist oder von einer Genehmigung abhängig ist oder wenn der Rechtsvorgang von der Besteuerung ausgenommen ist (§ 18 Absatz 3 GrEStG).

(4) [1]Die Mitteilungen sind nach amtlich vorgeschriebenem Vordruck binnen zwei Wochen nach der Beurkundung zu bewirken. [2]Ihnen ist eine Abschrift des gerichtlichen Vergleichs bzw. des den Antrag enthaltenden Protokolls beizufügen. [3]Die Absendung der Mitteilung ist auf der Urschrift des gerichtlichen Vergleichs bzw. des den Antrag enthaltenden Protokolls zu vermerken (§ 18 Absatz 1, 3 und 4 GrEStG).

(5) [1]Die Mitteilungen sind schriftlich zu richten

1. bei einem Rechtsvorgang, der sich auf ein Grundstück bezieht, an das Finanzamt, in dessen Bezirk das Grundstück oder der wertvollste Teil des Grundstücks liegt;
2. bei einem Rechtsvorgang, der sich auf mehrere Grundstücke bezieht,
   a) die im Bezirk eines Finanzamts liegen, an dieses Finanzamt,
   b) die in den Bezirken verschiedener Finanzämter liegen, an das Finanzamt, in dessen Bezirk der wertvollste Grundstücksteil oder das wertvollste Grundstück oder der wertvollste Bestand an Grundstücksteilen oder Grundstücken liegt;
3. a) bei Grundstückserwerben durch Umwandlung an das Finanzamt, in dessen Bezirk sich die Geschäftsleitung des Erwerbers befindet,
   und
   b) in den Fällen des Absatzes 2 Nummer 3 an das Finanzamt, in dessen Bezirk sich die Geschäftsleitung der Gesellschaft befindet.

[2]Befindet sich die Geschäftsleitung nicht im Geltungsbereich des GrEStG, so ist die Mitteilung an das unter Nummer 1 oder 2 genannte Finanzamt zu richten (§ 18 Absatz 5, § 17 Absatz 1 bis 3 GrEStG). [3]Bis zum Erlass einer Rechtsverordnung gemäß § 22a GrEStG ist eine elektronische Übermittlung der Mitteilungen ausgeschlossen.

Anmerkung:

Allgemein: Bei den Mitteilungen sind Zuständigkeitskonzentrationen der Finanzämter in den einzelnen Bundesländern zu beachten (vgl. die Suchseite des Bundeszentralamts für Steuern unter www.finanzamt.de).

3.[1] Mitteilungen über die Beurkundung von entgeltlichen Verträgen über Grundstücke und grundstücksgleiche Rechte in einem gerichtlichen Vergleich

(1) [1] Mitzuteilen ist die in einem gerichtlichen Vergleich erfolgte Beurkundung von Verträgen, durch die sich jemand verpflichtet, gegen Entgelt, auch im Wege des Tausches,

1. das Eigentum an einem Grundstück oder Grundstücksteil zu übertragen;
2. ein grundstücksgleiches Recht, z.B. Erbbaurecht, zu begründen oder zu übertragen

(§ 195 Absatz 1 Satz 1, § 200 BauGB[2]). [2] Dies gilt auch für das Angebot und die Annahme eines Vertrages nach Satz 1, wenn diese getrennt beurkundet werden (§ 195 Absatz 1 Satz 2, § 200 BauGB).

(2) [1] Die Mitteilungen sind an den zuständigen Gutachterausschuß zu richten. [2] Ihnen ist eine Abschrift des gerichtlichen Vergleichs beizufügen.

Anmerkung: Die Gutachterausschüsse bzw. ihre Geschäftsstellen sind gebildet

in **Baden-Württemberg**
bei den Gemeinden und Verwaltungsgemeinschaften (§ 1 der VO vom 11. Dezember 1989 – GBl. S. 541 –);

in **Bayern**
bei den Kreisverwaltungsbehörden (§ 1 der VO vom 5. April 2005 – GVBl. S. 88 –);

in **Berlin**
beim Senator für Bau- und Wohnungswesen (§ 7 der VO vom 31. Oktober 1960 – GVBl. S. 1094 –);

in **Brandenburg**
für die Bereiche der Landkreise und der kreisfreien Städte bei dem dort zuständigen Kataster- und Vermessungsamt;

in **Bremen**
bei der Stadtgemeinde Bremen und bei der Stadtgemeinde Bremerhaven, bei der Stadtgemeinde Bremerhaven auch für den Ortsteil Stadtbremisches Überseehafengebiet Bremerhaven der Stadtgemeinde Bremen; Geschäftsstellen bestehen jeweils bei der örtlich zuständigen Katasterbehörde (§ 1 Absatz 1, § 9 Absatz 1 der VO vom 2. September 2008 – Brem. GBl. S. *312*[3] – 2130 – a – 2, zuletzt geändert durch Art. 1 ÄndVO vom 17. Juni 2014 – Brem GBl. S. 314);

in **Hamburg**
bei der Behörde für Stadtentwicklung und Wohnen – Landesbetrieb Geoinformation und Vermessung – (§ 1 der VO vom 12. Mai 2009 – HmbGVBl. S. 124 –);

in **Hessen**
für die Bereiche der Landkreise, der kreisfreien Städte und einzelner kreisangehöriger Städte. Sie befinden sich entweder beim zuständigen Amt für Bodenmanagement oder beim Magistrat der jeweiligen Stadt (§ 1 in Verbindung mit § 8 der DVO-BauGB vom 17. April 2007 [GVBl. I S. 259], zuletzt geändert durch Verordnung vom 25. November 2014 (GVBl. S. 321));

---

[1] *Nr. III/3 Anm. geänd. mWv 1.10.2012 durch* AV v. 17.8.2012 (BAnz AT 12.09.2012 B1); Anm. geänd. mWv 1.10.2016 durch AV v. 23.12.2016 (BAnz AT 24.05.2017 B1); Anm. geänd. mWv 1.10.2021 durch AV v. 9.8.2021 (BAnz AT 16.09.2021 B3); Anm. geänd. mWv 1.10.2023 durch AV v. 3.8.2023 (BAnz AT 22.09.2023 B1).

[2] **Sartorius Nr. 300.**

[3] Richtig wohl: „321“.

in **Mecklenburg-Vorpommern**
bei den Landkreisen und kreisfreien Städten (§ 1 der LVO vom 29. Juni 2011 – GVOBl. M-V S. 441);

in **Niedersachsen**
bei den Vermessungs- und Katasterbehörden (§ 17 Absatz 1 der VO vom 22. April 1997 – Nds. GVBl. S. 112 –);

in **Nordrhein-Westfalen**
bei den Kreisen, den kreisfreien Städten und den großen kreisangehörigen Städten (§ 1 der VO vom 23. März 2004 – GV.NRW S. 146 –);

in **Rheinland-Pfalz**
für jeden Landkreis, für jede kreisfreie und große kreisangehörige Stadt (§ 1 der VO vom 15. Mai 1989 – GVBl. S. 153 – BS 213 – 10), die Mitteilungen sind an die Geschäftsstellen bei den Katasterämtern bzw. an die Geschäftsstellen bei den kommunalen Vermessungsdienststellen der Städte Kaiserslautern, Koblenz, Ludwigshafen, Mainz, Trier und Worms zu richten;

im **Saarland**
bei den Landkreisen, beim Regionalverband Saarbrücken und bei der Landeshauptstadt Saarbrücken (§ 1 der VO vom 21. August 1990 – Amtbl. S. 957 –);

in **Sachsen**
für jeden Landkreis und für jede kreisfreie Stadt;

in **Sachsen-Anhalt**
bei dem Landesamt für Vermessung und Geoinformation Sachsen-Anhalt, Otto-von-Guericke-Straße 15, 39104 Magdeburg;

in **Schleswig-Holstein**
bei den Kreisen und kreisfreien Städten (§ 1 LVO vom 27. April 2022 – GVOBl. Schl.-H. S. 588 –);

in **Thüringen**
beim Thüringer Landesamt für Bodenmanagement und Geoinformation.

4.[1] Mitteilungen über die Beurkundung von Erklärungen über die Anerkennung der Vaterschaft oder der Mutterschaft und über die gerichtliche Genehmigung solcher Erklärungen

(1) Mitzuteilen sind

1. die Beurkundung
   a) der Anerkennung einer Vaterschaft oder des Widerrufs der Anerkennung und einer dazu erforderlichen Zustimmung (§ 1597 Absatz 2 und 3 Satz 2, § 1599 Absatz 2 Satz 2 BGB[2], §§ 27 Absatz 2, 44 Absatz 1 PStG[3], § 56 Absatz 1 *Nummer 1 Buchstabe* a PStV[4]),
   b) die Anerkennung einer Mutterschaft (§ 44 Absatz 2 PStG, § 56 Absatz 1 Nummer 1 Buchstabe a PStV),

---

[1] Nr. III/4 Abs. 1 Nr. 2 geänd., Nr. 3 und 4 angef., Abs. 3 Satz 1 geänd., Satz 5 angef. mWv 1.10.2018 durch AV v. 23.11.2018 (BAnz AT 24.12.2018 B2).

[2] **Habersack, Deutsche Gesetze Nr. 20.**

[3] Nr. **113**.

[4] **Sartorius Nr. 261.**

2. die gerichtliche Genehmigung einer Anerkennung, Zustimmung oder des Widerrufs (§ 1597 Absatz 2 und 3, § 1596 Absatz 1 Satz 3 und 4 BGB, § 56 Absatz 1 Nummer 1 Buchstabe a PStV),
3. die Aussetzung der Beurkundung einer Vaterschaftsanerkennung oder einer Zustimmung der Mutter zur Vaterschaftsanerkennung (§ 1597a Absatz 2 und 4 BGB),
4. konkrete Anhaltspunkte für eine missbräuchliche Anerkennung der Vaterschaft.

(2) [1] Zu übersenden ist eine beglaubigte Abschrift der Anerkennungserklärung, der Widerrufserklärung, der etwa erforderlichen Zustimmungserklärung sowie der erteilten Genehmigung des Gerichts. [2] Soweit nicht bereits in der Urkunde enthalten, sind

a) über das Kind und

b) über die Person, die die Vaterschaft oder Mutterschaft anerkannt hat,

nachstehende von dem Standesamt für die Eintragung in die Personenstandsregister benötigten Angaben mitzuteilen:

- Familienname (wenn der Geburtsname hiervon verschieden ist, auch dieser),
- sämtliche Vornamen,
- Geburtstag und -ort, Geburtsstandesamt, Nummer des Eintrags,
- Staatsangehörigkeit,
- auf Wunsch des Anerkennenden die rechtliche Zugehörigkeit zu einer Religionsgemeinschaft, die Körperschaft des öffentlichen Rechts ist,
- Familienstand,
- Tag und Ort der Eheschließung bzw. der Begründung der Lebenspartnerschaft sowie Standesamt, das das Eheregister bzw. Lebenspartnerschaftsregister führt bzw. die Stelle, der nach Landesrecht die Führung des Lebenspartnerschaftsregisters obliegt, oder falls ein solches nicht geführt wird, die Stelle, die die Begründung der Lebenspartnerschaft dokumentiert hat, und Nummer des Eintrags, wenn ein Familienbuch als Heiratseintrag fortgeführt wird, dessen Kennzeichen und Führungsort,
- Anschrift.

[3] Der Angabe des Familienstandes des Anerkennenden bedarf es nur in den Fällen, in denen ein ausländischer Staatsangehöriger die Vaterschaft anerkannt hat.

(3) [1] Die Mitteilungen nach Absatz 1 Nummer 1 bis 3 sind an das Standesamt zu richten, das den Geburtseintrag des Kindes führt. [2] Ist die Geburt des Kindes nicht im Inland beurkundet, so ist die Mitteilung an das Standesamt I in Berlin zu richten (§ 44 Absatz 3 PStG, § 56 Absatz 1 Nummer 4 Buchstabe b PStV). [3] Ändert sich durch die in Absatz 1 Nummer 1 aufgeführten Erklärungen und Entscheidungen der Name einer Person, deren Geburt nicht in einem Personenstandsregister im Inland beurkundet ist, ist eine Mitteilung an das Standesamt zu richten, das das Eheregister führt, im Fall einer Lebenspartnerschaft an das Standesamt, das das Lebenspartnerschaftsregister führt, bzw. an die Stelle, der nach Landesrecht die Führung des Lebenspartnerschaftsregisters obliegt, oder falls ein solches nicht geführt wird, an die Stelle, die die Begründung der Lebenspartnerschaft dokumentiert hat. [4] Ist bei den in Absatz 1 Nummer 1 aufgeführten Entscheidungen der Personenstandsfall, auf den sich die Mitteilung bezieht, nicht im Inland beurkundet worden, ist eine Mitteilung an das Standesamt I in Berlin zu richten (§ 56 Absatz 1 Nummer 2 Buchstabe c, Absatz 1 Nummer 3 Buchstabe b, Absatz 1

Nummer 4 Buchstabe b PStV). 5 Die Mitteilung nach Absatz 1 Nummer 4 ist an die zuständige Behörde nach § 85a des Aufenthaltsgesetzes[1] zu richten.

5.[2] Mitteilungen über die Beurkundung von Erbverträgen und sonstigen erbrechtlichen Erklärungen in einem gerichtlichen Vergleich

(1) Mitzuteilen sind

1. ein in einem gerichtlichen Vergleich errichteter Erbvertrag;
2. in einen gerichtlichen Vergleich aufgenommene sonstige Erklärungen, welche die Erbfolge beeinflussen können (z.B. Aufhebungsvertrag, Rücktritts- und Anfechtungserklärung, Erb- und Zuwendungsverzichtsvertrag, Ehe- und Lebenspartnerschaftsvertrag – etwa durch erstmalige Vereinbarung oder Änderung des Vermögensstands – und Rechtswahlen)

(§ 78d Absatz 4 in Verbindung mit § 78d Absatz 2 Satz 1 BNotO[3]).

(2) Inhalt und Form der Mitteilung richten sich nach der Testamentsregister-Verordnung.

(3) Die Mitteilungen sind von der Richterin oder dem Richter zu veranlassen.

(4) Die Mitteilungen sind an die Bundesnotarkammer als Registerbehörde des Zentralen Testamentsregisters nach Maßgabe der von ihr getroffenen Festlegungen zu richten.

6.[4] Mitteilungen über die Beurkundung der Vereinbarung der Gütergemeinschaft in einem gerichtlichen Vergleich zu steuerlichen Zwecken

(1) Mitzuteilen ist die in einem gerichtlichen Vergleich erfolgte Beurkundung der Vereinbarung der Gütergemeinschaft (§ 34 ErbStG).

(2) 1 Außer der beglaubigten Abschrift der Urkunde sind die gemäß § 8 Absatz 1 ErbStDV zu treffenden Feststellungen über den Wert der Zuwendung und – bei einer Zuwendung von Grundbesitz – über den zuletzt festgestellten Einheitswert, Grundsteuerwert oder Grundbesitzwert mit einem Vordruck nach Muster 6 zu § 8 ErbStDV mitzuteilen, soweit die Mitteilung hiernach vorgesehen ist. 2 Darin ist auch der der Kostenberechnung zu Grunde gelegte Wert anzugeben.

(3) 1 Die Mitteilungen sind schriftlich an das für die Verwaltung der Erbschaftsteuer zuständige Finanzamt (§ 34 Absatz 1 ErbStG i.V.m. § 35 ErbStG) zu richten. 2 Eine elektronische Übermittlung der Mitteilungen ist ausgeschlossen.

Anmerkung: Im Saarland werden Schenkungsfälle nicht mehr durch ein saarländisches Finanzamt, sondern auf der Grundlage eines Staatsvertrags im Wege einer Kooperation mit Rheinland-Pfalz durch ein rheinland-pfälzisches Finanzamt bearbeitet. Mitteilungen sind an das Finanzamt Kusel-Landstuhl zu richten.

---

[1] **Sartorius Nr. 565.**

[2] Nr. III/5 neu gef. mWv 1.10.2012 durch AV v. 17.8.2012 (BAnz AT 12.09.2012 B1); Abs. 1 abschl. Satzteil geänd. mWv 1.10.2018 durch AV v. 23.11.2018 (BAnz AT 24.12.2018 B2).

[3] Nr. **98a.**

[4] Nr. III/6 Anm. angef. mWv 1.10.2016 durch AV v. 23.12.2016 (BAnz AT 24.05.2017 B1); Abs. 2 Satz 1 geänd. mWv 1.10.2023 durch AV v. 3.8.2023 (BAnz AT 22.09.2023 B1).

2. Abschnitt. Mitteilungen in Zivilprozeßverfahren

IV. Mitteilungen in Mietsachen

1.[1] Mitteilungen über Klagen auf Räumung von Wohnraum bei Zahlungsverzug des Mieters

(1) Mitzuteilen ist der Eingang einer Klage, mit der die Räumung von Wohnraum im Falle der Kündigung des Mietverhältnisses wegen Zahlungsverzugs des Mieters nach § 543 Absatz 1, Absatz 2 Satz 1 Nummer 3 in Verbindung mit § 569 Absatz 3 BGB[2] verlangt wird (§ 22 Absatz 9 SGB II, § 36 Absatz 2 SGB XII).

(2) Die Mitteilung unterbleibt, wenn die Nichtzahlung der Miete nach dem Inhalt der Klageschrift offensichtlich nicht auf Zahlungsunfähigkeit des Mieters beruht.

(3) Mitzuteilen sind

1. der Tag des Eingangs der Klage und, falls die Klage bereits zugestellt ist, auch der Tag der Rechtshängigkeit der Klage,
2. die Namen und Anschriften der Parteien,
3. die Höhe der monatlich zu entrichtenden Miete,
4. die Höhe des geltend gemachten Mietrückstandes und der geltend gemachten Entschädigung und
5. der Termin zur mündlichen Verhandlung, sofern dieser bereits bestimmt ist.

(4) Die Mitteilungen sind unverzüglich zu bewirken, in der Regel nach Eingang der Klage.

(5) Die Mitteilungen, für die ein Vordruck gemäß dem als Anlage beigefügten Muster zu verwenden ist, sind an den örtlich für die Übernahme der Kosten der Unterkunft und Heizung zuständigen kommunalen Träger der Sozialhilfe oder die von diesem beauftragte Stelle beziehungsweise an den örtlich zuständigen kommunalen Träger der Grundsicherung für Arbeitsuchende oder die von diesem beauftragte Stelle zu richten.

(6) Zugleich mit der Mitteilung ist der Betroffene über den Inhalt und den Empfänger der Mitteilung zu unterrichten.

Anmerkung: Mitteilungsempfänger sind:

in **Baden-Württemberg** der Stadt- oder Landkreis sowie die gemeinsame Einrichtung im Sinne des § 44b SGB II;

in **Bayern** der Landkreis bzw. die kreisfreie Gemeinde;

in **Berlin** das Bezirksamt – Bereich Soziales – bzw. das Jobcenter (je nachdem, welche Stelle im jeweiligen Amtsgerichtsbezirk für die Entgegennahme zuständig ist);

in **Brandenburg** die Landkreise bzw. kreisfreien Städte;

in **Bremen**

a) in der Stadt Bremen das Amt für Soziale Dienste – Zentrale Fachstelle für Wohnen (ZfW), Bahnhofsplatz 29, 28195 Bremen;

---

[1] Nr. IV/1 Abs. 1 und Anm. geänd. mWv 1.10.2012 durch AV v. 17.8.2012 (BAnz AT 12.09.2012 B1); Anm. geänd. mWv 1.10.2014 durch AV v. 15.9.2014 (BAnz AT 29.09.2014 B1); Anm. geänd. mWv 1.10.2016 durch AV v. 23.12.2016 (BAnz AT 24.05.2017 B1); Anm. geänd. mWv 1.10.2021 durch AV v. 9.8.2021 (BAnz AT 16.09.2021 B3); Abs. 5 neu gef. mWv 1.10.2023 durch AV v. 3.8.2023 (BAnz AT 22.09.2023 B1).

[2] **Habersack, Deutsche Gesetze Nr. 20.**

b) in der Stadt Bremerhaven
für Mitteilungen nach § 36 Absatz 2 SGB XII der Magistrat der Stadt Bremerhaven – Sozialamt –,
für Mitteilungen nach § 22 Absatz 9 SGB II das Jobcenter Bremerhaven;

c) für den Bezirk des Amtsgerichts Bremen-Blumenthal das Amt für Soziale Dienste – Zentrale Fachstelle für Wohnen (ZfW) im Sozialamt Nord, Am Sedanplatz 7, 28757 Bremen;

in **Hamburg** das Bezirksamt – Grundsicherungs- und Sozialamt – Fachstelle für Wohnungsnotfälle;

in **Hessen** die Kreisausschüsse der Landkreise und der Magistrat der kreisfreien Städte

in **Mecklenburg-Vorpommern**

a) für Mitteilungen nach § 36 Absatz 2 SGB XII die Landräte der Landkreise sowie die Oberbürgermeister der kreisfreien Städte – Sozialämter –,

b) für Mitteilungen nach § 22 Absatz 9 SGB II die Gemeinsamen Einrichtungen bzw. im Landkreis Vorpommern-Rügen der Landrat;

in **Niedersachsen** der Landkreis bzw. die kreisfreie Stadt;

in **Nordrhein-Westfalen**

a) für Mitteilungen nach § 36 Absatz 2 SGB XII die Gemeinde bzw. die Kreise und kreisfreien Städte (§§ 3, 97 Absatz 1 SGB XII in Verbindung mit § 1 Absatz 1 und § 3 AG-SGB XII NRW)

b) für Mitteilungen nach § 22 Absatz 9 SGB II die Gemeinde bzw. die Kreise und kreisfreien Städte (§ 6 Absatz 1 Satz 1 Nummer 2 SGB II in Verbindung mit § 1 und § 5 Absatz 1 und 2 AG-SGB II NRW);

in **Rheinland-Pfalz** die Landkreise und kreisfreien Städte;

im **Saarland**

a) für Mitteilungen nach § 36 Absatz 2 SGB XII der Regionalverband bzw. die Landkreise,

b) für Mitteilungen nach § 22 Absatz 9 SGB II die Jobcenter Saarbrücken, Saarlouis, Neunkirchen, Saarpfalz oder Merzig-Wadern sowie die Kommunale Arbeitsförderung St. Wendel;

in **Sachsen** die Landkreise und kreisfreien Städte sowie die gemeinsamen Einrichtungen im Sinne des § 44b SGB II;

in **Sachsen-Anhalt** die Landkreise und kreisfreien Städte sowie die gemeinsamen Einrichtungen im Sinne des § 44b SGB II;

in **Schleswig-Holstein** die Landkreise (Kreissozialamt) und die kreisfreien Städte *(Sozialamt); diese teilen* den Gerichten etwaige von ihnen beauftragte Stellen mit;

in **Thüringen** die Sozialhilfeverwaltung der Landkreise oder der kreisfreien Städte und die Jobcenter der zugelassenen kommunalen Träger nach § 6b SGB II (besondere Einrichtungen) sowie die Jobcenter nach § 44b SGB II (gemeinsame Einrichtungen).

V. Mitteilungen in Handelssachen nach § 95 GVG

1.[1] Mitteilungen an die Bundesanstalt für Finanzdienstleistungsaufsicht

(1) Mitzuteilen sind, wenn für die Gesellschaft als Emittentin von zugelassenen Wertpapieren im Sinne des § 2 Absatz 1 des Wertpapierhandelsgesetzes[2] mit Ausnahme von Anteilen und Aktien an offenen Investmentvermögen im Sinne des § 1 Absatz 4 des Kapitalanlagegesetzbuchs die Bundesrepublik Deutschland der Herkunftsstaat (§ 2 Absatz 13 des Wertpapierhandelsgesetzes) ist,

1. in Verfahren zur Bestellung von Sonderprüfern nach § 142 Absatz 2 Satz 1, § 258 Absatz 1 Satz 1 AktG[3]
   a) der Eingang eines Antrags auf Bestellung von Sonderprüfern,
   b) jede rechtskräftige Entscheidung über die Bestellung von Sonderprüfern,
   c) der Prüfungsbericht der Sonderprüfer,
   d) im Falle des § 258 Absatz 1 Satz 1 AktG zusätzlich die rechtskräftige gerichtliche Entscheidung über die abschließenden Feststellungen der Sonderprüfer nach § 260 Absatz 2 AktG;

   (§ 142 Absatz 7, § 261a AktG);
2. bei Klagen gegen die Gesellschaft auf Feststellung der Nichtigkeit eines Jahresabschlusses
   a) der Eingang der Klage,
   b) die rechtskräftige Entscheidung über die Klage

   (§ 256 Absatz 7 Satz 2 AktG)

(2) Die Mitteilungen sind von der Richterin oder dem Richter zu veranlassen.

(3) Die Mitteilungen sind an die Bundesanstalt für Finanzdienstleistungsaufsicht (BaFin), Postfach 500154, 60391 Frankfurt, zu richten.

Va.[4] Mitteilungen in Verfahren mit Bezug zum Zahlungskontengesetz

1. Mitteilungen nach § 52 des Zahlungskontengesetzes

(1) [1] Mitzuteilen ist in Verfahren, welche die Rechte und Pflichten des Berechtigten und des Verpflichteten auf Grund des ZKG betreffen, eine Abschrift des Schriftsatzes, mit dem in dem betreffenden Verfahren erstmals eine Bezugnahme auf die Bestimmungen des ZKG erfolgt (§ 52 ZKG). [2] Einer Mitteilung bedarf es nicht, wenn die Klage nach § 50 ZKG gegen die Bundesanstalt für Finanzdienstleistungsaufsicht erhoben ist.

(2) Die Mitteilungen sind von der Richterin oder dem Richter zu veranlassen.

(3) Die Mitteilungen sind an die Bundesanstalt für Finanzdienstleistungsaufsicht (BaFin), Postfach 1253, 53002 Bonn, zu richten.

---

[1] Nr. V/1 Abs. 1 geänd. mWv 1.10.2016 durch AV v. 23.12.2016 (BAnz AT 24.05.2017 B1); Abs. 1 einl. Satzteil neu gef. mWv 1.10.2021 durch AV v. 9.8.2021 (BAnz AT 16.09.2021 B3).

[2] Nr. **58.**

[3] **Habersack, Deutsche Gesetze Nr. 51.**

[4] Nr. Va eingef. mWv 1.10.2018 durch AV v. 23.11.2018 (BAnz AT 24.12.2018 B2).

3. Abschnitt. Mitteilungen in Vollstreckungsverfahren

VI. Mitteilungen in Zwangsvollstreckungssachen

1. *(aufgehoben)*

2.[1] **Mitteilungen zur Unterrichtung der Staatsanwaltschaft**

(1) [1]Mitzuteilen sind Eintragungen in das Schuldnerverzeichnis nach § 882b ZPO[2], wenn das Verfahren eine Aktiengesellschaft, eine Kommanditgesellschaft auf Aktien, eine Gesellschaft mit beschränkter Haftung oder eine Genossenschaft betrifft. [2]Dasselbe gilt, wenn das Verfahren eine offene Handelsgesellschaft oder eine Kommanditgesellschaft betrifft, bei der kein Gesellschafter eine natürliche Person ist (§ 17 Nummer 1 EGGVG[3]).

(2) Die Mitteilungen sind an die für das Amtsgericht im Sinne des § 802e ZPO zuständige Staatsanwaltschaft zu richten.

(3) [1]Mitteilungspflichtige Stelle für Eintragungen in das Schuldnerverzeichnis nach § 882c ZPO, § 284 Absatz 9 AO und § 26 Absatz 2 InsO[4] ist das zentrale Vollstreckungsgericht. [2]Eine Mitteilung muss nur ergehen, soweit die die Eintragung in das Schuldnerverzeichnis anordnende Stelle das zentrale Vollstreckungsgericht über den Mitteilungsfall gesondert in Kenntnis setzt. [3]Wird eine Eintragung gemäß § 882c ZPO von einem Gerichtsvollzieher oder gemäß § 26 Absatz 2 InsO von dem Insolvenzgericht angeordnet, setzt die anordnende Stelle bei Übermittlung der Eintragungsanordnung oder nach Erhalt der Eintragungsmitteilung (§ 3 Absatz 2 Satz 2 SchuFV[5]) unter Angabe der Verfahrensnummer das zentrale Vollstreckungsgericht über eine aus der Eintragung resultierende Mitteilungspflicht in Kenntnis. [4]Mitgeteilt wird nur der Inhalt der Eintragung sowie die absendende Stelle.

Anmerkung:

In **Bayern** sind die Mitteilungen an die Schwerpunktstaatsanwaltschaften für Wirtschaftsstrafsachen (§ 40 BayGZVJu, § 74c Absatz 3 Satz 1, § 143 GVG[6]) zu richten.

In **Sachsen** sind die Mitteilungen an die Schwerpunktstaatsanwaltschaften für Wirtschaftsstrafsachen (§ 23 SächsJOrgVO, § 74c Absatz 3 Satz 1, § 143 GVG) zu richten.

3.[7] **Mitteilungen an das Registergericht**

(1) Mitzuteilen sind Eintragungen in das Schuldnerverzeichnis nach § 882b ZPO[2], wenn das Verfahren eine Aktiengesellschaft, eine Kommanditgesellschaft auf Aktien, eine Gesellschaft mit beschränkter Haftung oder eine Genossenschaft betrifft und ein Vermögensverzeichnis vorliegt, aus dem sich hinreichende An-

---

[1] Nr. VI/2 Abs. 1 Satz 1 und Abs. 2 neu gef., Abs. 3 angef. mWv 1.10.2014 durch AV v. 15.9.2014 (BAnz AT 29.09.2014 B1); Anm. geänd. mWv 1.10.2016 durch AV v. 23.12.2016 (BAnz AT 24.05.2017 B1).

[2] **Habersack, Deutsche Gesetze Nr. 100.**

[3] **Habersack, Deutsche Gesetze Nr. 95a.**

[4] **Habersack, Deutsche Gesetze Nr. 110.**

[5] **Habersack, Deutsche Gesetze Nr. 102.**

[6] **Habersack, Deutsche Gesetze Nr. 95.**

[7] Nr. VI/3 Abs. 1 neu gef., Abs. 2 aufgeh., bish. Abs. 3 wird Abs. 2, neuer Abs. 3 angef. mWv 1.10.2014 durch AV v. 15.9.2014 (BAnz AT 29.09.2014 B1); Abs. 3 Satz 3 geänd. mWv 1.10.2021 durch AV v. 9.8.2021 (BAnz AT 16.09.2021 B3); Abs. 3 Satz 1 geänd. mWv 1.10.2023 durch AV v. 3.8.2023 (BAnz AT 22.09.2023 B1).

haltspunkte dafür ergeben, dass die Gesellschaft vermögenslos ist (§ 15 Nummer 1 EGGVG[1]).

(2) Die Mitteilungen sind an das zuständige Registergericht zu richten.

(3) [1] Mitteilungspflichtige Stelle für Eintragungen in das Schuldnerverzeichnis nach § 882c Absatz 1 Satz 1 Nummer 2 und 3 ZPO, § 284 Absatz 9 AO und § 26 Absatz 2 InsO[2] ist das zentrale Vollstreckungsgericht. [2] Eine Mitteilung muss nur ergehen, soweit die die Eintragung in das Schuldnerverzeichnis anordnende Stelle das zentrale Vollstreckungsgericht über den Mitteilungsfall gesondert in Kenntnis setzt.
[3] Wird eine Eintragung gemäß § 882c Absatz 1 Satz 1 Nummer 2 und 3 ZPO von einem Gerichtsvollzieher oder gemäß § 26 Absatz 2 InsO von dem Insolvenzgericht angeordnet, setzt die anordnende Stelle bei Übermittlung der Eintragungsanordnung oder nach Erhalt der Eintragungsmitteilung (§ 3 Absatz 2 Satz 2 SchuFV[3]) unter Angabe der Verfahrensnummer das zentrale Vollstreckungsgericht über eine aus der Eintragung resultierende Mitteilungspflicht in Kenntnis. [4] Mitgeteilt wird nur der Inhalt der Eintragung sowie die absendende Stelle.

4.[4] Mitteilungen über vorzeitige Löschungen im Schuldnerverzeichnis

(1) Mitzuteilen ist die vorzeitige Löschung einer Eintragung im Schuldnerverzeichnis (§ 882g Absatz 6 Satz 2 ZPO[5], § 14 Absatz 2 SchuVAbdrV[6]).

(2) Die Mitteilungen sind innerhalb eines Monats zu bewirken (§ 882g Absatz 6 Satz 2 ZPO).

(3) Die Mitteilungen sind an die Bezieher von Abdrucken aus dem Schuldnerverzeichnis zu richten.

(4) War die Eintragung im Schuldnerverzeichnis von Anfang an rechtswidrig, ist dies bei der Mitteilung nach Absatz 1 auf geeignete Weise kenntlich zu machen.

5.[7] Mitteilungen an das zentrale Vollstreckungsgericht

Hebt das zuständige Vollstreckungsgericht oder das Beschwerdegericht die Eintragungsanordnung auf, weil sie von Anfang an rechtswidrig war, teilt es dies dem zentralen Vollstreckungsgericht zusammen mit der Entscheidung nach § 882d Absatz 3 ZPO[5] mit.

VII. Mitteilungen in Zwangsversteigerungssachen

1.[8] Mitteilungen über die Bestimmung des Versteigerungstermins

(1) Mitzuteilen ist bei der Zwangsversteigerung von Grundstücken und grundstücksgleichen Rechten die Bestimmung des Versteigerungstermins (§ 39 ZVG[9], § 13 Absatz 1 Nummer 4 EGGVG[1]).

(2) Die Mitteilungen müssen den Namen und die Anschrift des Vollstreckungsschuldners enthalten.

---

[1] **Habersack, Deutsche Gesetze Nr. 95a.**
[2] **Habersack, Deutsche Gesetze Nr. 110.**
[3] **Habersack, Deutsche Gesetze Nr. 102.**
[4] Nr. VI/4 Abs. 1 und 2 geänd. mWv 1.10.2014 durch AV v. 15.9.2014 (BAnz AT 29.09.2014 B1); Abs. 4 angef. mWv 1.10.2018 durch AV v. 23.11.2018 (BAnz AT 24.12.2018 B2).
[5] **Habersack, Deutsche Gesetze Nr. 100.**
[6] **Habersack, Deutsche Gesetze Nr. 102a.**
[7] Nr. VI/5 eingef. mWv 1.10.2018 durch AV v. 23.11.2018 (BAnz AT 24.12.2018 B2).
[8] Nr. VII/1 Abs. 2 geänd. mWv 1.10.2018 durch AV v. 23.11.2018 (BAnz AT 24.12.2018 B2).
[9] **Habersack, Deutsche Gesetze Nr. 108.**

(3) Die Mitteilungen sind zu richten an

1. die Gemeindeverwaltung (§ 77 Absatz 2 AO, § 134 Absatz 2 BauGB[1]), § 12 GrStG, Beiträge nach Kommunalabgabenrecht);
2. die Stellen, die öffentliche Lasten einziehen, soweit feststeht, daß derartige Abgaben nach landesrechtlichen Bestimmungen in Betracht kommen; zu diesen Lasten gehören insbesondere
   a) Kirchspielsumlagen sowie Abgaben und Leistungen, die aus dem Kirchen- und Pfarrverband entspringen oder an Kirchen, Pfarreien oder Kirchenbedienstete zu entrichten sind,
   b) Beiträge, die an Stiftungen, Anstalten und Körperschaften des öffentlichen Rechts, die einen gemeinnützigen Zweck verfolgen, sowie an öffentlich-rechtliche Brandversicherungsanstalten zu entrichten sind,
   c) Beiträge, die an öffentlich-rechtliche Genossenschaften, deren Zweck in der Verbesserung der Bodenverhältnisse besteht, zu entrichten sind,
   d) Beiträge und Gebühren zu öffentlichen Wege-, Siel-, Wasser- und Uferbauten.

2.[2] Mitteilungen über den Zuschlag zu steuerlichen Zwecken

(1) Mitzuteilen sind Zuschlagsbeschlüsse in Zwangsversteigerungsverfahren über Grundstücke und grundstücksgleiche Rechte, z.B. Erbbaurechte und Wohnungseigentum, ohne Rücksicht darauf, ob der Rechtsübergang grunderwerbsteuerpflichtig ist (§ 18 Absatz 1 Satz 1 Nummer 3 und Absatz 3 Satz 2 GrEStG).

(2) [1] Die Mitteilungen sind nach amtlich vorgeschriebenem Vordruck (§ 18 Absatz 1 Satz 1 GrEStG) binnen zwei Wochen nach der Verkündung des Zuschlagsbeschlusses zu bewirken. [2] Ihnen ist eine Abschrift des Zuschlagsbeschlusses beizufügen (§ 18 Absatz 1 Satz 2 GrEStG). [3] Die Absendung der Mitteilung ist auf der Urschrift des Zuschlagsbeschlusses zu vormerken (§ 18 Absatz 4 GrEStG).

(3) [1] Die Mitteilungen sind schriftlich zu richten

1. bei einem Zuschlagsbeschluss, der sich auf ein Grundstück/Erbbaurecht bezieht, an das Finanzamt, in dessen Bezirk das Grundstück/Erbbaurecht oder der wertvollste Teil des Grundstücks/Erbbaurechts liegt (§ 17 Absatz 1 Satz 1, § 18 Absatz 5 GrEStG);
2. bei einem Zuschlagsbeschluss, der sich auf mehrere Grundstücke/Erbbaurechte bezieht,
   a) die im Bezirk eines Finanzamtes liegen, an dieses Finanzamt,
   b) die in den Bezirken verschiedener Finanzämter liegen, an das Finanzamt, in dessen Bezirk der wertvollste Grundstücksteil/Teil des Erbbaurechts oder das wertvollste Grundstück/Erbbaurecht oder der wertvollste Bestand an Grundstücksteilen/Erbbaurechtsteilen oder Grundstücken/Erbbaurechten liegt (§ 17 *Absatz 2 GrEStG).*

[2] Bis zum Erlass einer Rechtsverordnung gemäß § 22a GrEStG ist eine elektronische Übermittlung der Mitteilung ausgeschlossen.

Anmerkungen: Bei den Mitteilungen sind die Zuständigkeitskonzentrationen der Finanzämter in den einzelnen Ländern zu beachten (vgl. die Suchseite des Bundeszentralamtes für Steuern www.finanzamt.de).

---

[1] **Sartorius Nr. 300.**

[2] Nr. VII/2 Abs. 3 neu gef. mWv 1.10.2018 durch AV v. 23.11.2018 (BAnz AT 24.12.2018 B2); Abs. 3 Satz 2 neu gef., Anm. geänd. mWv 1.10.2023 durch AV v. 3.8.2023 (BAnz AT 22.09.2023 B1).

In **Nordrhein-Westfalen** kann aufgrund einer Vereinbarung mit dem Finanzministerium abweichend von Absatz 2 von der Verwendung des amtlichen Vordrucks abgesehen und statt dessen eine Abschrift des Zuschlagsbeschlusses mit einem kurzen Anschreiben übersandt werden.

3.[1] Mitteilungen über den Zuschlag zu Wertermittlungszwecken des Gutachterausschusses

(1) [1] Mitzuteilen sind alle Zuschlagsbeschlüsse in Zwangsversteigerungsverfahren (§ 195 Absatz 1, § 200 BauGB[2]). [2] Gleichzeitig ist der gerichtlich festgesetzte Verkehrswert mitzuteilen.

(2) Die Mitteilungen sind an den zuständigen Gutachterausschuß zu richten.

Anmerkung: Die Gutachterausschüsse (Absatz 2) sind in der Anmerkung zu III/3 aufgeführt.

VIII. Mitteilungen in Konkurs- und Vergleichssachen[3]

1.[4] *(aufgehoben)*

2.[5] Mitteilungen bei Ablehnung der Eröffnung des Konkursverfahrens (Anschlußkonkursverfahrens) mangels Masse

(1) [1] Mitzuteilen sind

1. die Abweisung des Antrags auf Eröffnung des Konkursverfahrens mangels Masse;
2. die Ablehnung der Eröffnung des Anschlußkonkursverfahrens mangels Masse
   a) nach Ablehnung der Eröffnung des Vergleichsverfahrens,
   b) nach Einstellung des Vergleichsverfahrens,
   c) nach Versagung der Bestätigung des Vergleichs,
   d) nach Einstellung des fortgesetzten Vergleichsverfahrens,

(§ 1 des Gesetzes über die Auflösung und Löschung von Gesellschaften und Genossenschaften BGBl. III 4120.3, § 202 VAG, *§ 81 Absatz 1, § 96 Absatz 6, § 101 VglO*[6], §§ 112, 205 KO, § 13 Absatz 1 Nummer 4 EGGVG[7]). [2] Bei Nachlaßkonkursen entfällt die Mitteilung an die Staatsanwaltschaft.

(2) Die Mitteilungen sind zu richten an

1. die Staatsanwaltschaft, soweit es sich nicht um Verfahren gegen Privatpersonen ohne Bezug zu einer gewerblichen Tätigkeit des Schuldners handelt;
2. das Registergericht,
   a) wenn der Schuldner eine Aktiengesellschaft, eine Kommanditgesellschaft auf Aktien, eine Gesellschaft mit beschränkter Haftung oder ein Versicherungsverein auf Gegenseitigkeit ist (§ 1 des Gesetzes über die Auflösung und

---

[1] Nr. VII/3 Abs. 1 Satz 2 angef. mWv 1.10.2014 durch AV v. 15.9.2014 (BAnz AT 29.09.2014 B1).

[2] **Sartorius Nr. 300.**

[3] **Amtl. Anm.:** Die Mitteilungspflicht in Konkursverfahren erstreckt sich bis zum 31. Dezember 1998 auch auf Gesamtvollstreckungsverfahren.

[4] Nr. VIII/1 aufgeh. mWv 1.10.2014 durch AV v. 15.9.2014 (BAnz AT 29.09.2014 B1).

[5] Nr. VIII/2 Abs. 2 Nr. 2 Buchst. b geänd. mWv 1.10.2014 durch AV v. 15.9.2014 (BAnz AT 29.09.2014 B1); Abs. 1 Satz 1 abschl. Satzteil und Abs. 2 Nr. 2 Buchst. a geänd. mWv 1.10.2016 durch AV v. 23.12.2016 (BAnz AT 24.05.2017 B1); Anm. geänd. mWv 1.10.2021 durch AV v. 9.8.2021 (BAnz AT 16.09.2021 B3).

[6] Die VglO wurde aufgehoben mWv 1.1.1999 durch Art. 2 Nr. 1 EGInsO **(Habersack, Deutsche Gesetze Nr. 110a).**

[7] **Habersack, Deutsche Gesetze Nr. 95a.**

Löschung von Gesellschaften und Genossenschaften BGBl. III 4120.3, § 202 VAG, § 32 HGB[1]),

b) außerdem in den Fällen des Absatzes 1 Nummer 2 Buchstabe b bis d, wenn der Schuldner in das Handels-, das Genossenschafts-, das Partnerschafts- oder in das Vereinsregister eingetragen ist (*§ 81 Absatz 1, § 96 Absatz 6, § 101 VglO*[2]), § 102 GenG[3]), § 2 Absatz 2 PartGG[4]) in Verbindung mit § 32 HGB, § 75 BGB[5]));

wenn dies im Hinblick auf den Geschäftsbetrieb des Schuldners erforderlich erscheint, ferner an

3. die Träger der gesetzlichen Krankenversicherung, die für den Sitz oder Wohnsitz des Schuldners zuständig sind,
4. die Agentur für Arbeit, in deren Bezirk die für Arbeitnehmer des Schuldners zuständige Lohnabrechnungsstelle des Schuldners liegt oder, falls der Schuldner im Geltungsbereich des Dritten Buches Sozialgesetzbuch (SGB III) keine Lohnabrechnungsstelle hat, an die Agentur für Arbeit, in deren Bezirk das Konkursgericht seinen Sitz hat.

Anmerkung:

In **Rheinland-Pfalz** sind die Mitteilungen nach Absatz 2 Nummer 1 im OLG-Bezirk Koblenz an die Staatsanwaltschaft Koblenz, im OLG-Bezirk Zweibrücken an die Staatsanwaltschaft Kaiserslautern zu richten.

3.[6]) Mitteilungen über die Eröffnung des Konkursverfahrens (Anschlußkonkursverfahrens)

(1) [1] Mitzuteilen sind unter Bezeichnung des Konkursverwalters

1. die Eröffnung des Konkursverfahrens;
2. die Eröffnung des Anschlußkonkursverfahrens
   a) nach Ablehnung der Eröffnung des Vergleichsverfahrens,
   b) nach Einstellung des Vergleichsverfahrens,
   c) nach Versagung der Bestätigung des Vergleichs,
   d) nach Einstellung des fortgesetzten Vergleichsverfahrens

(§ 112 KO, § 202 VAG, § 13 Absatz 1 Nummer 4 EGGVG[7])). [2] Bei Nachlaßkonkurssachen entfällt die Mitteilung an die Staatsanwaltschaft.

(2) Die Mitteilungen sind in den Fällen des Absatzes 1 Nummer 1 und 2 Buchstabe a alsbald nach Erlaß, im übrigen alsbald nach Rechtskraft des Beschlusses zu bewirken.

---

[1]) **Habersack, Deutsche Gesetze Nr. 50.**

[2]) Die VglO wurde aufgehoben mWv 1.1.1999 durch Art. 2 Nr. 1 EGInsO **(Habersack, Deutsche Gesetze Nr. 110a)**.

[3]) **Habersack, Deutsche Gesetze Nr. 53.**

[4]) **Habersack, Deutsche Gesetze Nr. 50b.**

[5]) **Habersack, Deutsche Gesetze Nr. 20.**

[6]) Nr. VIII/3 Abs. 3 Nr. 2 geänd. mWv 1.10.2014 durch AV v. 15.9.2014 (BAnz AT 29.09.2014 B1); Abs. 1 Satz 1 abschl. Satzteil und Abs. 3 Nr. 2 geänd. mWv 1.10.2016 durch AV v. 23.12.2016 (BAnz AT 24.05.2017 B1); Anm. 1 aufgeh., bish. Anm. 2 wird Anm. mWv 1.10.2021 durch AV v. 9.8.2021 (BAnz AT 16.09.2021 B3).

[7]) **Habersack, Deutsche Gesetze Nr. 95a.**

(3) Die Mitteilungen sind zu richten an

1. die Dienstbehörde, wenn der Gemeinschuldner Angehöriger des öffentlichen Dienstes ist (§ 112 KO);
2. das Registergericht, wenn der Gemeinschuldner im Handels-, Genossenschafts-, Partnerschafts- oder Vereinsregister eingetragen ist (§ 112 KO, § 202 VAG, § 32 HGB[1]), § 102 GenG[2]), § 2 Absatz 2 PartGG[3]) in Verbindung mit § 32 HGB, § 75 BGB[4]));

ferner an folgende für den Sitz oder Wohnsitz des Gemeinschuldners zuständige Stellen:

3. die Staatsanwaltschaft, soweit es sich nicht um Verfahren gegen Privatpersonen ohne Bezug zu einer gewerblichen Tätigkeit des Schuldners handelt;
4. den Präsidenten oder den Direktor des Amtsgerichts sowie den Präsidenten des Landgerichts (§ 240 ZPO[5]));
5. das Nachlaßgericht, wenn die Mitteilungen ein Nachlaßkonkursverfahren betreffen;
6. die Gerichtsvollzieher-Verteilungsstelle;
7. das Arbeitsgericht;
8. das Finanzamt;
9. das Hauptzollamt;
10. die Steuerkasse der Gemeinde;

wenn dies im Hinblick auf den Beruf oder den Geschäftsbetrieb des Gemeinschuldners erforderlich erscheint, auch an

11. folgende für den Sitz oder Wohnsitz des Gemeinschuldners zuständige Stellen:
    a) die Träger der gesetzlichen Krankenversicherung,
    b) die Berufsgenossenschaft,
    c) die Träger der gesetzlichen Rentenversicherung einschließlich der Alterssicherung der Landwirte,
    d) die Industrie- und Handelskammer oder die Handwerkskammer;
12. die Agentur für Arbeit, in deren Bezirk die für Arbeitnehmer des Gemeinschuldners zuständige Lohnabrechnungsstelle des Gemeinschuldners liegt oder, falls der Gemeinschuldner im Geltungsbereich des SGB III keine Lohnabrechnungsstelle hat, an die Agentur für Arbeit, in deren Bezirk das Konkursgericht seinen Sitz hat.

Anmerkungen:

In **Rheinland-Pfalz** sind die Mitteilungen nach Absatz 3 Nummer 3 im OLG-Bezirk Koblenz an die Staatsanwaltschaft Koblenz, im OLG-Bezirk Zweibrücken an die Staatsanwaltschaft Kaiserslautern zu richten.

---

1) **Habersack, Deutsche Gesetze Nr. 50.**
2) **Habersack, Deutsche Gesetze Nr. 53.**
3) **Habersack, Deutsche Gesetze Nr. 50b.**
4) **Habersack, Deutsche Gesetze Nr. 20.**
5) **Habersack, Deutsche Gesetze Nr. 100.**

4.[1] Mitteilungen über weitere Entscheidungen im Konkursverfahren (Anschlußkonkursverfahren)

(1) Mitzuteilen sind

1. die Aufhebung des Eröffnungsbeschlusses;
2. die Aufhebung des Konkursverfahrens (Anschlußkonkursverfahrens) nach Bestätigung des Zwangsvergleichs;
3. die Aufhebung des Konkursverfahrens (Anschlußkonkursverfahrens) nach Abhaltung des Schlußtermins;
4. die Einstellung des Konkursverfahrens (Anschlußkonkursverfahrens);
5. die Wiederaufnahme des Konkursverfahrens (Anschlußkonkursverfahrens);
6. die Aufhebung des die Wiederaufnahme anordnenden Beschlusses

(§§ 112, 116, 163 Absatz 3, § 190 Absatz 3, § 198 Absatz 2, § 205 Absatz 2 KO, § 13 Absatz 1 Nummer 4 EGGVG[2]).

(2) Die Mitteilungen sind in den Fällen des Absatzes 1 Nummer 2 bis 5 alsbald nach dem Erlaß, im übrigen alsbald nach Rechtskraft des Beschlusses zu bewirken.

(3) Die Mitteilungen sind zu richten an

1. die Dienstbehörde, wenn der Gemeinschuldner Angehöriger des öffentlichen Dienstes ist (§§ 112, 116, 163 Absatz 3, § 190 Absatz 3, § 198 Absatz 2 und § 205 Absatz 2 KO);
2. das Registergericht, wenn der Gemeinschuldner im Handels-, Genossenschafts-, Partnerschafts- oder Vereinsregister eingetragen ist (§§ 112, 116, 163 Absatz 3, § 190 Absatz 3, § 198 Absatz 2 und § 205 Absatz 2 KO, § 32 HGB[3], § 102 GenG[4], § 2 Absatz 2 PartGG[5] in Verbindung mit § 32 HGB, § 75 BGB[6]);

ferner an folgende für den Sitz oder Wohnsitz des Gemeinschuldners zuständige Stellen:

3. den Präsidenten oder den Direktor des Amtsgerichts sowie den Präsidenten des Landgerichts (§ 240 ZPO[7]);
4. das Nachlaßgericht, wenn die Mitteilungen ein Nachlaßkonkursverfahren betreffen;
5. die Gerichtsvollzieher-Verteilungsstelle;
6. die Gerichtskasse oder die nach § 2 Absatz 1 Satz 2 JBeitrG[8] als Vollstreckungsbehörde bestimmte Behörde.

5.[9] Mitteilungen über vorzeitige Löschungen im Schuldnerverzeichnis

(1) Mitzuteilen ist die vorzeitige Löschung einer Eintragung im Schuldnerverzeichnis (§ 107 Absatz 2 Satz 2 KO, § 882g Absatz 6 Satz 2 ZPO[7], § 14 Absatz 2 *SchVAbdrV*[10] [11]).

---

[1] Nr. VIII/4 Abs. 3 Nr. 2 geänd. mWv 1.10.2014 durch AV v. 15.9.2014 (BAnz AT 29.09.2014 B1); Abs. 3 Nr. 6 geänd. mWv 1.10.2018 durch AV v. 23.11.2018 (BAnz AT 24.12.2018 B2).
[2] **Habersack, Deutsche Gesetze Nr. 95a.**
[3] **Habersack, Deutsche Gesetze Nr. 50.**
[4] **Habersack, Deutsche Gesetze Nr. 53.**
[5] **Habersack, Deutsche Gesetze Nr. 50b.**
[6] **Habersack, Deutsche Gesetze Nr. 20.**
[7] **Habersack, Deutsche Gesetze Nr. 100.**
[8] **Habersack, Deutsche Gesetze Nr. 122.**
[9] Nr. VIII/5 Abs. 1 und 2 geänd. mWv 1.10.2014 durch AV v. 15.9.2014 (BAnz AT 29.09.2014 B1).
[10] **Habersack, Deutsche Gesetze Nr. 102a.**
[11] Richtig wohl: „SchuVAbdrV".

(2) Die Mitteilungen sind innerhalb eines Monats zu bewirken (§ 882g Absatz 6 Satz 2 ZPO).

(3) Die Mitteilungen sind an die Bezieher von Abdrucken aus dem Schuldnerverzeichnis zu richten.

6. Mitteilungen über Entscheidungen in Vergleichsverfahren

(1) Mitzuteilen sind

1. die Eröffnung des Vergleichsverfahrens;
2. die Aufhebung des Vergleichsverfahrens nach Bestätigung des Vergleichs;
3. die Versagung der Bestätigung des Vergleichs, wenn die Eröffnung des Anschlußkonkursverfahrens aus anderen Gründen als mangels Masse abgelehnt wird;
4. die Einstellung des Vergleichsverfahrens, wenn die Eröffnung des Anschlußkonkursverfahrens aus anderen Gründen als mangels Masse abgelehnt wird

(*§ 22 Absatz 1, § 23 Absatz 1, § 81 Absatz 1, § 98 Absatz 3, § 101 VglO*[1]), § 13 Absatz 1 Nummer 4 EGGVG[2]).

(2) [1] Die Mitteilungen sind zu richten an

1. das Registergericht, wenn der Schuldner im Handels-, Genossenschafts-, Partnerschafts- oder Vereinsregister eingetragen ist (*§ 23 Absatz 1, § 81 Absatz 1, § 98 Absatz 3, §§ 101, 108 Absatz 1, § 111 Nummer 4 Satz 2 VglO*[1]));

ferner an folgende für den Sitz oder Wohnsitz des Gemeinschuldners zuständige Stellen:

2. die Gerichtsvollzieher-Verteilungsstelle;
3. die Gemeindeverwaltung;
4. das Finanzamt;
5. das Hauptzollamt;
6. a) die Träger der gesetzlichen Krankenversicherung,
   b) die Berufsgenossenschaft,
   c) die Träger der gesetzlichen Rentenversicherung einschließlich der Alterssicherung für Landwirte,
   d) die Industrie- und Handelskammer oder die Handwerkskammer,

   wenn dies im Hinblick auf den Beruf oder den Geschäftsbetrieb des Schuldners erforderlich erscheint.

[2] Den in den Nummern 4 bis 7[3]) genannten Stellen ist nur die Eröffnung des Vergleichsverfahrens mitzuteilen.

Anmerkung: Für die Mitteilungen bei Entscheidungen über die Eröffnung des Anschlußkonkursverfahrens gilt

a) im Falle der Eröffnung des Anschlußkonkursverfahrens VIII/1,
b) im Falle der Ablehnung der Eröffnung des Anschlußkonkursverfahrens mangels Masse VIII/2.

---

[1]) Die VglO wurde aufgehoben mWv 1.1.1999 durch Art. 2 Nr. 1 EGInsO **(Habersack, Deutsche Gesetze Nr. 110a)**.

[2]) **Habersack, Deutsche Gesetze Nr. 95a.**

[3]) Richtig wohl: „6".

IX. Mitteilungen in Insolvenzverfahren

1.[1] Mitteilungen über die Anordnung und Aufhebung von Verfügungsbeschränkungen

(1) Mitzuteilen sind die Bestellung eines vorläufigen Insolvenzverwalters, eines vorläufigen Gläubigerausschusses und eines vorläufigen Sachwalters, die Anordnung und Aufhebung einer der in § 21 Absatz 2 Nummer 2 InsO[2] vorgesehenen Verfügungsbeschränkungen sowie die Anordnung und Aufhebung der Untersagung oder einstweiligen Einstellung der Zwangsvollstreckung nach § 21 Absatz 2 Nummer 3 InsO.

(2) Die Mitteilung ist alsbald nach Erlass der Anordnung oder Aufhebung zu bewirken.

(3) Die Mitteilungen über die Bestellung eines vorläufigen Insolvenzverwalters, eines vorläufigen Gläubigerausschusses, die Bestellung eines vorläufigen Sachwalters sowie die Mitteilungen nach § 21 Absatz 2 Nummer 2 InsO sind zu richten an

1. das Registergericht, wenn der Schuldner im Handels-, Genossenschafts-, Partnerschafts- oder Vereinsregister eingetragen ist (§§ 23 Absatz 2, 25 Absatz 1 InsO, § 202 VAG, § 32 HGB[3], § 102 GenG[4], § 2 Absatz 2 PartGG, § 75 BGB[5]);

ferner an folgende für den Sitz oder Wohnsitz des Schuldners zuständige Stellen:

2. die Verteilerstelle für Gerichtsvollzieheraufträge;
3. das Arbeitsgericht, soweit die Bestellung eines vorläufigen Insolvenzverwaltens erfolgt ist (§ 240 ZPO[6], § 46 Absatz 2 Satz 1 ArbGG[7]);
4. das Finanzamt (§ 85 AO);
5. die Agentur für Arbeit, in deren Bezirk die für Arbeitnehmer des Schuldners zuständige Lohnabrechnungsstelle des Schuldners liegt oder, falls der Schuldner im Geltungsbereich des SGB III keine Lohnabrechnungsstelle hat, an die Agentur für Arbeit, in deren Bezirk das Insolvenzgericht seinen Sitz hat.[8]
6. das Hauptzollamt;
7. das Sozialgericht und das Landessozialgericht, soweit die Bestellung eines vorläufigen Insolvenzverwalters erfolgt ist (§ 240 ZPO, § 202 SGG).

(4) Die Mitteilungen von Anordnungen und Aufhebungen nach § 21 Absatz 2 Nummer 3 InsO sind zu richten an:

1. das Vollstreckungsgericht;
2. die Gerichtskasse oder die nach § 2 Absatz 1 Satz 2 JBeitrG[9] als Vollstreckungsbehörde bestimmte Stelle;

---

[1] Nr. IX/1 Abs. 1 und 3 einl. Satzteil neu gef. mWv 1.10.2014 durch AV v. 15.9.2014 (BAnz AT *29.09.2014 B1); Abs.* 3 Nr. 1 geänd., Nr. 7 angef., Abs. 5 geänd. mWv 1.10.2016 durch AV v. 23.12.2016 (BAnz AT 24.05.2017 B1); Abs. 3 Nr. 7 geänd., Nr. 8 angef., Abs. 4 Nr. 2 geänd. mWv 1.10.2018 durch AV v. 23.11.2018 (BAnz AT 24.12.2018 B2); Abs. 1 und 3 einl. Satzteil, Abs. 4 einl. Satzteil geänd., Nr. 6 neu gef. mWv 1.10.2021 durch AV v. 9.8.2021 (BAnz AT 16.09.2021 B3); Abs. 3 Nr. 2 aufgeh., bish. Nr. 3–8 werden Nr. 2–7 mWv 1.10.2023 durch AV v. 3.8.2023 (BAnz AT 22.09.2023 B1).

[2] **Habersack, Deutsche Gesetze Nr. 110.**

[3] **Habersack, Deutsche Gesetze Nr. 50.**

[4] **Habersack, Deutsche Gesetze Nr. 53.**

[5] **Habersack, Deutsche Gesetze Nr. 20.**

[6] **Habersack, Deutsche Gesetze Nr. 100.**

[7] **Habersack, Deutsche Gesetze Nr. 83.**

[8] Zeichensetzung amtlich.

[9] **Habersack, Deutsche Gesetze Nr. 122.**

3. das Hauptzollamt;
4. die Verteilerstelle für Gerichtsvollzieheraufträge;
5. das Finanzamt;
6. die Agentur für Arbeit.

(5) Soweit gesetzliche Vorschriften nicht entgegenstehen, können die Mitteilungen in einfacher Abschrift oder auch elektronisch übermittelt werden.

2.[1)] Mitteilungen bei Ablehnung der Eröffnung des Insolvenzverfahrens mangels Masse

(1) [1] Mitzuteilen ist
die Abweisung des Antrags auf Eröffnung des Insolvenzverfahrens mangels Masse (§ 202 VAG, §§ 26 Absatz 1 Satz 1, 31 InsO[2)], § 13 Absatz 1 Nummer 4 EGGVG[3)]).
[2] Bei Nachlassinsolvenzverfahren entfällt die Mitteilung an die Staatsanwaltschaft.

(2) [1] Die Mitteilungen sind zu richten an

1. die Staatsanwaltschaft, soweit es sich nicht um Verfahren gegen Privatpersonen ohne Bezug zu einer gewerblichen Tätigkeit des Schuldners handelt;
2. das Registergericht nach Rechtskraft des Beschlusses, wenn der Schuldner im Handels-, Genossenschafts-, Partnerschaftsregister eingetragen und eine juristische Person oder eine Gesellschaft ohne Rechtspersönlichkeit ist, die durch die Anweisung mangels Masse aufgelöst wird (§§ 262 Absatz 1 Nummer 4, 289 Absatz 2 Nummer 1 AktG[4)]; § 60 Absatz 1 Nummer 5 GmbHG[5)]; § 81a Nummer 1 GenG[6)]; § 198 Nummer 4 VAG; §§ 131 Absatz 2 Satz 1 Nummer 1, 161 Absatz 2 HGB[7)]; § 9 Absatz 1 PartGG[8)]);

wenn dies im Hinblick auf den Geschäftsbetrieb des Schuldners erforderlich erscheint, ferner an

3. die Träger der gesetzlichen Krankenversicherung, mit denen der Schuldner Beiträge abgerechnet hat;
   a) für den Bereich der Deutschen Rentenversicherung Knappschaft-Bahn-See ist die Mitteilung jedoch nur an die Hauptverwaltung der Deutschen Rentenversicherung Knappschaft-Bahn-See, 44781 Bochum, zu richten;
   b) für den gesamten Bereich der landwirtschaftlichen Sozialversicherung (Kranken- und Unfallversicherung sowie Alterssicherung) ist die Mitteilung jedoch nur an den Gesamtverband der landwirtschaftlichen Alterskassen, Weißensteinstraße 70 – 72, 34131 Kassel, zu richten;
4. die Agentur für Arbeit, in deren Bezirk die für Arbeitnehmer des Schuldners zuständige Lohnabrechnungsstelle des Schuldners liegt oder, falls der Schuldner im Geltungsbereich des SGB III keine Lohnabrechnungsstelle hat, an die Agentur für Arbeit, in deren Bezirk das Insolvenzgericht seinen Sitz hat;

[1)] Nr. IX/2 Abs. 2 Satz 1 Nr. 2 geänd. mWv 1.10.2014 durch AV v. 15.9.2014 (BAnz AT 29.09.2014 B1); Abs. 1 Satz 1 und Abs. 2 Satz 1 Nr. 2 geänd., Nr. 8 angef., Abs. 3 und Anm. geänd. mWv 1.10.2016 durch AV v. 23.12.2016 (BAnz AT 24.05.2017 B1); Anm. geänd. mWv 1.10.2021 durch AV v. 9.8.2021 (BAnz AT 16.09.2021 B3).

[2)] **Habersack, Deutsche Gesetze Nr. 110.**

[3)] ***Habersack, Deutsche Gesetze Nr. 95a.***

[4)] **Habersack, Deutsche Gesetze Nr. 51.**

[5)] **Habersack, Deutsche Gesetze Nr. 52.**

[6)] **Habersack, Deutsche Gesetze Nr. 53.**

[7)] **Habersack, Deutsche Gesetze Nr. 50.**

[8)] **Habersack, Deutsche Gesetze Nr. 50b.**

5. die für den Sitz des Schuldners zuständigen Regionalträger der Deutschen Rentenversicherung und an die Deutsche Rentenversicherung Bund, 10704 Berlin;
6. die für das Unternehmen des Schuldners zuständige Berufsgenossenschaft;
7. das Finanzamt (§ 85 AO).[1]
8. das Hauptzollamt[2]

[2] Die Anordnung der Mitteilungen nach Nummer 3 bis 6 bleibt der Richterin oder dem Richter vorbehalten.
[3] Bei Verbraucherinsolvenzverfahren entfallen die Mitteilungen nach Nummer 2 bis 6.

(3) Soweit gesetzliche Vorschriften nicht entgegenstehen, können die Mitteilungen in einfacher Abschrift oder auch elektronisch übermittelt werden.

Anmerkung: Eine Mitteilung nach Nummer 3 bis 6 ist in jedem Fall erforderlich, wenn der Schuldner Arbeitnehmer beschäftigt hat oder es um eine Mitteilung für den Bereich der landwirtschaftlichen Sozialversicherung geht.

In **Bayern** sind die Mitteilungen nach Absatz 2 Nummer 1 an die Schwerpunktstaatsanwaltschaften für Wirtschaftsstrafsachen (§§ 55, 56 BayGZVJu, § 74c Absatz 1 Nummer 1 bis 3, 5, 5a und 6, Absatz 3 Satz 1, § 143 GVG[3]) zu richten.

In **Rheinland-Pfalz** sind die Mitteilungen nach Absatz 2 Nummer 1 im OLG-Bezirk Koblenz an die Staatsanwaltschaft Koblenz, im OLG-Bezirk Zweibrücken an die Staatsanwaltschaft Kaiserslautern zu richten.

In **Sachsen** sind die Mitteilungen nach Absatz 2 Nummer 1 an die Schwerpunktstaatsanwaltschaften für Wirtschaftsstrafsachen (*§ 1 JuZustVO in Verbindung mit Anlage 1 Nummer 10*[4], § 74c Absatz 3 Satz 1, § 143 GVG) zu richten.

3.[5] Mitteilungen über die Eröffnung des Insolvenzverfahrens

(1) [1] Mitzuteilen ist unter Bezeichnung des Insolvenzverwalters, Sachwalters oder Verfahrenskoordinators

1. die Eröffnung des Insolvenzverfahrens;
2. die Eröffnung eines Insolvenzverfahrens mit der Anordnung der Eigenverwaltung unter Aufsicht eines Sachwalters;
3. die Eröffnung eines Verbraucherinsolvenzverfahrens;
4. die Entscheidung über die Zulässigkeit der Restschuldbefreiung;
5. die Einleitung eines Koordinationsverfahrens

---

[1] Zeichensetzung amtlich.
[2] *Amtlich ohne Zeichensetzung.*
[3] **Habersack, Deutsche Gesetze Nr. 95.**
[4] Die JuZustVO wurde mWv 1.1.2013 aufgeh. durch G v. 14.12.2012 (SächsGVBl. S. 748); siehe nunmehr § 23 SächsJOrgVO.
[5] Nr. IX/3 Abs. 3 Satz 1 Nr. 12 Buchst. e angef., Nr. 13 und Anm. geänd. mWv 1.10.2014 durch AV v. 15.9.2014 (BAnz AT 29.09.2014 B1); Abs. 1 Nr. 3 geänd., Nr. 4 angef., Abs. 4 und Anm. geänd. mWv 1.10.2016 durch AV v. 23.12.2016 (BAnz AT 24.05.2017 B1); Abs. 2 neu gef., Abs. 3 Satz 1 Nr. 7 eingef., bish. Nr. 7–11 werden Nr. 8–12, Nr. 13 eingef., bish. Nr. 12 und 13 werden Nr. 14 und 15, Satz 2, Anm. 3 und 6 geänd. mWv 1.10.2018 durch AV v. 23.11.2018 (BAnz AT 24.12.2018 B2); Abs. 1 einl. Satzteil, Nr. 3 und 4 geänd., Nr. 5 angef., Anm. 3 aufgeh., bish. Anm. 4–6 werden Anm. 3–5 mWv 1.10. 2021 durch AV v. 9.8.2021 (BAnz AT 16.09.2021 B3); Abs. 1 neu gef., Abs. 3 Satz 1 Nr. 4 aufgeh., bish. Nr. 5–15 werden Nr. 4–14, neue Nr. 14 geänd. Nr. 15 angef., Satz 2 geänd., Anm. neu gef. mWv 1.10. 2023 durch AV v. 3.8.2023 (BAnz AT 22.09.2023 B1).

(§§ 27, 269d, 270, 287a, 304 InsO[1]), § 202 VAG, § 13 Absatz 1 Nummer 4 EGGVG[2])).
[2]Bei Nachlassinsolvenzverfahren entfällt die Mitteilung an die Staatsanwaltschaft.

(2) Die Mitteilungen sind alsbald nach dem Erlass, im Übrigen alsbald nach Rechtskraft des Beschlusses zu bewirken.

(3) [1]Die Mitteilungen sind zu richten an

1. das Registergericht, wenn der Schuldner im Handels-, Genossenschafts-, Partnerschafts- oder Vereinsregister eingetragen ist (§ 31 InsO, § 32 HGB[3]), § 102 GenG[4]), § 2 Absatz 2 PartGG[5]), § 75 BGB[6]));
2. die Bundesanstalt für Finanzdienstleistungsaufsicht, wenn es sich bei dem Schuldner um ein Kreditinstitut oder um ein Versicherungsunternehmen handelt;

ferner an folgende für den Sitz oder Wohnsitz des Schuldners zuständige Stellen:

3. die Staatsanwaltschaft, soweit es sich nicht um Verfahren gegen Privatpersonen ohne Bezug zu einer gewerblichen Tätigkeit des Schuldners handelt;
4. das Nachlassgericht, wenn die Mitteilungen ein Nachlassinsolvenzverfahren betreffen;
5. das Vollstreckungsgericht;
6. das Betreuungsgericht, wenn für den Schuldner ein Betreuer bestellt ist und dessen Aufgabenkreis die Vermögenssorge umfasst;
7. die Verteilerstelle für Gerichtsvollzieheraufträge;
8. das Arbeitsgericht (§ 240 ZPO[7]));
9. das Finanzamt (§ 85 AO);
10. das Hauptzollamt;
11. die Steuerkasse der Gemeinde;
12. das Sozialgericht und das Landessozialgericht (§ 240 ZPO, § 202 SGG);

wenn dies im Hinblick auf den Beruf oder den Geschäftsbetrieb des Schuldner erforderlich erscheint, auch an

13. folgende Stellen:
    a) die Träger der gesetzlichen Krankenversicherung, mit denen der Schuldner Beiträge abgerechnet hat;
        aa) für den Bereich der Deutschen Rentenversicherung Knappschaft-Bahn-See ist die Mitteilung jedoch nur an die Hauptverwaltung der Deutschen Rentenversicherung Knappschaft-Bahn-See, 44781 Bochum, zu richten;
        bb) für den gesamten Bereich der landwirtschaftlichen Sozialversicherung (Kranken- und Unfallversicherung sowie Altersicherung) ist die Mitteilung jedoch nur an den Gesamtverband der landwirtschaftlichen Alterskassen, Weißensteinstraße 70 – 72, 34131 Kassel, zu richten;
    b) die für das Unternehmen des Schuldners zuständige Berufsgenossenschaft;

---
[1]) **Habersack, Deutsche Gesetze Nr. 110.**
[2]) ***Habersack, Deutsche Gesetze Nr. 95a.***
[3]) **Habersack, Deutsche Gesetze Nr. 50.**
[4]) **Habersack, Deutsche Gesetze Nr. 53.**
[5]) **Habersack, Deutsche Gesetze Nr. 50b.**
[6]) **Habersack, Deutsche Gesetze Nr. 20.**
[7]) **Habersack, Deutsche Gesetze Nr. 100.**

c) den für den Sitz oder Wohnsitz des Schuldners zuständigen Regionalträger der Deutschen Rentenversicherung und an die Deutsche Rentenversicherung Bund, 10704 Berlin;

d) die für den Sitz oder Wohnsitz des Schuldners zuständige Industrie- und Handelskammer oder die Handwerkskammer;

e) die für den Apothekenbetrieb des Schuldners zuständige Behörde zur Erteilung der Apothekenerlaubnis;

14. die Agentur für Arbeit, in deren Bezirk die für Arbeitnehmer des Schuldners zuständige Lohnabrechnungsstelle des Schuldners liegt oder, falls der Schuldner im Geltungsbereich des SGB III keine Lohnabrechnungsstelle hat, an die Agentur für Arbeit, in deren Bezirk das Insolvenzgericht seinen Sitz hat;

15. die zuständige Behörde nach § 2 Absatz 4 BtOG[1)], wenn der Schuldner ein beruflicher Betreuer ist.

[2] Die Anordnung der Mitteilungen nach Nummern 13 und 14 bleibt der Richterin oder dem Richter vorbehalten.

(4) Soweit gesetzliche Vorschriften nicht entgegenstehen, können die Mitteilungen in einfacher Abschrift oder auch elektronisch übermittelt werden.

Anmerkungen:

1. Mitteilungen nach Absatz 3 Nummer 3 sind
   in **Bayern** an die Schwerpunktstaatsanwaltschaften für Wirtschaftsstrafsachen (§§ 55, 56 BayGZVJu, § 74c Absatz 1 Nummer 1 bis 3, 5, 5a und 6, Absatz 3 Satz 1, § 143 GVG[2)]);
   in **Rheinland-Pfalz**
   a) im OLG-Bezirk Koblenz an die Staatsanwaltschaft Koblenz
   b) im OLG-Bezirk Zweibrücken an die Staatsanwaltschaft Kaiserslautern;
   in **Sachsen** an die Schwerpunktstaatsanwaltschaften für Wirtschaftsstrafsachen (§ 23 SächsJOrgVO, § 74c Absatz 3 Satz 1, § 143 GVG)
   zu richten.
2. Zu Absatz 3 Nummer 4 siehe auch I/1.
3. Eine Mitteilung nach Absatz 3 Nummer 13 und 14 ist in jedem Fall erforderlich, wenn der Schuldner Arbeitnehmer beschäftigt hat oder es um eine Mitteilung für den Bereich der landwirtschaftlichen Sozialversicherung geht
4. Nach Landesrecht sind zuständige Behörden nach Absatz 3 Nummer 15
   in **Baden-Württemberg** die Stadt- und Landkreise;
   in **Bayern** die Landkreise und kreisfreien Städte;
   in **Brandenburg** die Landkreise und kreisfreien Städte;
   in **Hamburg** das Bezirksamt Altona;
   in **Hessen** die Kreisausschüsse der Landkreise und der Magistrat der kreisfreien Städte;
   in **Mecklenburg-Vorpommern** die Landräte der Landkreise sowie die Oberbürgermeister der kreisfreien Städte – Betreuungsbehörden –;
   in **Niedersachsen** die Landkreise und kreisfreien Städte;
   in **Nordrhein-Westfalen** die kreisfreien und die großen kreisangehörigen Städte; für die übrigen kreisangehörigen Gemeinden die Kreise;

---

1) Nr. **49c**.
2) **Habersack, Deutsche Gesetze Nr. 95.**

in **Rheinland-Pfalz** die Kreisverwaltungen, in kreisfreien Städten die Stadtverwaltungen;
im **Saarland** die Landkreise und der Regionalverband Saarbrücken;
in **Sachsen** die Landkreise und kreisfreien Städte;
in **Sachsen-Anhalt** die kreisfreien Städte und Landkreise;
in **Schleswig-Holstein** die Kreise und kreisfreien Städte;
in **Thüringen** die Landkreise und kreisfreien Städte.

4.[1] Mitteilungen über weitere Entscheidungen in Insolvenzverfahren

(1) [1] Mitzuteilen sind (§ 13 Absatz 1 Nummer 4 EGGVG[2])

1. die Einstellung des Verfahrens mangels Masse nach Eröffnung (§§ 207, 215 InsO[3]);
2. die Einstellung des Verfahrens nach Wegfall des Eröffnungsgrundes (§§ 212, 215 InsO);
3. die Einstellung mit Zustimmung der Gläubiger (§§ 213, 215 InsO);
4. die Einstellung nach Anzeige der Masseunzulänglichkeit (§§ 211, 215 InsO);
5. die Aufhebung des Verfahrens nach Schlussverteilung (§ 200 InsO);
6. die Aufhebung des Verfahrens nach Bestätigung des Insolvenzplans (§ 258 InsO);
7. die Anordnung und die Aufhebung der Überwachung des Insolvenzplans (§§ 267, 268 InsO);
8. die nachträgliche Anordnung und die Aufhebung der Eigenverwaltung der Insolvenzmasse durch den Schuldner und die Anordnung der Zustimmungsbedürftigkeit zu bestimmten Rechtsgeschäften des Schuldners durch den Sachwalter (§§ 271 bis 273, 277 InsO);
9. die Aufhebung des Eröffnungsbeschlusses (§ 34 InsO);
10. die Entscheidungen über die Ankündigung der Restschuldbefreiung, deren Versagung während der Wohlverhaltensperiode, die Erteilung der Restschuldbefreiung sowie deren Widerruf (§§ 296 bis 300, 303 InsO).

[2] Eine Mitteilung nach Nummer 8 entfällt in Verbraucherinsolvenzverfahren.

(2) Die Mitteilungen sind alsbald nach dem Erlass, im Übrigen alsbald nach Rechtskraft des Beschlusses zu bewirken.

(3) Die Mitteilungen nach Absatz 1 Nummer 1 bis 9 sind zu richten an:

1. das Registergericht, wenn der Schuldner im Handels-, Genossenschafts-, Partnerschafts- oder Vereinsregister eingetragen ist (§ 32 HGB[4], § 102 GenG[5], § 2 Absatz 2 PartGG[6], § 75 BGB[7]);
   ferner an folgende für den Sitz oder Wohnsitz des Schuldners zuständige Stellen:

---

[1] Nr. IX/4 Abs. 3 Nr. 7 angef., Abs. 5 geänd. mWv 1.10.2016 durch AV v. 23.12.2016 (BAnz AT 24.05.2017 B1); Abs. 1 Satz 1 Nr. 10 und Satz 2 neu gef., Abs. 3 Nr. 2 eingef., bish. Nr. 2–7 werden Nr. 3–8, Abs. 4 neu gef., Anm. angef. mWv 1.10.2021 durch AV v. 9.8.2021 (BAnz AT 16.09.2021 B3); Abs. 3 Nr. 3 aufgeh., bish. Nr. 4–8 werden Nr. 3–7, Anm. 5 neu gef. mWv 1.10.2023 durch AV v. 3.8. 2023 (BAnz AT 22.09.2023 B1).

[2] ***Habersack, Deutsche Gesetze Nr. 95a.***

[3] **Habersack, Deutsche Gesetze Nr. 110.**

[4] **Habersack, Deutsche Gesetze Nr. 50.**

[5] **Habersack, Deutsche Gesetze Nr. 53.**

[6] **Habersack, Deutsche Gesetze Nr. 50b.**

[7] **Habersack, Deutsche Gesetze Nr. 20.**

2. die Staatsanwaltschaften, die Gerichtskassen und die nach § 2 Absatz 1 Satz 2 JBeitrG als Vollstreckungsbehörde bestimmten Stellen, soweit diese eine Gerichtskostenforderung nach § 174 InsO beim Insolvenzverwalter angemeldet haben;
3. das Nachlassgericht, wenn die Mitteilungen ein Nachlassinsolvenzverfahren betreffen;
4. das Vollstreckungsgericht;
5. die Verteilerstelle für Gerichtsvollzieheraufträge;
6. das Finanzamt (§ 85 AO).[1)]
7. das Hauptzollamt.

(4) Die Mitteilungen nach Absatz 1 Nummer 10 sind zu richten an:

1. die Staatsanwaltschaften, die Gerichtskassen und die nach § 2 Absatz 1 Satz 2 JBeitrG als Vollstreckungsbehörde bestimmten Stellen, soweit diese eine Gerichtskostenforderung nach § 174 InsO beim Insolvenzverwalter angemeldet haben;
2. ferner an folgende für den Sitz oder Wohnsitz des Schuldners zuständige Stellen:
   a) die Verteilerstelle für Gerichtsvollzieheraufträge;
   b) Vollstreckungsgericht;
   c) das Finanzamt;
   d) das Hauptzollamt.

(5) Soweit gesetzliche Vorschriften nicht entgegenstehen, können die Mitteilungen in einfacher Abschrift oder auch elektronisch übermittelt werden.

Anmerkungen: Nach § 2 Absatz 1 Satz 2 JBeitrG als Vollstreckungsbehörde bestimmte Stellen sind:

1. in **Baden-Württemberg**
   a) die Landesoberkasse Baden-Württemberg für alle Ansprüche nach § 1 Absatz 1 Nummer 4 bis 10 des Justizbeitreibungsgesetzes, die von ihr einzuziehen sind,
   b) die Staatsanwaltschaften für die Gerichtskosten in Strafsachen, in Jugendgerichtssachen oder in gerichtlichen oder staatsanwaltschaftlichen Verfahren nach dem Gesetz über Ordnungswidrigkeiten, soweit sie bei ihnen anzusetzen sind (§ 19 Absatz 2 Satz 1 und Satz 2 Halbsatz 2, Absatz 3 des Gerichtskostengesetzes[2)]), und
   c) die Gerichte im Bezirk des Oberlandesgerichts Karlsruhe für Ansprüche nach § 1 Absatz 1 Nummer 4a des Justizbeitreibungsgesetzes, die von ihnen einzuziehen sind.
2. in **Bayern** die Landesjustizkasse Bamberg;
3. in **Berlin** die beim Amtsgericht Spandau angesiedelte Kosteneinziehungsstelle der Justiz;
4. in **Brandenburg** die Landeshauptkasse;
5. in **Mecklenburg-Vorpommern** das Landesamt für Finanzen Mecklenburg-Vorpommern;
6. in **Niedersachsen** das Niedersächsische Landesamt für Bezüge und Versorgung;

[1)] Zeichensetzung amtlich.
[2)] **Habersack, Deutsche Gesetze Nr. 115.**

7. in **Nordrhein-Westfalen** die Zentrale Zahlstelle Justiz (ZJJ);
8. in **Rheinland-Pfalz** die Landesjustizkasse Mainz;
9. in **Sachsen** die Landesjustizkasse Chemnitz;
10. in **Sachsen-Anhalt** die Landeshauptkasse Sachsen-Anhalt;
11. in **Schleswig-Holstein** die Landeskasse;
12. in **Thüringen** das Oberlandesgericht – Justizzahlstelle.

5.[1] Mitteilungen über vorzeitige Löschungen im Schuldnerverzeichnis

(1) Mitzuteilen ist die vorzeitige Löschung einer Eintragung im Schuldnerverzeichnis (§ 26 Absatz 2 InsO[2], § 882g Absatz 6 Satz 2 ZPO[3], § 14 Absatz 2 SchuVAbdrV[4]).

(2) Die Mitteilungen sind innerhalb eines Monats zu bewirken (§ 882g Absatz 6 Satz 2 ZPO).

(3) Die Mitteilungen sind an die Bezieher von Abdrucken aus dem Schuldnerverzeichnis zu richten.

IXa.[5] Mitteilungen in Restrukturierungssachen

1.[6] Mitteilungen über die Anordnung und Aufhebung einer Vollstreckungssperre

(1) [1] Mitzuteilen sind die Anordnung und Aufhebung einer Vollstreckungssperre nach § 49 Absatz 1 Nummer 1 StaRUG[7]. [2] Gleiches gilt für Folgeanordnungen und Neuanordnungen nach § 52 StaRUG.

(2) Die Mitteilung ist alsbald nach Erlass der Anordnung oder Aufhebung zu bewirken.

(3) Die Mitteilungen sind zu richten an:

1. das Vollstreckungsgericht;
2. die Gerichtskasse oder die nach § 2 Absatz 1 Satz 2 JBeitrG als Vollstreckungsbehörde bestimmte Stelle;
3. das Hauptzollamt;
4. die Verteilerstelle für Gerichtsvollzieheraufträge;
5. das Finanzamt;
6. die Agentur für Arbeit.

(4) Soweit gesetzliche Vorschriften nicht entgegenstehen, können die Mitteilungen in einfacher Abschrift oder auch elektronisch übermittelt werden.

---

[1] Nr. IX/5 Abs. 1 und 2 geänd. mWv 1.10.2014 durch AV v. 15.9.2014 (BAnz AT 29.09.2014 B1).
[2] ***Habersack, Deutsche Gesetze Nr. 110.***
[3] **Habersack, Deutsche Gesetze Nr. 100.**
[4] **Habersack, Deutsche Gesetze Nr. 102a.**
[5] Nr. IXa eingef. mWv 1.10.2021 durch AV v. 9.8.2021 (BAnz AT 16.09.2021 B3).
[6] Nr. IXa/1 Abs. 1 Satz 2 angef. mWv 1.10.2023 durch AV v. 3.8.2023 (BAnz AT 22.09.2023 B1).
[7] Nr. **110e**.

4. Abschnitt. Mitteilungen in Familiensachen und Verfahren der freiwilligen Gerichtsbarkeit

X. Mitteilungen in Ehesachen

1.[1] Mitteilungen über Aufhebungs- oder Feststellungsanträge

(1) Mitzuteilen ist der Eingang eines Antrages auf Aufhebung einer Ehe oder auf Feststellung des Bestehens oder Nichtbestehens einer Ehe, der von einem Ehegatten oder einer dritten Person eingereicht wurden (§ 129 Absatz 2 FamFG[2]).

(2) Die Mitteilungen erfolgen durch Übersendung einer Abschrift der Antragsschrift.

(3) Die Mitteilungen sind an die zuständige Verwaltungsbehörde zu richten.

Anmerkung: Zuständige Verwaltungsbehörden sind:

in **Baden-Württemberg** das Regierungspräsidium Tübingen;

in **Bayern** die Regierung von Mittelfranken;

in **Brandenburg** das Ministerium des Innern und für Kommunales;

in **Bremen** die Standesämter;

in **Hamburg** die Bezirksämter;

in **Hessen** die Regierungspräsidien;

in **Mecklenburg-Vorpommern** die Landräte der Landkreise und Oberbürgermeister der kreisfreien Städte;

in **Niedersachsen** die Landkreise, kreisfreien und großen selbstständigen Städte;

in **Nordrhein-Westfalen**

1. für die Regierungsbezirke Düsseldorf und Köln die Bezirksregierung Köln,
2. für die Regierungsbezirke Arnsberg, Detmold und Münster die Bezirksregierung Arnsberg;

in **Rheinland-Pfalz** die Aufsichts- und Dienstleistungsdirektion Trier;

in **Saarland** das Landesverwaltungsamt;

in **Sachsen** die Landesdirektion Sachsen;

in **Sachsen-Anhalt** die Landkreise und kreisfreien Städte;

in **Schleswig-Holstein** die Landrätinnen und Landräte der Kreise sowie die Bürgermeisterinnen und Bürgermeister der kreisfreien Städte;

in **Thüringen** das Landesverwaltungsamt.

2.[3] Mitteilungen über Scheidungssachen an das Jugendamt

(1) [1] Mitzuteilen ist die Rechtshängigkeit einer Scheidungssache, wenn gemeinschaftliche minderjährige Kinder vorhanden sind (§ 17 Absatz 3 SGB VIII[4]). [2] In den Mitteilungen sind Namen und Anschriften der beteiligten Eheleute und Kinder anzugeben. [3] Wird bei einer Mitteilung die geschützte Anschrift einer beteiligten Person (z.B. die einer Schutzwohnung oder eines Frauenhauses) weitergegeben, sind die Mitteilungsempfänger zugleich darauf hinzuweisen, dass es

---

[1] Nr. X/1 Anm. geänd. mWv 1.10.2012 durch AV v. 17.8.2012 (BAnz AT 12.09.2012 B1); Anm. geänd. mWv 1.10.2021 durch AV v. 9.8.2021 (BAnz AT 16.09.2021 B3).

[2] **Habersack, Deutsche Gesetze Nr. 112.**

[3] Nr. X/2 Abs. 1 geänd. mWv 1.10.2012 durch AV v. 17.8.2012 (BAnz AT 12.09.2012 B1); Abs. 1 Satz 3 angef. mWv 1.10.2021 durch AV v. 9.8.2021 (BAnz AT 16.09.2021 B3).

[4] Nr. **46**.

sich um eine geschützte Anschrift handelt, die dem Geheimhaltungsgebot unterliegt.

(2) Die Mitteilungen sind an das Jugendamt zu richten.

3.[1] Mitteilungen über Entscheidungen für Zwecke des Personenstandswesens

(1) Mitzuteilen sind Entscheidungen, durch die eine Ehe geschieden oder aufgehoben oder das Nichtbestehen einer Ehe festgestellt wird oder nach § 4 des Gesetzes über die Rechtswirkungen des Ausspruches einer nachträglichen Eheschließung vom 29. März 1951 (BGBl. I S. 215) auf Feststellung der Rechtsunwirksamkeit des Ausspruches einer nachträglichen Eheschließung erkannt ist (§ 5 Absatz 4 Satz 2, § 73 Nummer 20 PStG[2] und § 56 Absatz 1 Nummer 2 Buchstabe a und b PStV[3]).

(2)

1. Mitzuteilen ist eine abgekürzte Ausfertigung der Entscheidung mit einem Vermerk über den Tag der Rechtskraft der Entscheidung. In die Ausfertigung sind nur die Entscheidungsteile aufzunehmen, die die in Absatz 1 genannten Rechtsfolgen betreffen.
2. In der Mitteilung sind anzugeben:
   a) der Ehename,
   b) der nicht zum Ehenamen gewordene Geburtsname oder der zur Zeit der Erklärung über die Bestimmung des Ehenamens geführte Name des anderen Ehegatten oder, falls die Ehegatten keinen Ehenamen geführt haben, die Familiennamen des Mannes und der Frau,
   c) Ort und Tag der Eheschließung,
   d) die Bezeichnung des standesamtlichen Eintrags einschließlich der Registernummer der Eheschließung,
   e) die vollständige Anschrift der Ehegatten.

   Die Mitteilung kann durch Übersendung von Ablichtungen der entsprechenden standesamtlichen Urkunden, soweit sie sich bei den Akten befinden, erfolgen.
3. In den Fällen des Absatzes 5 Nummer 5 und 6 sind, soweit nicht bereits in der Entscheidung enthalten, ergänzend
   a) über das Kind und
   b) über die Mutter des Kindes

   die von dem Standesamt für die Eintragung im Geburtenregister benötigten, in III/4 Absatz 2 bezeichneten Angaben sowie
   c) von dem Mann der Familienname, sämtliche Vornamen und die Staatsangehörigkeit – sofern aus den Akten ersichtlich –

mitzuteilen.

(3) Die Mitteilung ist, unabhängig von dem Verfahrensstand der Folgesachen, alsbald nach Eintritt der Rechtskraft des Ausspruchs nach Absatz 1 zu veranlassen.

(4) Ist das Verfahren bei Eintritt der Rechtskraft des Ausspruchs nach Absatz 1 bei dem Rechtsmittelgericht anhängig, so obliegt diesem die Mitteilung.

---

[1] Nr. X/3 Abs. 2 Nr. 2 neu gef. mWv 1.10.2014 durch AV v. 15.9.2014 (BAnz AT 29.09.2014 B1); Abs. 5 Nr. 4 geänd. mWv 1.10.2016 durch AV v. 23.12.2016 (BAnz AT 24.05.2017 B1).
[2] Nr. **113.**
[3] **Sartorius Nr. 261.**

(5) Die Mitteilungen sind zu richten

1. falls die Ehe im Inland geschlossen worden ist, an das Standesamt, das das Eheregister führt (§ 3 Absatz 1 Satz 1 Nummer 1, § 5 Absatz 4 Satz 1 und § 16 Absatz 1 Satz 1 PStG sowie § 56 Absatz 1 Nummer 2 Buchstabe a und b PStV);
2. falls die Ehe vor dem 24. Februar 2007 im Ausland geschlossen worden ist und für diese Ehe ein Familienbuch angelegt ist, an das Standesamt des inländischen Wohnsitzes oder gewöhnlichen Aufenthaltsortes der Ehegatten, den diese am 24. Februar 2007 hatten (§ 77 Absatz 1 Satz 3, Absatz 2 Satz 1 und 4 PStG in Verbindung mit § 15a Absatz 3 Satz 1 des Personenstandsgesetzes in der am 31. Dezember 2008 geltenden Fassung);
3. falls die Ehe zwischen dem 24. Februar 2007 und dem 31. Dezember 2008 im Ausland geschlossen worden ist und für diese Ehe ein Familienbuch angelegt ist, an das Standesamt, das das Familienbuch angelegt hat (§ 77 Absatz 1 Satz 1 und 3, Absatz 2 Satz 1 und 4 PStG in Verbindung mit § 15a Absatz 3 Satz 1 des Personenstandsgesetzes in der am 31. Dezember 2008 geltenden Fassung);
4. falls ein Deutscher die Ehe im Ausland geschlossen hat oder die Ehe im Inland zwischen Eheschließenden, von denen keiner Deutscher ist, vor einer von der Regierung des Staates, dem einer der Eheschließenden angehört, ordnungsgemäß ermächtigten Person in der nach dem Recht dieses Staates vorgeschriebenen Form geschlossen worden ist und die Eheschließung auf Antrag beurkundet worden ist, an das Standesamt, das die Eheschließung beurkundet hat (§ 34 Absatz 1, 2 und 4 PStG);
5. in allen anderen Fällen an das Standesamt I in Berlin;
6. zusätzlich an die in XIV/1 Absatz 3 bezeichneten Standesämter (§ 21 Absatz 3 Nummer 2, § 27 Absatz 3 Nummer 1 und 2 PStG), falls in der Entscheidung auf Nichtbestehen der Ehe erkannt ist und
   a) einem nicht von dem Manne stammenden Kind der Frau nach § 1618 BGB[1] der Ehename erteilt worden war oder nach den am 30. Juni 1976 im damaligen Geltungsbereich des Personenstandsgesetzes geltenden Bestimmungen der Ehemann der Frau dem Kind seinen Namen erteilt hatte,
   b) von dem Mann und der Frau ein Kind als gemeinschaftliches Kind oder von dem Mann oder der Frau ein Kind des anderen Teils angenommen worden ist oder
   c) allein von dem Mann oder der Frau unter ihrem vermeintlichen Ehenamen ein sonstiges Kind angenommen worden ist.

XI. Mitteilungen in Gewaltschutzsachen

1.[2] Mitteilungen in Gewaltschutzsachen und in Verfahren über die Anerkennung und Vollstreckung nach der Richtlinie 2011/99/EU

(1) Mitzuteilen sind

1. Anordnungen nach § 1 des Gewaltschutzgesetzes[3], auch in Verbindung mit § 9 Absatz 1 Satz 1 des EU-Gewaltschutzverfahrensgesetzes, und Anordnungen nach § 2 des Gewaltschutzgesetzes sowie deren Änderung oder Aufhebung (§ 216a Satz 1 FamFG);

---

[1] **Habersack, Deutsche Gesetze Nr. 20.**

[2] Nr. XI/1 neu gef. mWv 1.10.2021 durch AV v. 9.8.2021 (BAnz AT 16.09.2021 B3); Abs. 2 Satz 1 Nr. 1 und 2, Anm. geänd. mWv 1.10.2023 durch AV v. 3.8.2023 (BAnz AT 22.09.2023 B1).

[3] Nr. **49**.

2. der Abschluss eines nach § 214a FamFG gerichtlich bestätigten Vergleichs (§ 216a Satz 3 FamFG);
3. der Verstoß gegen eine nach Anerkennung einer Europäischen Schutzanordnung angeordnete Maßnahme nach § 1 des Gewaltschutzgesetzes (§ 10 Absatz 2 Satz 1 des EU-Gewaltschutzverfahrensgesetzes).

(2) [1] Die Mitteilungen sind zu bewirken

1. im Falle des Absatzes 1 Nummer 1 unverzüglich nach Erlass der gerichtlichen Entscheidung durch Übermittlung einer abgekürzten Ausfertigung oder beglaubigten Abschrift der gerichtlichen Entscheidung ohne Entscheidungsgründe oder durch Übermittlung einer vollständigen Ausfertigung oder beglaubigten Abschrift der gerichtlichen Entscheidung mit Entscheidungsgründen oder Teilen der Entscheidungsgründe, soweit dies aus Sicht des Gerichts zur Verfolgung von Straftaten oder Ordnungswidrigkeiten oder zur Abwehr einer Gefahr für die öffentliche Sicherheit oder einer schwerwiegenden Beeinträchtigung der Rechte einer anderen Person oder einer erheblichen Gefährdung der geschützten Person oder Minderjähriger erforderlich ist;
2. im Falle des Absatzes 1 Nummer 2 unverzüglich nach Abschluss und gerichtlicher Bestätigung des Vergleichs durch Übermittlung einer Ausfertigung oder beglaubigten Abschrift des Vergleichs und der gerichtlichen Bestätigung;
3. im Falle des Absatzes 1 Nummer 3 unverzüglich, nachdem das Gericht von einem Verstoß gegen die angeordnete Maßnahme Kenntnis erlangt hat, durch Übersendung eines Formblattes nach der Anlage zu § 10 Absatz 3 des EU-Gewaltschutzverfahrensgesetzes.

[2] Eine Übersendung nach den Nummern 1 und 2 unterbleibt, soweit schutzbedürftige Interessen eines Beteiligten an dem Ausschluss der Übermittlung das Schutzbedürfnis anderer Beteiligter oder das öffentliche Interesse an der Übermittlung überwiegen (§ 216a Satz 1 FamFG, § 9 Absatz 2 Satz 3 des EU-Gewaltschutzverfahrensgesetzes). [3] Die Beteiligten sollen über die Mitteilung unterrichtet werden (§ 216a Satz 2 FamFG, § 10 Absatz 2 Satz 2 des EU-Gewaltschutzverfahrensgesetzes).

(3) Die Mitteilungen sind von der Richterin oder dem Richter zu veranlassen.

(4) [1] Die Mitteilungen sind an die zuständige Polizeibehörde und, soweit sie von der Durchführung der Anordnung betroffen sind, an das zuständige Jugendamt und an die anderen öffentlichen Stellen zu richten. [2] Maßnahmen nach § 9 Absatz 1 des EU-Gewaltschutzverfahrensgesetzes sind ferner der Anordnungsbehörde mitzuteilen (§ 9 Absatz 2 Satz 1 des EU-Gewaltschutzverfahrensgesetzes). [3] Verstöße gegen eine nach der Anerkennung einer Europäischen Schutzanordnung angeordneten Maßnahme nach § 1 des Gewaltschutzgesetzes sind mittels Formblattes nach der Anlage zu § 10 Absatz 3 des EU-Gewaltschutzverfahrensgesetzes der Anordnungsbehörde und der Überwachungsbehörde mitzuteilen. [4] Darüber hinaus sind die zuständige Polizeibehörde und die anderen öffentlichen Stellen, die von der Durchführung der erlassenen Maßnahme betroffen sind, von dem Verstoß unverzüglich zu unterrichten (§ 10 Absatz 2 Satz 1 des EU-Gewaltschutzverfahrensgesetzes). [5] Die geschützte Person und die gefährdende Person sollen über die *Mitteilungen* unterrichtet werden (§ 10 Absatz 2 Satz 2 des EUGewaltschutzverfahrensgesetzes[1])).

[1]) Richtig wohl: „EU-Gewaltschutzverfahrensgesetzes".

(5) Entscheidungen nach § 2 des Gewaltschutzgesetzes sind dem zuständigen Jugendamt stets zusätzlich mitzuteilen, wenn Kinder im Haushalt leben (§ 213 Absatz 1 Satz 1, Absatz 2 Satz 1 FamFG).

(6) Wird bei einer Mitteilung nach Absatz 1 Nummer 1 oder 2 (in Verbindung mit Absatz 4 Satz 1), Absatz 4 Satz 4 und nach Absatz 5 auch die geschützte Anschrift einer beteiligten Person (z.B. die einer Schutzwohnung oder eines Frauenhauses) weitergegeben, sind die Mitteilungsempfänger zugleich darauf hinzuweisen, dass es sich um eine geschützte Anschrift handelt, die dem Geheimhaltungsgebot unterliegt.

Anmerkungen:

In **Baden-Württemberg** sind Anträge nach dem Gewaltschutzgesetz sowie hierauf erfolgte Entscheidungen, gerichtliche Vergleiche oder einstweilige Anordnungen, insbesondere die angeordneten Maßnahmen, die Dauer der Maßnahmen sowie Verstöße gegen die Auflagen, an die zuständige Polizeibehörde und die zuständige Polizeidienststelle (§ 30 Absatz 5 des baden-württembergischen Polizeigesetzes) unverzüglich mitzuteilen.

In **Hamburg** sind Anträge nach dem Gewaltschutzgesetz sowie hierauf erfolgte gerichtliche Entscheidungen unverzüglich der Polizei mitzuteilen (§ 12b Absatz 1 des Hamburgischen Gesetzes zum Schutz der öffentlichen Sicherheit und Ordnung – HmbSOG).

In **Hessen** sind Anträge über zivilrechtlichen Schutz sowie der Tag und der Inhalt der gerichtlichen Entscheidung unverzüglich der zuständigen Gefahrenabwehrbehörde oder der Polizeibehörde mitzuteilen (§ 31 Absatz 2 Satz 5 des Hessischen Gesetzes über die öffentliche Sicherheit und Ordnung – HSOG).

In **Mecklenburg-Vorpommern** hat das Gericht die örtlich zuständige Polizeidienststelle unverzüglich über die Entscheidung zu einem Antrag auf zivilrechtlichen Schutz nach dem Gewaltschutzgesetz zu informieren (§ 52 Absatz 2 SOG M-V).

In **Nordrhein-Westfalen** sind Anträge nach dem Gewaltschutzgesetz sowie der Tag der gerichtlichen Entscheidung unverzüglich der zuständigen Polizeibehörde mitzuteilen (§ 34a Absatz 6 des Polizeigesetzes des Landes Nordrhein-Westfalen – PolG NRW). In den Fällen, in denen noch keine gerichtliche Entscheidung ergangen ist bzw. innerhalb der Frist des polizeilichen Rückkehrverbots bzw. der Wohnungsverweisung voraussichtlich ergehen wird, erfolgt die Mitteilung durch Übersendung der Antragsschrift.

XII. Mitteilungen in Lebenspartnerschaftssachen

1.[1] Mitteilungen über Entscheidungen für Zwecke des Personenstandswesens

(1) *Mitzuteilen sind Entscheidungen,* durch die eine Lebenspartnerschaft aufgehoben wird oder das Nichtbestehen einer Lebenspartnerschaft festgestellt wird (§ 5 Absatz 4 Satz 2, § 17 in Verbindung mit § 16 Absatz 1 Satz 1 Nummern 3 und 4 PStG[2], § 56 Absatz 1 Nummer 3 Buchstabe a, § 56 Absatz 1 Nummer 4 Buchstabe b PStV[3]).

[1] Nr. XII/1 Anm. geänd. mWv 1.10.2012 durch AV v. 17.8.2012 (BAnz AT 12.09.2012 B1); Abs. 2 Nr. 2 neu gef. mWv 1.10.2014 durch AV v. 15.9.2014 (BAnz AT 29.09.2014 B1); Abs. 1 und 4 Nr. 1 geänd., Nr. 2 neu gef. mWv 1.10.2016 durch AV v. 23.12.2016 (BAnz AT 24.05.2017 B1).

[2] Nr. **113**.

[3] **Sartorius Nr. 261.**

(2)

1. Mitzuteilen ist eine abgekürzte Ausfertigung der Entscheidung mit einem Vermerk über den Tag der Rechtskraft der Entscheidung. In die Ausfertigung sind nur die Entscheidungsteile aufzunehmen, die die in Absatz 1 genannte Rechtsfolge betreffen.
2. In der Mitteilung sind anzugeben:
   a) der Lebenspartnerschaftsname,
   b) der nicht zum Lebenspartnerschaftsnamen gewordene Geburtsname oder der zur Zeit der Erklärung über die Bestimmung des Lebenspartnerschaftsnamens geführte Name des anderen Lebenspartners oder, falls die Lebenspartner keinen Lebenspartnerschaftsnamen geführt haben, die Familiennamen beider Lebenspartner,
   c) Ort und Tag der Begründung der Lebenspartnerschaft,
   d) die Bezeichnung des Eintrags in das Lebenspartnerschaftsregister einschließlich der Registernummer der Begründung der Lebenspartnerschaft,
   e) die vollständigen Anschriften beider Lebenspartner.

   Die Mitteilung kann durch Übersendung von Ablichtungen der entsprechenden Urkunden, soweit sie sich bei den Akten befinden, erfolgen.

(3) Ist das Verfahren bei Eintritt der Rechtskraft des Ausspruchs nach Absatz 1 bei dem Rechtsmittelgericht anhängig, so obliegt diesem die Mitteilung.

(4) Die Mitteilungen sind zu richten

1. falls die Lebenspartnerschaft von einem Standesamt beurkundet worden ist, an das Standesamt, das die Beurkundung vorgenommen hat (§ 3 Absatz 1 Satz 1 Nummer 2, § 5 Absatz 4 Satz 2 und § 17 in Verbindung mit § 16 Absatz 1 Satz 1 Nummer 3 PStG sowie § 56 Absatz 1 Nummer 3 Buchstabe a PStV);
2. falls die Lebenspartnerschaft nicht von einem Standesamt beurkundet worden ist, an das zuständige Standesamt, das das Lebenspartnerschaftsregister führt (§ 23 LPartG[1]) in Verbindung mit § 16 Absatz 1 Satz 1 Nummer 3 und § 17 PStG, sowie § 56 Absatz 1 Nummer 3 Buchstabe a PStV);
3. falls die Lebenspartnerschaft nicht in einem Personenstandsregister im Inland beurkundet ist, an das Standesamt I in Berlin (§ 35 PStG, § 56 Absatz 1 Nummer 4 Buchstabe b PStV).

Anmerkung:

Thüringen

In Thüringen wurde das Ausführungsgesetz zum Lebenspartnerschaftsgesetz (ThürAGLPartG) mit Ablauf des 31. Dezember 2010 aufgehoben. Die bis zu diesem Zeitpunkt und damit nicht in einem Standesamt entstandenen Vorgänge werden aufgrund der Regelung in § 2 Satz 1 des Gesetzes zur Aufhebung des Ausführungsgesetzes zum Lebenspartnerschaftsgesetz an das Standesamt abgegeben, in dessen Zuständigkeit der Sitz der Behörde liegt, vor der die Lebenspartnerschaft gegründet wurde. Mitteilungen haben an diese nunmehr zuständigen registerführenden Standesämter zu erfolgen. Bei Begründung der Lebenspartnerschaft vor dem Thüringer Landesverwaltungsamt in Weimar erfolgt die Mitteilung damit beispielsweise an das Standesamt Weimar.

---

[1]) Nr. 43.

XIII. Mitteilungen in Kindschaftssachen, Abstammungssachen und Verfahren nach dem Transsexuellengesetz

1.[1] Mitteilungen an das Jugendamt über die Anordnung und die Beendigung einer Vormundschaft oder Pflegschaft und über den Wechsel in der Person des Vormundes oder Pflegers

(1) [1] Mitzuteilen sind

1.[2] die Anordnung

a) einer Vormundschaft,

b) einer die Sorge für die Person betreffenden Pflegschaft

unter Bezeichnung des Vormundes oder des Pflegers;

2. jeder in der Person des Vormundes oder des Pflegers eintretende Wechsel;

3. die Beendigung der Vormundschaft oder Pflegschaft.

[2] Ist ein Vormundschaftsverein als vorläufiger Vormund oder vorläufiger Pfleger oder ein Vereinsvormund als Vormund oder Pfleger bestellt, entfallen die Mitteilungen nach Satz 1 (§ 53a Absatz 2 und 4, § 57 Absatz 3 Satz 1 bis 3, § 57 Absatz 6 SGB VIII[3] in Verbindung mit § 13 Absatz 1 Nummer 1 zweite Alternative EGGVG[4]).

(2) [1] Die Mitteilungen sind an das Jugendamt zu richten. [2] Falls eine Ausfertigung der Entscheidung mitgeteilt wird, ist eine abgekürzte Ausfertigung zu übersenden.

2.[5] Mitteilungen an die Meldebehörde über die Anordnung und die Beendigung einer Vormundschaft und über die Person des Vormundes

(1) Mitzuteilen sind

1. die Anordnung einer Vormundschaft;

2. Name und Anschrift des Vormunds sowie jeder in der Person des Vormunds eintretende Wechsel;

3. die Aufhebung der in Nummer 1 genannten Maßnahme oder ihre Beendigung kraft Gesetzes, soweit sie nicht durch den Tod oder die Volljährigkeit des Mündels eintritt.

(2) [1] Die Mitteilungen sind an die Meldebehörde zu richten, in deren Bezirk der Mündel wohnt. [2] Falls eine Ausfertigung der Entscheidung mitgeteilt wird, ist eine abgekürzte Ausfertigung zu übersenden.

---

[1] Nr. XIII/1 Abs. 1 Satz 2 mWv 1.10.2012 durch AV v. 17.8.2012 (BAnz AT 12.09.2012 B1).; Überschrift, Abs. 1 Satz 1 Nr. 1 und 2 geänd., Satz 2 neu gef. mWv 1.10.2023 durch AV v. 3.8.2023 (BAnz AT 22.09.2023 B1)

[2] **Amtl. Anm.:** Gilt in dieser Fassung erst ab 1. Juli 1998.

[3] Nr. **46**.

[4] **Habersack, Deutsche Gesetze Nr. 95a.**

[5] Nr. XIII/2 Anm. geänd. mWv 1.10.2012 durch AV v. 17.8.2012 (BAnz AT 12.09.2012 B1); Anm. geänd. mWv 1.10.2016 durch AV v. 23.12.2016 (BAnz AT 24.05.2017 B1); Anm. geänd. mWv 1.10.2018 durch AV v. 23.11.2018 (BAnz AT 24.12.2018 B2); Abs. 1 Nr. 3 und Anm. geänd. mWv 1.10.2021 durch AV v. 9.8.2021 (BAnz AT 16.09.2021 B3); Anm. geänd. mWv 1.10.2023 durch AV v. 3.8.2023 (BAnz AT 22.09.2023 B1).

Anmerkung: Zuständige Meldebehörden, die nach den Ausführungsgesetzen der Länder zum Bundesmeldegesetz[1] die Daten des gesetzlichen Vertreters des Einwohners zu speichern haben, sind:

in **Baden-Württemberg** die Gemeinden als Ortspolizeibehörden;

in **Bayern** die Gemeinden bzw. Verwaltungsgemeinschaften;

in **Berlin** das Landesamt für Bürger- und Ordnungsangelegenheiten;

in **Brandenburg** die kreisfreien Städte, die Ämter und die amtsfreien Gemeinden;

in **Bremen:**

– in der Stadt Bremen das Stadtamt – Meldebehörde –,

– in der Stadt Bremerhaven der Magistrat der Stadt Bremerhaven;

in **Hamburg** das Bezirksamt Harburg – ZM –;

in **Hessen** die Gemeinden;

in **Mecklenburg-Vorpommern** die (Ober-)Bürgermeister der kreisfreien Städte, die Bürgermeister der amtsfreien Gemeinden und die Amtsvorsteher der Ämter;

in **Niedersachsen** die Gemeinden und Samtgemeinden;

in **Nordrhein-Westfalen** die Gemeinden;

in **Rheinland-Pfalz** die Stadt- und Gemeindeverwaltungen, für Ortsgemeinden die Verbandsgemeindeverwaltungen;

im **Saarland** die Gemeinden;

in **Sachsen** die Gemeinden, erfüllende Gemeinden von Verwaltungsgemeinschaften und Verwaltungsverbände;

in **Sachsen-Anhalt** die Gemeinden;

in **Schleswig-Holstein** die Bürgermeister der Städte und amtsfreien Gemeinden sowie die Amtsvorsteher der Ämter;

in **Thüringen** die Gemeinden bzw. Verwaltungsgemeinschaften.

3.[2] Mitteilungen an das für Unterbringungsmaßnahmen zuständige Gericht über die Anordnung und die Aufhebung einer Vormundschaft oder Pflegschaft und über den Wechsel in der Person des Vormunds oder Pflegers

(1) Mitzuteilen sind bei einer Vormundschaft, bei der der Mündel einer freiheitsentziehenden Unterbringung oder freiheitsentziehenden Maßnahme nach §§ 1631b, 1795 Absatz 1 Satz 3 BGB[3] oder nach den Landesgesetzen über die Unterbringung psychisch Kranker unterworfen ist, oder bei einer die Unterbringung oder freiheitsentziehenden Maßnahme erfassenden Pflegschaft nach den §§ 1631b, 1795 Absatz 1 Satz 3 und 1813 Absatz 1 BGB

1. die Anordnung der Vormundschaft oder Pflegschaft;
2. ein Wechsel in der Person des Vormunds oder Pflegers;

---

[1] **Sartorius Nr. 256.**

[2] Nr. XIII/3 Abs. 1 geänd. mWv 1.10.2012 durch AV v. 17.8.2012 (BAnz AT 12.09.2012 B1); Abs. 1 geänd. mWv 1.10.2018 durch AV v. 23.11.2018 (BAnz AT 24.12.2018 B2); Abs. 1 einl. Satzteil geänd. mWv 1.10.2023 durch AV v. 3.8.2023 (BAnz AT 22.09.2023 B1).

[3] **Habersack, Deutsche Gesetze Nr. 20.**

3. die Aufhebung der Vormundschaft oder Pflegschaft sowie der Wegfall des Aufgabenbereichs Unterbringung,

wenn für die Unterbringungsmaßnahme ein anderes Gericht zuständig ist als dasjenige, bei dem die Vormundschaft oder Pflegschaft anhängig ist (§ 167 Absatz 2 Halbsatz 1 FamFG).

(2) Die Mitteilungen sind von der Richterin oder dem Richter zu veranlassen.

(3) Die Mitteilungen sind an das für die Unterbringungsmaßnahme zuständige Gericht zu richten.

4.[1)] Mitteilungen über die familiengerichtliche Anordnung vorläufiger Maßnahmen

(1) Mitzuteilen ist die Anordnung der in den §§ 1693, 1802 Absatz 2 Satz 3 in Verbindung mit § 1867 BGB bezeichneten Maßnahmen, wenn eine Vormundschaft oder Pflegschaft anhängig ist (§ 152 Absatz 4 FamFG).

(2) Die Mitteilungen sind von der Richterin oder dem Richter zu veranlassen.

(3) Sie sind an das Gericht zu richten, bei dem die Vormundschaft oder Pflegschaft anhängig ist.

5.[2)] Mitteilungen an die Staatsanwaltschaft über familiengerichtliche Maßnahmen bei Minderjährigen und über die Kenntnis von anhängigen Strafverfahren

(1) Mitzuteilen sind

1. familiengerichtliche Maßnahmen sowie ihre Änderung und Aufhebung, wenn ein anhängiges staatsanwaltschaftliches Ermittlungsverfahren oder gerichtliches Strafverfahren gegen den Minderjährigen bekannt wird (§ 70 Absatz 1 Satz 3 JGG[3)]);
2. Kenntnisse des Familiengerichts von einem anderen anhängigen Strafverfahren gegen den Minderjährigen (§ 70 Absatz 1 Satz 2 JGG).

(2) Mitteilungen nach Absatz 1 Nummer 1 unterbleiben, wenn schutzwürdige Interessen des Minderjährigen oder einer sonst von der Mitteilung betroffenen Person oder Stelle an dem Ausschluss der Übermittlung erkennbar überwiegen (§ 70 Absatz 1 Satz 3 JGG).

(3) Die Mitteilungen sind von der Richterin oder dem Richter zu veranlassen.

(4) Sie sind an die zuständigen Jugendstaatsanwaltschaften zu richten.

6.[4)] Mitteilungen an das Bundesamt für Justiz über familiengerichtliche Maßnahmen bei Minderjährigen

(1) Mitzuteilen sind

1. die Anordnungen des Familiengerichts über Erziehungsmaßregeln, wenn ihm deren Auswahl und Anordnung vom Jugendgericht oder von dem für allgemei-

---

[1)] Nr. XIII/4 Überschrift, Abs. 1 geänd. mWv 1.10.2023 durch AV v. 3.8.2023 (BAnz AT 22.09.2023 B1).

[2)] Nr. XIII/5 Abs. 1 Nr. 1 und 2 geänd., Abs. 2 neu gef., Abs. 4 geänd. mWv 1.10.2021 durch AV v. 9.8.2021 (BAnz AT 16.09.2021 B3).

[3)] **Habersack, Deutsche Gesetze Nr. 89.**

[4)] Nr. XIII/6 Überschrift, Abs. 1 abschl. Satzteil und Abs. 2 geänd. mWv 1.10.2014 durch AV v. 15.9. 2014 (BAnz AT 29.09.2014 B1); Abs. 1 Nr. 2 geänd. mWv 1.10.2023 durch AV v. 3.8.2023 (BAnz AT 22.09.2023 B1).

ne Strafsachen zuständigen Gericht nach den §§ 53, 104 Absatz 4 JGG überlassen worden ist;

2. die vorläufigen und endgültigen Entscheidungen des Familiengerichts nach § 1666 Absatz 1 und § 1666a BGB[1] sowie die Entscheidungen nach § 1802 Absatz 2 Satz 3 in Verbindung mit § 1666 Absatz 1 und § 1666a BGB, welche die Sorge für die Person des Minderjährigen betreffen; ferner die Entscheidungen, durch welche die vorgenannten Entscheidungen aufgehoben oder geändert werden

(§§ 20, 59, § 60 Absatz 1 Nummer 4, 5, 9 BZRG[2]).

(2) Die Mitteilungen sind an das Bundesamt für Justiz zu richten.

(3) Form und Inhalt der Mitteilungen richten sich nach der Allgemeinen Verwaltungsvorschrift zur Durchführung des Bundeszentralregistergesetzes (BZRGVwV) vom 16. Dezember 2008 in ihrer jeweils geltenden Fassung.

7.[3] Mitteilungen über Entscheidungen für Zwecke des Personenstandswesens

(1) Mitzuteilen sind familiengerichtliche Entscheidungen, durch die

1. das Bestehen oder Nichtbestehen eines Eltern- oder Kindesverhältnisses festgestellt oder
2. über die Anfechtung der Vaterschaft entschieden wird,

sofern diese eine Eintragung in einem Personenstandsregister erforderlich machen (§ 27 Absatz 1, 3 Nummer 1 PStG[4], § 56 Absatz 1 Nummer 1 Buchstabe b PStV[5]).

(2) Die Mitteilung erfolgt durch Übersendung einer abgekürzten Ausfertigung der Entscheidung mit Rechtskraftvermerk.

(3) Die Mitteilungen sind zu richten

1. wenn die Geburt im Inland beurkundet wurde, an das Standesamt, das die Geburt beurkundet hat (§ 27 Absatz 1 Satz 1 in Verbindung mit § 44 Absatz 3 Satz 1 PStG),
2. wenn die Geburt im Ausland beurkundet wurde, an das Standesamt I in Berlin (§ 27 Absatz 1 Satz 1 in Verbindung mit § 44 Absatz 3 Satz 2 PStG).

Anmerkung:
Siehe auch III/4 (Mitteilungen über die Beurkundung von Erklärungen über die Anerkennung der Vaterschaft oder der Mutterschaft und über die gerichtliche Genehmigung solcher Erklärungen). Mitzuteilen sind diese Erklärungen auch, wenn sie in einem Erörterungstermin zur Niederschrift des Gerichts erfolgen (§ 180 FamFG[6]).

---

[1] **Habersack, Deutsche Gesetze Nr. 20.**
[2] **Habersack, Deutsche Gesetze Nr. 92.**
[3] Nr. XIII/7 Abs. 1 abschl. Satzteil geänd. mWv 1.10.2014 durch AV v. 15.9.2014 (BAnz AT 29.09.2014 B1); Anm. angef. mWv 1.10.2023 durch AV v. 3.8.2023 (BAnz AT 22.09.2023 B1).
[4] Nr. **113**.
[5] **Sartorius Nr. 261.**
[6] **Habersack, Deutsche Gesetze Nr. 112.**

8.[1] Mitteilungen an das Jugendamt über die Beseitigung einer nach § 1592 Nummer 1 oder 2 BGB bestehenden Vaterschaft

(1) Mitzuteilen sind Entscheidungen, die eine nach § 1592 Nummer 1 oder 2 BGB[2] bestehende Vaterschaft zu einem Kind oder Jugendlichen beseitigen (§ 52a Absatz 3 SGB VIII[3]).

(2) Die Mitteilung erfolgt durch Übersendung einer abgekürzten Ausfertigung der Entscheidung.

(3) Die Mitteilungen sind an das Jugendamt zu richten.

9.[4] Mitteilungen an das Jugendamt über die Begründung einer gemeinsamen elterlichen Sorge im vereinfachten Verfahren nach § 155a Absatz 3 FamFG oder die Protokollierung übereinstimmender Sorgeerklärungen

(1) Mitzuteilen sind

1. Entscheidungen, durch die im vereinfachten Verfahren nach § 155a Absatz 3 FamFG[5] die elterliche Sorge oder ein Teil der elterlichen Sorge beiden Eltern gemeinsam übertragen wird (§ 155a Absatz 3 Satz 3 FamFG),
2. die Abgabe von Sorgeerklärungen und Zustimmungen zur Niederschrift des Gerichts (§ 1626d Absatz 2 BGB[2] in Verbindung mit § 155a Absatz 5 FamFG).

(2) Die Mitteilung erfolgt im Fall des Absatzes 1 Nummer 1 durch Übersendung einer abgekürzten Ausfertigung der Entscheidung und im Fall des Absatzes 1 Nummer 2 durch Übersendung einer abgekürzten Ausfertigung der Niederschrift des Erörterungstermins.

(3) [1] Die Mitteilungen sind unter Angabe des Geburtsdatums und des Geburtsorts des Kindes sowie des Namens, den das Kind zur Zeit der Beurkundung seiner Geburt geführt hat, an das für den Geburtsort des Kindes zuständige Jugendamt zu richten. [2] Liegt der Geburtsort im Ausland oder ist er nicht zu ermitteln, sind die Mitteilungen an die für Jugend zuständige Senatsverwaltung in Berlin zu richten.

10. Mitteilungen an das Standesamt über eine dem Familiengericht bekannt gewordene Annahme als Kind im Ausland

(1) Mitzuteilen ist die dem Familiengericht bekannt gewordene Annahme als Kind im Ausland, wenn der Angenommene im Inland im Personenstandsregister eingetragen ist (§ 56 Absatz 1 Nummer 1 Buchstabe c PStV[6]), sofern nicht ersichtlich ist, dass das in Betracht kommende Standesamt von der Annahme als Kind bereits anderweitig Kenntnis erhalten hat.

(2) Die Mitteilung ist von der Richterin oder dem Richter zu veranlassen.

(3) [1] Der Mitteilung ist eine beglaubigte Abschrift der Urkunde über die Annahme als Kind beizufügen. [2] Dabei sind, soweit nicht bereits in der Urkunde enthalten, die von dem Standesamt für die Eintragung in die Personenstandsregister benötigten, in III/4 Absatz 2 bezeichneten Angaben

a) über das Kind
und gegebenenfalls

---

[1] Nr. XIII/8 Überschrift neu gef. mWv 1.10.2014 durch AV v. 15.9.2014 (BAnz AT 29.09.2014 B1).
[2] **Habersack, Deutsche Gesetze Nr. 20.**
[3] Nr. **46.**
[4] Nr. XIII/9 eingef. mWv 1.10.2014 durch AV v. 15.9.2014 (BAnz AT 29.09.2014 B1).
[5] **Habersack, Deutsche Gesetze Nr. 112.**
[6] **Sartorius Nr. 261.**

b) über den Annehmenden und
c) über die Annehmende
sowie die Bezeichnung des standesamtlichen Eintrags mitzuteilen.

(4) Die Mitteilung ist an das in XIV/1 Absatz 3 bezeichnete zutreffende Standesamt zu richten.

11.[1] Mitteilungen über die Erteilung oder Versagung der Genehmigung eines einseitigen Rechtsgeschäfts

(1) Mitzuteilen sind Entscheidungen über die Erteilung oder Versagung einer nachträglichen Genehmigung eines einseitigen Rechtsgeschäfts, welches der Vormund, der Pfleger oder ein sorgeberechtigter Elternteil gegenüber einem Gericht oder einer Behörde ohne die erforderliche Genehmigung vorgenommen hat (§ 1644 Absatz 3 Satz 1, § 1795 Absatz 4 Satz 1, § 1800 Absatz 2 Satz 1, § 1813 Absatz 1 BGB[2] in Verbindung mit § 1858 Absatz 3 Satz 5 BGB).

(2) Die Mitteilungen sind von der Richterin oder dem Richter zu veranlassen.

(3) Die Mitteilungen sind an das Gericht oder die Behörde zu richten, gegenüber dem oder der das genehmigungspflichtige Rechtsgeschäft vorgenommen wurde.

12. *(aufgehoben)*

13.[3] Mitteilungen über beabsichtigte oder getroffene Maßnahmen im Geltungsbereich des Haager Übereinkommens vom 5. Oktober 1961 über die Zuständigkeit der Behörden und das anzuwendende Recht auf dem Gebiet des Schutzes von Minderjährigen (BGBl. 1971 II S. 217)

(1) Mitzuteilen sind

1. die Absicht, zum Schutz der Person oder des Vermögens eines minderjährigen Deutschen, der seinen gewöhnlichen Aufenthalt in einem ausländischen Vertragsstaat des Übereinkommens hat, Maßnahmen zu treffen (Artikel 4 Absatz 1 des Übereinkommens);
2. die Absicht, die von den Behörden des Staates des früheren gewöhnlichen Aufenthalts eines Minderjährigen getroffenen Maßnahmen aufzuheben oder durch andere Maßnahmen zu ersetzen (Artikel 5 Absatz 2 des Übereinkommens);
3. die Absicht, zum Schutz der Person oder des Vermögens eines Minderjährigen, hinsichtlich dessen bereits andere Vertragsstaaten Maßnahmen getroffen haben, die noch wirksam sind, weitere Maßnahmen zu treffen (Artikel 10 des Übereinkommens). Die Mitteilung unterbleibt, wenn ein Meinungsaustausch mit den Behörden der anderen Vertragsstaaten eine dem Minderjährigen nachteilige Verzögerung zur Folge hätte oder aus einem sonstigen Grund nicht angebracht erscheint;

---

[1] Nr. XIII/11 neu gef. mWv 1.10.2023 durch AV v. 3.8.2023 (BAnz AT 22.09.2023 B1).

[2] ***Habersack, Deutsche Gesetze Nr. 20.***

[3] Nr. XIII/13 Abs. 4 Nr. 4 Buchst. a neu gef., Anm. geänd. mWv 1.10.2012 durch AV v. 17.8.2012 (BAnz AT 12.09.2012 B1); Anm. geänd. mWv 1.10.2014 durch AV v. 15.9.2014 (BAnz AT 29.09.2014 B1); Anm. neu gef. mWv 1.10.2016 durch AV v. 23.12.2016 (BAnz AT 24.05.2017 B1); Anm. geänd. mWv 1.10.2021 durch AV v. 9.8.2021 (BAnz AT 16.09.2021 B3); Anm. neu gef. mWv 1.10.2023 durch AV v. 3.8.2023 (BAnz AT 22.09.2023 B1).

4. die hinsichtlich eines Minderjährigen getroffenen Maßnahmen (Artikel 11 Absatz 1 des Übereinkommens).

(2) Die Mitteilungen nach Absatz 1 Nummer 4 sind unverzüglich nach Wirksamwerden der Maßnahme zu bewirken.

(3) Die Mitteilungen sind von der Richterin oder dem Richter zu veranlassen.

(4) Die Mitteilungen sind über die Prüfungsstelle gemäß § 9 Absatz 2 der Rechtshilfeordnung für Zivilsachen (ZRHO) zu leiten und zu richten im Falle des

1. Absatzes 1 Nummer 1
an die Behörden des Staates, in dem der minderjährige Deutsche seinen gewöhnlichen Aufenthalt hat;
2. Absatzes 1 Nummer 2
an die Behörden des Staates des früheren gewöhnlichen Aufenthalts, deren Maßnahmen aufgehoben oder ersetzt werden sollen;
3. Absatzes 1 Nummer 3
an die Behörden des Staates, deren Entscheidungen noch wirksam sind;
4. Absatzes 1 Nummer 4
   a) an die Behörden des Staates, dem der Minderjährige angehört, bzw. an die Behörden des Staates, in dem der Minderjährige seinen gewöhnlichen Aufenthalt hat,
   b) falls neben den getroffenen Maßnahmen Entscheidungen von Behörden anderer Staaten wirksam bleiben und nicht schon eine Mitteilung nach Buchstabe a zu bewirken ist, an die Behörden dieser Staaten,
   c) falls Maßnahmen von Behörden des Staates des früheren gewöhnlichen Aufenthalts aufgehoben oder ersetzt werden, zusätzlich an die Behörden dieses Staates.

Anmerkung:

Vertragsstaaten des Übereinkommens sind – außer der Bundesrepublik Deutschland – China (nur Sonderverwaltungsregion Macau), Frankreich, Italien, Lettland, Litauen, Luxemburg, Niederlande (einschließlich Arubas und der Inseln Bonaire, Curaçao, Saba, St. Eustatius und Sint Maarten, der früheren Niederländischen Antillen), Österreich, Polen, Portugal, Schweiz, Spanien, Türkei.

Das Haager Übereinkommen vom 19. Oktober 1996 über die Zuständigkeit, das anzuwendende Recht, die Anerkennung, Vollstreckung und Zusammenarbeit auf dem Gebiet der elterlichen Verantwortung und der Maßnahmen zum Schutz von Kindern (Haager Kinderschutzübereinkommen[1]; BGBl. 2009 II S. 602) ersetzt nach seinem Artikel 51 im Verhältnis zwischen Vertragsstaaten beider Übereinkommen das Haager Übereinkommen vom 5. Oktober 1961 über die Zuständigkeit der Behörden und das anzuwendende Recht auf dem Gebiet des Schutzes von Minderjährigen (Haager Minderjährigenschutzübereinkommen).

Die Mitteilungspflichten nach dem Haager Minderjährigenschutzübereinkommen entfallen insoweit.

Das Haager Kinderschutzübereinkommen ersetzt das Haager Minderjährigenschutzabkommen im Verhältnis zu folgenden Staaten (Stand 1. Januar 2023): Frankreich, Italien, Lettland, Litauen, Luxemburg, Niederlande (einschließlich Curaçao und der karibischen Niederlande [Bonaire, Saba und St. Eustatius]), Österreich, Polen, Portugal, Schweiz, Spanien und Türkei.

Informationen zu den Haager Übereinkommen und der aktuelle Ratifikations-

[1] Nr. **45m**.

stand sind der Internetseite der Haager Konferenz (www.hcch.net) zu entnehmen. Die Mitteilungen sind zu richten

in **Sint Maarten**
an „de Minister van Justitie van Sint Maarten";

in **Aruba**
an „de Minister van Justitie van Aruba".

Im Verhältnis zu Vertragsstaaten des Übereinkommens, in denen die Verordnung (EU) 2019/1111[1)] des Rates vom 25. Juni 2019 über die Zuständigkeit, die Anerkennung und Vollstreckung von Entscheidungen in Ehesachen und in Verfahren betreffend die elterliche Verantwortung und über internationale Kindesentführungen (ABl. L 178 vom 2.7.2019, S. 1) anwendbar ist, geht die Verordnung dem Übereinkommen vor (Artikel 95 Buchstabe a der Verordnung (EU) 2019/1111).
Mitteilungen sind daher nur zulässig, soweit die Verordnung (EU) 2019/1111 keine abschließende Regelung trifft.

14.[2)] Mitteilungen über Sachverhalte, die zu familiengerichtlichen Maßnahmen Anlaß geben, im Geltungsbereich des Wiener Übereinkommens vom 24. April 1963 über konsularische Beziehungen (BGBl. 1969 II S. 1585)

(1) [1] Mitzuteilen sind Sachverhalte, bei denen im Interesse eines minderjährigen oder anderen nicht voll geschäftsfähigen Ausländers die Bestellung eines Vormunds oder Pflegers angebracht erscheint, wenn der Ausländer einem Vertragsstaat des Wiener Übereinkommens über konsularische Beziehungen angehört (Artikel 37 Buchstabe b des Wiener Übereinkommens über konsularische Beziehungen). [2] Eine Mitteilung kann nach einer Abwägung im Einzelfall unterbleiben, wenn dadurch die Person oder das Vermögen des minderjährigen oder anderen nicht voll geschäftsfähigen Ausländers in Gefahr geraten könnte oder die Freiheit oder das Leben eines Familienangehörigen ernsthaft bedroht würde.

(2) Die Mitteilungen sind von der Richterin oder dem Richter zu veranlassen.

(3) Die Mitteilungen sind an die zuständige konsularische Vertretung des Staates zu richten, dem der Ausländer angehört.

Anmerkung:
Hinsichtlich der Vertragsstaaten des Wiener Übereinkommens vom 24. April 1963 über konsularische Beziehungen wird auf den als Beilage zu Bundesgesetzblatt Teil II herausgegebenen „Fundstellennachweis B – Völkerrechtliche Vereinbarungen –", Abschnitt „Mehrseitige Verträge", Bezug genommen.
Vertragsstaaten des Wiener Übereinkommens über konsularische Beziehungen sowie solche Staaten, die notifiziert haben, dass sie sich auch nach Erlangung der Unabhängigkeit an das Übereinkommen gebunden betrachten, sind der Internetseite
(https://treaties.un.org/Pages/ViewDetails.aspx?src=IND&mtdsg_no=III-6&chapter=3) zu entnehmen.

[1)] Nr. **103b**.
[2)] Nr. XIII/14 Abs. 1 geänd. mWv 1.10.2018 durch AV v. 23.11.2018 (BAnz AT 24.12.2018 B2); Abs. 1 Satz 2 angef., Anm. geänd. mWv 1.10.2021 durch AV v. 9.8.2021 (BAnz AT 16.09.2021 B3); Anm. neu gef. mWv 1.10.2023 durch AV v. 3.8.2023 (BAnz AT 22.09.2023 B1).

15. Mitteilungen an das Standesamt über Entscheidungen aufgrund des Transsexuellengesetzes

(1) Mitzuteilen sind Entscheidungen, durch die

1. die Vornamen einer Person geändert werden (§ 1 Absatz 1, § 6 Absatz 2 Satz 3, § 7 Absatz 3 Transsexuellengesetz);
2. Entscheidungen nach Nummer 1 aufgehoben werden (§ 6 Absatz 1 Transsexuellengesetz);
3. festgestellt wird, daß eine Person als dem anderen Geschlecht zugehörig anzusehen ist (§ 8 Absatz 1 Transsexuellengesetz), einschließlich des Falles nach § 9 Absatz 3 Satz 1 i.V.m. § 6 dieses Gesetzes;
4. die Abstammung eines Kindes von einer Person festgestellt wird, deren Vornamen geändert wurden (§ 7 Absatz 1 Nummer 2 Transsexuellengesetz)

(§ 27 Absatz 3 Nummer 1 und 4 PStG[1)], § 56 Absatz 1 Nummer 1 Buchstabe d PStV[2)]).

(2) Die Mitteilungen sind zu richten

1. in den Fällen des Absatzes 1 Nummer 1 und 3 an das in XIV/1 Absatz 3 bezeichnete zutreffende Standesamt;
2. in den Fällen des Absatzes 1 Nummer 2 und 4 an das Standesamt, dem die Entscheidung über die Änderung des Vornamens mitgeteilt wurde.

(3) [1] Die Mitteilungen sind durch Übersendung einer abgekürzten Ausfertigung der Entscheidung mit Rechtskraftvermerk zu bewirken. [2] Dabei sind, soweit nicht bereits in den Entscheidungen enthalten, anzugeben

Familienname (wenn der Geburtsname hiervon verschieden ist, auch dieser),
sämtliche Vornamen,
Geburtstag und -ort,
Geburtsstandesamt,
Nummer des Eintrags,
Familienstand,
Tag der Eheschließung sowie Standesamt der Heirat und Nummer des Eintrags oder, wenn ein Familienbuch als Heiratseintrag fortgeführt wird, dessen Kennzeichen und Führungsort,
Anschrift,
Tag der Rechtskraft;
bei Mitteilungen von Entscheidungen nach Absatz 1 Nummer 4 außerdem der Familienname, die Vornamen, das Geburtsdatum, der Geburtsort, das Geburtsstandesamt und die Nummer des Eintrags für das Kind.

16. Mitteilungen über gerichtliche Entscheidungen nach dem Gesetz zur Aus- und Durchführung bestimmter Rechtsinstrumente auf dem Gebiet des internationalen Familienrechts (Internationales Familienrechtsverfahrensgesetz; IntFamRVG)

(1) Mitzuteilen sind gerichtliche Entscheidungen nach dem Internationalen Familienrechtsverfahrensgesetz (IntFamRVG); dies gilt auch dann, wenn das Jugendamt am Verfahren nicht beteiligt war (§ 9 Absatz 3 IntFamRVG[3)]).

[1)] Nr. **113**.
[2)] **Sartorius Nr. 261.**
[3)] Nr. **103n**.

(2) Die Mitteilungen sind von der Richterin oder dem Richter zu veranlassen.

(3) [1]Die Mitteilungen sind an das Jugendamt zu richten. [2]Zuständig ist das Jugendamt, in dessen Bereich sich das Kind gewöhnlich aufhält. [3]Solange die Zentrale Behörde oder ein Gericht mit einem Herausgabe- oder Rückgabeantrag oder dessen Vollstreckung befasst ist, oder wenn das Kind keinen gewöhnlichen Aufenthalt im Inland hat, oder das zuständige Jugendamt nicht tätig wird, ist das Jugendamt zuständig, in dessen Bereich sich das Kind tatsächlich aufhält (§ 9 Absatz 2 IntFamRVG).

XIV. Mitteilungen in Adoptionssachen

1.[1] Mitteilungen über Entscheidungen für Zwecke des Personenstandswesens

(1) Mitzuteilen sind Entscheidungen, durch die

1. eine Annahme als Kind ausgesprochen wird;
2. ein Annahmeverhältnis aufgehoben wird;
3. die Anerkennung oder Wirksamkeit einer Annahme als Kind, die auf einer ausländischen Entscheidung oder ausländischen Sachvorschriften beruht, und die Wirkung der Annahme festgestellt worden ist;
4. ausgesprochen worden ist, dass das Kind die Rechtsstellung eines nach den deutschen Sachvorschriften angenommenen Kindes erhält

(§ 5 Absatz 4 PStG[2]), § 56 Absatz 1 Nummer 1 Buchstabe c, Nummer 2 Buchstabe c, Nummer 3 Buchstabe b, Nummer 4 Buchstabe b, § 71 Absatz 3, § 72 Absatz 3 PStV[3]), §§ 1 ff. AdWirkG[4])).

(2) [1]Für Mitteilungen ist ein Vordruck gemäß Anlage zu verwenden, in den die von dem Standesbeamten für die Eintragung in das Personenstandsregister benötigten Angaben aufzunehmen sind. [2]Dem Vordruck ist eine abgekürzte Ausfertigung der Entscheidung beizufügen.

a) Angaben sind zu machen
über das Kind und
über den Annehmenden oder
über beide Ehegatten,
– wenn sie das Kind gemeinschaftlich angenommen haben oder
– wenn der eine Ehegatte das Kind des anderen Ehegatten angenommen hat, oder

über beide Lebenspartner, wenn der eine Lebenspartner das Kind des anderen Lebenspartners angenommen hat, oder über beide Personen, die in einer verfestigten Lebensgemeinschaft im Sinne des § 1766a Absatz 2 BGB[5]) in einem gemeinsamen Haushalt leben, wenn die eine Person das Kind der anderen angenommen hat, oder
im Fall des Absatzes 1 Nummer 1 außerdem nach Maßgabe des Vordrucks, auf welche Rechtsvorschriften sich die Annahme als Kind gründet.

---

[1]) *Nr. XIV/1 Abs. 2 Buchst. a geänd.* mWv 1.10.2021 durch AV v. 9.8.2021 (BAnz AT 16.09.2021 B3).

[2]) Nr. **113**.

[3]) **Sartorius Nr. 261.**

[4]) Nr. **45j**.

[5]) **Habersack, Deutsche Gesetze Nr. 20.**

b) Von diesen Personen sind nach Maßgabe des Vordrucks anzugeben:
Familienname (wenn der Geburtsname hiervon verschieden ist, auch dieser),
sämtliche Vornamen,
Geburtstag und -ort,
Geburtsstandesamt, Nummer des Eintrags,
Staatsangehörigkeit,
auf Wunsch der Annehmenden die rechtliche Zugehörigkeit zu einer Religionsgemeinschaft, die Körperschaft des öffentlichen Rechts ist,
Familienstand,
Tag und Ort der Eheschließung oder Begründung der Lebenspartnerschaft sowie Standesamt, das das Ehe- oder Lebenspartnerschaftsregister bzw. den Heiratseintrag führt, bzw. Behörde, vor der die Lebenspartnerschaft begründet wurde, und Nummer bzw. Kennzeichen des Eintrags,
Anschrift.

c) Außerdem sind anzugeben

aa) in den Fällen des Absatzes 1 Nummer 1, 3 und 4
der Tag, an dem die Entscheidung dem Annehmenden oder, wenn dieser verstorben ist, dem Kind zugestellt worden ist,
ferner Geburtstag und -ort, Standesamt und Nummer der Geburtseinträge von im Inland geborenen leiblichen Eltern,

bb) in den Fällen des Absatzes 1 Nummer 2
der Tag, an dem die Entscheidung rechtskräftig geworden ist,
ferner, ob mit der Aufhebung angeordnet wurde, dass die Ehegatten oder Lebenspartner als Ehenamen oder Lebenspartnerschaftsnamen den Geburtsnamen führen, den das Kind vor der Annahme geführt hat, falls sich in den Fällen des Absatzes 1 Nummer 1 die Änderung des Geburtsnamens des Kindes auf seinen Ehenamen oder Lebenspartnerschaftsnamen erstreckt hatte.

d) Erstreckt sich in den Fällen des Absatzes 1 Nummer 1, 3 und 4 die Änderung des Geburtsnamens des Kindes auf seinen Ehenamen oder Lebenspartnerschaftsnamen, so ist eine beglaubigte Abschrift der Einwilligungserklärung des Ehegatten oder des Lebenspartners des Kindes beizufügen oder anzugeben, aus welchen Gründen die Einwilligung nicht erforderlich war.

(3) Die Mitteilungen sind zu richten,

1. falls die Geburt des Kindes im Inland beurkundet wurde, an das Standesamt, das den Geburtseintrag führt (§ 56 Absatz 1 PStV),
2. falls ein Konsularbeamter einer deutschen Auslandsvertretung über die Geburtsanzeige eine Niederschrift aufgenommen hat oder das Personenstandsregister von einem solchen Beamten geführt wurde, an das Standesamt I in Berlin (§ 71 *Absatz 3 PStV*),
3. falls ein deutsches Standesamt einen Geburtseintrag nach deutschen Rechtsvorschriften vorgenommen hat, der Geburtsort des Kindes sich aber jetzt im Ausland befindet, an das Standesamt I in Berlin (§ 72 Absatz 3 PStV),
4. falls der Geburtsort des Kindes im Ausland liegt und die Geburt nicht nach den Nummern 2 und 3 beurkundet worden ist

a) an das Standesamt, das die Geburtseinträge der Annehmenden führt, sowie an das Standesamt, das die Geburtseinträge der leiblichen Eltern führt (§ 56 Absatz 1 Nummer 1 PStV),

b) bei Entscheidungen, die die Änderung des Namens eines Kindes betreffen, dessen Ehe im Inland beurkundet ist, an das Standesamt, das das Eheregister bzw. den Heiratseintrag des Kindes führt (§ 56 Absatz 1 Nummer 2 PStV),

c) bei Entscheidungen, die die Änderung des Namens eines Kindes betreffen, dessen Lebenspartnerschaft im Inland beurkundet ist, an das Standesamt, das das Lebenspartnerschaftsregister führt (§ 56 Absatz 1 Nummer 3 PStV), bzw. an die für die Begründung der Lebenspartnerschaft zuständige Behörde, oder

d) an das Standesamt I in Berlin, falls keine Beurkundung in einem Personenstandsregister im Inland vorliegt (§ 56 Absatz 1 Nummer 4 PStV),

5. falls der Geburtsort des Kindes im Inland liegt, die Geburt aber nicht bei einem Standesamt im Inland beurkundet wurde, weil die Geburt des Kindes nicht der allgemeinen Anzeigepflicht unterlag (Kinder von Mitgliedern einer Truppe der Partner des Nordatlantikvertrages, der Mitglieder eines zivilen Gefolges und der Angehörigen, Kinder der Mitglieder einer Truppe oder eines zivilen Gefolges, die einem internationalen militärischen Hauptquartier der NATO zugeteilt sind, sowie der Angehörigen), an ein Standesamt gemäß Nummer 4.

Anmerkung: Die örtliche Zuständigkeit des Standesamtes für die Führung des Ehe- oder Lebenspartnerschaftsregisters bzw. des Heiratseintrags sowie der Behörde für die Begründung der Lebenspartnerschaft bestimmt sich nach § 11 in Verbindung mit §§ 15, 17, 35 und 77 Absatz 1 PStG, §§ 22 und 23 LPartG[1].

2.[2] Mitteilungen an das Familiengericht, die Zentrale Adoptionsstelle des Landesjugendamtes, das Jugendamt und die Ausländerbehörde

(1) Mitzuteilen sind Entscheidungen, durch welche die Feststellung der Anerkennung oder Wirksamkeit einer Annahme als Kind, die auf einer ausländischen Entscheidung oder auf ausländischen Sachvorschriften beruht (§ 2 AdWirkG[3]), oder der Ausspruch, dass das Kind die Rechtsstellung eines nach den deutschen Sachvorschriften angenommenen Kindes erhält (§ 3 AdWirkG), abgelehnt wird, wenn sich das Kind im Inland aufhält und wenn im Einzelfall die Voraussetzungen des § 22a Absatz 2 FamFG, § 13 Absatz 1 Nummer 3 EGGVG[4], § 17 Nummer 5 EGGVG oder § 87 Absatz 2 AufenthG[5] vorliegen[6]

(2) Die Rücknahme eines Antrags auf Feststellung der Anerkennung oder Wirksamkeit einer Annahme als Kind, die auf einer ausländischen Entscheidung oder auf ausländischen Sachvorschriften beruht, sowie auf den Ausspruch, dass ein Kind die Rechtsstellung eines nach den deutschen Sachvorschriften angenommenen Kindes erhält, ist mitzuteilen, wenn im Einzelfall die Voraussetzungen des § 22a Absatz 2 FamFG, § 13 Absatz 1 Nummer 3 EGGVG, § 17 Nummer 5 EGGVG oder § 87 Absatz 2 AufenthG vorliegen.

(3) Die Mitteilungen sind je nach Einzelfall an das für den Wohnsitz oder Aufenthaltsort des Kindes zuständige Familiengericht (§ 22a FamFG), die Zentrale Adoptionsstelle des Landesjugendamtes und das Jugendamt (§ 13 Absatz 1 Nummer 3 EGGVG, § 17 Nummer 5 EGGVG) und die Ausländerbehörde (§ 87 Absatz 2 AufenthG) zu richten.

---

[1] Nr. **43**.

[2] *Nr. XIV/2 Überschrift neu gef., Abs. 3 geänd.* mWv 1.10.2012 durch AV v. 17.8.2012 (BAnz AT 12.09.2012 B1); Abs. 1, 3 und 5 geänd. mWv 1.10.2021 durch AV v. 9.8.2021 (BAnz AT 16.09.2021 B3).

[3] Nr. **45j**.

[4] **Habersack, Deutsche Gesetze Nr. 95a.**

[5] **Sartorius Nr. 565.**

[6] Amtlich ohne Zeichensetzung.

(4) [1] Für Mitteilungen ist ein Vordruck gemäß Anlage zu verwenden. [2] Dem Vordruck ist eine abgekürzte Ausfertigung der Entscheidung beizufügen. [3] Es ist der Tag mitzuteilen, an dem die Entscheidung rechtskräftig geworden ist.

(5) Die Mitteilungen sind von der Richterin oder dem Richter zu veranlassen.

3.[1)] Mitteilungen an die Adoptionsvermittlungsstelle

(1) Mitzuteilen ist die Entscheidung über die Annahme eines Minderjährigen als Kind (§ 189 Absatz 4 FamFG[2)]).

(2) Die Mitteilung ist an die Adoptionsvermittlungsstelle zu richten, die das Kind vermittelt hat.

XV. Mitteilungen in Betreuungssachen

1.[3)] Mitteilungen über einstweilige Maßnahmen und einstweilige Anordnungen

(1) Mitzuteilen sind

1. die Anordnung einstweiliger Maßnahmen nach § 1867 BGB[4)];
2. eine einstweilige Anordnung nach § 300 FamFG[2)];
3. die Abänderung oder Aufhebung einer in Nummern 1 und 2 genannten Anordnung

(§ 272 Absatz 2 Satz 2 FamFG).

(2) Die Mitteilungen sind von der Richterin oder dem Richter zu veranlassen.

(3) Die Mitteilungen nach Absatz 1 Nummer 1 und 2 sind zu richten

1. wenn für den Betroffenen bereits ein Betreuer bestellt ist, an das Gericht, bei dem die Betreuung anhängig ist,
2. im übrigen
   a) an das Gericht, in dessen Bezirk der Betroffene zu der Zeit, zu der das anordnende Gericht mit der Angelegenheit befaßt wird, seinen gewöhnlichen Aufenthalt hat oder
   b) wenn der Betroffene Deutscher ist und im Inland einen gewöhnlichen Aufenthalt nicht hat, an das Amtsgericht Schöneberg, 10820 Berlin.

(4) [1] Die Mitteilungen nach Absatz 1 Nummer 3 sind an das Gericht zu richten, das die Mitteilung der Anordnung erhalten hat, es sei denn, daß die Zuständigkeit eines anderen Gerichts bekannt geworden ist. [2] Dann ist die Mitteilung an dieses Gericht zu richten.

2.[5)] Mitteilung an die Betreuungsbehörde

(1) Mitzuteilen ist

1. der Beschluss, durch den
   a) ein Betreuer bestellt,
   b) der Aufgabenkreis eines Betreuers erweitert oder eingeschränkt,

---

[1)] Nr. XIV/3 eingef. mWv 1.10.2023 durch AV v. 3.8.2023 (BAnz AT 22.09.2023 B1).

[2)] **Habersack, Deutsche Gesetze Nr. 112.**

[3)] Nr. XV/1 Abs. 4 Satz 1 geänd. mWv 1.10.2021 durch AV v. 9.8.2021 (BAnz AT 16.09.2021 B3); Überschrift geänd., Abs. 1 neu gef., Abs. 3 einl. Satzteil, Abs. 4 Satz 1 geänd. mWv 1.10.2023 durch AV v. 3.8.2023 (BAnz AT 22.09.2023 B1).

[4)] **Habersack, Deutsche Gesetze Nr. 20.**

[5)] Nr. XV/2 Überschrift und Abs. 1 neu gef., Abs. 2 und 3 eingef., bish. Abs. 2 wird Abs. 4, Abs. 5 angef. mWv 1.10.2023 durch AV v. 3.8.2023 (BAnz AT 22.09.2023 B1).

c) ein weiterer Betreuer bestellt,
d) die Bestellung eines Betreuers verlängert oder
e) eine Betreuung aufgehoben wird;

2. der Beschluss, durch den
a) ein Einwilligungsvorbehalt angeordnet,
b) der Kreis der einwilligungsbedürftigen Willenserklärungen erweitert oder eingeschränkt,
c) die Anordnung eines Einwilligungsvorbehalts verlängert oder
d) ein Einwilligungsvorbehalt aufgehoben wird.

Andere Beschlüsse sind der Betreuungsbehörde mitzuteilen, wenn sie vor deren Erlass angehört wurde.
(§ 288 Absatz 2 Satz 1 und 2 FamFG[1)], § 288 Absatz 2 Satz 1 FamFG in Verbindung mit § 293 Absatz 1, § 294 Absatz 1, § 295 Absatz 1 Satz 1 FamFG);

3. die Beendigung der Betreuung durch den Tod des Betreuten (§ 309a Absatz 1 FamFG).

(2) Das Gericht kann Umstände mitteilen, die die Eignung oder Zuverlässigkeit des Betreuers betreffen (§ 309a Absatz 2 Satz 1 FamFG).

(3) Die Mitteilung nach Absatz 2 ist von der Richterin oder dem Richter zu veranlassen.

(4) Die Mitteilungen sind zu richten

1. in den Fällen des Absatzes 1 Nummer 1 Buchstabe a an diejenige Betreuungsbehörde, in deren Bezirk der Betroffene seinen gewöhnlichen Aufenthalt hat oder, falls der Betroffene im Inland keinen gewöhnlichen Aufenthalt hat oder ein solcher nicht feststellbar ist, an die Betreuungsbehörde, in deren Bezirk das Bedürfnis für die Betreuung hervortritt;
2. in den übrigen Fällen an die Behörde, an die die Mitteilung nach Absatz 1 Nummer 1 Buchstabe a gerichtet wird oder gerichtet worden ist, sofern nicht eine andere Betreuungsbehörde dem Gericht schriftlich angezeigt hat, daß sie nunmehr zuständig ist.

(5) [1] Zugleich mit der Mitteilung nach Absatz 2 ist der Betreuer über den Inhalt und den Empfänger der Mitteilung zu unterrichten. [2] Die Unterrichtung des Betreuers unterbleibt, solange der Zweck der Mitteilung durch die Unterrichtung gefährdet würde. [3] Die Unterrichtung ist nachzuholen, sobald die Gründe für ihr Unterbleiben entfallen sind (§ 309a Absatz 2 Satz 2 bis 4 FamFG).

Anmerkung: Zuständige Betreuungsbehörden sind:

in **Baden-Württemberg** die Stadt- und Landkreise;

in **Bayern** die Landkreise und kreisfreien Städte;

in **Berlin** die Bezirksämter;

in **Brandenburg** die Landkreise und kreisfreien Städte;

in **Bremen** das Amt für Soziale Dienste, in Bremerhaven der Magistrat der Stadt Bremerhaven;

in **Hamburg** das Bezirksamt Altona;

in **Hessen** die Magistrate der kreisfreien Städte sowie die Kreisausschüsse der Landkreise;

[1)] **Habersack, Deutsche Gesetze Nr. 112.**

in **Mecklenburg-Vorpommern** die Landräte der Landkreise sowie die Oberbürgermeister der kreisfreien Städte – Betreuungsbehörden –;
in **Niedersachsen** die Landkreise und kreisfreien Städte;
in **Nordrhein-Westfalen** die kreisfreien und die großen kreisangehörigen Städte, für die übrigen kreisangehörigen Gemeinden die Kreise;
in **Rheinland-Pfalz** die Kreisverwaltungen, in kreisfreien Städten die Stadtverwaltungen;
im **Saarland** die Landkreise und der Regionalverband Saarbrücken;
in **Sachsen** die Landkreise und kreisfreien Städte;
in **Sachsen-Anhalt** die Landkreise und kreisfreien Städte;
in **Schleswig-Holstein** die Kreise und kreisfreien Städte;
in **Thüringen** die Landkreise und kreisfreien Städte.

3.[1] Mitteilungen zur Gefahrenabwehr

(1) Mitzuteilen sind Entscheidungen und Erkenntnisse, soweit dies unter Beachtung berechtigter Interessen des Betroffenen nach den Erkenntnissen im gerichtlichen Verfahren erforderlich ist, um eine erhebliche Gefahr für das Wohl des Betroffenen, für Dritte oder für die öffentliche Sicherheit abzuwenden (§ 308 Absatz 1 FamFG[2]).

(2) Die Mitteilungen sind von der Richterin oder dem Richter zu veranlassen.

(3) [1] Die Mitteilungen sind nach Abschluß des Verfahrens zu bewirken. [2] Ergeben sich im Verlauf eines Verfahrens Erkenntnisse, die eine Mitteilung vor Abschluß des Verfahrens erforderlich machen, so sind diese unverzüglich mitzuteilen (§ 308 Absatz 2 FamFG).

(4) [1] Die Mitteilungen sind an die Stelle zu richten, die für die Abwehr der Gefahr zuständig ist. [2] Erfolgt die Mitteilung im Hinblick auf eine dem Betroffenen erteilte oder von ihm beantragte behördliche Erlaubnis, so ist die Mitteilung an die Stelle zu richten, die für die Erteilung der Erlaubnis zuständig ist.

(5) [1] Zugleich mit der Mitteilung sind der Betroffene, sein Verfahrenspfleger und sein Betreuer über den Inhalt und den Empfänger der Mitteilung zu unterrichten. [2] Die Unterrichtung des Betroffenen unterbleibt, wenn

1. der Zweck des Verfahrens oder der Zweck der Mitteilung durch die Unterrichtung gefährdet würde,
2. nach ärztlichem Zeugnis von der Mitteilung erhebliche Nachteile für die Gesundheit des Betroffenen zu besorgen sind oder
3. der Betroffene nach dem unmittelbaren Eindruck des Gerichts offensichtlich nicht in der Lage ist, den Inhalt der Unterrichtung zu verstehen.

[3] Die Unterrichtung ist nachzuholen, sobald die Gründe für ihr Unterbleiben *entfallen sind (§ 308 Absatz 3 Satz 3 FamFG).*

(6) Ist die übermittelte Entscheidung abgeändert oder aufgehoben worden oder haben neue Erkenntnisse ergeben, daß die erhebliche Gefahr für das Wohl des Betroffenen, für Dritte oder für die öffentliche Sicherheit nicht mehr bestehen, sind die abändernden oder aufhebenden Entscheidungen und die neuen Erkenntnisse an die Stellen und Personen mitzuteilen, die nach den Absätzen 1 bis 5 unterrichtet worden sind.

---

[1] Nr. XV/3 Abs. 5 Satz 3 geänd. mWv 1.10.2023 durch AV v. 3.8.2023 (BAnz AT 22.09.2023 B1).
[2] **Habersack, Deutsche Gesetze Nr. 112.**

(7) Der Inhalt der Mitteilung, die Art und Weise der Übermittlung, der Empfänger sowie die Unterrichtung nach Absatz 5 oder die Gründe für deren Unterbleiben sind aktenkundig zu machen (§ 308 Absatz 4 FamFG).

Anmerkung: Wegen der zuständigen Behörden siehe Anmerkungen zu II/4.

4.[1] Mitteilungen über die Erteilung oder Versagung der Genehmigung eines einseitigen Rechtsgeschäfts

(1) Mitzuteilen sind Entscheidungen über die Erteilung oder Versagung einer nachträglichen Genehmigung eines einseitigen Rechtsgeschäfts, welches der Betreuer gegenüber einem Gericht oder einer Behörde ohne die erforderliche Genehmigung vorgenommen hat (§ 1858 Absatz 3 Satz 5 BGB[2]).

(2) Die Mitteilungen sind von der Richterin oder dem Richter zu veranlassen.

(3) Die Mitteilungen sind an das Gericht oder die Behörde zu richten, gegenüber dem oder der das genehmigungspflichtige Rechtsgeschäft vorgenommen wurde.

5.[3] Mitteilungen an die Meldebehörde

(1) Mitzuteilen sind

1. die Anordnung eines Einwilligungsvorbehalts, der sich auf die Aufenthaltsbestimmung des Betroffenen erstreckt,
2. ein Wechsel in der Person des von einer Anordnung nach Nummer 1 betroffenen Betreuers und
3. die Aufhebung eines Einwilligungsvorbehalts nach Nummer 1

(§ 309 FamFG[4]).

(2) Die Mitteilungen sind von der Richterin oder dem Richter zu veranlassen.

(3) [1] Mitzuteilen ist eine abgekürzte Ausfertigung des Beschlusses. [2] Ergänzend sind der Name und die Anschrift des Betreuers anzugeben, soweit sie sich nicht aus dem Inhalt der Ausfertigung ergeben.

(4) Die Mitteilungen sind an die Meldebehörde zu richten, in deren Bezirk der Betroffene wohnt oder zuletzt gewohnt hat.

Anmerkung: Zuständige Meldebehörden sind
in **Baden-Württemberg** die Gemeinden als Ortspolizeibehörden;
in **Bayern** die Gemeinden bzw. Verwaltungsgemeinschaften;
in **Berlin** das Landesamt für Bürger- und Ordnungsangelegenheiten;
in **Brandenburg** die kreisfreien Städte, die Ämter und die amtsfreien Gemeinden;
in **Bremen:**
– in der Stadt Bremen das Stadtamt – Meldebehörde –,
– in der Stadt Bremerhaven der Magistrat der Stadt Bremerhaven;
in **Hamburg** das Bezirksamt Harburg – ZM –;
in **Mecklenburg-Vorpommern** die Oberbürgermeister der kreisfreien Städte, die Bürgermeister der amtsfreien Gemeinden und die Amtsvorsteher der Ämter;

---

[1] Nr. XV/4 neu gef. mWv 1.10.2023 durch AV v. 3.8.2023 (BAnz AT 22.09.2023 B1).

[2] **Habersack, Deutsche Gesetze Nr. 20.**

[3] Nr. XV/5 Anm. geänd. mWv 1.10.2012 durch AV v. 17.8.2012 (BAnz AT 12.09.2012 B1); Anm. geänd. mWv 1.10.2018 durch AV v. 23.11.2018 (BAnz AT 24.12.2018 B2); Abs. 1 abschl. Satzteil und Anm. geänd. mWv 1.10.2021 durch AV v. 9.8.2021 (BAnz AT 16.09.2021 B3); Anm. geänd. mWv 1.10.2023 durch AV v. 3.8.2023 (BAnz AT 22.09.2023 B1).

[4] **Habersack, Deutsche Gesetze Nr. 112.**

in **Niedersachsen** die Gemeinden und Samtgemeinden;
in **Nordrhein-Westfalen** die Gemeinden als örtliche Ordnungsbehörden (Meldebehörden);
in **Rheinland-Pfalz** die Stadt- und Gemeindeverwaltungen, für Ortsgemeinden die Verbandsgemeindeverwaltungen;
im **Saarland** die Gemeinden;
in **Sachsen** die Gemeinden, erfüllende Gemeinden von Verwaltungsgemeinschaften und Verwaltungsverbände;
in **Sachsen-Anhalt** die Gemeinden;
in **Schleswig-Holstein** die Bürgermeister der amtsfreien Gemeinden sowie die Amtsvorsteher der Ämter;
in **Thüringen** die Gemeinden und Verwaltungsgemeinschaften.

6.[1] Mitteilungen während einer freiheitsentziehenden Unterbringung oder freiheitsentziehenden Maßnahme

(1) Mitzuteilen sind während der Dauer einer freiheitsentziehenden Unterbringung oder freiheitsentziehenden Maßnahme (§ 312 Nummer 1, 2 und 4 FamFG[2])

1. die Bestellung eines Betreuers, die sich auf die Aufenthaltsbestimmung des Betroffenen oder die Entscheidung über eine der genannten Unterbringungsmaßnahmen erstreckt,
2. jeder Wechsel in der Person eines solchen Betreuers,
3. die Aufhebung einer solchen Betreuung und
4. der Wegfall des Aufgabenbereichs freiheitsentziehende Unterbringung oder freiheitsentziehende Maßnahme (§§ 310, 313 Absatz 4 Satz 1 FamFG).

(2) Die Mitteilungen sind zu richten

1. in den Fällen des Absatzes 1 Nummern 1 bis 3 an den Leiter der Einrichtung, in der die Unterbringungsmaßnahme durchgeführt wird,
2. außerdem in den Fällen des Absatzes 1 Nummern 2 bis 4, wenn die Betreuung den Aufgabenbereich Unterbringung erfaßt und für die Unterbringungsmaßnahme ein anderes Gericht als das Betreuungsgericht zuständig ist, an dieses Gericht.

(3) In den Fällen des Absatzes 2 Nummer 2 sind die Mitteilungen von der Richterin oder dem Richter zu veranlassen.

7. Mitteilungen zur Verfolgung von Straftaten und Ordnungswidrigkeiten

(1) Mitzuteilen sind Entscheidungen oder Erkenntnisse zur Verfolgung von Straftaten oder Ordnungswidrigkeiten, soweit nicht schutzwürdige Interessen des Betroffenen am Ausschluß der Übermittlung erkennbar überwiegen (§ 311 Satz 1 FamFG[2]).

(2) Die Mitteilungen sind von der Richterin oder dem Richter zu veranlassen.

(3) [1]Die Mitteilungen sind nach Abschluß des Verfahrens zu bewirken. [2]Ergeben sich im Verlauf eines Verfahrens Erkenntnisse, die eine Mitteilung vor Abschluß des Verfahrens zur Verfolgung von Straftaten und Ordnungswidrigkeiten erforderlich machen, so sind diese Erkenntnisse unverzüglich mitzuteilen.

---

[1] Nr. XV/6 Überschrift und Abs. 1 neu gef., Abs. 2 Nr. 1 geänd. mWv 1.10.2023 durch AV v. 3.8. 2023 (BAnz AT 22.09.2023 B1).
[2] **Habersack, Deutsche Gesetze Nr. 112.**

(4) Die Mitteilungen sind an Gerichte oder Behörden zu richten, die für die Verfolgung der Straftat oder Ordnungswidrigkeit zuständig sind.

(5) [1] Zugleich mit der Mitteilung sind der Betroffene, sein Verfahrenspfleger und sein Betreuer über den Inhalt und den Empfänger der Mitteilung zu unterrichten. [2] Die Unterrichtung des Betroffenen unterbleibt, wenn

1. der Zweck des Verfahrens oder der Zweck der Mitteilung durch die Unterrichtung gefährdet würde,
2. nach ärztlichem Zeugnis von der Mitteilung erhebliche Nachteile für die Gesundheit des Betroffenen zu besorgen sind oder
3. der Betroffene nach dem unmittelbaren Eindruck des Gerichts offensichtlich nicht in der Lage ist, den Inhalt der Unterrichtung zu verstehen.

[3] Die Unterrichtung ist nachzuholen, sobald die Gründe für ihr Unterbleiben entfallen sind (§ 311 Satz 2 in Verbindung mit § 308 Absatz 3 FamFG).

(6) Der Inhalt der Mitteilung, die Art und Weise ihrer Übermittlung, ihr Empfänger sowie die Unterrichtung nach Absatz 5 oder die Gründe für deren Unterbleiben sind aktenkundig zu machen (§ 311 Satz 2 in Verbindung mit § 308 Absatz 4 FamFG).

8.[1] Mitteilungen über die Anordnung einer Betreuung im Geltungsbereich des Wiener Übereinkommens vom 24. April 1963 über konsularische Beziehungen (BGBl. 1969 II S. 1585)

(1) [1] Mitzuteilen sind Sachverhalte, bei denen im Interesse eines volljährigen Ausländers die Anordnung einer Betreuung angebracht erscheint, wenn Anhaltspunkte dafür bestehen, dass der Betroffene nicht oder nicht voll geschäftsfähig ist, und der Ausländer einem Vertragsstaat des Wiener Übereinkommens über konsularische Beziehungen angehört (Artikel 37 Buchstabe b des Wiener Übereinkommens über konsularische Beziehungen). [2] Eine Mitteilung kann nach einer Abwägung im Einzelfall unterbleiben, wenn dadurch die Person oder das Vermögen des volljährigen Ausländers in Gefahr geraten könnte oder die Freiheit oder das Leben eines Familienangehörigen ernsthaft bedroht würde.

(2) Die Mitteilungen sind von der Richterin oder dem Richter zu veranlassen.

(3) Die Mitteilungen sind an die zuständige konsularische Vertretung des Staates zu richten, dem der Ausländer angehört.

Anmerkung: Zu den Vertragsstaaten des Wiener Übereinkommens vom 24. April 1963 über konsularische Beziehungen s. Anmerkung zu Unterabschnitt XIII/14.

9.[2] Mitteilungen nach dem Haager Übereinkommen vom 13. Januar 2000 über den internationalen Schutz von Erwachsenen, BGBl. 2007 II S. 323 (Haager Erwachsenenschutzübereinkommen)

(1) Mitzuteilen sind:

1. die Absicht, zum Schutz der Person oder des Vermögens eines Erwachsenen deutscher Staatsangehörigkeit, der seinen gewöhnlichen Aufenthalt in einem anderen Vertragsstaat des Übereinkommens hat, Maßnahmen zu treffen (Artikel 7 Absatz 1 des Übereinkommens);

---

[1] Nr. XV/8 Abs. 1 geänd. mWv 1.10.2018 durch AV v. 23.11.2018 (BAnz AT 24.12.2018 B2); Abs. 1 Satz 2 angef. mWv 1.10.2023 durch AV v. 3.8.2023 (BAnz AT 22.09.2023 B1).

[2] Nr. XV/9 eingef. mWv 1.10.2023 durch AV v. 3.8.2023 (BAnz AT 22.09.2023 B1).

2. die Anordnung von Maßnahmen oder die Entscheidung, keine Maßnahmen anzuordnen (Artikel 7 Absatz 3 Satz 2 des Übereinkommens), wenn die Behörde eines anderen Vertragsstaats, dem ein Erwachsener angehört, Schutzmaßnahmen erlassen hat oder zu treffen beabsichtigt (Artikel 7 Absatz 1 des Übereinkommens);
3. in dringenden Fällen getroffene Maßnahmen zum Schutz eines sich im Inland aufhaltenden Erwachsenen oder dessen im Inland befindlichen Vermögens, sofern der Erwachsene seinen gewöhnlichen Aufenthalt in einem anderen Vertragsstaat des Übereinkommens hat (Artikel 10 Absatz 4 des Übereinkommens);
4. die Absicht, zum Schutz der Person eines Erwachsenen, der sich im Inland befindet und der seinen gewöhnlichen Aufenthalt in einem anderen Vertragsstaat des Übereinkommens hat, beschränkte Maßnahmen vorübergehender Art zu treffen (Artikel 11 Absatz 1 des Übereinkommens);
5. eine für einen Erwachsenen bestehende schwere Gefahr und zu seinem Schutz angeordnete oder in der Prüfung befindliche Maßnahmen, sofern das Gericht über den Wechsel des Aufenthaltsortes in einen anderen Vertragsstaat oder die dortige Anwesenheit des Erwachsenen unterrichtet ist (Artikel 34 des Übereinkommens); die Mitteilung unterbleibt, wenn durch sie die Person oder das Vermögen des Erwachsenen in Gefahr geraten könnte oder die Freiheit oder das Leben eines Familienangehörigen des Erwachsenen ernsthaft bedroht würde (Artikel 35 des Übereinkommens).

(2) Die Mitteilungen sind von der Richterin oder dem Richter zu veranlassen.

(3) Die Mitteilungen sind zu richten im Fall des:

1. Absatzes 1 Nummer 1
   an die Behörden des Staates, in dem der Erwachsene seinen gewöhnlichen Aufenthalt hat oder bei denen eine Zuständigkeit nach Artikel 6 Absatz 2 des Übereinkommens besteht;
2. Absatzes 1 Nummer 2
   an die Behörde, die Maßnahmen im Rahmen ihrer Zuständigkeit nach Artikel 7 Absatz 1 des Übereinkommens getroffen hat oder zu treffen beabsichtigt;
3. Absatzes 1 Nummer 3
   an die Behörden des Vertragsstaats, in dem der Erwachsene seinen gewöhnlichen Aufenthalt hat;
4. Absatzes 1 Nummer 4
   an die Behörden des Vertragsstaats, in dem der Erwachsene seinen gewöhnlichen Aufenthalt hat;
5. Absatzes 1 Nummer 5
   an die Behörden des Vertragsstaats, in dem sich der Erwachsene aufhält.

(4) Die Mitteilung kann unmittelbar oder über die zentralen Behörden erfolgen.

Anmerkung:
Vertragsstaaten des Übereinkommens sind – außer der Bundesrepublik Deutschland – Belgien, Estland, Finnland, Frankreich, Griechenland, Lettland, Monaco, Portugal, Schweiz, Tschechische Republik, Vereinigtes Königreich (nur Schottland), Zypern, Österreich.
Informationen zum Übereinkommen, den Zentralen Behörden der Vertragsstaaten und der aktuelle Ratifikationsstand sind der Internetseite der Haager Konferenz (www.hcch.net) zu entnehmen.

Auf die Möglichkeit, die Formblätter der Haager Konferenz, BT-Drucksache 16/3250, Anlage 3, S. 69, zu nutzen, wird hingewiesen.

XVI. Mitteilungen in Todeserklärungs- und Todeszeitfeststellungssachen

1.[1)] Mitteilungen über Todeserklärungen und Feststellungen des Todes und der Todeszeit

(1) Mitzuteilen sind

1. Entscheidungen über die Todeserklärung oder die Feststellung des Todes und der Todeszeit;
2. die Anfechtung oder der Antrag auf Aufhebung einer Entscheidung nach Nummer 1;
3. Entscheidungen, durch die eine solche Entscheidung aufgehoben oder geändert wird

(§ 73 Nummer 22 PStG[2)], § 56 Absatz 1 Nummer 4a PStV[3)], § 34 ErbStG, § 6 ErbStDV).

(2) Die Mitteilungen sind zu richten an

a) das Standesamt I in 13357 Berlin, Schönstedtstraße 5; mit den Entscheidungen sind die für die Aufnahme in die Sammlung für Todeserklärungen nach § 31 Absatz 1 Nummer 1 PStG, § 33 PStG, § 56 Absatz 1 Nummer 4 Buchstabe a PStV erforderlichen sowie die zur Durchführung der standesamtlichen Mitteilungen und Hinweise (§ 60 Absatz 2 PStV) und für statistische Zwecke bestimmten Feststellungen nach dem aus der Anlage ersichtlichen Muster mitzuteilen; die Feststellungen sind bei Entgegennahme oder nach Eingang eines Antrags auf Todeserklärung oder Feststellung der Todeszeit zu treffen;

b) die Meldebehörde, in deren Bezirk die von der Entscheidung betroffene Person ihre letzte alleinige Wohnung oder Hauptwohnung hatte;

c) das für die Verwaltung der Erbschaftsteuer zuständige Finanzamt (§ 34 Absatz 1 i. V. m. § 35 ErbStG); die Mitteilungen sind schriftlich vorzunehmen.
Die Mitteilungen können bei Erbfällen von Kriegsgefangenen und ihnen gleichgestellten Personen sowie bei Erbfällen von Opfern der nationalsozialistischen Verfolgung unterbleiben, wenn der Zeitpunkt des Todes vor dem 1.1. 1946 liegt (§ 6 Absatz 2 ErbStDV).

(3) [1] Die Mitteilungen sind durch Übersendung einer abgekürzten Ausfertigung der Entscheidung zu bewirken; bei Mitteilungen an das Standesamt I in Berlin ist der ausgefüllte Vordruck gemäß Anlage zu XVI/1 beizufügen. [2] Auf Anforderung ist dem Finanzamt eine vollständige Ausfertigung zu übersenden.

Anmerkung zu Absatz 2:

Saarland

Im Saarland werden Erbfälle nicht mehr durch ein saarländisches Finanzamt, sondern auf der Grundlage eines Staatsvertrages im Wege einer Kooperation mit

---

[1)] Nr. XVI/1 Abs. 3 Satz 1 geänd. mWv 1.10.2014 durch AV v. 15.9.2014 (BAnz AT 29.09.2014 B1); Abs. 2 neu gef., Anm. angef. mWv 1.10.2016 durch AV v. 23.12.2016 (BAnz AT 24.05.2017 B1); Abs. 2 Satz 1 einl. Satzteil und Buchst. a geänd. mWv 1.10.2018 durch AV v. 23.11.2018 (BAnz AT 24.12.2018 B2); Abs. 1 abschl. Satzteil geänd. mWv 1.10.2021 durch AV v. 9.8.2021 (BAnz AT 16.09.2021 B3); Überschrift, Abs. 1 Nr. 1, Abs. 2 Buchst. c geänd. mWv 1.10.2023 durch AV v. 3.8.2023 (BAnz AT 22.09.2023 B1).

[2)] Nr. **113**.

[3)] **Sartorius Nr. 261.**

Rheinland-Pfalz durch ein rheinland-pfälzisches Finanzamt bearbeitet. Mitteilungen sind an das Finanzamt Kusel-Landstuhl zu richten.

2.[1)] Mitteilungen in Fällen der Kriegsverschollenheit

(1) [1] Mitzuteilen sind die in XVI/1 Absatz 1 genannten Entscheidungen, durch die das Verfahren rechtskräftig abgeschlossen wird. [2] Die Mitteilungen sind nur zu erstatten, wenn sie Verschollenheits- oder Todesfälle von Angehörigen militärischer oder militärähnlicher Verbände betreffen, die vor dem 1. Juli 1948 im Zusammenhang mit Ereignissen oder Zuständen des letzten Krieges vermisst worden sind (Artikel 2 § 5 Absatz 1 Satz 3 des Gesetzes zur Änderung von Vorschriften des Verschollenheitsrechts).

(2) Die Mitteilungen sind an das Bundesarchiv, Fachabteilung PA (Personenbezogene Auskünfte zum Ersten und Zweiten Weltkrieg), Am Borsigturm 130, 13507 Berlin, zu richten.

(3) In den Mitteilungen sind auch der Name und die Anschrift der antragstellenden Person anzugeben.

3.[2)] Mitteilungen zur Herbeiführung einer Tätigkeit des Familiengerichts bzw. des Jugendamts

(1) Mitzuteilen sind Entscheidungen über die Todeserklärung oder die Feststellung der Todeszeit, wenn die von der Entscheidung betroffene Person

1. ein minderjähriges Kind hinterlassen hat oder
2. selbst ein minderjähriges Kind gewesen ist

(§ 22a FamFG[3)]).

(2) Die Mitteilungen sind zu richten an

1. das Familiengericht[4)];
2. das Jugendamt, im Falle des Absatzes 1 Nummer 1 jedoch nur dann, wenn der von der Entscheidung betroffenen Person die elterliche Sorge für das Kind allein zugestanden hat.

Anmerkung: Siehe auch I/1.

XVII. Mitteilungen in Nachlaßsachen

1.[5)] Mitteilungen über die Verwahrung und die Rückgabe von Verfügungen von Todes wegen

(1) Mitzuteilen sind

1. die besondere amtliche Verwahrung eines eigenhändigen Testaments oder eines *Nottestaments;*

[1)] Nr. XVI/2 Abs. 1 neu gef. mWv 1.10.2016 durch AV v. 23.12.2016 (BAnz AT 24.05.2017 B1); Abs. 2 neu gef. mWv 1.10.2021 durch AV v. 9.8.2021 (BAnz AT 16.09.2021 B3); Abs. 2 geänd. mWv 1.10.2023 durch AV v. 3.8.2023 (BAnz AT 22.09.2023 B1).

[2)] Nr. XVI/3 Abs. 1 abschl. Satzteil geänd. mWv 1.10.2021 durch AV v. 9.8.2021 (BAnz AT 16.09.2021 B3).

[3)] **Habersack, Deutsche Gesetze Nr. 112.**

[4)] **Amtl. Anm.:** Nach Inkrafttreten des Kindschaftsrechtsreformgesetzes am 1. Juli 1998 sind die Mitteilungen entweder an das Vormundschafts- oder das Familiengericht zu richten.

[5)] Nr. XVII/1 neu gef., Anm. aufgeh. mWv 1.10.2012 durch AV v. 17.8.2012 (BAnz AT 12.09.2012 B1); Abs. 1 Nr. 2 neu gef. mWv 1.10.2023 durch AV v. 3.8.2023 (BAnz AT 22.09.2023 B1).

2. die Aufbewahrung eines nach dem Tod des Erstverstorbenen eröffneten, eigenhändigen gemeinschaftlichen Testaments oder Erbvertrages, das beziehungsweise der nicht in besondere amtliche Verwahrung genommen war, sofern die gemeinschaftliche Verfügung von Todes wegen nicht ausschließlich Anordnungen enthält, die sich auf den mit dem Tod des Erstverstorbenen eingetretenen Erbfall beziehen;
3. die erneute besondere amtliche Verwahrung eines gemeinschaftlichen Testaments oder Erbvertrags, sofern die gemeinschaftliche Verfügung von Todes wegen nicht ausschließlich Anordnungen enthält, die sich auf den mit dem Tode des verstorbenen Ehegatten oder Lebenspartners eingetretenen Erbfall beziehen;
4. die Rücknahme einer in die besondere amtliche Verwahrung genommenen Verfügung von Todes wegen.

(2) Inhalt und Form der Mitteilungen richten sich nach der Testamentsregister-Verordnung.

(3) Die Mitteilungen sind an die Bundesnotarkammer als Registerbehörde des Zentralen Testamentsregisters zu richten.

2.[1] Mitteilungen zu steuerlichen Zwecken

(1) Mitzuteilen sind

1. eröffnete Verfügungen von Todes wegen mit einer Mehrausfertigung der Niederschrift über die Eröffnungsverhandlung;
2. Erbscheine;
3. Europäische Nachlasszeugnisse;
4. Testamentsvollstreckerzeugnisse;
5. Zeugnisse über die Fortsetzung von Gütergemeinschaften;
6. Beschlüsse über die Einleitung oder Aufhebung einer Nachlaßpflegschaft oder Nachlaßverwaltung;
7. beurkundete Vereinbarungen über die Abwicklung von Erbauseinandersetzungen;
8. Entscheidungen, durch die im Falle einer Nachlaßpflegschaft oder Nachlaßverwaltung ein Wechsel in der Person des Nachlaßpflegers oder Nachlaßverwalters eintritt

(§ 34 ErbStG, § 7 Absatz 1 ErbStDV).

(2) Die Mitteilungen können unterbleiben,

1. wenn die Annahme berechtigt ist, dass außer Hausrat (einschließlich Wäsche und Kleidungsstücken) im Wert von nicht mehr als 12 000 Euro nur noch anderes Vermögen im reinen Wert von nicht mehr als 20 000 Euro vorhanden ist;
2. bei Erbfällen von Kriegsgefangenen und ihnen gleichgestellten Personen sowie bei Erbfällen von Opfern der nationalsozialistischen Verfolgung, wenn der Zeitpunkt des Todes vor dem 1. Januar 1946 liegt;
3. wenn der Erbschein lediglich zur Geltendmachung von Ansprüchen aufgrund des Lastenausgleichsgesetzes beantragt und dem Ausgleichsamt unmittelbar übersandt worden ist;

[1] Nr. XVII/2 Abs. 3 Nr. 2 geänd. mWv 1.10.2014 durch AV v. 15.9.2014 (BAnz AT 29.09.2014 B1); Abs. 1 Nr. 3 eingef., bish. Nr. 3–7 werden Nr. 4–8, Abs. 3 Nr. 1 und 4 geänd., Nr. 5 neu gef. mWv 1.10.2016 durch AV v. 23.12.2016 (BAnz AT 24.05.2017 B1).

4. wenn seit dem Zeitpunkt des Todes des Erblassers mehr als zehn Jahre vergangen sind; das gilt nicht für Mitteilungen über die Abwicklung von Erbauseinandersetzungen

(§ 7 Absatz 4 ErbStDV).

(3) Die Mitteilungen sollen enthalten

1. den Namen, die Identifikationsnummer, die letzte Anschrift, den Geburtstag, den Todestag und den Sterbeort des Erblassers;
2. das Standesamt, bei dem der Sterbefall beurkundet worden ist, und die Sterberegisternummer;

ferner, soweit bekannt,

3. den Beruf und den Familienstand des Erblassers;
4. den Güterstand bei verheirateten oder in einer Lebenspartnerschaft lebenden Erblassern;
5. die Anschriften und die Identifikationsnummern der Beteiligten sowie das persönliche Verhältnis (Verwandtschaftsverhältnis, Ehegatte oder Lebenspartner) zum Erblasser;
6. die Höhe und die Zusammensetzung des Nachlasses in Form eines Verzeichnisses;
7. später bekannt gewordene Veränderungen in der Person der Erben oder Vermächtnisnehmer, insbesondere durch den Fortfall von vorgesehenen Erben oder Vermächtnisnehmern

(§ 7 Absatz 2 und 3 ErbStDV).

(4) [1] Die Mitteilungen sind durch Übersendung beglaubigter Abschriften zu bewirken. [2] Außer einer beglaubigten Abschrift der Urkunden ist ein Vordruck nach Muster 5 der Erbschaftsteuer-Durchführungsverordnung zu übersenden (§ 7 Absatz 1 Satz 1 ErbStDV).

(5) [1] Die Mitteilungen sind schriftlich an das für die Verwaltung der Erbschaftsteuer zuständige Finanzamt (§ 34 Absatz 1 i.V.m. § 35 ErbStG) zu richten. [2] Eine elektronische Übermittlung der Mitteilungen ist ausgeschlossen.

3.[1)] Mitteilungen über Maßregeln zur Sicherung eines Nachlasses

(1) Mitzuteilen sind die zur Sicherung eines Nachlasses getroffenen Maßregeln, die von einem anderen als dem nach § 343 FamFG[2)] zuständigen Nachlaßgericht angeordnet worden sind.

(2) Werden bei der Ausführung einer Maßregel, die das Nachlaßgericht zur Sicherung eines Nachlasses angeordnet hat, amtliche Akten oder sonstige Sachen, deren Herausgabe von einer Behörde verlangt werden kann, vorgefunden, so ist hiervon sowie von den Maßregeln zur Sicherung dieser Sachen Mitteilung zu machen.

(3) Die Mitteilungen sind zu richten in den Fällen

1. des Absatzes 1 an das nach § 343 FamFG zuständige Nachlaßgericht;

[1)] Nr. XVII/3 Anm. geänd. mWv 1.10.2016 durch AV v. 23.12.2016 (BAnz AT 24.05.2017 B1); Anm. geänd. mWv 1.10.2021 durch AV v. 9.8.2021 (BAnz AT 16.09.2021 B3).

[2)] **Habersack, Deutsche Gesetze Nr. 112.**

2. des Absatzes 2 an die zuständige Behörde[1].

4.[2] Mitteilungen bei Zugehörigkeit eines Grundstücks, eines Handelsgeschäfts, einer Beteiligung an einer Partnerschaft oder der Mitgliedschaft in einer Genossenschaft zum Nachlaß

(1) Mitzuteilen sind

1. bei Erteilung eines Erbscheins[3] eines Europäischen Nachlasszeugnisses oder bei einer sonstigen Erbenermittlung der Erbfall und die Erben,
2. bei Eröffnung eines Testaments oder eines Erbvertrags der Erbfall,

wenn dem Gericht bekannt ist, daß

a) zu dem Nachlaß ein Grundstück oder grundstücksgleiches Recht gehört (§ 83 GBO[4]) oder

die Erblasserin bzw. der Erblasser

b) Inhaberin oder Inhaber eines Handelsgeschäfts oder Gesellschafterin oder Gesellschafter einer Personenhandelsgesellschaft gewesen ist,
c) Partner einer Partnerschaft gewesen ist,
d) Mitglied einer Genossenschaft gewesen ist

(§ 379 FamFG).

(2) In den Mitteilungen sind anzugeben

1. das zum Nachlaß gehörende Grundstück oder grundstücksgleiche Recht, die Firma des zum Nachlaß gehörenden Handelsgeschäfts oder die Firma der Personenhandelsgesellschaft, der Name der Partnerschaft oder die Firma der Genossenschaft, in der die Erblasserin bzw. der Erblasser Gesellschafterin bzw. Gesellschafter oder Mitglied gewesen ist;
2. die Erblasserin bzw. der Erblasser, der Zeitpunkt des Erbfalls und die Erben mit ihren Anschriften; bei Eröffnung eines Testaments oder eines Erbvertrags die Erblasserin bzw. der Erblasser und die Verfügung von Todes wegen;
3. der Testamentsvollstrecker, wenn ihm die Verwaltung des Grundstücks oder grundstücksgleichen Rechts, des Handelsgeschäfts oder der Beteiligung zusteht.

(3) Die Mitteilungen sind zu richten in den Fällen

1. des Absatzes 1 Buchstabe a an das Grundbuchamt;
2. des Absatzes 1 Buchstaben b bis d an das Registergericht.

---

[1] **Anmerkung:**
Berlin
Artikel 20 Absatz 2 PrFGG (GVBl. Sb I 3212-1).
Hessen
§ 4 HAGFamFG (GVBl. 2015, 315).
Niedersachsen
§ 48 Niedersächsisches Justizgesetz
Nordrhein-Westfalen
§ 79 Justizgesetz (GV.NRW. 2011, S. 30).
Schleswig-Holstein
§ 41 Absatz 2 Landesjustizgesetz (GVOBl. Schl.-H. 2018 S. 231, ber. S. 441).

[2] Nr. XVII/4 Abs. 1 Nr. 2 Buchst. c und Abs. 2 Nr. 3 geänd. mWv 1.10.2014 durch AV v. 15.9.2014 (BAnz AT 29.09.2014 B1); Abs. 1 Nr. 1, Abs. 4 Satz 3 geänd. mWv 1.10.2016 durch AV v. 23.12.2016 (BAnz AT 24.05.2017 B1).

[3] Amtlich ohne Zeichensetzung.

[4] **Habersack, Deutsche Gesetze Nr. 114.**

(4) [1]Wird ein Testament oder ein Erbvertrag eröffnet, so sind zugleich mit der Mitteilung nach Absatz 1 Buchstabe a die als Erben eingesetzten Personen, soweit ihr Aufenthalt dem Gericht bekannt ist, darauf hinzuweisen, daß durch den Erbfall das Grundbuch unrichtig geworden ist und welche gebührenrechtlichen Vergünstigungen für eine Grundbuchberichtigung bestehen (§ 83 Satz 2 GBO). [2]Ihnen ist gleichzeitig mitzuteilen, daß eine Mitteilung an das Grundbuchamt und/oder das Registergericht erfolgen wird. [3]Entsprechend ist bei Erteilung eines Erbscheins oder eines Europäischen Nachlasszeugnisses zu verfahren.

5. Mitteilungen über den Erwerb von Vermögen von Todes wegen durch ein minderjähriges Kind

(1) Mitzuteilen ist der Erwerb von Vermögen von Todes wegen durch ein minderjähriges Kind, wenn das Vermögen von den Eltern zu verzeichnen ist, weil der Wert des Vermögenserwerbs 15 000 Euro übersteigt und eine durch letztwillige Verfügung getroffene Anordnung des Erblassers, daß die Verzeichnung des Vermögens unterbleiben soll, nicht vorliegt (§ 356 Absatz 1 FamFG[1)], § 1640 Absatz 1 Satz 1, Absatz 2 BGB[2)]).

(2) [1]Die Mitteilungen sind durch Übersendung eines beglaubigten Abdrucks der Niederschrift über die Eröffnung der Verfügung von Todes wegen zu bewirken.
[2]Ergänzend sind – soweit nicht bereits aus dem vorbezeichneten Abdruck ersichtlich – Angaben zu machen über
- das minderjährige Kind,
- die gesetzlichen Vertreter,
- sonstige Ansprechpartner (z.B. Testamentsvollstrecker) einschließlich ihrer Anschriften.

(3) Die Mitteilungen sind an das Familiengericht[3)] zu richten.

6.[4)] Mitteilungen über die Bestimmung einer Inventarfrist

(1) Mitzuteilen ist gemäß § 1999 BGB[2)] die Bestimmung der Inventarfrist, wenn
1. der Erbe unter elterlicher Sorge oder unter Vormundschaft steht;
2. die Nachlassangelegenheit in den Aufgabenkreis eines Betreuers des Erben fällt.

(2) Die Mitteilungen sind nach dem Erlass der Entscheidung zu bewirken.

(3) Sie sind zu richten in den Fällen
1. des Absatzes 1 Nummer 1 an das Familiengericht;
2. des Absatzes 1 Nummer 2 an das Betreuungsgericht.

7.[5)] Mitteilungen über ein Stiftungsgeschäft

(1) Mitzuteilen ist ein in einer Verfügung von Todes wegen enthaltenes Stiftungsgeschäft, es sei denn, dem Nachlassgericht ist bekannt, dass die Anerkennung

---

[1)] **Habersack, Deutsche Gesetze Nr. 112.**
[2)] **Habersack, Deutsche Gesetze Nr. 20.**
[3)] **Amtl. Anm.:** Nach Inkrafttreten des Kindschaftsrechtsreformgesetzes am 1. Juli 1998 sind die Mitteilungen entweder an das Vormundschafts- oder das Familiengericht zu richten.
[4)] Nr. XVII/6 neu gef. mWv 1.10.2018 durch AV v. 23.11.2018 (BAnz AT 24.12.2018 B2).
[5)] Nr. XVII/7 neu gef. mWv 1.10.2023 durch AV v. 3.8.2023 (BAnz AT 22.09.2023 B1).

der Stiftung schon von einem Erben oder Testamentsvollstrecker beantragt wurde (§ 356 Absatz 3 FamFG[1])).

(2) Mitzuteilen ist der betreffende Inhalt der Verfügung von Todes wegen.

(3) Die Mitteilung ist an die nach Landesrecht zuständige Behörde für die Anerkennung der Stiftung zu richten.

8.[2]) Mitteilungen über Todes- und Erbfälle mit Auslandsbeziehung

(1) Mitzuteilen sind, soweit dies in Staatsverträgen vereinbart ist,

1. der Tod von Angehörigen eines fremden Staates im Inland;
2. das Vorhandensein von inländischem Nachlaß, wenn Angehörige eines fremden Staates im Ausland verstorben sind;
3. das Vorhandensein von inländischem Nachlaß, wenn Angehörige eines fremden Staates, die im Inland weder ansässig sind noch dort eine Vertretung haben, einen Rechtsanspruch auf diesen Nachlaß haben (z.B. letztwillig Begünstigte, Testamentsvollstrecker, Nachlaßgläubiger oder gesetzliche Erben) oder einen solchen Anspruch geltend machen;
4. das Vorhandensein von Geldbeträgen und Gegenständen aus dem persönlichen Besitz von Angehörigen eines fremden Staates, die auf der Reise oder Durchreise im Inland verstorben sind, ohne dort den Wohnsitz oder gewöhnlichen Aufenthalt zu haben.

(2) Die Mitteilungen sind unverzüglich, nachdem der mitzuteilende Sachverhalt dem Nachlaßgericht bekannt geworden ist, zu bewirken.

(3) Die Mitteilungen sind von der Richterin oder dem Richter zu veranlassen.

(4) Sie sind an die konsularische Vertretung oder die Konsularabteilung der diplomatischen Vertretung des Staates zu richten, dem die Betroffenen angehören oder angehört haben.

Anmerkungen:

1) Die Mitteilungen nach Absatz 1 Nummer 1 sind staatsvertraglich vereinbart im Verhältnis
   a) zu **Dominica**
   (Artikel 26 Buchstabe b des deutsch-britischen Konsularvertrags vom 30. Juli 1956 – BGBl. 1957 II S. 284 –, Verbalnote Nummer 160/01/26/1 vom 22. Juni 2004);
   b) zu **Fidschi**
   (Bekanntmachung über die Fortgeltung des deutsch-britischen Konsularvertrags vom 30. Juli 1956 im Verhältnis zu Fidschi vom 22. Oktober 1975 – BGBl. 1975 II S. 1739 –);
   c) zu **Grenada**
   (Bekanntmachung über die Weiteranwendung der Verträge, deren Geltung auf das Hoheitsgebiet von Grenada erstreckt worden war, vom 12. März 1975 – BGBl. 1975 II S. 366 –);
   d) zu **Großbritannien** und **Nordirland**
   (Artikel 26 Buchstabe b des Konsularvertrages vom 30. Juli 1956 – BGBl. 1957 II S. 284, 1958 II S. 17 –); die Mitteilungen sind nur zu

[1]) **Habersack, Deutsche Gesetze Nr. 112.**

[2]) Nr. XVII/8 Anm. 1 geänd. mWv 1.10.2016 durch AV v. 23.12.2016 (BAnz AT 24.05.2017 B1); Anm. 1 und 2 geänd. mWv 1.10.2021 durch AV v. 9.8.2021 (BAnz AT 16.09.2021 B3); Anm. 1 Buchst. l geänd. mWv 1.10.2023 durch AV v. 3.8.2023 (BAnz AT 22.09.2023 B1).

bewirken, wenn anzunehmen ist, daß im Inland außer öffentlichen Verwaltern oder ähnlichen Beamten keine Person anwesend oder vertreten ist, die das Recht besitzt, die Verwaltung der von den Verstorbenen im Inland etwa hinterlassenen Vermögenswerte zu beanspruchen; diese Annahme ist ebenfalls mitzuteilen;

e) zu **Guyana**
(Artikel 26 Buchstabe b des deutsch-britischen Konsularvertrags vom 30. Juli 1956 – BGBl. 1957 II S. 284 –, Verbalnote Nummer 272 vom 30. März 2004);

f) zu **Jamaika**
(Bekanntmachung über die Fortgeltung des deutsch-britischen Konsularvertrages im Verhältnis zu Jamaika vom 22. Dezember 1972 – BGBl. 1973 II S. 49 –);

g) zu **Lesotho**
(Artikel 26 Buchstabe b des deutsch-britischen Konsularvertrags vom 30. Juli 1956 – BGBl. 1957 II S. 284 –, Verbalnote Nummer 10 vom 21. Februar 2005);

h) zu **Malawi**
(Bekanntmachung über die Weiteranwendung des deutsch-britischen Konsularvertrages im Verhältnis zu Malawi vom 13. Februar 1967 – BGBl. 1967 II S. 936 –);

i) zu **Malta**
(Artikel 26 Buchstabe b des deutsch-britischen Konsularvertrags vom 30. Juli 1956 – BGBl. 1957 II S. 284 –, Verbalnote Nummer 1130/04 vom 23. Juni 2004);

j) zu **Mauritius**
(Bekanntmachung über die Fortgeltung des deutsch-britischen Konsularvertrages im Verhältnis zu Mauritius vom 27. Dezember 1972 – BGBl. 1973 II S. 50 –);

k) zu **Sierra Leone**
(Artikel 26 Buchstabe b des deutsch-britischen Konsularvertrags vom 30. Juli 1956 – BGBl. 1957 II S. 284 –, Verbalnote Nummer 15277/20 vom 1. Februar 2005);

l) zur ehemaligen **Sowjetunion**
(Artikel 25 Absatz 2 des Konsularvertrages vom 25. April 1958 – BGBl. 1959 II S. 232 und 469 in Verbindung mit den jeweiligen Bekanntmachungen über die Weiteranwendung des Konsularvertrages vom 25. April 1958 im Verhältnis zu den jeweiligen Mitgliedern der Gemeinschaft Unabhängiger Staaten; im einzelnen:
– Aserbaidschan vom 13. August 1996 – BGBl. 1996 II S. 2471 –,
– Kasachstan vom 19. Oktober 1992 – BGBl. 1992 II S. 1120 –,
– Russische Föderation vom 14. August 1992 – BGBl. 1992 II S. 1016 –,
– Ukraine vom 30. Juni 1993 – BGBl. 1993 II S. 1189 –,
– Usbekistan vom 26. Oktober 1993 – BGBl. 1993 II S. 2038 –);
mitzuteilen sind auch die zur Regelung der Nachlaßangelegenheiten ergriffenen oder zu ergreifenden Maßnahmen;

m) zu **Spanien**
(Artikel 11 Absatz 1 der Konsular-Konvention vom 22. Februar 1870 – BGBl. des Norddeutschen Bundes S. 99, RGBl. 1872 S. 211 –);

ist an dem Sterbeort eine spanische Konsularbehörde nicht vorhanden und haben sich Angehörige des nächstgelegenen Konsulats noch nicht eingefunden, so hat das Nachlaßgericht nach den inländischen Gesetzen zur Inventarisierung der Nachlaßgegenstände und zur Liquidierung des Nachlasses zu schreiten und der betreffenden Botschaft oder Gesandtschaft oder der nächstgelegenen Konsularbehörde binnen kürzester Frist das Ergebnis der Amtshandlungen mitzuteilen (Artikel 12 der Konvention);

n) zu **St. Kitts and Nevis**
(Artikel 26 Buchstabe b des deutsch-britischen Konsularvertrags vom 30. Juli 1956 – BGBl. 1957 II S. 284 –, Verbalnote Nummer 440/2006 vom 6. Juni 2006);

o) zu **St. Vincent und die Grenadinen**
(Artikel 26 Buchstabe b des deutsch-britischen Konsularvertrags vom 30. Juli 1956 – BGBl. 1957 II S. 284 –, Verbalnote Nummer 352/2004 vom 9. Juli 2004);

p) zur **Türkei**
(§ 1 der Anlage zu Artikel 20 des Konsularvertrages vom 28. Mai 1929 – RGBl. 1930 II S. 747, BGBl. 1952 II S. 608 –);
mitzuteilen ist auch, was über die Erben und deren Aufenthalt, den Wert und die Zusammensetzung des Nachlasses sowie über das etwaige Vorhandensein einer Verfügung von Todes wegen bekannt ist (§ 1 der Anlage), ferner die Bekanntmachung über die Eröffnung des Nachlasses und über den Aufruf der Erben oder Gläubiger (§ 3 der Anlage); sind ohne Mitwirkung der türkischen Konsularbehörde Maßnahmen zur Sicherung des Nachlasses getroffen worden, so ist ihr ferner sobald wie möglich eine beglaubigte Abschrift des Nachlaßverzeichnisses und das Verhandlungsprotokolls zu übersenden (§ 2 Absatz 3 Satz 3 und § 12 Absatz 1 Satz 2 der Anlage);

q) zu den **Vereinigten Staaten von Amerika**
(Artikel XXIV Absatz 1 des Freundschafts-, Handels- und Konsularvertrages vom 8. Dezember 1923 – RGBl. 1925 II S. 795, BGBl. 1954 II S. 721 und 1051 –);
die Mitteilungen sind nur zu bewirken, wenn die Verstorbenen im Inland keine bekannten Erben oder von ihm ernannte Testamentsvollstrecker hinterlassen haben.

2) Die Mitteilungen nach Absatz 1 Nummer 2 sind staatsvertraglich vereinbart im Verhältnis
zur **Türkei**
(§ 18 i.V.m. § 1 der Anlage zu Artikel 20 des Konsularvertrages vom 28. Mai 1929 – RGBl. 1930 II S. 747, BGBl. 1952 II S. 608 –);
Anmerkung 1 Buchstabe p letzter Absatz gilt entsprechend.

3) Die Mitteilungen nach Absatz 1 Nummer 3 und 4 sind staatsvertraglich vereinbart im Verhältnis

a) zu **Dominica**
(Artikel 26 Buchstabe a des deutsch-britischen Konsularvertrags vom 30. Juli 1956 – BGBl. 1957 II S. 284 –, Verbalnote Nummer 160/01/26/1 vom 22. Juni 2004);

b) zu **Fidschi**
(Bekanntmachung über die Fortgeltung des deutsch-britischen Konsularvertrags vom 30. Juli 1956 im Verhältnis zu Fidschi vom 22. Oktober 1975 – BGBl. 1975 II S. 1739 –);

c) zu **Grenada**
(Bekanntmachung über die Weiteranwendung der Verträge, deren Geltung auf das Hoheitsgebiet von Grenada erstreckt worden war, vom 12. März 1975 – BGBl. 1975 II S. 366 –);

d) zu **Großbritannien** und **Nordirland**
(Artikel 26 Buchstabe a i.V.m. Artikel 21 Absatz 1 und Artikel 24 Absatz 1 des Konsularvertrages vom 30. Juli 1956 – BGBl. 1957 II S. 284, 1958 II S. 17 –);

e) zu **Guyana**
(Artikel 26 Buchstabe a des deutsch-britischen Konsularvertrags vom 30. Juli 1956 – BGBl. 1957 II S. 284 –, Verbalnote Nummer 272 vom 30. März 2004);

f) zu **Jamaika**
(Bekanntmachung über die Fortgeltung des deutsch-britischen Konsularvertrages im Verhältnis zu Jamaika vom 22. Dezember 1972 – BGBl. 1973 II S. 49 –);

g) zu **Lesotho**
(Artikel 26 Buchstabe a des deutsch-britischen Konsularvertrags vom 30. Juli 1956 – BGBl. 1957 II S. 284 –, Verbalnote Nummer 10 vom 21. Februar 2005);

h) zu **Malawi**
(Bekanntmachung über die Weiteranwendung des deutsch-britischen Konsularvertrages im Verhältnis zu Malawi vom 13. Februar 1967 – BGBl. 1967 II S. 936 –);

i) zu **Malta**
(Artikel 26 Buchstabe a des deutsch-britischen Konsularvertrags vom 30. Juli 1956 – BGBl. 1957 II S. 284 –, Verbalnote Nummer 1130/04 vom 23. Juni 2004);

j) zu **Mauritius**
(Bekanntmachung über die Fortgeltung des deutsch-britischen Konsularvertrages im Verhältnis zu Mauritius vom 27. Dezember 1972 – BGBl. 1973 II S. 50 –);

k) zu **Sierra Leone**
(Artikel 26 Buchstabe a des deutsch-britischen Konsularvertrags vom 30. Juli 1956 – BGBl. 1957 II S. 284 –, Verbalnote Nummer 15277/20 vom 1. Februar 2005);

l) zu **St. Kitts and Nevis**
(Artikel 26 Buchstabe a des deutsch-britischen Konsularvertrags vom 30. Juli 1956 – BGBl. 1957 II S. 284 –, Verbalnote Nummer 440/2006 vom 6. Juni 2006);

m) zu **St. Vincent und die Grenadinen**
(Artikel 26 Buchstabe a des deutsch-britischen Konsularvertrags vom 30. Juli 1956 – BGBl. 1957 II S. 284 –, Verbalnote Nummer 352/2004 vom 9. Juli 2004).

XVIII. Mitteilungen in Grundbuchsachen

1.[1] Mitteilungen zur Erhaltung der Übereinstimmung von Grundbuch und Liegenschaftskataster

(1) Mitzuteilen sind

1. die Eintragung eines Eigentümers, Wohnungs- oder Teileigentümers, Erbbauberechtigten, Wohnungs- oder Teilerbbauberechtigten, selbständigen Gebäudeeigentümers, Inhabers eines dinglichen Nutzungsrechts im Sinne des § 1 Nummer 2 Buchstabe a GGV (§ 55 Absatz 3 GBO[2]);
2. Veränderungen der grundbuchmäßigen Bezeichnung eines Grundstücks, Wohnungs- oder Teileigentums, Erbbaurechts, Wohnungs- oder Teilerbbaurechts, selbständigen Gebäudeeigentums, dinglichen Nutzungsrechts im Sinne des § 1 Nummer Buchstabe a GGV (§ 55 Absatz 3 GBO);
3. die Neuanlegung eines Grundbuchblattes;
4. die Umschreibung eines Grundbuchblattes (§ 39 GBV);
5. die Übertragung von Miteigentumsanteilen im Falle des § 3 Absatz 8 GBO;
6. die Ausbuchung eines Grundstücks oder Grundstücksteils nach § 3 Absatz 3 GBO;
7. die Eintragung eines vom Buchungszwang befreiten Grundstücks auf ein bereits bestehendes Grundbuchblatt nach § 3 Absatz 2 GBO;
8. die Schließung eines Grundbuchblattes, wenn das Grundstück sich in der Örtlichkeit nicht nachweisen läßt;
9. die Schließung eines Wohnungs- oder Teileigentumsgrundbuchblattes nach § 9 Absatz 1 WEG[3].

(2) Die Mitteilungen erfolgen laufend oder monatlich (je nach den in den Ländern bestehenden Rechtsvorschriften oder nach Vereinbarung mit der für die Führung des Liegenschaftskatasters zuständigen Behörde).

(3) Die Mitteilungen sind außer in den Fällen des Absatzes 4 an die für die Führung des Liegenschaftskatasters zuständige Behörde zu richten.

(4) Von dem Zeitpunkt an, in dem nach Mitteilung der Flurbereinigungsbehörde oder Flurneuordnungsbehörde die rechtlichen Wirkungen des Flurbereinigungsplans oder Tausch- bzw. Bodenordnungsplans eintreten, bis zu dem Zeitpunkt, in dem die Flurbereinigungsbehörde oder Flurneuordnungsbehörde die Abgabe der Berichtigungsunterlagen an die für die Führung des Liegenschaftskatasters zuständige Behörde mitteilt, sind die in Absatz 1 bezeichneten Mitteilungen an die Flurbereinigungsbehörde bzw. Flurneuordnungsbehörde zu richten.

Anmerkungen:

1) Bei den Mitteilungen sind zu berücksichtigen:
in **Baden-Württemberg**
Abschnitt IV Nummer 1 der AV des JM vom 15. Juli 1987 – 3856-II/107 –, bei Verwendung von FOLIA auch Übermittlung durch Datenträger;
in **Bayern** und **Sachsen**
das Automatisierte Grund- und Liegenschaftsbuch (AGLB)-Verfahren;

---

[1] Nr. XVIII/1 Abs. 1 Nr. 4 und Anm. 1 geänd. mWv 1.10.2016 durch AV v. 23.12.2016 (BAnz AT 24.05.2017 B1); Anm. 3 geänd. mWv 1.10.2018 durch AV v. 23.11.2018 (BAnz AT 24.12.2018 B2); Anm. 1 geänd. mWv 1.10.2021 durch AV v. 9.8.2021 (BAnz AT 16.09.2021 B3).

[2] **Habersack, Deutsche Gesetze Nr. 114.**

[3] **Habersack, Deutsche Gesetze Nr. 37.**

in **Berlin**
die Gemeinsamen Ausführungsvorschriften über die Erhaltung der Übereinstimmung zwischen dem Grundbuch und dem Liegenschaftskataster vom 31.03. 2017 (Abl. 2017 S. 1639);
in **Brandenburg**
die Gemeinsame Allgemeine Verfügung des Ministers des Innern und des Ministers der Justiz über die Erhaltung der Übereinstimmung zwischen dem Grundbuch und dem Liegenschaftskataster in der jeweils geltenden Fassung;
in **Bremen**
Nummer 4.2.2 der AV des Senators für Justiz und Verfassung über die geschäftliche Behandlung der Grundbuchsachen vom 11. Juni 2007 – 3851/1 – (Geschäftsordnung für die Grundbuchämter);
in **Nordrhein-Westfalen**
wahlweise auch die für die Benachrichtigung in Grundbuchsachen eingeführten, im Durchschreibeverfahren auszufüllenden Vordrucke;
in **Rheinland-Pfalz**
die Änderungsmitteilung gemäß Nummer 2.1 Satz 1 der VV des JM und des ISM vom 8. Dezember 2004 (3856-3-2) – JBl. S. 264;
im **Saarland**
die AV JVVS 3850 – 8.6.18;
in **Schleswig-Holstein**
die Bekanntmachung im Sinne das § 55 Absatz 6 GBO, die Kopie oder Durchschrift des Bestandsverzeichnisses und erforderlichenfalls Abteilung I nach Maßgabe der AV des JM vom 5. Januar 1967 (SchlHA S. 98) sowie der Gemeinsamen AV des Ministeriums für Justiz, Bundes- und Europaangelegenheiten und des Innenministeriums vom 8. Oktober 1997.
in **Thüringen** sind die Mitteilungen nach Absatz 4 an den jeweiligen Flurbereinigungsbereich des Thüringer Landesamtes für Bodenmanagement und Geoinformation zu richten.

2) In **Bayern** sind nicht mitzuteilen die Vereinigung von Grundstücken, die Zuschreibung als Bestandteil und die Teilung eines Grundstücks, wenn im Zusammenhang damit keine Grundstücke oder Grundstücksteile auf ein anderes Grundbuchblatt übertragen und keine Flurstücke verschmolzen oder zerlegt werden.

3) In **Brandenburg** sind die Mitteilungen nach Absatz 4 an die Ämter für Agrarordnung zu richten;
in **Mecklenburg-Vorpommern** sind die Mitteilungen nach Absatz 4 an die Staatlichen Ämter für Landwirtschaft und Umwelt zu richten;
in **Nordrhein-Westfalen** sind die Mitteilungen nach Absatz 4 an die Ämter für Agrarordnung zu richten;
in **Sachsen** sind die Mitteilungen nach Absatz 4 an die Landkreise und Kreisfreien Städte zu richten;
in **Sachsen-Anhalt** sind die Mitteilungen nach Absatz 4 an die Ämter für Landwirtschaft, Flurneuordnung und Forsten zu richten;
in **Thüringen** sind die Mitteilungen nach Absatz 4 an die Flurneuordnungsämter zu richten.

2.[1] Mitteilungen über die Eintragung des Verzichts auf das Eigentum

(1) Mitzuteilen ist die Eintragung des Verzichts auf das Eigentum (§ 55 Absatz 4 GBO[2]).

(2) Die Mitteilungen sind zu richten

1. an die für die Abgabe der Aneignungserklärung zuständige Behörde (vgl. § 928 Absatz 2 BGB[3], Artikel 129 EGBGB[4]),
2. an die für die Führung des Liegenschaftskatasters zuständige Behörde,
3. in den Fällen des Artikels 233 § 15 Absatz 3 EGBGB nur an den Landesfiskus und die Gemeinde, in deren Gebiet das Grundstück liegt.

Anmerkungen:

In **Baden-Württemberg** sind die Mitteilungen nach Absatz 2 Nummer 1 an den Landesbetrieb Vermögen und Bau Baden-Württemberg, Rotebühlplatz 30, 70173 Stuttgart zu richten;

in **Bayern** sind die Mitteilungen nach Absatz 2 Nummer 1 an die örtlich zuständige Regionalvertretung der Immobilien Freistaat Bayern zu richten;

in **Brandenburg** sind die Mitteilungen nach Absatz 2 Nummer 1 an den Brandenburgischen Landesbetrieb für Liegenschaften und Bauen, Sophie-Alberti-Straße 4 – 6, 14478 Potsdam zu richten[5]

in **Hessen** sind die Mitteilungen nach Absatz 2 Nummer 1 an den Landesbetrieb Bau und Immobilien Hessen, Abraham-Lincoln-Straße 38 bis 42, 65189 Wiesbaden, zu richten;

in **Mecklenburg-Vorpommern**
sind die Mitteilungen nach Absatz 2 Nummer 1 und 3 an das Finanzministerium, Abteilung Staatshochbau und Liegenschaften, zu richten;

in **Niedersachsen** sind die Mitteilungen nach Absatz 2 Nummer 1 und 3 an das Niedersächsische Landesamt für Bau und Liegenschaften, BL4, Waterloostraße 4, 30169 Hannover, zu richten;

in **Rheinland-Pfalz** sind die Mitteilungen nach Absatz 2 Nummer 1 an das Ministerium der Finanzen (Abteilung 3) zu richten;

In **Sachsen** sind die Mitteilungen an den Staatsbetrieb Sächsisches Immobilien- und Baumanagement, Geschäftsbereich Zentrales Flächenmanagement (ZFM), Riesaer Straße 7h, 01129 Dresden, zu richten.

in **Thüringen** sind die Mitteilungen nach Absatz 2 Nummer 1 an das Thüringer Landesamt für Finanzen und die Mitteilungen nach Absatz 2 Nummer 2 an das Thüringer Landesamt für Bodenmanagement und Geoinformation zu richten.

3. Mitteilungen über subjektiv-dingliche Rechte

(1) Mitzuteilen sind

1. die Eintragung des Vermerks über ein Recht, das dem jeweiligen Eigentümer des Grundstücks zusteht;

---

[1] Nr. XVIII/2 Anm. geänd. mWv 1.10.2014 durch AV v. 15.9.2014 (BAnz AT 29.09.2014 B1); Anm. geänd. mWv 1.10.2018 durch AV v. 23.11.2018 (BAnz AT 24.12.2018 B2); Anm. geänd. mWv 1.10.2021 *durch AV v. 9.8.2021 (BAnz AT 16.09.2021 B3); Anm. geänd.* mWv 1.10.2023 durch AV v. 3.8.2023 (BAnz AT 22.09.2023 B1).

[2] **Habersack, Deutsche Gesetze Nr. 114.**

[3] **Habersack, Deutsche Gesetze Nr. 20.**

[4] **Habersack, Deutsche Gesetze Nr. 21.**

[5] Amtlich ohne Zeichensetzung.

2. jede Änderung oder die Aufhebung eines solchen Rechts, sofern der in Nummer 1 erwähnte Vermerk eingetragen ist (§ 55 Absatz 5 GBO[1]).

(2) Die Mitteilungen sind zu richten

1. im Falle des Absatzes 1 Nummer 1 an das Grundbuchamt, das das Blatt des belasteten Grundstücks führt;
2. in den Fällen des Absatzes 1 Nummer 2 an das Grundbuchamt des herrschenden Grundstücks.

4. Mitteilungen bei Gesamtbelastung von Grundstücken

(1) [1]Mitzuteilen sind, wenn mehrere Grundstücke mit einem Recht belastet sind oder belastet werden,

1. jede das mitbelastete Recht betreffende Eintragung;
2. alle Verfügungen, durch die Anträge oder Ersuchen hinsichtlich dieses Rechts zurückgewiesen werden

(§ 55a Absatz 2 GBO[1]). [2]Dabei ist auf etwaige Abweichungen zwischen der grundbuchmäßigen Bezeichnung der beteiligten Grundstücke, deren Grundbuchblätter bei dem mitteilungspflichtigen Grundbuchamt geführt werden, und ihrer Bezeichnung in den Eintragungsunterlagen hinzuweisen.

(2) Die Mitteilungen sind an die Grundbuchämter, die die Grundbücher der beteiligten Grundstücke führen, zu richten.

5.[2] Mitteilungen über Grundbucheintragungen zu steuerlichen Zwecken

(1) [1]Mitzuteilen sind

1. die Eintragung eines neuen Eigentümers oder Erbbauberechtigten sowie bei einem anderen als rechtsgeschäftlichen Erwerb auch dessen Anschrift, soweit nicht der Erwerb nach den Vorschriften des Zuordnungsrechts erfolgt;
2. die Eintragung der Begründung von Wohnungseigentum oder Teileigentum;
3. die Eintragung der Begründung eines Erbbaurechts, Wohnungserbbaurechts oder Teilerbbaurechts

(§§ 29 Absatz 4 Satz 1, 229 Absatz 4 Satz 1 BewG). [2]Bei einer Eintragung aufgrund Erbfolge ist zugleich das Jahr anzugeben, in dem der Erblasser verstorben ist (§§ 29 Absatz 4 Satz 3, 229 Absatz 4 Satz 3 BewG). [3]Bei Eintragung eines neuen Eigentümers aufgrund eines von einer ausländischen Behörde oder zuständigen Stelle erteilten Europäischen Nachlasszeugnisses ist dies dem zuständigen Erbschaftsteuer-Finanzamt mitzuteilen (§ 34 Absatz 1 ErbStG).

(2) Mitzuteilen ist in den Fällen des Absatzes 1 Nummer 2 und 3 auch der Tag des Eingangs des Eintragungsantrags bei dem Grundbuchamt (§§ 29 Absatz 4 Satz 2, 229 Absatz 4 Satz 2 BewG).

(3) [1]Die Mitteilungen nach Absatz 1 und 2 sind an die für die Feststellung des Grundsteuerwertes und an die für die Feststellung des Grundbesitzwertes zuständigen Finanzbehörden zu richten und sollen über die für die Führung des Liegenschaftskatasters zuständige Behörde oder über eine sonstige Behörde, die das

---

[1] **Habersack, Deutsche Gesetze Nr. 114.**

[2] Nr. XVIII/5 Abs. 4 angef., Anm. geänd. mWv 1.10.2016 durch AV v. 23.12.2016 (BAnz AT 24.05. 2017 B1); Anm. geänd. mWv 1.10.2018 durch AV v. 23.11.2018 (BAnz AT 24.12.2018 B2); Abs. 1 Satz 1 abschl. Satzteil neu gef., Satz 2 und Abs. 2 geänd., Abs. 3 neu gef., Abs. 4 Sätze 1 und 2, Anm. geänd. mWv 1.10.2021 durch AV v. 9.8.2021 (BAnz AT 16.09.2021 B3); Abs. 1 Satz 3 angef., Abs. 3 neu gef., Anm. geänd. mWv 1.10.2023 durch AV v. 3.8.2023 (BAnz AT 22.09.2023 B1).

amtliche Verzeichnis der Grundstücke (§ 2 Absatz 2 der Grundbuchordnung[1]) führt, weitergeleitet werden. [2]Bis zum 31. Dezember 2024 sind die Mitteilungen nach Absatz 1 und 2 zudem an die für die Feststellung des Einheitswertes zuständigen Finanzbehörden zu richten. [3]Sie sind nach amtlich vorgeschriebenem Datensatz über die amtlich bestimmte Schnittstelle zu übermitteln (§ 229 Absatz 6 Satz 1 BewG). [4]Die Daten sind laufend, mindestens alle drei Monate zu übermitteln (§ 229 Absatz 6 Satz 2 BewG)[2]. [5]Mitteilungen sind in den Fällen des Absatzes 1 Satz 3 schriftlich an das zuständige Erbschaftsteuer-Finanzamt zu richten (§ 34 Absatz 1 ErbStG).

(4) [1]Die betroffenen Personen sind vom Inhalt der Mitteilungen zu unterrichten (§§ 29 Absatz 5 Satz 1, 229 Absatz 5 Satz 1 BewG). [2]Eine Unterrichtung kann unterbleiben, soweit den Finanzbehörden Umstände aus dem Grundbuch, den Grundakten oder aus dem Liegenschaftskataster mitgeteilt werden (§§ 29 Absatz 5 Satz 2, 229 Absatz 5 Satz 2 BewG).

Anmerkungen:

In **Baden-Württemberg** können Mitteilungen nach Absatz 1 unterbleiben, wenn der jeweiligen Eintragung im Grundbuch ein nach § 18 GrEStG anzeigepflichtiger Vorgang vorausgegangen ist.

In **Bayern** können Mitteilungen nach Absatz 1 unterbleiben, wenn der jeweiligen Eintragung im Grundbuch ein nach § 18 GrEStG anzeigepflichtiger Vorgang vorausgegangen ist.

In **Brandenburg** werden die Anforderungen nach Absatz 3 Satz 1 und 2 unter den Vorbehalt gestellt, dass der Beginn und die Einzelheiten der elektronischen Übermittlung zunächst in einem Schreiben des Bundesministeriums der Finanzen festzulegen sind, das im Bundesanzeiger und im Bundessteuerblatt veröffentlicht wird (§§ 29 Absatz 6 Satz 3 und 4, 229 Absatz 6 Satz 3 und 4 BewG). Bis zur Wirksamkeit der in diesem Schreiben getroffenen Bestimmungen werden die Mitteilungen den zuständigen Finanzbehörden direkt übermittelt. Die Übermittlung kann in Papierform erfolgen.

In **Bremen** werden die Mitteilungen nach Absatz 1 über das Katasteramt erstattet.

In **Hamburg** werden die Mitteilungen nach Absatz 1 Satz 1 Nummer 1 bis 3 über den Landesbetrieb Geoinformation und Vermessung erstattet. Nicht mitzuteilen ist das Datum nach Absatz 2.

In **Hessen** erfolgen Mitteilungen nach Absatz 1 Nummer 1 nur in Erbfällen unter Angabe des Jahres, in dem der Erblasser verstorben ist.

In **Mecklenburg-Vorpommern** werden die Anforderungen nach Absatz 3 Satz 1 und 2 unter den Vorbehalt gestellt, dass der Beginn und die Einzelheiten der elektronischen Übermittlung zunächst in einem Schreiben des Bundesministeriums der Finanzen festzulegen sind, das im Bundesanzeiger und im Bundessteuerblatt veröffentlicht wird (§ 29 Absatz 6 Satz 3 und 4, § 229 Absatz 6 Satz 3 und 4 BewG). Bis zur Wirksamkeit der in diesem Schreiben getroffenen Bestimmungen werden die Mitteilungen den zuständigen Finanzbehörden direkt in Papierform übermittelt.

In **Niedersachsen** werden die Mitteilungen über die Vermessungs- und Katasterbehörden erstattet.

---

[1] **Habersack, Deutsche Gesetze Nr. 114.**

[2] **Amtl. Anm.:** Beginn und Einzelheiten der elektronischen Übermittlung sind nach erfolgter Festlegung durch das Bundesministerium der Finanzen dem Bundesanzeiger und dem Bundessteuerblatt zu entnehmen.

In **Nordrhein-Westfalen** werden die Mitteilungen nach Absatz 1 über die Katasterämter erstattet.

In **Rheinland-Pfalz** werden die Mitteilungen über die Katasterämter erstattet.

In **Sachsen** werden die Mitteilungen nach Absatz 1 Satz 1 Nummer 1 bis 3 über den Staatsbetrieb Geobasisdateninformation und Vermessung Sachsen zugeleitet. Verwendung findet das Verfahren ALKIS.

In **Sachsen-Anhalt** werden die Mitteilungen über das Landesamt für Vermessung und Geoinformation Sachsen-Anhalt, Otto-von-Guericke-Straße 15, 39104 Magdeburg zugeleitet; Verwendung findet das Verfahren „Geodatendienst Liegenschaftskataster".

In **Schleswig-Holstein** werden die Anforderungen nach Absatz 3 Satz 1 und 2 unter den Vorbehalt gestellt, dass der Beginn und die Einzelheiten der elektronischen Übermittlung zunächst in einem Schreiben des Bundesministeriums der Finanzen festzulegen sind, das im Bundesanzeiger und im Bundessteuerblatt veröffentlicht wird (§ 29 Absatz 6 Satz 3 und 4, § 229 Absatz 6 Satz 3 und 4 BewG). Bis zur Wirksamkeit der in diesem Schreiben getroffenen Bestimmungen werden die Mitteilungen den zuständigen Finanzbehörden direkt übermittelt. Die Übermittlung kann in Papierform erfolgen. Mitteilungen nach Absatz 1 können unterbleiben, wenn der jeweiligen Eintragung im Grundbuch ein nach § 18 GrEStG anzeigepflichtiger Vorgang vorausgegangen ist.

6. Mitteilungen über Grundbucheintragungen während eines Zwangsversteigerungs- oder Zwangsverwaltungsverfahrens

(1) Mitzuteilen ist jede Eintragung in das Grundbuch, die nach der Eintragung des Vermerks über die Anordnung der Zwangsversteigerung oder der Zwangsverwaltung erfolgt (§ 19 Absatz 3, § 146 Absatz 1 ZVG[1]).

(2) Die Mitteilungen sind an das für die Zwangsversteigerung oder die Zwangsverwaltung zuständige Vollstreckungsgericht zu richten.

7.[2] Mitteilungen über Grundbucheintragungen während eines Enteignungsverfahrens

(1) Mitzuteilen sind alle Eintragungen,

1. die nach dem von der Enteignungsbehörde mitgeteilten Zeitpunkt der Einleitung des Enteignungsverfahrens nach dem Baugesetzbuch im Grundbuch des betroffenen Grundstücks vorgenommen worden sind oder vorgenommen werden (§ 108 Absatz 6 Satz 3 BauGB[3]);
2. die nach dem von der Enteignungsbehörde oder Wasserbehörde mitgeteilten Zeitpunkt des Beginns der öffentlichen Auslegung des Plans nach dem Landbeschaffungsgesetz oder Wassersicherstellungsgesetz in den Grundbüchern der betroffenen Grundstücke vorgenommen worden sind oder vorgenommen werden (§ 31 Absatz 5 LBG; § 20 Absatz 2 WasSiG i.V.m. § 31 Absatz 5 LBG).

(2) Die Mitteilungen sind an die Enteignungsbehörde bzw. Wasserbehörde zu richten.

---

[1] **Habersack, Deutsche Gesetze Nr. 108.**

[2] Nr. XVIII/7 Abs. 1 Nr. 2 geänd. mWv 1.10.2016 durch AV v. 23.12.2016 (BAnz AT 24.05.2017 B1).

[3] **Sartorius Nr. 300.**

8. Mitteilungen über Grundbucheintragungen während eines Umlegungsverfahrens

(1) Mitzuteilen sind alle Eintragungen, die nach dem von der Umlegungsstelle mitgeteilten Zeitpunkt der Einleitung des Umlegungsverfahrens im Grundbuch der betroffenen Grundstücke vorgenommen worden sind oder vorgenommen werden (§ 54 Absatz 2 BauGB[1]).

(2) Die Mitteilungen sind an die Umlegungsstelle zu richten.

9. Mitteilungen über Grundbucheintragungen während eines Flurbereinigungsverfahrens

(1) Mitzuteilen sind bis zum Zeitpunkt des Wirksamwerdens der Schlußfeststellung durch die Flurbereinigungsbehörde, soweit diese nicht auf die Benachrichtigung verzichtet,

1. alle Eintragungen, die nach dem Zeitpunkt der Anordnung des Flurbereinigungsverfahrens im Grundbuch der betroffenen Grundstücke vorgenommen worden sind oder vorgenommen werden;
2. die Eintragung neuer Eigentümer der an das Flurbereinigungsgebiet angrenzenden Grundstücke, soweit die Flurbereinigungsbehörde die Bezeichnung solcher Grundstücke zu diesem Zweck mitgeteilt hat

(§ 12 Absatz 3 FlurbG).

(2) Die Mitteilungen sind an die Flurbereinigungsbehörde zu richten.

Anmerkung: In **Mecklenburg-Vorpommern** gilt statt dessen der gemeinsame Erlaß des Ministers für Justiz-, Bundes- und Europaangelegenheiten und des Landwirtschaftsministers vom 30. Juni 1994 (ABl. M-V 831[2]).

10.[3] Mitteilungen über Grundbucheintragungen bei Bestehen eines Erbbaurechts

(1) Mitzuteilen sind

1. jede Eintragung in das Erbbaugrundbuch;
2. die Eintragung eines Grundstückseigentümers, die Eintragung von Verfügungsbeschränkungen des Grundstückseigentümers sowie die Eintragung eines Widerspruchs gegen die Eintragung des Eigentümers in das Grundbuch des Grundstücks

(§ 17 Absatz 1 Satz 1, Absatz 2 ErbbauRG[4]).

(2) Die Mitteilungen sind zu richten

1. im Falle des Absatzes 1 Nummer 1 an den Grundstückseigentümer und, soweit es sich um die Eintragung von Verfügungsbeschränkungen des Erbbauberechtigten handelt, auch an die im Erbbaugrundbuch eingetragenen dinglich Berechtigten;
2. in den Fällen des Absatzes 1 Nummer 2 an den Erbbauberechtigten.

---

[1] **Sartorius Nr. 300.**
[2] Richtig wohl: „S. 831“.
[3] Nr. XVIII/10 Abs. 1 und 3 geänd. mWv 1.10.2016 durch AV v. 23.12.2016 (BAnz AT 24.05.2017 B1).
[4] **Habersack, Deutsche Gesetze Nr. 41.**

(3) Im Übrigen sind die allgemeinen Vorschriften über die Bekanntmachung von Eintragungen (§§ 55 ff. GBO[1]) entsprechend anzuwenden (§ 17 Absatz 1 Satz 2 ErbbauRG).

11.[2] Mitteilungen über Grundbucheintragungen bei einem Fideikommißgrundstück

(1) Mitzuteilen sind alle Eintragungen, die Grundstücke oder Rechte betreffen, bei denen der Fideikommißvermerk oder das Recht des Nacherben eingetragen ist (§ 41 der Durchführungsverordnung zum Gesetz über das Erlöschen der Familienfideikommisse und sonstiger gebundener Vermögen vom 20. März 1939 – RGBl. I S. 509 –).

(2) Die Mitteilungen sind an den Fideikommißsenat des Oberlandesgerichts zu richten.

Anmerkung: XVIII/11 gilt nicht in Berlin[3] Brandenburg, Bremen, Hamburg, Niedersachsen, Nordrhein-Westfalen, im Saarland und in Thüringen.

12.[4] *(aufgehoben)*

13.[5] Mitteilungen über die Eintragung eines Bergwerkseigentümers

(1) Mitzuteilen ist die Eintragung eines neuen Bergwerkseigentümers (§ 17 Absatz 4 BBergG).

(2) Die Mitteilungen sind an die zuständige Behörde zu richten.

Anmerkungen: Die Mitteilungen sind zu richten

in **Baden-Württemberg** an das Regierungspräsidium Freiburg, Landesamt für Geologie, Rohstoffe und Bergbau, 79095 Freiburg;

in **Bayern** an das Bayerische Staatsministerium für Wirtschaft, Landesentwicklung und Energie, Prinzregentenstraße 28, 80538 München;

in **Berlin** und **Brandenburg**
an das Landesamt für Bergbau, Geologie und Rohstoffe, Inselstraße 26, 03046 Cottbus;

in **Bremen**, **Hamburg**, **Niedersachsen** und **Schleswig-Holstein** an das Landesamt für Bergbau, Energie und Geologie, Dienstsitz Clausthal-Zellerfeld, An der Marktkirche 9, 38678 Clausthal- Zellerfeld;

in **Hessen** an das Regierungspräsidium Darmstadt, Luisenplatz 2, 64283 Darmstadt;

in **Mecklenburg-Vorpommern** an das Bergamt Stralsund, Frankendamm 17, 18439 Stralsund;

in **Nordrhein-Westfalen** an die Bezirksregierung Arnsberg – Abteilung 6 Bergbau und Energie in NRW –, Goebenstraße 25, 44135 Dortmund;

in **Rheinland-Pfalz** an das Landesamt für Geologie und Bergbau Rheinland-*Pfalz, Emy-Roeder-Str. 5, 55129 Mainz;*

im **Saarland** an das Oberbergamt des Saarlandes, Am Bergwerk Reden 10, 66578 Schiffweiler;

---

[1] **Habersack, Deutsche Gesetze Nr. 114.**
[2] Nr. XVIII/11 Anm. geänd. mWv 1.10.2016 durch AV v. 23.12.2016 (BAnz AT 24.05.2017 B1).
[3] Amtlich ohne Zeichensetzung.
[4] Nr. XVIII/12 aufgeh. mWv 1.10.2016 durch AV v. 23.12.2016 (BAnz AT 24.05.2017 B1).
[5] Nr. XVIII/13 Anm. geänd. mWv 1.10.2016 durch AV v. 23.12.2016 (BAnz AT 24.05.2017 B1); Anm. geänd. mWv 1.10.2021 durch AV v. 9.8.2021 (BAnz AT 16.09.2021 B3); Anm. geänd. mWv 1.10. 2023 durch AV v. 3.8.2023 (BAnz AT 22.09.2023 B1).

in **Sachsen** an das Sächsische Oberbergamt, Kirchgasse 11, 09599 Freiberg;

in **Sachsen-Anhalt** an das Landesamt für Geologie und Bergwesen Sachsen-Anhalt, An der Fliederwegkaserne 13, 06130 Halle (Saale);

in **Thüringen** an das Thüringer Landesamt für Umwelt, Bergbau und Naturschutz (TLUBN), Außenstelle Gera, Puschkinplatz 7, 07545 Gera.

14. Mitteilungen über Grundbucheintragungen während eines Sanierungs- oder Entwicklungsverfahrens

(1) Mitzuteilen sind alle Eintragungen, die nach der von der Gemeinde erfolgten Mitteilung über die Sanierungs- oder Entwicklungssatzung bis zur Löschung des Sanierungs- oder Entwicklungsvermerks im Grundbuch der betroffenen Grundstücke vorgenommen worden sind oder vorgenommen werden (§ 143 Absatz 2 Satz 3 i.V.m. § 54 Absatz 2 BauGB[1]; § 165 Absatz 9 Satz 4 i.V.m. § 54 Absatz 2 BauGB).

(2) Die Mitteilungen sind an die Gemeinde zu richten.

15.[2] Mitteilungen über Grundbucheintragungen nach Einleitung des bergrechtlichen Grundabtretungsverfahrens

(1) Mitzuteilen sind alle Eintragungen, die nach dem Zeitpunkt der Einleitung des Grundabtretungsverfahrens im Grundbuch des betroffenen Grundstücks vorgenommen worden sind und vorgenommen werden (§ 106 Absatz 1 BBergG).

(2) Die Mitteilungen sind an die zuständige Behörde zu richten.

Anmerkungen: Die Mitteilungen sind zu richten

in **Baden-Württemberg** an das Regierungspräsidium Freiburg, Landesamt für Geologie, Rohstoffe und Bergbau, 79095 Freiburg;

in **Bayern** an die zuständige Kreisverwaltungsbehörde;

in **Berlin** und **Brandenburg**
an das Landesamt für Bergbau, Geologie und Rohstoffe, Inselstraße 26, 03046 Cottbus;

in **Bremen, Hamburg, Niedersachsen** und **Schleswig-Holstein** an das Landesamt für Bergbau, Energie und Geologie, Dienstsitz Clausthal-Zellerfeld, An der Marktkirche 9, 38678 Clausthal- Zellerfeld;

in **Hessen** an die Regierungspräsidien;

in **Mecklenburg-Vorpommern** an das Bergamt Stralsund, Frankendamm 17,18439 Stralsund;

in **Nordrhein-Westfalen** an die Bezirksregierung Arnsberg – Abteilung 6 Bergbau und Energie in NRW –, Goebenstraße 25, 44135 Dortmund;

in **Rheinland-Pfalz** an das Landesamt für Geologie und Bergbau Rheinland-Pfalz, Emy-Roeder-Str. 5, 55129 Mainz;

im **Saarland** an das Oberbergamt des Saarlandes, Am Bergwerk Reden 10, 66578 Schiffweiler;

in **Sachsen** an das Sächsische Oberbergamt, Kirchgasse 11, 09599 Freiberg;

---

[1] **Sartorius Nr. 300.**

[2] Nr. XVIII/15 Anm. geänd. mWv 1.10.2012 durch AV v. 17.8.2012 (BAnz AT 12.09.2012 B1); Anm. geänd. mWv 1.10.2016 durch AV v. 23.12.2016 (BAnz AT 24.05.2017 B1); Anm. geänd. mWv 1.10.2021 durch AV v. 9.8.2021 (BAnz AT 16.09.2021 B3); Anm. geänd. mWv 1.10.2023 durch AV v. 3.8.2023 (BAnz AT 22.09.2023 B1).

in **Sachsen-Anhalt** an das Landesamt für Geologie und Bergwesen Sachsen-Anhalt, An der Fliederwegkaserne 13, 06130 Halle (Saale);

in **Thüringen** an das Thüringer Landesamt für Umwelt, Bergbau und Naturschutz (TLUBN), Außenstelle Gera, Puschkinplatz 7, 07545 Gera.

16. Mitteilungen über Grundbucheintragungen nach Eintragung eines Sonderungsvermerks

(1) Mitzuteilen sind alle Eintragungen, die in dem Zeitraum zwischen Eintragung und Löschung des Sonderungsvermerks im Grundbuch der betroffenen Grundstücke erfolgen (§ 8 Absatz 2 SPV).

(2) Die Mitteilungen sind an die Sonderungsbehörde zu richten.

17. Mitteilungen über Grundbucheintragungen während eines Bodenordnungsverfahrens

(1) Mitzuteilen sind bis zum Zeitpunkt des Wirksamwerdens der Schlußfeststellung durch die Flurneuordnungsbehörde

1. alle Eintragungen, die nach dem Zeitpunkt der Anordnung des Bodenordnungsverfahrens im Grundbuch der betroffenen Grundstücke vorgenommen worden sind oder vorgenommen werden;
2. die Eintragung neuer Eigentümer der an das Bodenordnungsgebiet angrenzenden Grundstücke, soweit die Flurneuordnungsbehörde die Bezeichnung solcher Grundstücke zu diesem Zweck mitgeteilt hat (§ 63 Absatz 2 LwAnpG i.V.m. § 12 Absatz 3 FlurbG).

(2) Die Mitteilungen sind an die Flurneuordnungsbehörde zu richten.

Anmerkung: In **Mecklenburg-Vorpommern** gilt statt dessen der gemeinsame Erlaß des Ministers für Justiz-, Bundes- und Europaangelegenheiten und des Landwirtschaftsministers vom 30.6.1994 (ABl. M-V 831[1]).

18. *(aufgehoben)*

19. *(aufgehoben)*

XIX. *(aufgehoben)*

XX. *(aufgehoben)*

XXI.[2] Mitteilungen in Handels-, Gesellschafts-, Partnerschafts-, Genossenschafts- und Vereinsregistersachen

1.[3] Mitteilungen in Handelsregistersachen im Allgemeinen

(1) Mitzuteilen sind

1. *die Eintragung* eines Einzelkaufmanns, einer juristischen Person oder einer Handelsgesellschaft sowie die Eintragung der Errichtung einer Zweigniederlassung (§ 13 Absatz 1 HGB[4]);

---

[1] Richtig wohl: „S. 831".

[2] Nr. XXI Überschrift neu gef. mWv 1.10.2023 durch AV v. 3.8.2023 (BAnz AT 22.09.2023 B1).

[3] Nr. XXI/1 Anm. geänd. mWv 1.10.2012 durch AV v. 17.8.2012 (BAnz AT 12.09.2012 B1); Abs. 1 Nr. 2 neu gef., Abs. 2 Nr. 1 Buchst. d, Nr. 4 Buchst. c und d, Nr. 6, Abs. 3 Nr. 1, Anm. geänd. mWv 1.10.2016 durch AV v. 23.12.2016 (BAnz AT 24.05.2017 B1); Anm. geänd. mWv 1.10.2018 durch AV v. 23.11.2018 (BAnz AT 24.12.2018 B2); Anm. geänd. mWv 1.10.2021 durch AV v. 9.8.2021 (BAnz AT 16.09.2021 B3); Abs. 1 Nr. 6 geänd. mWv 1.10.2023 durch AV v. 3.8.2023 (BAnz AT 22.09.2023 B1).

[4] **Habersack, Deutsche Gesetze Nr. 50.**

2. die Anmeldung der Verlegung der Hauptniederlassung eines Einzelkaufmanns oder des Sitzes einer juristischen Person oder einer Handelsgesellschaft aus dem Bezirk des Gerichts der bisherigen Hauptniederlassung oder des bisherigen Sitzes;
3. die Eintragung der in Nummer 2 bezeichneten Sitzverlegungen in das Handelsregister des Gerichts der neuen Hauptniederlassung oder des neuen Sitzes;
4. jede Eintragung auf einem Registerblatt (auch Löschungen);
5. bei Kreditinstituten in der Rechtsform der offenen Handelsgesellschaft, der Kommanditgesellschaft oder der Kommanditgesellschaft auf Aktien die gerichtliche Bestellung und Abberufung vertretungsbefugter Personen;
6. bei Europäischen wirtschaftlichen Interessenvereinigungen ihre Gründung und der Schluß ihrer Abwicklung unter Angabe von Nummer, Tag und Ort der Eintragung sowie von Tag und Ort der Bekanntmachung nach § 10 HGB (§ 4 Absatz 2 EWIV-Ausführungsgesetz) binnen eines Monats nach der Bekanntmachung nach § 10 HGB;
7. Eintragungen, die zu einem Wechsel im Grundstückseigentum oder zum Übergang eines Erbbaurechts oder eines Rechts an einem Gebäude auf fremdem Boden führen können (§ 13 Absatz 1 Nummer 4 EGGVG[1] i.V.m. § 18 Absatz 1 Satz 1 Nummer 3 Satz 2 und Absatz 2 Satz 1 GrEStG); hierzu gehören insbesondere Eintragungen von Verschmelzungen, Spaltungen oder Vermögensübertragungen nach dem Umwandlungsgesetz (UmwG)[2];

(§ 37 HRV[3], § 13h Absatz 2 HGB, § 45 Absatz 2 AktG[4], § 4 Absatz 2 EWIV-Ausführungsgesetz, § 13 Absatz 1 Nummer 4 EGGVG i.V.m. § 18 Absatz 1 Satz 1 Nummer 3 Satz 2 und Absatz 2 Satz 1 GrEStG).

(2) Die Mitteilungen sind zu richten

1. in den Fällen des Absatzes 1 Nummer 1
   a) an die Industrie- und Handelskammer (§ 37 Absatz 1 Nummer 1 HRV),
   b) zusätzlich an die Handwerkskammer, wenn es sich um ein handwerkliches Unternehmen handelt oder handeln kann (§ 37 Absatz 1 Nummer 2 HRV),
   c) zusätzlich an die Landwirtschaftskammer oder, wenn eine Landwirtschaftskammer nicht besteht, an die nach Landesrecht zuständige Stelle, wenn es sich um ein land- oder forstwirtschaftliches Unternehmen handelt oder handeln kann (§ 37 Absatz 1 Nummer 3 HRV),
   d) zusätzlich an das Amt für amtliche Veröffentlichungen der Europäischen Union in Luxemburg, wenn es sich um eine Europäische Gesellschaft (SE) handelt (Artikel 14 Absatz 3 der Verordnung (EG) Nummer 2157/2001 des Rates vom 8. Oktober 2001);

   – zu a) bis c): In den Mitteilungen sind der Ort der Niederlassung oder des Sitzes der Gesellschaft sowie bei Einzelkaufleuten, offenen Handelsgesellschaften, Kommanditgesellschaften und Kommanditgesellschaften auf Aktien die Inhaber oder persönlich haftenden Gesellschafter, bei Aktiengesellschaften und Versicherungsvereinen auf Gegenseitigkeit die Mitglieder des Vorstandes, bei einer Europäischen Gesellschaft (SE) die Mitglieder des Leitungsorgans oder die geschäftsführenden Direktoren, bei Gesellschaften mit beschränkter Haftung die

---

[1] **Habersack, Deutsche Gesetze Nr. 95a.**
[2] **Habersack, Deutsche Gesetze Nr. 52a.**
[3] Nr. **50e.**
[4] **Habersack, Deutsche Gesetze Nr. 51.**

Geschäftsführer, bei Europäischen wirtschaftlichen Interessenvereinigungen die Mitglieder und die Geschäftsführer zu bezeichnen –

– zu d): In der Mitteilung sind Firma, Sitz und Untenehmensgegenstand der Gesellschaft, Nummer, Datum und Ort der Eintragung sowie Datum, Ort und Titel der Veröffentlichung zu bezeichnen.

2. in den Fällen des Absatzes 1 Nummer 2 an das Registergericht der neuen Hauptniederlassung oder des neuen Sitzes – unter Beifügung der Anmeldung und der Eintragungen für die bisherige Hauptniederlassung oder den bisherigen Sitz sowie der bei dem bisher zuständigen Gericht aufbewahrten Urkunden – (§ 13h Absatz 2 Satz 1 und 2 HGB; § 45 Absatz 2 Satz 1 und 2 AktG);

3. in den Fällen des Absatzes 1 Nummer 3

   a) an das Gericht der bisherigen Hauptniederlassung oder des bisherigen Sitzes (§ 13h Absatz 2 Satz 5 HGB; § 45 Absatz 2 Satz 6 AktG),

   b) zusätzlich an die Industrie- und Handelskammer (§ 37 Absatz 1 Nummer 1 HRV),

   c) zusätzlich an die Handwerkskammer, wenn es sich um ein handwerkliches Unternehmen handelt oder handeln kann (§ 37 Absatz 1 Nummer 2 HRV),

   d) zusätzlich an die Landwirtschaftskammer oder, wenn eine Landwirtschaftskammer nicht besteht, an die nach Landesrecht zuständige Stelle, wenn es sich um ein land- oder forstwirtschaftliches Unternehmen handelt oder handeln kann (§ 37 Absatz 1 Nummer 3 HRV);

4. in den Fällen des Absatzes 1 Nummer 4

   a) an die Industrie- und Handelskammer (§ 37 Absatz 1 Nummer 1 HRV),

   b) zusätzlich an die Handwerkskammer, wenn es sich um ein handwerkliches Unternehmen handelt oder handeln kann (§ 37 Absatz 1 Nummer 2 HRV),

   c) zusätzlich an die Landwirtschaftskammer oder, wenn eine Landwirtschaftskammer nicht besteht, an die nach Landesrecht zuständige Stelle, wenn es sich um ein land- oder forstwirtschaftliches Unternehmen handelt oder handeln kann (§ 37 Absatz 1 Nummer 3 HRV);

   – zu a) bis c): Bei einer Auflösung der Gesellschaft oder einem Wechsel in der Person der Abwickler/Liquidatoren unter Angabe der – neuen – Abwickler/Liquidatoren –

   d) zusätzlich an das Amt für amtliche Veröffentlichungen der Europäischen Union in Luxemburg, wenn es sich um die Löschung einer Europäischen Gesellschaft (SE) handelt (Artikel 14 Absatz 3 der Verordnung (EG) Nummer 2157/2001 des Rates vom 8. Oktober 2001);

   – zu d): In der Mitteilung sind Firma, Sitz und Unternehmensgegenstand der Gesellschaft, Nummer, Datum und Ort der Eintragung sowie Datum, Ort und Titel der Veröffentlichung zu bezeichnen.

5. in den Fällen des Absatzes 1 Nummer 5 an die Industrie- und Handelskammer (§ 37 Absatz 1 Nummer 1 HRV);

6. in den Fällen des Absatzes 1 Nummer 6 an das Amt für amtliche Veröffentlichungen der Europäischen Union in Luxemburg (§ 4 Absatz 2 EWIV-Ausführungsgesetz);

7. in den Fällen des Absatzes 1 Nummer 7 an das nach § 17 GrEStG zuständige Finanzamt; dies ist insbesondere das Finanzamt, in dessen Bezirk sich die Geschäftsleitung des Erwerbers befindet.

(3) Für Form, Inhalt und Zeitpunkt der Mitteilungen gelten folgende besondere Bestimmungen:

1. In die Mitteilungen an die Industrie- und Handelskammer, an das Amt für amtliche Veröffentlichungen der Europäischen Union in Luxemburg (Artikel 14 Absatz 3 der Verordnung (EG) Nummer 2157/2001 des Rates vom 8. Oktober 2001), an die Handwerkskammer und an die Landwirtschaftskammer oder, wenn eine Landwirtschaftskammer nicht besteht, an die nach Landesrecht zuständige Stelle, sind auch die über die Geschäftsräume und den Unternehmensgegenstand gemachten Angaben aufzunehmen.
2. Mitteilungen, die maschinell erstellt werden, brauchen nicht unterschrieben zu werden. In diesem Fall muß anstelle der Unterschrift auf dem Schreiben der Vermerk „Dieses Schreiben ist maschinell erstellt und auch ohne Unterschrift wirksam.“ angebracht sein. Die Verfügung muß den Verfasser mit Funktionsbezeichnung erkennen lassen. Die Mitteilungen können, wenn die Kenntnisnahme durch den Empfänger allgemein sichergestellt ist, auch durch Bildschirmmitteilung oder in anderer Weise elektronisch übermittelt werden (§ 38a HRV).
3. Die Mitteilungen an das Finanzamt nach Absatz 1 Nummer 7 sind von dem Registergericht vorzunehmen, dessen Eintragung im Register den Rechtsübergang herbeiführt. Die Mitteilungen sind binnen zwei Wochen nach der Registereintragung zu bewirken (§ 18 Absatz 3 GrEStG). Soweit über das betroffene Grundvermögen Angaben im Sinne des § 20 GrEStG vorliegen, sind diese ebenfalls mitzuteilen (§ 20 GrEStG i.V.m. § 18 Absatz 1 und 2 GrEStG).
4. Die Errichtung, die Änderung der Firma, die Verlegung und die Aufhebung einer Zweigniederlassung sind zusätzlich an die in Absatz 2 Nummer 1 aufgeführten Stellen, die für die Hauptniederlassung oder den Sitz einer Handelsgesellschaft zuständig sind, mitzuteilen. Für Form und Inhalt der Mitteilungen gelten die in Nummern 1 und 2 genannten besonderen Bestimmungen.

Anmerkung: Die nach Landesrecht zuständigen Stellen (Absatz 2 Nummer 1 Buchstabe c, Nummer 3 Buchstabe d und Nummer 4 Buchstabe c) sind:

in **Baden-Württemberg**
die Landratsämter als Landwirtschaftsbehörden (in den Stadtkreisen an die in § 29 Absatz 6 des Landwirtschafts- und Landeskulturgesetzes bezeichneten Landratsämter), wenn es sich um ein landwirtschaftliches Unternehmen handelt; die Landratsämter und in den Stadtkreisen die Gemeinden als Forstbehörden, wenn es sich um ein forstwirtschaftliches Unternehmen handelt;

in **Bayern**
der Bayerische Bauernverband;

in **Berlin**
die Senatsverwaltung für Wirtschaft – Abteilung Ernährung, Landwirtschaft und Forsten –;

in **Brandenburg:**[1)]
das Landesamt für Ländliche Entwicklung, Landwirtschaft und Flurneuordnung;

in **Hessen**
die Regierungspräsidien;

in **Mecklenburg-Vorpommern**
die LMS Agrarberatung GmbH, Graf-Lippe-Straße 1, 18059 Rostock;

[1)] Zeichensetzung amtlich.

in **Sachsen**
das Landesamt für Umwelt, Landwirtschaft und Geologie, der Staatsbetrieb Sachsenforst sowie die Landratsämter und Kreisfreien Städte als Landwirtschafts- oder Forstbehörden;
in **Sachsen-Anhalt**
die Ämter für Landwirtschaft, Flurneuordnung und Forsten;
in **Thüringen**
das Thüringer Landesamt für Landwirtschaft und Ländlichen Raum bei landwirtschaftlichen Unternehmen, ThüringenForst – Anstalt öffentlichen Rechts bei forstwirtschaftlichen Unternehmen;[1)]

Die Anschrift des Amtes für amtliche Veröffentlichungen der Europäischen Union lautet:
2 rue mercier
L-2985 Luxemburg. Bei den Mitteilungen sind Zuständigkeitskonzentrationen der Finanzämter in den einzelnen Ländern zu beachten (vgl. die Suchseite des Bundeszentralamts für Steuern www.finanzamt.de).

2.[2)] Mitteilungen in Handelsregistersachen in Bezug auf inländische Zweigniederlassungen ausländischer Unternehmen

(1) Mitzuteilen sind, wenn sich die Hauptniederlassung eines Einzelkaufmanns oder der Sitz einer juristischen Person oder einer Handelsgesellschaft im Ausland befindet,

1. die Eintragung einer inländischen Zweigniederlassung;
2. die Anmeldung der Verlegung einer inländischen Zweigniederlassung aus dem Bezirk des Gerichts der bisherigen Zweigniederlassung;
3. die Eintragung der in Nummer 2 bezeichneten Verlegung in das Handelsregister des Gerichts der neuen Zweigniederlassung;
4. die Eintragung der Änderung
   a) der eingetragenen Firma einer inländischen Zweigniederlassung,
   b) der Inhaber, der persönlich haftenden Gesellschafter oder der Mitglieder einer Europäischen wirtschaftlichen Interessenvereinigung,
   c) der Mitglieder des Vorstandes bei Aktiengesellschaften und Versicherungsvereinen auf Gegenseitigkeit und der Geschäftsführer bei Gesellschaften mit beschränkter Haftung oder Europäischen wirtschaftlichen Interessenvereinigungen sowie bei einer Europäischen Gesellschaft (SE) der Mitglieder des Leitungsorgans oder der geschäftsführenden Direktoren;
5. die Eintragung der Aufhebung einer inländischen Zweigniederlassung

(§ 13d Absatz 3 HGB[3)] i.V.m. § 13h Absatz 2 HGB, § 37 HRV[4)]).

(2) Die Mitteilungen sind zu richten

1. in den Fällen des Absatzes 1 Nummer 1
   a) an die Industrie- und Handelskammer (§ 13d Absatz 3 HGB i.V.m. § 37 Absatz 1 Nummer 1 HRV),

---

[1)] Zeichensetzung amtlich.
[2)] Nr. XXI/2 Abs. 1 einl. Satzteil geänd. mWv 1.10.2016 durch AV v. 23.12.2016 (BAnz AT 24.05.2017 B1); Abs. 2 Nr. 4 geänd., Nr. 5 aufgeh., Anm. geänd. mWv 1.10.2023 durch AV v. 3.8.2023 (BAnz AT 22.09.2023 B1).
[3)] **Habersack, Deutsche Gesetze Nr. 50.**
[4)] Nr. **50e**.

b) zusätzlich an die Handwerkskammer, wenn es sich um ein handwerkliches Unternehmen handelt oder handeln kann (§ 13d Absatz 3 HGB in Verbindung mit § 37 Absatz 1 Nummer 2 HRV),

c) zusätzlich an die Landwirtschaftskammer oder, wenn eine Landwirtschaftskammer nicht besteht, an die nach Landesrecht zuständige Stelle, wenn es sich um ein land- oder forstwirtschaftliches Unternehmen handelt oder handeln kann (§ 13d Absatz 3 HGB in Verbindung mit § 37 Absatz 1 Nummer 3 HRV);

– zu a) bis c): In den Mitteilungen sind der Ort der Niederlassung oder des Sitzes der Gesellschaft sowie bei Einzelkaufleuten, offenen Handelsgesellschaften, Kommanditgesellschaften und Kommanditgesellschaften auf Aktien die Inhaber oder persönlich haftenden Gesellschafter, bei Aktiengesellschaften und Versicherungsvereinen auf Gegenseitigkeit die Mitglieder des Vorstandes, bei einer Europäischen Gesellschaft (SE) die Mitglieder des Leitungsorgans oder die geschäftsführenden Direktoren, bei Gesellschaften mit beschränkter Haftung die Geschäftsführer, bei Europäischen wirtschaftlichen Interessenvereinigungen die Mitglieder und die Geschäftsführer zu bezeichnen. –

2. in den Fällen des Absatzes 1 Nummer 2 an das Registergericht der neuen Zweigniederlassung – unter Beifügung der Anmeldung und der Eintragungen für die bisherige Zweigniederlassung sowie der bei dem bisher zuständigen Gericht aufbewahrten Urkunden – (§ 13d Absatz 3 HGB i.V.m. § 13h Absatz 2 Satz 1 und 2 HGB);

3. in den Fällen des Absatzes 1 Nummer 3

a) an das Gericht der bisherigen Zweigniederlassung (§ 13d Absatz 3 HGB i.V.m. § 13h Absatz 2 Satz 5 HGB; § 45 Absatz 2 Satz 6 AktG[1]),

b) zusätzlich an die Industrie- und Handelskammer (§ 13d Absatz 3 HGB in Verbindung mit § 37 Absatz 1 Nummer 1 HRV),

c) zusätzlich an die Handwerkskammer, wenn es sich um ein handwerkliches Unternehmen handelt oder handeln kann (§ 13d Absatz 3 HGB in Verbindung mit § 37 Absatz 1 Nummer 2 HRV),

d) zusätzlich an die Landwirtschaftskammer oder, wenn eine Landwirtschaftskammer nicht besteht, an die nach Landesrecht zuständige Stelle, wenn es sich um ein land- oder forstwirtschaftliches Unternehmen handelt oder handeln kann (§ 13d Absatz 3 HGB in Verbindung mit § 37 Absatz 1 Nummer 3 HRV);

4. in den Fällen des Absatzes 1 Nummer 4 und 5

a) an die Industrie- und Handelskammer (§ 13d Absatz 3 HGB in Verbindung mit § 37 Absatz 1 Nummer 1 HRV),

b) zusätzlich an die Handwerkskammer, wenn es sich um ein handwerkliches Unternehmen handelt oder handeln kann (§ 13d Absatz 3 HGB in Verbindung mit § 37 Absatz 1 Nummer 2 HRV),

c) zusätzlich an die Landwirtschaftskammer oder, wenn eine Landwirtschaftskammer nicht besteht, an die nach Landesrecht zuständige Stelle, wenn es sich um ein land- oder forstwirtschaftliches Unternehmen handelt oder handeln kann (§ 13d Absatz 3 HGB in Verbindung mit § 37 Absatz 1 Nummer 3 HRV);[2]

---

[1] **Habersack, Deutsche Gesetze Nr. 51.**
[2] Zeichensetzung amtlich.

(3) Für Form und Inhalt der Mitteilungen gelten die in XXI/1 Absatz 3 genannten besonderen Bestimmungen entsprechend.

Anmerkung: Die nach Landesrecht zuständigen Stellen (Absatz 2 Nummer 1 Buchstabe c), Nummer 3 Buchstabe d, Nummer 4 Buchstabe c sind in der Anmerkung zu XXI/1 aufgeführt.

3.[1)] Mitteilungen in Handelsregistersachen in Bezug auf anwaltliche und patentanwaltliche Berufsausübungsgesellschaften

(1) Unbeschadet der Mitteilungen nach XXI/1 sind mitzuteilen

1. Eintragungen, die Berufsausübungsgesellschaften im Sinne der §§ 59b, 59c sowie § 207a Absatz 1 und 6 BRAO[2)] – deren Unternehmensgegenstand die Beratung und Vertretung in Rechtsangelegenheiten ist – betreffen (§ 36 Absatz 2 BRAO, § 13 Absatz 1 Nummer 4 EGGVG[3)]);
2. Eintragungen, die Berufsausübungsgesellschaften im Sinne der §§ 52b, 52c sowie § 159 Absatz 1 und 6 PAO – deren Unternehmensgegenstand die Beratung und Vertretung in patentanwaltlichen Angelegenheiten ist – betreffen (§ 34 Absatz 2 PAO, § 13 Absatz 1 Nummer 4 EGGVG).

(2) Die Mitteilungen sind zu richten

1. in den Fällen des Absatzes 1 Nummer 1
   a) an die Rechtsanwaltskammer, in deren Bezirk die Berufsausübungsgesellschaft ihren Sitz oder in den Fällen des § 207a Absatz 1 und Absatz 6 BRAO ihre Zweigniederlassung hat;
   b) zusätzlich an eine andere Berufskammer, sofern eine solche für einen von einem Gesellschafter der Berufsausübungsgesellschaft nach § 59b BRAO ausgeübten Beruf besteht (§ 36 Absatz 2 BRAO i.V.m. § 13 Absatz 1 Nummer 4 EGGVG);
2. in den Fällen des Absatzes 1 Nummer 2
   a) an die Patentanwaltskammer, Tal 29, 80331 München (§ 54 PAO);
   b) zusätzlich an eine andere Berufskammer, sofern eine solche für einen Gesellschafter der Berufsausübungsgesellschaft nach § 52b PAO ausgeübten Beruf besteht (§ 34 Absatz 2 PAO, § 13 Absatz 1 Nummer 4 EGGVG).

(3) Für Form und Inhalt der Mitteilungen gelten die in XXI/1 Absatz 3 genannten besonderen Bestimmungen entsprechend.

Anmerkung: Wegen der zuständigen Rechtsanwaltskammern siehe auch die Anmerkungen zu XXIII/4. Die zuständigen Steuerberaterkammern sind in den Anmerkungen zu XXI/4 aufgeführt.

4.[4)] Mitteilungen in Handelsregistersachen in Bezug auf steuerberatende Berufsausübungsgesellschaften

(1) Unbeschadet der Mitteilungen nach XXI/1 sind Eintragungen mitzuteilen, die Berufsausübungsgesellschaften im Sinne der §§ 49, 50 StBerG – deren Unternehmensgegenstand insbesondere die geschäftsmäßige Hilfeleistung in Steuersa-

---

1) Nr. XXI/3 Überschrift geänd. mWv 1.10.2021 durch AV v. 9.8.2021 (BAnz AT 16.09.2021 B3); Überschrift geänd., Abs. 1 Nr. 1 und 2, Abs. 2 Nr. 1 Buchst. a neu gef., Buchst. b, Nr. 2 Buchst. a und b, Anm. geänd. mWv 1.10.2023 durch AV v. 3.8.2023 (BAnz AT 22.09.2023 B1).

2) Nr. **98**.

3) **Habersack, Deutsche Gesetze Nr. 95a.**

4) Nr. XXI/4 Anm. geänd. mWv 1.10.2014 durch AV v. 15.9.2014 (BAnz AT 29.09.2014 B1); Anm. geänd. mWv 1.10.2016 durch AV v. 23.12.2016 (BAnz AT 24.05.2017 B1); Anm. geänd. mWv 1.10.2021 →

chen ist – betreffen (§ 10 Absatz 1 Nummer 3 StBerG, § 13 Absatz 1 Nummer 4 EGGVG[1]).

(2) Die Mitteilungen sind zu richten

1. an die Steuerberaterkammer, in deren Kammerbezirk die Berufsausübungsgesellschaft ihren Sitz hat (§ 53 Absatz 1 Satz 1 StBerG);
2. zusätzlich an eine andere Berufskammer, sofern eine solche für einen von einem Gesellschafter der Berufsausübungsgesellschaft ausgeübten Beruf besteht.

(3) Für Form und Inhalt der Mitteilungen gelten die in XXI/1 Absatz 3 genannten besonderen Bestimmungen entsprechend.

Anmerkungen: Zuständige Steuerberaterkammern sind

in **Baden-Württemberg:**
Steuerberaterkammer Stuttgart
Hegelstraße 33
70174 Stuttgart

oder
Steuerberaterkammer Südbaden
Wentzingerstraße 19
79106 Freiburg
oder
Steuerberaterkammer Nordbaden
Vangerowstraße 16/1
69115 Heidelberg

in **Bayern:**
Steuerberaterkammer München
Nederlinger Staße 9
80638 München
oder
Steuerberaterkammer Nürnberg
Karolinenstraße 28
90402 Nürnberg

in **Berlin:**
Steuerberaterkammer Berlin
Wichmannstraße 6
10787 Berlin

in **Brandenburg:**
Steuerberaterkammer Brandenburg
Tuchmacherstraße 48 B
14482 Potsdam

in **Bremen:**
Hanseatische Steuerberaterkammer Bremen
Am Wall 192
28195 Bremen

(Fortsetzung der Anm. von voriger Seite)
durch AV v. 9.8.2021 (BAnz AT 16.09.2021 B3); Überschrift geänd., Abs. 1 und 2 Nr. 1 neu gef., Nr. 2 geänd. mWv 1.10.2023 durch AV v. 3.8.2023 (BAnz AT 22.09.2023 B1).

[1] **Habersack, Deutsche Gesetze Nr. 95a.**

in **Hamburg:**
Steuerberaterkammer Hamburg
Kurze Mühren 3
20095 Hamburg

in **Hessen:**
Steuerberaterkammer Hessen
Bleichstraße 1
60313 Frankfurt am Main

in **Mecklenburg-Vorpommern:**
Steuerberaterkammer Mecklenburg-Vorpommern
Ostseeallee 40
18107 Rostock

in **Niedersachsen:**
Steuerberaterkammer Niedersachsen
Adenauerallee 20
30175 Hannover
Postfach 57 27
30057 Hannover

in **Nordrhein-Westfalen:**
Steuerberaterkammer Düsseldorf
Grafenberger Allee 98
40237 Düsseldorf

oder
Steuerberaterkammer Köln
Gereonstraße 34–36
50670 Köln

oder
Steuerberaterkammer Westfalen-Lippe
Erphostraße 43
48145 Münster

in **Rheinland-Pfalz:**
Steuerberaterkammer Rheinland-Pfalz
Hölderlinstraße 1
55131 Mainz

im **Saarland:**
Steuerberaterkammer Saarland
Nell-Breuning-Allee 6
66115 Saarbrücken

in **Sachsen:**
Steuerberaterkammer des Freistaates Sachsen
Emil-Fuchs-Straße 2
04105 Leipzig

in **Sachsen-Anhalt:**
Steuerberaterkammer Sachsen-Anhalt
Körperschaft des öffentlichen Rechts
Zum Domfelsen 4
39104 Magdeburg

in **Schleswig-Holstein:**
Steuerberaterkammer Schleswig-Holstein
Hopfenstraße 2 D
24114 Kiel

in **Thüringen:**
Steuerberaterkammer Thüringen
Kartäuserstraße 27a
99084 Erfurt

5.[1] Mitteilungen in Partnerschaftsregistersachen im allgemeinen

(1) Mitzuteilen sind

1. die Anmeldung der Verlegung des Sitzes einer Partnerschaft aus dem Bezirk des Gerichts des bisherigen Sitzes;
2. die Eintragung der in Nummer 1 bezeichneten Sitzverlegungen in das Partnerschaftsregister des Gerichts des neuen Sitzes;
3. alle weiteren Eintragungen in das Partnerschaftsregister

(§ 1 Absatz 1 PRV i.V.m. § 37 HRV[2], § 6 PRV, § 5 Absatz 2 PartGG[3] i.V.m. § 13h Absatz 2 HGB[4]).

(2) Die Mitteilungen sind zu richten

1. in den Fällen des Absatzes 1 Nummer 1 an das Registergericht des neuen Sitzes – unter Beifügung der Anmeldung und der Eintragung für den bisherigen Sitz sowie der bei dem bisher zuständigen Gericht aufbewahrten Urkunden – (§ 5 Absatz 2 PartGG i.V.m. § 13h Absatz 2 HGB);
2. in den Fällen des Absatzes 1 Nummer 2
   a) an das Gericht des bisherigen Sitzes (§ 5 Absatz 2 PartGG i.V.m. § 13h Absatz 2 Satz 5 HGB),
   b) zusätzlich an die Berufskammer, sofern eine solche für einen in der Partnerschaft ausgeübten Beruf besteht (§ 6 PRV);
3. in den Fällen des Absatzes 1 Nummer 3 an die Berufskammer, sofern eine solche für einen in der Partnerschaft ausgeübten Beruf besteht (§ 6 PRV).

(3) Für Form, Inhalt und Zeitpunkt der Mitteilungen gelten folgende besondere Bestimmungen:

1. In die Mitteilungen an eine für den in der Partnerschaft ausgeübten Beruf bestehende Berufskammer sind auch die über die Geschäftsräume und den Unternehmensgegenstand gemachten Angaben aufzunehmen (§ 1 Absatz 1 PRV in Verbindung mit § 37 Absatz 1 Satz 2 HRV).
2. Mitteilungen, die maschinell erstellt werden, müssen den in XXI/1 Absatz 3 Nummer 2 genannten besonderen Bestimmungen entsprechen (§ 1 Absatz 1 PRV in Verbindung mit § 38a HRV).

---

[1] Nr. XXI/5 Abs. 3 Nr. 1 geänd. mWv 1.10.2016 durch AV v. 23.12.2016 (BAnz AT 24.05.2017 B1).
[2] Nr. **50e.**
[3] **Habersack, Deutsche Gesetze Nr. 50b.**
[4] **Habersack, Deutsche Gesetze Nr. 50.**

6.[1] Mitteilungen in Partnerschaftsregistersachen in Bezug auf Zweigniederlassungen

(1) Mitzuteilen sind

1. die Eintragung der Errichtung und der Aufhebung einer Zweigniederlassung einer inländischen Partnerschaft (§ 5 Absatz 2 PartGG[2] in Verbindung mit § 13 Absatz 1 und 3 HGB[3]);
2. die Eintragung
   a) einer Änderung der Firma der Zweigniederlassung einer inländischen Partnerschaft,
   b) der Verlegung einer Zweigniederlassung einer inländischen Partnerschaft;
3. die Anmeldung der Verlegung einer Zweigniederlassung einer ausländischen Partnerschaft aus dem Bezirk des Gerichts der bisherigen Zweigniederlassung (§ 5 Absatz 2 PartGG in Verbindung mit § 13d Absatz 3 HGB und § 13h Absatz 2 HGB);
4. die Eintragung der in Nummer 3 bezeichneten Verlegung in das Partnerschaftsregister des Gerichts der neuen Zweigniederlassung (§ 5 Absatz 2 PartGG in Verbindung mit § 13d Absatz 3 HGB und § 13h Absatz 2 Satz 5 HGB);
5. alle weiteren Eintragungen, die die Zweigniederlassungen einer inländischen oder ausländischen Partnerschaft betreffen (§ 6 PRV).

(2) Die Mitteilungen sind zu richten

1. in den Fällen des Absatzes 1 Nummer 1 und 2
   an die zuständige Berufskammer der Zweigniederlassung, sofern eine solche für einen in der Partnerschaft ausgeübten Beruf besteht (§ 6 PRV);
2. in den Fällen des Absatzes 1 Nummer 3
   an das Registergericht der neuen Zweigniederlassung – unter Beifügung der Anmeldung und der Eintragungen für die bisherige Zweigniederlassung sowie der bei dem bisher zuständigen Gericht aufbewahrten Urkunden – (§ 5 Absatz 2 PartGG in Verbindung mit § 13d Absatz 3 HGB und § 13h Absatz 2 Satz 1 und 2 HGB);
3. in den Fällen des Absatzes 1 Nummer 4
   a) an das Gericht der bisherigen Zweigniederlassung (§ 5 Absatz 2 PartGG in Verbindung mit § 13d Absatz 3 HGB und § 13h Absatz 2 Satz 5 HGB),
   b) an die zuständige Berufskammer, sofern eine solche für einen in der Partnerschaft ausgeübten Beruf besteht (§ 6 PRV);
4. in den Fällen des Absatzes 1 Nummer 5
   an die Berufskammer, sofern eine solche für einen in der Partnerschaft ausgeübten Beruf besteht (§ 6 PRV).

(3) Für Form und Inhalt der Mitteilungen gelten die in XXI/5 Absatz 3 genannten besonderen Bestimmungen.

---

[1] Nr. XXI/6 Abs. 1 Nr. 4 geänd. mWv 1.10.2016 durch AV v. 23.12.2016 (BAnz AT 24.05.2017 B1).
[2] **Habersack, Deutsche Gesetze Nr. 50b.**
[3] **Habersack, Deutsche Gesetze Nr. 50.**

7.[1] Mitteilungen in Partnerschaftsregistersachen in Bezug auf steuerberatende Berufsausübungsgesellschaften

(1) Unbeschadet der Mitteilungen nach XXI/5 und XXI/6 sind alle Eintragungen mitzuteilen, die Partnerschaftsgesellschaften betreffen, die als Berufsausübungsgesellschaft nach § 50 Absatz 1 und § 53 Absatz 1 StBerG anerkannt worden sind (§ 10 Absatz 1 Nummer 3 StBerG, § 13 Absatz 1 Nummer 4 EGGVG[2]).

(2) Die Mitteilungen sind an die Steuerberaterkammer zu richten, in deren Kammerbezirk die Berufsausübungsgesellschaft ihren Sitz hat (§ 53 Absatz 1 Satz 1 StBerG).

(3) Für Form, Inhalt und Zeitpunkt der Mitteilungen gelten die in XXI/5 Absatz 3 ausgeführten besonderen Bestimmungen entsprechend.

Anmerkung: Die zuständigen Steuerberaterkammern sind in den Anmerkungen zu XXI/4 aufgeführt.

8.[3] Mitteilungen in Genossenschaftsregistersachen

(1) Mitzuteilen sind

1. die Eintragung einer Genossenschaft, die sich mit dem Abschluss von Versicherungen befasst; dies gilt auch dann, wenn die Genossenschaft ihre Leistungen als Unterstützungen ohne Rechtsanspruch bezeichnet (§ 10a Absatz 2 VersStG, § 12 Absatz 2 FeuerschStG);
2. Eintragungen, die zu einem Wechsel im Grundstückseigentum oder zum Übergang eines Erbbaurechts oder eines Rechts an einem Gebäude auf fremdem Boden führen können (§ 13 Absatz 1 Nummer 4 EGGVG[2] in Verbindung mit § 18 Absatz 1 Satz 1 Nummer 3 Satz 2 und Absatz 2 Satz 1 GrEStG); hierzu gehören insbesondere Eintragungen von Verschmelzungen, Spaltungen oder Vermögensübertragungen nach dem Umwandlungsgesetz (UmwG)[4];
3. die Eintragung und die Löschung der Eintragung einer Europäischen Genossenschaft (SCE).

(2) Die Mitteilungen sind zu richten

1. im Falle des Absatzes 1 Nummer 1 an das Bundeszentralamt für Steuern, An der Küppe 1, 53225 Bonn (§ 7a VersStG, § 10 FeuerschStG);
2. in den Fällen des Absatzes 1 Nummer 2
   an das nach § 17 GrEStG zuständige Finanzamt; dies ist insbesondere das Finanzamt, in dessen Bezirk sich die Geschäftsleitung des Erwerbers befindet;
3. in den Fällen des Absatzes 1 Nummer 3 an das Amt für amtliche Veröffentlichungen der Europäischen Union in Luxemburg (Artikel 13 Absatz 3 der Verordnung (EG) Nummer 1435/2003 des Rates vom 22. Juli 2003).

---

[1] Nr. XXI/7 Anm. geänd. mWv 1.10.2016 durch AV v. 23.12.2016 (BAnz AT 24.05.2017 B1); Überschrift, Abs. 1 und 2 geänd. mWv 1.10.2023 durch AV v. 3.8.2023 (BAnz AT 22.09.2023 B1).

[2] ***Habersack, Deutsche Gesetze Nr.* 95a.**

[3] Nr. XXI/8 Abs. 1 Nr. 1 geänd., Abs. 2 Nr. 1 neu gef. mWv 1.10.2012 durch AV v. 17.8.2012 (BAnz AT 12.09.2012 B1); Abs. 2 Nr. 3 geänd. mWv 1.10.2016 durch AV v. 23.12.2016 (BAnz AT 24.05.2017 B1); Abs. 1 Nr. 2 geänd. mWv 1.10.2018 durch AV v. 23.11.2018 (BAnz AT 24.12.2018 B2); Abs. 3 Nr. 1 geänd. mWv 1.10.2021 durch AV v. 9.8.2021 (BAnz AT 16.09.2021 B3).

[4] **Habersack, Deutsche Gesetze Nr. 52a.**

(3) Für Form und Inhalt der Mitteilungen gelten folgende Bestimmungen:

1. Mitteilungen, die maschinell erstellt werden, müssen den in XXI/1 Absatz 3 Nummer 2 erwähnten besonderen Bestimmungen entsprechen (§ 1 GenRegV in Verbindung mit § 38a HRV[1]).
2. Die Mitteilungen an das Finanzamt nach Absatz 1 Nummer 2 sind von dem Registergericht vorzunehmen, dessen Eintragung den Rechtsübergang herbeiführt. Die Mitteilungen sind binnen zwei Wochen nach der Registereintragung zu bewirken (§ 18 Absatz 3 GrEStG). Soweit über das betroffene Grundvermögen Angaben im Sinne des § 20 GrEStG vorliegen, sind diese ebenfalls mitzuteilen (§ 20 in Verbindung mit § 18 Absatz 1 und 2 GrEStG).
3. In den Mitteilungen nach Absatz 1 Nummer 3 sind Firma, Sitz und Geschäftszweck der Europäischen Genossenschaft, Nummer, Datum und Ort der Eintragung sowie Datum, Ort und Titel der Bekanntmachung anzugeben.

Anmerkung: Bei den Mitteilungen sind Zuständigkeitskonzentrationen der Finanzämter in den einzelnen Ländern zu beachten (vgl. die Suchseite des Bundeszentralamts für Steuern www.finanzamt.de).

9.[2] Mitteilungen in Vereinsregistersachen

(1) Mitzuteilen sind

1. die Eintragung eines Vereins oder die Eintragung der Satzungsänderung eines eingetragenen Vereins, wenn Anhaltspunkte dafür bestehen, daß dessen Mitglieder oder Leiter sämtlich oder überwiegend Ausländer sind (Ausländerverein) oder der Verein eine organisatorische Einrichtung eines Vereins mit Sitz im Ausland (ausländischer Verein) darstellt (§§ 14, 15 VereinsG[3]; § 400 FamFG);
2. die Eintragung eines Vereins, der sich mit dem Abschluß von Versicherungen befaßt; dies gilt auch dann, wenn der Verein seine Leistungen als Unterstützungen ohne Rechtsanspruch bezeichnet (§ 10a Absatz 2 VersStG, § 12 Absatz 2 FeuerschStG);
3. Eintragungen, die zu einem Wechsel im Grundstückseigentum oder zum Übergang eines Erbbaurechts oder eines Rechts an einem Gebäude auf fremden Boden führen können (§ 13 Absatz 1 Nummer 4 EGGVG[4] i.V.m. § 18 Absatz 1 Satz 1 Nummer 3 Satz 2 und Absatz 2 Satz 1 GrEStG); hierzu gehören insbesondere Eintragungen von Verschmelzungen, Spaltungen oder Vermögensübertragungen nach dem Umwandlungsgesetz (UmwG)[5];
4. die Anmeldung der Verlegung des Sitzes des Vereins aus dem Bezirk des Gerichts des bisherigen Sitzes (§ 6 Absatz 1 Satz 1 VRV);
5. die Eintragung der in Nummer 4 bezeichneten Verlegung in das Vereinsregister des Gerichts des neuen Sitzes (§ 6 Absatz 1 Satz 5 VRV);
6. die Entscheidung über die Eintragung des Vereins, wenn zweifelhaft ist, ob sein Zweck auf einen nichtwirtschaftlichen Geschäftsbetrieb gerichtet ist, das Registergericht daher eine Stellungnahme einer nach § 22 BGB[6] zuständigen Stelle oder der Industrie- und Handelskammer oder einer anderen geeigneten Stelle

---

[1] Nr. **50e**.

[2] Nr. XXI/9 Abs. 1 Nr. 2 geänd., Abs. 2 Nr. 2 neu gef. mWv 1.10.2012 durch AV v. 17.8.2012 (BAnz AT 12.09.2012 B1); Abs. 1 Nr. 1 und Abs. 2 Nr. 1 geänd., Abs. 3 Nr. 2 neu gef. mWv 1.10.2021 durch AV v. 9.8.2021 (BAnz AT 16.09.2021 B3).

[3] **Sartorius Nr. 425.**

[4] **Habersack, Deutsche Gesetze Nr. 95a.**

[5] **Habersack, Deutsche Gesetze Nr. 52a.**

[6] **Habersack, Deutsche Gesetze Nr. 20.**

eingeholt hat und diese um eine Mitteilung der Entscheidung gebeten haben (§ 9 Absatz 2 Satz 3 VRV).

(2) Die Mitteilungen sind zu richten

1. in den Fällen des Absatzes 1 Nummer 1 an die zuständige Verwaltungsbehörde (§§ 14, 15 VereinsG; § 400 FamFG[1]);
2. im Falle des Absatzes 1 Nummer 2 an das Bundeszentralamt für Steuern, An der Küppe 1, 53225 Bonn (§ 7a VersStG, § 10 FeuerschStG);
3. in den Fällen des Absatzes 1 Nummer 3 an das nach § 17 GrEStG zuständige Finanzamt; dies ist insbesondere das Finanzamt, in dessen Bezirk sich die Geschäftsleitung des Erwerbers befindet;
4. in den Fällen des Absatzes 1 Nummer 4 an das Registergericht des neuen Sitzes – unter Beifügung der Anmeldung, der Eintragungen für den bisherigen Sitz und der Registerakten – (§ 6 Absatz 1 Sätze 1 und 2 VRV);
5. in den Fällen des Absatzes 1 Nummer 5 an das Gericht des bisherigen Sitzes (§ 6 Absatz 1 Satz 5 VRV);
6. in den Fällen des Absatzes 1 Nummer 6 an die nach § 22 BGB zuständige Stelle, die Industrie- und Handelskammer oder die andere geeignete Stelle (§ 9 Absatz 2 Satz 3 VRV).

(3) Für Form, Inhalt und Zeitpunkt der Mitteilungen gelten folgende Bestimmungen:

1. Die Mitteilungen an das Finanzamt nach Absatz 1 Nummer 3 sind von dem Registergericht vorzunehmen, dessen Eintragung den Rechtsübergang herbeiführt. Die Mitteilungen sind binnen zwei Wochen nach der Registereintragung zu bewirken (§ 18 Absatz 3 GrEStG). Soweit über das betroffene Grundvermögen Angaben im Sinne des § 20 GrEStG vorliegen, sind diese ebenfalls mitzuteilen (§ 20 GrEStG i.V.m. § 18 Absatz 1 und 2 GrEStG).
2. Mitteilungen, die maschinell erstellt werden, brauchen nicht unterschrieben zu werden. In diesem Fall muss anstelle der Unterschrift auf dem Schreiben der Vermerk „Dieses Schreiben ist maschinell erstellt und auch ohne Unterschrift wirksam." angebracht sein (§ 13 Absatz 2 VRV).

Anmerkung: Bei den Mitteilungen sind Zuständigkeitskonzentrationen der Finanzämter in den einzelnen Ländern zu beachten (vgl. die Suchseite des Bundeszentralamts für Steuern www.finanzamt.de).

XXII. Mitteilungen in Schiffsregistersachen

1.[2] Mitteilungen aus dem Seeschiffsregister

(1) Mitzuteilen sind

1. Eintragungen (Neueintragungen, Veränderungen, Löschungen) in die erste und zweite Abteilung des Seeschiffsregisters (§ 57 Absatz 2 SchRegO);

---

[1] **Habersack, Deutsche Gesetze Nr. 112.**

[2] *Nr. XXII/1 Anm. geänd. mWv* 1.10.2012 durch AV v. 17.8.2012 (BAnz AT 12.09.2012 B1); Abs. 2 Nr. 2, Anm. 1 und 2 geänd. mWv 1.10.2016 durch AV v. 23.12.2016 (BAnz AT 24.05.2017 B1); Abs. 2 Nr. 1 Buchst. b neu gef., Anm. 1 aufgeh., bish. Anm. 2 geänd. mWv 1.10.2018 durch AV v. 23.11.2018 (BAnz AT 24.12.2018 B2); Abs. 2 Nr. 1 Buchst. a geänd. mWv 1.10.2021 durch AV v. 9.8.2021 (BAnz AT 16.09.2021 B3); Abs. 1 Nr. 2 und 4 Buchst. b, Abs. 2 Nr. 4 Buchst. b neu gef., Anm. aufgeh. mWv 1.10.2023 durch AV v. 3.8.2023 (BAnz AT 22.09.2023 B1).

2. Eingänge eines Antrags auf Eintragung sowie Eintragungen (Neueintragungen, Veränderungen, Löschungen) in die erste und zweite Abteilung des Seeschiffsregisters (§ 196 SGB VII);
3. Eintragungen (Neueintragungen, Veränderungen, Löschungen) in die erste und zweite Abteilung des Seeschiffsregisters (§§ 5 Absatz 2, 9e SeeAufgG i.V.m. § 13 Absatz 1 Nummer 4 EGGVG[1]);
4. einzelne Eintragungen in besonderen Fällen:
   a) die Neueintragung eines in das Schiffsbauregister eingetragenen Schiffs in das Seeschiffsregister (§ 16 Absatz 3 SchRegO);
   b) die Neueintragung eines von Inländern durch einen Vertragspartner mit Sitz im Ausland erworbenen Schiffs in das Seeschiffsregister sowie die Löschung eines von Ausländern durch einen Vertragspartner mit Sitz im Inland erworbenen Schiffs im Seeschiffsregister (§ 12 Absatz 4 AHStatG, § 20 Absatz 7 AHStatDV); dabei sind neben den vollständigen Informationen aus Abteilung 1 und 2 des Registers auch die vollständigen Adressdaten des (gegebenenfalls federführenden) Eigentümers, auf den die Eintragung beziehungsweise Löschung im Seeschiffsregister lautet, und – soweit vorhanden – das Land, in dem der ausländische Vertragspartner ansässig ist, mitzuteilen;
   c) die Löschung der Eintragung eines Schiffs im Seeschiffsregister (§ 14 Absatz 2 SchRegDV).

(2) Die Mitteilungen sind zu richten

1. in den Fällen des Absatzes 1 Nummer 1:
   a) an das Bundesamt für Seeschifffahrt und Hydrographie, Bernhard-Nocht-Straße 78, 20359 Hamburg,
   b) an die Berufsgenossenschaft Verkehrswirtschaft Post-Logistik Telekommunikation (BG Verkehr);
2. in den Fällen des Absatzes 1 Nummer 2 an die Berufsgenossenschaft Verkehrswirtschaft Post-Logistik Telekommunikation (BG Verkehr) – Dienststelle Schiffssicherheit –, Ottenser Hauptstraße 54, 22765 Hamburg;
3. in den Fällen des Absatzes 1 Nummer 3:
   an die Bundesnetzagentur für Elektrizität, Gas, Telekommunikation, Post und Eisenbahnen – Außenstelle Hamburg –, Sachsenstraße 12–14, 20097 Hamburg;
4. in den Fällen des Absatzes 1 Nummer 4:
   a) Buchstabe a an das Gericht des Schiffsbauregisters,
   b) Buchstabe b an das Statistische Bundesamt, Zweigstelle Bonn,
   c) Buchstabe c an das Registergericht der ersten Eintragung des Schiffs.

2.[2] Mitteilungen aus dem Binnenschiffsregister

(1) Mitzuteilen sind

1. Eintragungen (Neueintragungen, Veränderungen, Löschungen) in die erste und zweite Abteilung des Binnenschiffsregisters (§ 57 Absatz 2 SchRegO);
2. Eintragungen (Neueintragungen, Veränderungen, Löschungen) in die erste und zweite Abteilung des Binnenschiffsregisters sowie Tatsachen, die nach § 4 Absatz 3 SchRegO angegeben werden (§ 10 BinSchAufgG);

---

[1] **Habersack, Deutsche Gesetze Nr. 95a.**

[2] Nr. XII/2 Anm. neu gef. mWv 1.10.2018 durch AV v. 23.11.2018 (BAnz AT 24.12.2018 B2); Abs. 2 Nr. 2 neu gef., Anm. geänd. mWv 1.10.2021 durch AV v. 9.8.2021 (BAnz AT 16.09.2021 B3); Anm. geänd. mWv 1.10.2023 durch AV v. 3.8.2023 (BAnz AT 22.09.2023 B1).

3. Eintragungen (Neueintragungen, Veränderungen, Löschungen) in die erste und zweite Abteilung des Binnenschiffsregisters (§ 1 BinSchAufgG i.V.m. § 13 Absatz 1 Nummer 4 EGGVG[1]);
4. die Neueintragung eines in das Schiffsbauregister eingetragenen Schiffs in das Binnenschiffsregister (§ 16 Absatz 3 SchRegO).

(2) Die Mitteilungen sind zu richten

1. in den Fällen des Absatzes 1 Nummer 1 an die örtlich zuständige Arbeitsschutzbehörde;
2. in den Fällen des Absatzes 1 Nummer 2
   an die Generaldirektion Wasserstraßen und Schifffahrt Mainz, zentrale Binnenschiffsbestandsdatei, Brucknerstraße 2, 55127 Mainz;
3. in den Fällen des Absatzes 1 Nummer 3 an die Bundesnetzagentur für Elektrizität, Gas, Telekommunikation, Post und Eisenbahnen – Außenstelle Hamburg –, Sachsenstr. 12–14, 20097 Hamburg;
4. in den Fällen des Absatzes 1 Nummer 4 an das Gericht des Schiffsbauregisters.

Anmerkungen: Arbeitsschutzbehörden sind

in **Baden-Württemberg**
die Stadt- und Landkreise als Arbeitsschutzbehörden;

in **Bayern**
die Gewerbeaufsichtsämter;

in **Berlin**
das Landesamt für Arbeitsschutz, Gesundheitsschutz und technische Sicherheit;

in **Brandenburg**
das Landesamt für Arbeitsschutz, Verbraucherschutz und Gesundheit, Abteilung Arbeitsschutz;

in **Bremen**
die Gewerbeaufsichtsämter;

in **Hamburg**
die Behörde für Justiz und Verbraucherschutz – Amt für Arbeitsschutz;

in **Hessen**
die Regierungspräsidien;

in **Mecklenburg-Vorpommern**
das Landesamt für Gesundheit und Soziales, Abteilung Arbeitsschutz;

in **Niedersachsen**
die staatlichen Gewerbeaufsichtsämter;

in **Nordrhein-Westfalen**
die Bezirksregierungen – Dezernate Arbeitsschutz –;

in **Rheinland-Pfalz**
die Struktur- und Genehmigungsdirektionen Nord und Süd – Regionalstellen Gewerbeaufsicht –;

in **Saarland**
das Landesamt für Umwelt- und Arbeitsschutz;

in **Sachsen**
die Landesdirektion Sachsen;

in **Sachsen-Anhalt**
das Landesamt für Verbraucherschutz;

---

[1] **Habersack, Deutsche Gesetze Nr. 95a.**

in **Schleswig-Holstein**
die Staatliche Arbeitsschutzbehörde bei der Unfallkasse Nord;
in **Thüringen**
das Landesamt für Verbraucherschutz.

3. Mitteilungen aus dem Schiffsbauregister

(1) Mitzuteilen ist die Eintragung eines Schiffsbauwerks oder eines im Bau befindlichen Schwimmdocks in die erste und zweite Abteilung des Schiffsbauregisters, sobald das eingetragene Schiffsbauwerk oder im Bau befindliche Schwimmdock an einen Ort außerhalb des Registerbezirks des ursprünglichen Bauorts gebracht wird (§ 67 Absatz 2, § 73a SchRegO).

(2) Die Mitteilungen sind an das Registergericht des neuen Bauorts zu richten.

5. Abschnitt. Mitteilungen betreffend Angehörige rechts- und steuerberatender Berufe sowie Lohnsteuerhilfevereine

XXIII. Mitteilungen betreffend Angehörige rechtsberatender Berufe

1.[1] Betroffener Personenkreis

a) Rechtsanwälte, niedergelassene europäische Rechtsanwälte im Sinne von § 2 Absatz 1 EuRAG[2] sowie Berufsausübungsgesellschaften nach den §§ 59b und 59c BRAO[3], auch soweit sie sich in Gründung befinden,
b) Angehörige ausländischer Rechtsanwaltsberufe nach § 206 BRAO, ausländische Berufsausübungsgesellschaften nach § 207a BRAO und Mitglieder der Rechtsanwaltskammern nach § 209 BRAO,
c) gemäß § 209 Absatz 2 BRAO ausgeschiedene Mitglieder der Rechtsanwaltskammern, solange über ihren Antrag auf Registrierung nach § 13 RDG[4] nicht entschieden ist und die Voraussetzungen des § 1 Absatz 2 Satz 3 RDGEG[5] gegeben sind,
d) Notare, Notarassessoren,
e) Patentanwälte, niedergelassene europäische Patentanwälte im Sinne von § 20 EuPAG[6] und Berufsausübungsgesellschaften nach den §§ 52b und 52c PAO, auch soweit sie sich in Gründung befinden,
f) Angehörige ausländischer Patentanwaltsberufe nach § 157 PAO und ausländische Berufsausübungsgesellschaften nach § 159 PAO,
g) registrierte Personen im Sinne des Teils 3 RDG,
h) Inhaber von Erlaubnisscheinen nach § 160 PAO in Verbindung mit den §§ 177, 178 und 182 PAO in der bis zum 31. August 2009 geltenden Fassung.

2.[7] Mitteilungen betreffend Angehörige rechtsberatender Berufe

(1) Für die Prüfung und Ergreifung von Maßnahmen im Zusammenhang mit der Rücknahme oder dem Widerruf einer Zulassung beziehungsweise Erlaubnis, Untersagung oder der Einleitung eines rüge- oder berufsgerichtlichen Verfahrens

---

[1] Nr. XXIII/1 neu gef. mWv 1.10.2023 durch AV v. 3.8.2023 (BAnz AT 22.09.2023 B1).
[2] Nr. **98/4**.
[3] Nr. **98**.
[4] Nr. **99**.
[5] Nr. **99a**.
[6] Nr. **98/5**.
[7] Nr. XXIII/2 Abs. 1 Buchst. f Doppelbuchst. bb und cc dritter Spiegelstrich sowie Doppelbuchst. ee und ff geänd., Doppelbuchst. dd neu gef. mWv 1.10.2014 durch AV v. 15.9.2014 (BAnz AT 29.09.2014 →

sind folgende gegen die in 1 genannten Berufsgruppen gerichteten Vorgänge mitzuteilen (§ 36 Absatz 2 BRAO[1]), § 36 Absatz 2 BRAO in Verbindung mit § 4 Absatz 1 EuRAG[2]), § 36 Absatz 2 in Verbindung mit § 207 Absatz 3 Satz 1 Nummer 1 BRAO, § 36 Absatz 2 BRAO in Verbindung mit § 209 Absatz 1 Satz 3 BRAO, § 64d Absatz BNotO[3]), § 34 Absatz 2 PAO, § 34 Absatz 2 PAO in Verbindung mit § 21 Absatz 2 Satz 1 EuPAG[4]), § 160 PAO in Verbindung mit den §§ 181, 32a Absatz 3 PAO in der bis zum 31. August 2009 geltenden Fassung der PAO, § 18 Absatz 1 und 2 RDG[5])):

a) Forderungsklagen und die hierzu ergangenen Entscheidungen oder geschlossenen Vergleiche;

b) Feststellungsklagen wegen Amtspflichtverletzung und die hierzu ergangenen Entscheidungen oder geschlossenen Vergleiche;

von der Beifügung von Anlagen zu einer Klageschrift zu a) oder b) ist in der Regel abzusehen;

c) Räumungsklagen und die hierzu ergangenen Entscheidungen oder geschlossenen Vergleiche;

d) Vollstreckungsbescheide, soweit diese nicht im automatisierten gerichtlichen Mahnverfahren erstellt werden;

e) Arrestgesuche und die hierzu ergangenen Entscheidungen;

f) folgende Anträge, Aufträge und Entscheidungen im Rahmen der Zwangsvollstreckung und des Insolvenzverfahrens:

aa) Anträge auf Anordnung der Zwangsversteigerung, der Zwangsverwaltung oder auf Eintragung einer Sicherungshypothek und die hierzu ergangenen Entscheidungen;

bb) Entscheidungen in Insolvenzverfahren, einschließlich der Eröffnungsverfahren, sowie Entscheidungen in noch anhängigen Konkurs-, Vergleichs- und Gesamtvollstreckungsverfahren;

cc) Anträge und Aufträge wegen Pfändungsmaßnahmen, zum Beispiel

– Vollstreckungsaufträge nach § 808 ZPO[6]),

– Anträge auf Pfändung von Geldforderungen und anderen Vermögensrechten nach §§ 829 ff., 857 ZPO,

– Anträge auf Räumungszwangsvollstreckung nach § 885 ZPO und deren Ergebnisse (Pfändungs- und Pfandabstandsprotokolle, Mitteilungen nach § 32 GVGA[7]));

dd) Hinterlegung von Vermögensverzeichnissen nach § 802f Absatz 6 ZPO oder § 284 Absatz 7 Satz 4 AO und Anträge auf Haftanordnung nach § 802g Absatz 1 ZPO sowie die hierzu ergangenen Entscheidungen;

(Fortsetzung der Anm. von voriger Seite)
B1); Abs. 1 einl. Satzteil geänd. mWv 1.10.2021 durch AV v. 9.8.2021 (BAnz AT 16.09.2021 B3); Abs. 1 einl. Satzteil neu gef., Buchst. h geänd. mWv 1.10.2023 durch AV v. 3.8.2023 (BAnz AT 22.09.2023 B1).

1) Nr. **98**.

2) Nr. 98/4.

3) Nr. **98a**.

4) Nr. **98/5**.

5) Nr. **99**.

6) **Habersack, Deutsche Gesetze Nr. 100.**

7) Nr. **109**.

ee) Eintragungen in das Schuldnerverzeichnis nach § 882c ZPO, § 284 Absatz 9 AO oder § 26 Absatz 2 InsO[1];

ff) Verhaftungsaufträge nach § 802g Absatz 2 ZPO und deren Erledigung;

gg) Anträge nach den §§ 888, 890 ZPO und deren Erledigung;

g) die Zustellung vollstreckbarer Urkunden und deren Gegenstand;

h) Anträge auf Bestellung eines Betreuers nach § 1814 BGB[2] und die hierzu ergangenen Entscheidungen;

i) Anträge und jede richterliche Entscheidung auf Anordnung oder Fortdauer einer Freiheitsentziehung nach dem Buch 7 des Gesetzes über das Verfahren in Familiensachen und in den Angelegenheiten der Freiwilligen Gerichtsbarkeit (FamFG) und den Unterbringungsgesetzen der Länder.

(2) Die Mitteilungen sind entsprechend der jeweiligen Verfahrenszuständigkeit von der Richterin oder dem Richter, der Rechtspflegerin oder dem Rechtspfleger, der Urkundsbeamtin oder dem Urkundsbeamten der Geschäftsstelle bzw. der Gerichtsvollzieherin oder dem Gerichtsvollzieher zu veranlassen.

3.[3] Einschränkung vorgesehener Mitteilungspflichten

(1) Eine Mitteilung unterbleibt,

– soweit hierdurch schutzwürdige Interessen einer betroffenen Person beeinträchtigt werden und das Informationsinteresse des Empfängers das Interesse der betroffenen Person am Unterbleiben der Übermittlung nicht überwiegt (§ 36 Absatz 3 Satz 1 Nummer 1 BRAO[4], § 36 Absatz 3 Satz 1 Nummer 1 BRAO in Verbindung mit § 4 Absatz 1 EuRAG[5], § 36 Absatz 3 Satz 1 Nummer 1 BRAO in Verbindung mit § 207 Absatz 3 Satz 1 Nummer 1 BRAO, § 36 Absatz 3 Satz 1 Nummer 1 BRAO in Verbindung mit § 209 Absatz 1 Satz 3 BRAO, § 64d Absatz 2 Satz 1 Nummer 1 BNotO[6], § 34 Absatz 3 Satz 1 Nummer 1 PAO, § 34 Absatz 3 Satz 1 Nummer 1 PAO in Verbindung mit § 21 Absatz 2 Satz 1 EuPAG[7], § 160 PAO in Verbindung mit den §§ 181, 32a Absatz 3 Satz 1 PAO in der bis zum 31. August 2009 geltenden Fassung, § 18 Absatz 1 Satz 4 RDG[8]),

– § 64d Absatz 2 Satz 1 Nummer 2 BNotO, § 34 Absatz 3 Satz 1 Nummer 2 PAO, § 160 PAO in Verbindung mit den §§ 181, 32a Absatz 3 Satz 2 PAO in der bis zum 31. August 2009 geltenden Fassung). Dies gilt nicht für die Verschwiegenheitspflichten der für eine Berufskammer eines freien Berufs im Geltungsbereich des jeweiligen Gesetzes tätigen Personen und für das Steuergeheimnis nach § 30 der Abgabenordnung[9] (§ 36 Absatz 3 Satz 2 BRAO, § 64d Absatz 2 Satz 2 BNotO, § 34 Absatz 3 Satz 2 PAO).

(2) Eine Mitteilung ist zu berichtigen, wenn sich herausstellt, dass sie unrichtig war oder unrichtig geworden ist.

---

[1] **Habersack, Deutsche Gesetze Nr. 110.**

[2] **Habersack, Deutsche Gesetze Nr. 20.**

[3] Nr. XXIII/3 Abs. 1 erster und zweiter Spiegelstrich geänd. mWv 1.10.2021 durch AV v. 9.8.2021 (BAnz AT 16.09.2021 B3); Abs. 1 neu gef. mWv 1.10.2023 durch AV v. 3.8.2023 (BAnz AT 22.09.2023 B1).

[4] Nr. **98**.

[5] Nr. **98/4**.

[6] Nr. **98a**.

[7] Nr. **98/5**.

[8] Nr. **99**.

[9] Nr. **88b**.

(3) Die Entscheidung trifft entsprechend der jeweiligen Verfahrenszuständigkeit die Richterin oder der Richter, die Rechtspflegerin oder der Rechtspfleger, die Urkundsbeamtin oder der Urkundsbeamte der Geschäftsstelle bzw. die Gerichtsvollzieherin oder der Gerichtsvollzieher.

4.[1] Mitteilungspflichtige Stellen, Inhalt und Form der Mitteilungen

(1) Neben den Allgemeinen Vorschriften gilt ergänzend:

a) Bei Aufträgen, die unmittelbar bei den Gerichtsvollziehern eingehen, werden die Mitteilungen von den Gerichtsvollziehern erstellt und dem Empfänger übersandt;
b) Anträge und Aufträge im Rahmen der Zwangsvollstreckung sowie deren Erledigung und gerichtliche Entscheidungen sind unverzüglich mitzuteilen. Bei gerichtlichen Entscheidungen ist zugleich anzugeben, ob und seit wann diese rechtskräftig oder angefochten sind;
c) gerichtliche Entscheidungen sind abweichend von Allg/5 Absatz 2 Nummer 1 durch Übersendung einer vollständigen Ausfertigung mitzuteilen; diese ist mit Rechtskraftvermerk zu versehen, wenn gegen die Entscheidung ein befristetes Rechtsmittel statthaft war.

(2) Aus der Mitteilung sollen sich, soweit dies nicht bereits aus dem mitzuteilenden Schriftstück ersichtlich ist, ergeben

a) die absendende Stelle und das Aktenzeichen;
b) Name und Anschrift des Klägers (Antragstellers, Auftraggebers, Gläubigers) und des Beklagten (Antragsgegners, Schuldners);
c) der Klage- oder Antragsgrund – bei Geldforderungen auch die Höhe des Betrages –, bei Maßnahmen der Zwangsvollstreckung die Bezeichnung des Vollstreckungstitels unter Angabe des Aktenzeichens und des Gerichts oder der Stelle, die den Vollstreckungstitel erlassen hat;
d) bei Aufträgen an den Gerichtsvollzieher der Name und die Anschrift des Gerichtsvollziehers sowie die Dienstregisternummer.

(3) [1] Mitteilungspflichtige Stelle für die Hinterlegung von Vermögensverzeichnissen nach § 802f Absatz 6 ZPO[2] und § 284 Absatz 7 Satz 4 AO ist das zentrale Vollstreckungsgericht. [2] Eine Mitteilung muss nur ergehen, soweit die das Vermögensverzeichnis hinterlegende Stelle das zentrale Vollstreckungsgericht über den Mitteilungsfall gesondert in Kenntnis setzt. [3] Wird das Vermögensverzeichnis gemäß § 802f Absatz 6 ZPO von einem Gerichtsvollzieher hinterlegt, setzt er nach Erhalt der Eintragungsmitteilung (§ 5 Absatz 2 Satz 3 VermVV[3]) das zentrale Vollstreckungsgericht unter Angabe der Verfahrensnummer über eine aus der Eintragung resultierende Mitteilungspflicht in Kenntnis.

(4) [1] Mitteilungspflichtige Stelle für Eintragungen in das Schuldnerverzeichnis nach § 882c ZPO, § 284 Absatz 9 AO und § 26 Absatz 2 InsO[4] ist das zentrale

---

[1] Nr. XXIII/4 Abs. 3 neu gef., Abs. 4 eingef., bish. Abs. 3 wird Abs. 5, neuer Abs. 5 Nr. 4 aufgeh., bish. Nr. 5 wird Nr. 4, bish. Nr. 6 wird Nr. 5 und geänd., Anm. 1 und 2 geänd. mWv 1.10.2014 durch AV v. 15.9.2014 (BAnz AT 29.09.2014 B1); Anm. 1 und 2 geänd. mWv 1.10.2016 durch AV v. 23.12. 2016 (BAnz AT 24.05.2017 B1); Abs. 5 Nr. 1 und 2 geänd., Nr. 4 eingef., bish. Nr. 4 und 5 werden Nr. 5 *und 6, Anm. 1 und 2 geänd.* mWv 1.10.2021 durch AV v. 9.8.2021 (BAnz AT 16.09.2021 B3); Abs. 5 Nr. 1, 2, 4 und 5 neu gef., Nr. 6, Anm. 1 und 2 geänd. mWv 1.10.2023 durch AV v. 3.8.2023 (BAnz AT 22.09.2023 B1).

[2] **Habersack, Deutsche Gesetze Nr. 100.**

[3] **Habersack, Deutsche Gesetze Nr. 102b.**

[4] **Habersack, Deutsche Gesetze Nr. 110.**

Vollstreckungsgericht. [2]Eine Mitteilung muss nur ergehen, soweit die die Eintragung in das Schuldnerverzeichnis anordnende Stelle das zentrale Vollstreckungsgericht über den Mitteilungsfall gesondert in Kenntnis setzt. [3]Wird eine Eintragung gemäß § 882c ZPO von einem Gerichtsvollzieher oder gemäß § 26 Absatz 2 InsO von dem Insolvenzgericht angeordnet, setzt die anordnende Stelle nach Erhalt der Eintragungsmitteilung (§ 3 Absatz 2 Satz 2 SchuFV[1)]) das zentrale Vollstreckungsgericht unter Angabe der Verfahrensnummer über eine aus der Eintragung resultierende Mitteilungspflicht in Kenntnis. [4]Mitgeteilt wird nur der Inhalt der Eintragung sowie die absendende Stelle.

(5) Die Mitteilungen sind zu richten

1. bei Rechtsanwälten, niedergelassenen europäischen Rechtsanwälten im Sinne von § 2 Absatz 1 EuRAG[2)], Berufsausübungsgesellschaften nach den §§ 59b und 59c BRAO[3)] – auch in Gründung – sowie Angehörigen ausländischer Rechtsanwaltsberufe nach § 206 BRAO, ausländischen Berufsausübungsgesellschaften nach § 207a BRAO und Mitgliedern der Rechtsanwaltskammern nach § 209 BRAO an die zuständige Rechtsanwaltskammer;
2. bei Rechtsanwälten, die beim Bundesgerichtshof zugelassen sind, oder Berufsausübungsgesellschaften von Rechtsanwälten, die beim Bundesgerichtshof zugelassen sind, zusätzlich an das Bundesministerium der Justiz;
3. bei Notaren und Notarassessoren an die zuständige Notarkammer und an den Präsidenten des zuständigen Landgerichts;
4. bei Patentanwälten, niedergelassenen europäischen Patentanwälten im Sinne von § 20 EuPAG[4)], Berufsausübungsgesellschaften nach den §§ 52b und 52c PAO – auch in Gründung – sowie Angehörigen ausländischer Patentanwaltsberufe nach § 157 PAO und ausländischen Berufsausübungsgesellschaften nach § 159 PAO an die Patentanwaltskammer, Tal 29, 80331 München;
5. bei registrierten Personen im Sinne des Teils 3 RDG[5)], an die gemäß oder aufgrund § 19 RDG zuständige Behörde;
6. bei Inhabern von Erlaubnisscheinen nach § 160 PAO in Verbindung mit den §§ 177, 178 und 182 PAO in der bis zum 31. August 2009 geltenden Fassung an
   Deutsches Patent- und Markenamt
   80297 München.

Anmerkungen:

1) Zuständige Stellen sind bei Rechtsanwälten, niedergelassenen europäischen Rechtsanwälten im Sinne von § 2 Absatz 1 EuRAG, Berufsausübungsgesellschaften nach den §§ 59b und 59c BRAO – auch in Gründung – sowie Angehörigen ausländischer Rechtsanwaltsberufe nach § 206 BRAO, ausländischen Berufsausübungsgesellschaften nach § 207a BRAO und Mitgliedern der Rechtsanwaltskammern nach § 209 BRAO nur
   in ***Baden-Württemberg:***
   Rechtsanwaltskammer Freiburg
   Bertoldstraße 44
   79098 Freiburg
   oder

[1)] **Habersack, Deutsche Gesetze Nr. 102.**
[2)] Nr. **98/4**.
[3)] Nr. **98**.
[4)] Nr. **98/5**.
[5)] Nr. **99**.

Rechtsanwaltskammer Karlsruhe
Reinhold-Frank-Straße 72
76133 Karlsruhe
oder
Rechtsanwaltskammer Stuttgart
Königstraße 14
70173 Stuttgart
oder
Rechtsanwaltskammer Tübingen
Christophstraße 30
72072 Tübingen
in **Bayern:**
Rechtsanwaltskammer für den
Oberlandesgerichtsbezirk München
Tal 33
80331 München
oder
Rechtsanwaltskammer Nürnberg
Fürther Straße 115
90429 Nürnberg
oder
Rechtsanwaltskammer für den
Oberlandesgerichtsbezirk Bamberg
Friedrichstraße 7
96047 Bamberg
in **Berlin:**
Rechtsanwaltskammer Berlin
Littenstraße 9
10179 Berlin
in **Brandenburg:**
Rechtsanwaltskammer
des Landes Brandenburg
Grillendamm 2
14776 Brandenburg an der Havel
in **Bremen:**
Hanseatische Rechtsanwaltskammer Bremen
Knochenhauerstraße 36/37
28195 Bremen
in **Hamburg:**
Hanseatische Rechtsanwaltskammer
Valentinskamp 88
20355 Hamburg
in **Hessen:**
Rechtsanwaltskammer Frankfurt am Main
Bockenheimer Anlage 36
60322 Frankfurt am Main
oder
Rechtsanwaltskammer Kassel
Karthäuser Straße 5 a
34117 Kassel
in **Mecklenburg-Vorpommern:**
Rechtsanwaltskammer Mecklenburg-Vorpommern

Arsenalstraße 9
19053 Schwerin
in **Niedersachsen:**
Rechtsanwaltskammer für den
Oberlandesgerichtsbezirk Braunschweig
Lessingplatz 1
38100 Braunschweig
oder
Rechtsanwaltskammer für den
Oberlandesgerichtsbezirk Celle
Bahnhofstraße 5
29221 Celle
oder
Rechtsanwaltskammer für den
Oberlandesgerichtsbezirk Oldenburg
Staugraben 5
26122 Oldenburg
in **Nordrhein-Westfalen:**
Rechtsanwaltskammer Düsseldorf
Freiligrathstraße 25
40479 Düsseldorf
oder
Rechtsanwaltskammer Hamm
Ostenallee 18
59063 Hamm
oder
Rechtsanwaltskammer Köln
Riehler Straße 30
50668 Köln
in **Rheinland-Pfalz:**
Pfälzische Rechtsanwaltskammer Zweibrücken
Landauer Straße 17
66482 Zweibrücken
oder
Rechtsanwaltskammer für den
Oberlandesgerichtsbezirk Koblenz
Rheinstraße 24
56068 Koblenz
im **Saarland:**
Rechtsanwaltskammer des Saarlandes
Am Schloßberg 5
66119 Saarbücken
in **Sachsen:**
Rechtsanwaltskammer Sachsen
Glacisstraße 6
01099 Dresden
in **Sachsen-Anhalt:**
Rechtsanwaltskammer des Landes Sachsen-Anhalt
Gerhart-Hauptmann-Straße 5
39108 Magdeburg
in **Schleswig-Holstein:**
Schleswig-Holsteinische Rechtsanwaltskammer

Gottorfstraße 13
24837 Schleswig
in **Thüringen:**
Rechtsanwaltskammer Thüringen
Bahnhofstraße 46
99084 Erfurt

2) Zuständige Notarkammern sind
in **Baden-Württemberg:**
Notarkammer Baden-Württemberg
Friedrichstraße 9a
70174 Stuttgart
in **Bayern:**
Landesnotarkammer Bayern
Ottostraße 10
80333 München
in Berlin:
Notarkammer Berlin
Littenstraße 10
10179 Berlin
in **Brandenburg:**
Notarkammer Brandenburg
Dortustraße 71
14467 Potsdam
in **Bremen:**
Bremer Notarkammer
Knochenhauer Straße 36/37
28195 Bremen
in **Hamburg:**
Hamburgische Notarkammer
Gustav-Mahler-Platz 1
20354 Hamburg
in **Hessen:**
für die Landgerichtsbezirke Gießen, Limburg, Wiesbaden, Frankfurt a. Main, Hanau und Darmstadt:
Notarkammer Frankfurt am Main
Bockenheimer Anlage 36
60322 Frankfurt am Main
oder
für die Landgerichtsbezirke Marburg, Fulda und Kassel:
Notarkammer Kassel
Karthäuserstraße 5 a
34117 Kassel;
in **Mecklenburg-Vorpommern:**
Notarkammer Mecklenburg-Vorpommern
Alexandrinenstraße 26
19055 Schwerin
in **Niedersachsen:**
Notarkammer für den
Oberlandesgerichtsbezirk Braunschweig
Lessingplatz 1
38100 Braunschweig

oder
Notarkammer für den
Oberlandesgerichtsbezirk Celle
Riemannstraße 15
29225 Celle
oder
Notarkammer für den
Oberlandesgerichtsbezirk Oldenburg
Staugraben 5
26122 Oldenburg
in **Nordrhein-Westfalen:**
für die Oberlandesgerichtsbezirke Düsseldorf und Köln:
Rheinische Notarkammer
Burgmauer 53
50667 Köln
oder
für den Oberlandesgerichtsbezirk Hamm:
Westfälische Notarkammer
Ostenallee 18
59063 Hamm
in **Rheinland-Pfalz:**
für den Oberlandesgerichtsbezirk Koblenz:
Notarkammer Koblenz
Hohenzollernstraße 18
56068 Koblenz
oder
für den Oberlandesgerichtsbezirk Zweibrücken:
Notarkammer Pfalz
Schlossplatz 11a, 66482 Zweibrücken
im **Saarland:**
Saarländische Notarkammer
Rondell 3
66424 Homburg
in **Sachsen:**
Notarkammer Sachsen
Königstraße 23
01097 Dresden
in **Sachsen-Anhalt:**
Notarkammer des Landes Sachsen-Anhalt
Hegelstraße 26, 39104 Magdeburg
in **Schleswig-Holstein:**
Schleswig-Holsteinische Notarkammer
Gottorfstraße 13
24837 Schleswig
in **Thüringen:**
Notarkammer Thüringen
Regierungsstraße 28
99084 Erfurt

XXIV. Mitteilungen betreffend Angehörige der steuerberatenden und wirtschaftsprüfenden Berufe

1.[1] Betroffener Personenkreis

Angehörige der steuerberatenden und wirtschaftsprüfenden Berufe im Sinne dieses Unterabschnitts sind

1. Steuerberater,
2. Steuerbevollmächtigte,
3. Berufsausübungsgesellschaften nach den §§ 49, 50 StBerG,
4. Wirtschaftsprüfer,
5. Wirtschaftsprüfungsgesellschaften,
6. vereidigte Buchprüfer,
7. Buchprüfungsgesellschaften.

2.[2] Mitteilungen betreffend Angehörige der steuerberatenden und wirtschaftsprüfenden Berufe

(1) Für die Prüfung und Ergreifung von Maßnahmen im Zusammenhang mit der Rücknahme oder dem Widerruf der Bestellung als Steuerberater, Steuerbevollmächtigter (§ 10 Absatz 1 Nummer 2 in Verbindung mit § 46 Absatz 1 und 2 StBerG), Wirtschaftsprüfer oder vereidigter Buchprüfer (§ 36a Absatz 3 Nummer 2 in Verbindung mit § 20 und § 130 Absatz 1 WPO) oder der Anerkennung als Berufsausübungsgesellschaft (§ 10 Absatz 1 Nummer 3 in Verbindung mit § 55 Absatz 2 bis 4 StBerG), Wirtschaftsprüfungsgesellschaft oder Buchprüfungsgesellschaft (§ 36a Absatz 3 Nummer 2 in Verbindung mit § 34 Absatz 1 und 2 und § 130 Absatz 2 WPO) oder der Einleitung oder Durchführung eines berufsaufsichtlichen Verfahrens gegen Steuerberater, Steuerbevollmächtigte oder Berufsausübungsgesellschaften nach den §§ 49, 50 StBerG (§ 10 Absatz 1 Nummer 4 StBerG) oder gegen Wirtschaftsprüfer, vereidigte Buchprüfer, Wirtschaftsprüfungsgesellschaften oder Buchprüfungsgesellschaften (§ 36a Absatz 3 Nummer 2 WPO) sind folgende, gegen die in 1 genannten Berufsangehörigen gerichteten Vorgänge mitzuteilen:

a) Forderungsklagen und die hierzu ergangenen Entscheidungen oder geschlossenen Vergleiche;
b) Feststellungsklagen wegen Amtspflichtverletzungen und die hierzu ergangenen Entscheidungen oder geschlossenen Vergleiche; von der Beifügung von Anlagen zu einer Klageschrift zu den Buchstaben a oder b ist in der Regel abzusehen;
c) Räumungsklagen und die hierzu ergangenen Entscheidungen oder geschlossenen Vergleiche;
d) Vollstreckungsbescheide, soweit diese nicht im automatisierten gerichtlichen Mahnverfahren erstellt werden;
e) Arrestgesuche und die hierzu ergangenen Entscheidungen;
f) folgende Anträge, Aufträge und Entscheidungen im Rahmen der Zwangsvollstreckung und des Insolvenzverfahrens:

---

[1] *Nr. XXIV/1 einl. Satzteil geänd.,* Nr. 3 neu gef. mWv 1.10.2021 durch AV v. 9.8.2021 (BAnz AT 16.09.2021 B3).

[2] Nr. XXIV/2 Abs. 1 Buchst. f Doppelbuchst. bb und cc dritter Spiegelstrich sowie Doppelbuchst. ee und ff geänd., Doppelbuchst. dd neu gef. mWv 1.10.2014 durch AV v. 15.9.2014 (BAnz AT 29.09.2014 B1); Abs. 1 einl. Satzteil geänd. mWv 1.10.2021 durch AV v. 9.8.2021 (BAnz AT 16.09.2021 B3); Abs. 1 einl. Satzteil neu gef., Buchst. h geänd. mWv 1.10.2021 durch AV v. 9.8.2021 (BAnz AT 16.09.2021 B3).

aa) Anträge auf Anordnung der Zwangsversteigerung, der Zwangsverwaltung oder auf Eintragung einer Sicherungshypothek und die hierzu ergangenen Entscheidungen;

bb) Entscheidungen in Insolvenzverfahren, einschließlich der Eröffnungsverfahren, sowie Entscheidungen in noch anhängigen Konkurs-, Vergleichs- und Gesamtvollstreckungsverfahren;

cc) Anträge und Aufträge wegen Pfändungsmaßnahmen, z.B.
– Vollstreckungsaufträge nach § 808 ZPO[1)],
– Anträge auf Pfändung von Geldforderungen und anderen Vermögensrechten nach §§ 829 ff., 857 ZPO,
– Anträge auf Räumungszwangsvollstreckung nach § 885 ZPO und deren Ergebnisse (Pfändungs- und Pfandabstandsprotokolle, Mitteilungen nach § 32 GVGA[2)]);

dd) Hinterlegung von Vermögensverzeichnissen nach § 802f Absatz 6 ZPO oder § 284 Absatz 7 Satz 4 AO und Anträge auf Haftanordnung nach § 802g Absatz 1 ZPO sowie die hierzu ergangenen Entscheidungen;

ee) Eintragungen in das Schuldnerverzeichnis nach § 882c ZPO, § 284 Absatz 9 AO oder § 26 Absatz 2 InsO[3)];

ff) Verhaftungsaufträge nach § 802g Absatz 2 ZPO und deren Erledigung;

gg) Anträge nach den §§ 888, 890 ZPO und deren Erledigung;

g) die Zustellung vollstreckbarer Urkunden und deren Gegenstand;

h) Anträge auf Bestellung eines Betreuers nach § 1814 BGB[4)] und die hierzu ergangenen Entscheidungen;

i) Anträge und jede richterliche Entscheidung auf Anordnung oder Fortdauer einer Freiheitsentziehung nach dem Buch 7 des Gesetzes über das Verfahren in Familiensachen und in den Angelegenheiten der freiwilligen Gerichtsbarkeit (FamFG) und den Unterbringungsgesetzen der Länder.

(2) Die Mitteilungen sind entsprechend der jeweiligen Verfahrenszuständigkeit von der Richterin oder dem Richter, der Rechtspflegerin oder dem Rechtspfleger, der Urkundsbeamtin oder dem Urkundsbeamten der Geschäftsstelle bzw. der Gerichtsvollzieherin oder dem Gerichtsvollzieher zu veranlassen.

3.[5)] Einschränkung der Mitteilungspflichten

(1) Eine Mitteilung unterbleibt,

1. soweit sie schutzwürdige Interessen einer betroffenen Person beeinträchtigen würde und das Informationsinteresse des Empfängers das Interesse der betroffenen Person an dem Unterbleiben der Übermittlung nicht überwiegt (§ 10 Absatz 2 Satz 1 Nummer 1 StBerG oder § 36a Absatz 4 Satz 1 Nummer 1 WPO), oder
2. soweit besondere gesetzliche Verwendungsregelungen entgegenstehen (§ 10 Absatz 2 Satz 1 Nummer 2 StBerG, § 36a Absatz 4 Satz 1 Nummer 2 WPO).

---

1) **Habersack, Deutsche Gesetze Nr. 100.**
2) Nr. **109.**
3) **Habersack, Deutsche Gesetze Nr. 110.**
4) **Habersack, Deutsche Gesetze Nr. 20.**
5) Nr. XXIV/3 Abs. 1 Nr. 1 und 2 neu gef. mWv 1.10.2021 durch AV v. 9.8.2021 (BAnz AT 16.09. 2021 B3).

(2) Eine Mitteilung ist zu berichtigen, wenn sich herausstellt, dass sie unrichtig war oder unrichtig geworden ist.

(3) Die Entscheidung trifft entsprechend der jeweiligen Verfahrenszuständigkeit die Richterin oder der Richter, die Rechtspflegerin oder der Rechtspfleger, die Urkundsbeamtin oder der Urkundsbeamte der Geschäftsstelle bzw. die Gerichtsvollzieherin oder der Gerichtsvollzieher.

4.[1] Mitteilungspflichtige Stellen, Inhalt und Form der Mitteilungen

(1) Neben den allgemeinen Vorschriften gilt ergänzend:

a) Bei Aufträgen, die unmittelbar bei den Gerichtsvollziehern eingehen, werden die Mitteilungen von den Gerichtsvollziehern erstellt und dem Empfänger übersandt;
b) Anträge und Aufträge im Rahmen der Zwangsvollstreckung sowie deren Erledigung und gerichtliche Entscheidungen sind unverzüglich mitzuteilen. Bei gerichtlichen Entscheidungen ist zugleich anzugeben, ob und seit wann diese rechtskräftig oder angefochten sind;
c) gerichtliche Entscheidungen sind abweichend von Allg/5 Absatz 2 Nummer 1 durch Übersendung einer vollständigen Ausfertigung mitzuteilen; diese ist mit Rechtskraftvermerk zu versehen, wenn gegen die Entscheidung ein befristetes Rechtsmittel statthaft war.

(2) Aus der Mitteilung sollen sich, soweit dies nicht bereits aus dem mitzuteilenden Schriftstück ersichtlich ist, ergeben

a) die absendende Stelle und das Aktenzeichen;
b) Name und Anschrift des Klägers (Antragstellers, Auftraggebers, Gläubigers) und des Beklagten (Antragsgegners, Schuldners);
c) der Klage- oder Antragsgrund – bei Geldforderungen auch die Höhe des Betrages –, bei Maßnahmen der Zwangsvollstreckung die Bezeichnung des Vollstreckungstitels unter Angabe des Aktenzeichens und des Gerichts oder der Stelle, die den Vollstreckungstitel erlassen hat;
d) bei Aufträgen an den Gerichtsvollzieher der Name und die Anschrift des Gerichtsvollziehers sowie die Dienstregisternummer.

(3) 1 Mitteilungspflichtige Stelle für die Hinterlegung von Vermögensverzeichnissen nach § 802f Absatz 6 ZPO[2] und § 284 Absatz 7 Satz 4 AO ist das zentrale Vollstreckungsgericht. 2 Eine Mitteilung muss nur ergehen, soweit die das Vermögensverzeichnis hinterlegende Stelle das zentrale Vollstreckungsgericht über den Mitteilungsfall gesondert in Kenntnis setzt. 3 Wird das Vermögensverzeichnis gemäß § 802f Absatz 6 ZPO von einem Gerichtsvollzieher hinterlegt, setzt er nach Erhalt der Eintragungsmitteilung (§ 5 Absatz 2 Satz 3 VermVV[3]) das zentrale Vollstreckungsgericht unter Angabe der Verfahrensnummer über eine aus der Eintragung resultierende Mitteilungspflicht in Kenntnis.

(4) 1 Mitteilungspflichtige Stelle für Eintragungen in das Schuldnerverzeichnis nach § 882c ZPO, § 284 Absatz 9 AO und § 26 Absatz 2 InsO[4] ist das zentrale Vollstreckungsgericht. 2 Eine Mitteilung muss nur ergehen, soweit die die Eintra-

---

[1] *Nr. XXIV/4 Abs. 3 neu gef., Abs. 4 eingef.*, bish. Abs. 3 wird Abs. 5 mWv 1.10.2014 durch AV v. 15.9.2014 (BAnz AT 29.09.2014 B1); Abs. 5 Nr. 2 neu gef., Nr. 3 geänd. mWv 1.10.2023 durch AV v. 3.8.2023 (BAnz AT 22.09.2023 B1).
[2] **Habersack, Deutsche Gesetze Nr. 100.**
[3] **Habersack, Deutsche Gesetze Nr. 102b.**
[4] **Habersack, Deutsche Gesetze Nr. 110.**

gung in das Schuldnerverzeichnis anordnende Stelle das zentrale Vollstreckungsgericht über den Mitteilungsfall gesondert in Kenntnis setzt. [3] Wird eine Eintragung gemäß § 882c ZPO von einem Gerichtsvollzieher oder gemäß § 26 Absatz 2 InsO von dem Insolvenzgericht angeordnet, setzt die anordnende Stelle nach Erhalt der Eintragungsmitteilung (§ 3 Absatz 2 Satz 2 SchuFV[1)]) das zentrale Vollstreckungsgericht unter Angabe der Verfahrensnummer über eine aus der Eintragung resultierende Mitteilungspflicht in Kenntnis. [4] Mitgeteilt wird nur der Inhalt der Eintragung sowie die absendende Stelle.

(5) Mitteilungen sind zu richten

1. bei Steuerberatern und Steuerbevollmächtigten an die Steuerberaterkammer, in deren Kammerbezirk der Steuerberater oder Steuerbevollmächtigte seine berufliche Niederlassung hat (§ 46 Absatz 4 Satz 1 und 2, § 73 Absatz 1 Satz 1 StBerG);
2. bei Berufsausübungsgesellschaften nach den §§ 49, 50 StBerG an die Steuerberaterkammer, in deren Kammerbezirk die Berufsausübungsgesellschaft ihren Sitz hat (§ 53 Absatz 1 Satz 1, § 74 Absatz 1 Satz 1 StBerG);
3. bei Wirtschaftsprüfern, Wirtschaftsprüfungsgesellschaften, vereidigten Buchprüfern und Buchprüfungsgesellschaften an die Wirtschaftsprüferkammer (§§ 57, 58 Absatz 1, § 128 Absatz 3 WPO).

Anmerkung: Die zuständigen Steuerberaterkammern sind in den Anmerkungen zu XXI/4 aufgeführt.

XXV. Mitteilungen betreffend Lohnsteuerhilfevereine

1.[2)] Mitteilungen betreffend Lohnsteuerhilfevereine

(1) Für die Prüfung und Ergreifung von Maßnahmen im Zusammenhang mit der Rücknahme oder dem Widerruf der Anerkennung als Lohnsteuerhilfeverein (§ 10 Absatz 1 Nummer 3 in Verbindung mit § 20 Absatz 1 und 2 StBerG) oder der Schließung der Beratungsstelle eines Lohnsteuerhilfevereins (§ 10 Absatz 1 Nummer 5 in Verbindung mit § 28 Absatz 5 StBerG) sind folgende gegen Lohnsteuerhilfevereine oder deren Beratungsstellenleiter gerichtete Vorgänge mitzuteilen:

a) Forderungsklagen und die hierzu ergangenen Entscheidungen oder geschlossenen Vergleiche;

b) Feststellungsklagen wegen Amtspflichtverletzung und die hierzu ergangenen Entscheidungen oder geschlossenen Vergleiche;

von der Beifügung von Anlagen zu einer Klageschrift zu den Buchstaben a oder b ist in der Regel abzusehen;

c) Räumungsklagen und die hierzu ergangenen Entscheidungen oder geschlossenen Vergleiche;

d) Vollstreckungsbescheide, soweit diese nicht im automatisierten gerichtlichen Mahnverfahren erstellt werden;

e) Arrestgesuche und die hierzu ergangenen Entscheidungen;

[1)] **Habersack, Deutsche Gesetze Nr. 102.**

[2)] Nr. XXV/1 Abs. 1 Buchst. f Doppelbuchst. bb und cc dritter Spiegelstrich sowie Doppelbuchst. ee und ff geänd., Doppelbuchst. dd neu gef. mWv 1.10.2014 durch AV v. 15.9.2014 (BAnz AT 29.09.2014 B1); Abs. 1 einl. Satzteil geänd. mWv 1.10.2021 durch AV v. 9.8.2021 (BAnz AT 16.09.2021 B3); Abs. 1 einl. Satzteil, Buchst. h geänd. mWv 1.10.2023 durch AV v. 3.8.2023 (BAnz AT 22.09.2023 B1).

f) folgende Anträge, Aufträge und Entscheidungen im Rahmen der Zwangsvollstreckung und des Insolvenzverfahrens:
   aa) Anträge auf Anordnung der Zwangsversteigerung, der Zwangsverwaltung oder auf Eintragung einer Sicherungshypothek und die hierzu ergangenen Entscheidungen;
   bb) Entscheidungen in Insolvenzverfahren, einschließlich der Eröffnungsverfahren, sowie Entscheidungen in noch anhängigen Konkurs-, Vergleichs- und Gesamtvollstreckungsverfahren;
   cc) Anträge und Aufträge wegen Pfändungsmaßnahmen, z.B.
      – Vollstreckungsaufträge nach § 808 ZPO[1],
      – Anträge auf Pfändung von Geldforderungen und anderen Vermögensrechten nach §§ 829 ff., 857 ZPO,
      – Anträge auf Räumungszwangsvollstreckung nach § 885 ZPO und deren Ergebnisse (Pfändungs- und Pfandabstandsprotokolle, Mitteilungen nach § 32 GVGA[2]);
   dd) Hinterlegung von Vermögensverzeichnissen nach § 802f Absatz 6 ZPO oder § 284 Absatz 7 Satz 4 AO und Anträge auf Haftanordnung nach § 802g Absatz 1 ZPO sowie die hierzu ergangenen Entscheidungen;
   ee) Eintragungen in das Schuldnerverzeichnis nach § 882c ZPO, § 284 Absatz 9 AO oder § 26 Absatz 2 InsO[3];
   ff) Verhaftungsaufträge nach § 802g Absatz 2 ZPO und deren Erledigung;
   gg) Anträge nach §§ 888, 890 ZPO und deren Erledigung;

g) die Zustellung vollstreckbarer Urkunden und deren Gegenstand;

h) Anträge auf Bestellung eines Betreuers nach § 1814 BGB[4] und die hierzu ergangenen Entscheidungen;

i) Anträge und jede richterliche Entscheidung auf Anordnung oder Fortdauer einer Freiheitsentziehung nach dem Buch 7 des Gesetzes über das Verfahren in Familiensachen und in den Angelegenheiten der Freiwilligen Gerichtsbarkeit (FamFG) und den Unterbringungsgesetzen der Länder.

(2) Die Mitteilungen sind entsprechend der jeweiligen Verfahrenszuständigkeit von der Richterin oder dem Richter, der Rechtspflegerin oder dem Rechtspfleger, der Urkundsbeamtin oder dem Urkundsbeamten der Geschäftsstelle bzw. der Gerichtsvollzieherin oder dem Gerichtsvollzieher zu veranlassen.

2.[5] Einschränkung der Mitteilungspflichten

(1) Eine Mitteilung unterbleibt,

1. soweit hierdurch schutzwürdige Interessen des Betroffenen beeinträchtigt werden und das Informationsinteresse des Empfängers das Geheimhaltungsinteresse des Betroffenen nicht überwiegt (§ 10 Absatz 2 Satz 1 Nummer 1 StBerG);
2. wenn besondere gesetzliche Verwendungsregelungen entgegenstehen (§ 10 Absatz 2 Satz 1 Nummer 2 StBerG).

(2) Eine Mitteilung ist zu berichtigen, wenn sich herausstellt, dass sie unrichtig war oder unrichtig geworden ist.

---

[1] **Habersack, Deutsche Gesetze Nr. 100.**
[2] Nr. **109**.
[3] **Habersack, Deutsche Gesetze Nr. 110.**
[4] **Habersack, Deutsche Gesetze Nr. 20.**
[5] Nr. XXV/2 Abs. 1 neu gef. mWv 1.10.2023 durch AV v. 3.8.2023 (BAnz AT 22.09.2023 B1).

(3) Die Entscheidung trifft entsprechend der jeweiligen Verfahrenszuständigkeit die Richterin oder der Richter, die Rechtspflegerin oder der Rechtspfleger, die Urkundsbeamtin oder der Urkundsbeamte der Geschäftsstelle bzw. die Gerichtsvollzieherin oder der Gerichtsvollzieher.

3.[1)] Mitteilungspflichtige Stellen, Inhalt und Form der Mitteilungen

(1) Neben den Allgemeinen Vorschriften gilt ergänzend:

a) Bei Aufträgen, die unmittelbar bei den Gerichtsvollziehern eingehen, werden die Mitteilungen von den Gerichtsvollziehern erstellt und dem Empfänger übersandt;

b) Anträge und Aufträge im Rahmen der Zwangsvollstreckung sowie deren Erledigung und gerichtliche Entscheidungen sind unverzüglich mitzuteilen. Bei gerichtlichen Entscheidungen ist zugleich anzugeben, ob und seit wann diese rechtskräftig oder angefochten sind;

c) gerichtliche Entscheidungen sind abweichend von Allg/5 Absatz 2 Nummer 1 durch Übersendung einer vollständigen Ausfertigung mitzuteilen; diese ist mit Rechtskraftvermerk zu versehen, wenn gegen die Entscheidung ein befristetes Rechtsmittel statthaft war.

(2) Aus der Mitteilung sollen sich, soweit dies nicht bereits aus dem mitzuteilenden Schriftstück ersichtlich ist, ergeben

a) die absendende Stelle und das Aktenzeichen;

b) Name und Anschrift des Klägers (Antragstellers, Auftraggebers, Gläubigers) und des Beklagten (Antraggegners, Schuldners);

c) der Klage- oder Antragsgrund, bei Geldforderungen auch die Höhe des Betrages, bei Maßnahmen der Zwangsvollstreckung die Bezeichnung des Vollstreckungstitels unter Angabe des Aktenzeichens und des Gerichts oder der Stelle, die den Vollstreckungstitel erlassen hat;

d) bei Aufträgen an den Gerichtsvollzieher der Name und die Anschrift des Gerichtsvollziehers sowie die Dienstregisternummer.

(3) [1] Mitteilungspflichtige Stelle für die Hinterlegung von Vermögensverzeichnissen nach § 802f Absatz 6 ZPO[2)] und § 284 Absatz 7 Satz 4 AO ist das zentrale Vollstreckungsgericht. [2] Eine Mitteilung muss nur ergehen, soweit die das Vermögensverzeichnis hinterlegende Stelle das zentrale Vollstreckungsgericht über den Mitteilungsfall gesondert in Kenntnis setzt. [3] Wird das Vermögensverzeichnis gemäß § 802f Absatz 6 ZPO von einem Gerichtsvollzieher hinterlegt, setzt er nach Erhalt der Eintragungsmitteilung (§ 5 Absatz 2 Satz 3 VermVV[3)]) das zentrale Vollstreckungsgericht unter Angabe der Verfahrensnummer über eine aus der Eintragung resultierende Mitteilungspflicht in Kenntnis.

(4) [1] Mitteilungspflichtige Stelle für Eintragungen in das Schuldnerverzeichnis nach § 882c ZPO, § 284 Absatz 9 AO und § 26 Absatz 2 InsO[4)] ist das zentrale Vollstreckungsgericht. [2] Eine Mitteilung muss nur ergehen, soweit die die Eintra-

---

[1)] Nr. XXV/3 Abs. 3 neu gef., Abs. 4 eingef., bish. Abs. 3 wird Abs. 5, Anm. geänd. mWv 1.10.2014 durch AV v. 15.9.2014 (BAnz AT 29.09.2014 B1); Anm. geänd. mWv 1.10.2016 durch AV v. 23.12.2016 (BAnz AT 24.05.2017 B1); Anm. geänd. mWv 1.10.2018 durch AV v. 23.11.2018 (BAnz AT 24.12.2018 B2); Anm. geänd. mWv 1.10.2021 durch AV v. 9.8.2021 (BAnz AT 16.09.2021 B3); Anm. geänd. mWv 1.10.2023 durch AV v. 3.8.2023 (BAnz AT 22.09.2023 B1).

[2)] **Habersack, Deutsche Gesetze Nr. 100.**

[3)] **Habersack, Deutsche Gesetze Nr. 102b.**

[4)] **Habersack, Deutsche Gesetze Nr. 110.**

gung in das Schuldnerverzeichnis anordnende Stelle das zentrale Vollstreckungsgericht über den Mitteilungsfall gesondert in Kenntnis setzt. [3] Wird eine Eintragung gemäß § 882c ZPO von einem Gerichtsvollzieher oder gemäß § 26 Absatz 2 InsO von dem Insolvenzgericht angeordnet, setzt die anordnende Stelle nach Erhalt der Eintragungsmitteilung (§ 3 Absatz 2 Satz 2 SchuFV[1)]) das zentrale Vollstreckungsgericht unter Angabe der Verfahrensnummer über eine aus der Eintragung resultierende Mitteilungspflicht in Kenntnis. [4] Mitgeteilt wird nur der Inhalt der Eintragung sowie die absendende Stelle.

(5) Mitteilungen sind zu richten an diejenige in der Anmerkung angegebene Aufsichtsbehörde, in deren Bundesland der Lohnsteuerhilfeverein seinen Sitz hat.

Anmerkung: Zuständige Aufsichtsbehörden sind

in **Baden-Württemberg:**
Oberfinanzdirektion Karlsruhe
Moltkestraße 50
76133 Karlsruhe

in **Bayern:**
Bayerisches Landesamt für Steuern
Krelingstraße 50
90408 Nürnberg

in **Berlin:**
Finanzamt für Körperschaften I
Bredtschneiderstraße 5
14057 Berlin

in **Brandenburg:**
Technisches Finanzamt Cottbus
Lipezker Straße 45, Haus 2
03048 Cottbus

in **Bremen:**
Finanzamt Bremen
Rudolf-Hilferding-Platz 1
28195 Bremen

in **Hamburg:**
Finanzamt Hamburg-Nord
Borsteler Chaussee 45
22453 Hamburg

in **Hessen:**
Oberfinanzdirektion Frankfurt am Main
Zum Gottschalkhof 3
60594 Frankfurt am Main

in **Mecklenburg-Vorpommern:**
Finanzamt Rostock
Möllner Straße 13
18109 Rostock

in **Niedersachsen:**
Landesamt für Steuern Niedersachsen
Waterloostraße 5
30169 Hannover

[1)] **Habersack, Deutsche Gesetze Nr. 102.**

in **Nordrhein-Westfalen:**
Oberfinanzdirektion NRW, Standort Köln, Tunisstraße 23, 50667 Köln
oder
Oberfinanzdirektion NRW, Standort Münster, Albersloher Weg 250, 48155 Münster

in **Rheinland-Pfalz:**
Landesamt für Steuern
Ferdinand-Sauerbruch-Straße 17
56073 Koblenz

im **Saarland:**
Ministerium der Finanzen und für Wissenschaft
Am Stadtgraben 6-8
66111 Saarbrücken

in **Sachsen:**
Landesamt für Steuern und Finanzen
Stauffenbergallee 2
01099 Dresden

in **Sachsen-Anhalt:**
Ministerium der Finanzen des Landes Sachsen-Anhalt
Editharing 40
39108 Magdeburg

in **Schleswig-Holstein:**
Finanzamt Neumünster
Bahnhofstraße 9
24534 Neumünster

in **Thüringen:**
Thüringer Finanzministerium
Ludwig-Erhard-Ring 7
99099 Erfurt

Anlagen. *(hier nicht wiedergegeben)*

103c. Verordnung (EU) 2020/1784 des Europäischen Parlaments und des Rates vom 25. November 2020 über die Zustellung gerichtlicher und außergerichtlicher Schriftstücke in Zivil- oder Handelssachen in den Mitgliedstaaten (Zustellung von Schriftstücken)

(Neufassung)

(ABl. L 405 vom 2.12.2020, S. 40, ELI: http://data.europa.eu/eli/reg/2020/1784/oj)

Celex-Nr. 3 2020 R 1784

DAS EUROPÄISCHE PARLAMENT UND DER RAT DER EUROPÄISCHEN UNION –

gestützt auf den Vertrag über die Arbeitsweise der Europäischen Union[1], insbesondere auf Artikel 81 Absatz 2,

auf Vorschlag der Europäischen Kommission,

nach Zuleitung des Entwurfs des Gesetzgebungsakts an die nationalen Parlamente,

nach Stellungnahme des Europäischen Wirtschafts- und Sozialausschusses[2],

nach Anhörung des Ausschusses der Regionen,

gemäß dem ordentlichen Gesetzgebungsverfahren[3],

in Erwägung nachstehender Gründe:

(1) Die Verordnung (EG) Nr. 1393/2007 des Europäischen Parlaments und des Rates[4] ist bereits früher geändert worden. Da weitere erhebliche Änderungen vorgenommen werden müssen, sollte die Verordnung im Interesse der Klarheit neu gefasst werden.

(2) Die Union hat sich zum Ziel gesetzt, die Union als einen Raum der Freiheit, der Sicherheit und des Rechts, in dem die Freizügigkeit gewährleistet ist, zu erhalten und weiterzuentwickeln. Um diesen Raum aufzubauen, erlässt die Union unter anderem im Bereich der justiziellen Zusammenarbeit in Zivilsachen die für das reibungslose Funktionieren des Binnenmarkts erforderlichen Maßnahmen.

(3) Für das reibungslose Funktionieren des Binnenmarkts und die Entwicklung eines Rechtsraums in Zivilsachen in der Union muss die Übermittlung und Zustellung gerichtlicher und außergerichtlicher Schriftstücke zwischen den Mitgliedstaaten in Zivil- oder Handelssachen weiter verbessert und beschleunigt und zugleich ein hohes Maß an Sicherheit und Schutz bei der Übermittlung solcher Schriftstücke – unter Wahrung des Schutzes der Rechte der Empfänger sowie des Schutzes der Privatsphäre und der personenbezogenen Daten – sichergestellt werden. Diese

---

[1] **Sartorius Nr. 1001.**

[2] **Amtl. Anm.:** ABl. C 62 vom 15.2.2019, S. 56.

[3] **Amtl. Anm.:** Standpunkt des Europäischen Parlaments vom 13. Februar 2019 (noch nicht im Amtsblatt veröffentlicht) und Standpunkt des Rates in erster Lesung vom 4. November 2020 (noch nicht im Amtsblatt veröffentlicht). Standpunkt des Europäischen Parlaments vom 23. November 2020 (noch nicht im Amtsblatt veröffentlicht).

[4] **Amtl. Anm.:** Verordnung (EG) Nr. 1393/2007 des Europäischen Parlaments und des Rates vom 13. November 2007 über die Zustellung gerichtlicher und außergerichtlicher Schriftstücke in Zivil- oder Handelssachen in den Mitgliedstaaten (Zustellung von Schriftstücken) und zur Aufhebung der Verordnung (EG) Nr. 1348/2000 des Rates (ABl. L 324 vom 10.12.2007, S. 79).

Verordnung verfolgt das Ziel, die Effizienz und Schnelligkeit von Gerichtsverfahren durch ihre Vereinfachung und Straffung im Bereich der Zustellung gerichtlicher und außergerichtlicher Schriftstücke in der Union zu verbessern, und gleichzeitig dazu beizutragen, Verzögerungen und Kosten für natürliche Personen und Unternehmen zu verringern. Durch die Schaffung größerer Rechtssicherheit und die Vereinfachung, Straffung und Digitalisierung der Verfahren werden natürliche Personen und Unternehmen dazu ermutigt, sich am grenzüberschreitenden Geschäftsverkehr zu beteiligen, wodurch der Handel innerhalb der Union angekurbelt und somit das Funktionieren des Binnenmarkts verbessert wird.

(4) Mit dieser Verordnung werden Regeln über die Zustellung gerichtlicher und außergerichtlicher Schriftstücke in den Mitgliedstaaten in Zivil- oder Handelssachen festgelegt. Sie sollte nicht für die Zustellung gerichtlicher und außergerichtlicher Schriftstücke in anderen Angelegenheiten wie Steuer- und Zollsachen sowie verwaltungsrechtlichen Angelegenheiten gelten.

(5) Bei der grenzüberschreitenden Zustellung sollte es sich um die Zustellung von einem Mitgliedstaat in einen anderen Mitgliedstaat handeln.

(6) Diese Verordnung sollte nicht für die Zustellung von Schriftstücken an einen Bevollmächtigten einer Partei im Forummitgliedstaat gelten, sondern – unabhängig von der Zustellung an den Bevollmächtigten der Partei – für die Zustellung aller Schriftstücke an eine Partei im Ausland, falls diese Zustellung nach dem Recht des Forummitgliedstaats vorgeschrieben ist.

(7) Wenn ein Empfänger keine bekannte Zustelladresse im Forummitgliedstaat, aber eine oder mehrere bekannte Zustelladressen in einem oder mehreren anderen Mitgliedstaaten hat, so sollte das Schriftstück dem betreffenden anderen Mitgliedstaat zwecks Zustellung gemäß dieser Verordnung übermittelt werden. Diese Situation sollte nicht als eine inländische Zustellung im Forummitgliedstaat ausgelegt werden. Insbesondere sollte die Zustellung des Schriftstücks an den Empfänger nicht durch eine Methode der fiktiven Zustellung – wie beispielsweise eine Zustellung durch Anschlag an der Gerichtstafel oder durch Aufbewahrung des Schriftstücks im Gerichtsakt – erfolgen.

(8) Für die Zwecke dieser Verordnung sollte der Begriff „außergerichtliche Schriftstücke" so verstanden werden, dass er von einer Behörde oder einer Amtsperson erstellte oder beglaubigte Schriftstücke umfasst sowie andere Schriftstücke, deren förmliche Übermittlung an einen in einem anderen Mitgliedstaat ansässigen Empfänger zur Geltendmachung, zum Beweis oder zur Wahrung eines Rechts oder Anspruchs in Zivil- oder Handelssachen erforderlich ist. Der Begriff „außergerichtliche Schriftstücke" sollte nicht so verstanden werden, dass er Schriftstücke umfasst, die von Verwaltungsbehörden für die Zwecke von Verwaltungsverfahren ausgestellt werden.

(9) Die Wirksamkeit und Schnelligkeit der gerichtlichen Verfahren in Zivilsachen setzt voraus, dass die Übermittlung gerichtlicher und außergerichtlicher Schriftstücke unmittelbar und auf schnellstmöglichem Wege zwischen den von den Mitgliedstaaten benannten örtlichen Stellen erfolgt. Die Mitgliedstaaten sollten separate Übermittlungs- oder Empfangsstellen oder eine einzige oder mehrere Stellen, die beide Funktionen zugleich wahrnehmen, für einen Zeitraum von fünf Jahren benennen können. Es sollte jedoch möglich sein, diese Benennung alle fünf Jahre zu erneuern.

(10) Um die schnelle Übermittlung von Schriftstücken zwischen den Mitgliedstaaten zum Zwecke der Zustellung sicherzustellen, sollten alle geeigneten modernen Kommunikationstechnologien genutzt werden, vorausgesetzt, be-

103d. Verordnung (EU) 2020/1783 des Europäischen Parlaments und des Rates vom 25. November 2020 über die Zusammenarbeit zwischen den Gerichten der Mitgliedstaaten auf dem Gebiet der Beweisaufnahme in Zivil- oder Handelssachen (Beweisaufnahme)

(Neufassung)

(ABl. L 405 vom 2.12.2020, S. 1, ELI: http://data.europa.eu/eli/reg/2020/1783/oj)

Celex-Nr. 3 2020 R 1783

DAS EUROPÄISCHE PARLAMENT UND DER RAT DER EUROPÄISCHEN UNION –

gestützt auf den Vertrag über die Arbeitsweise der Europäischen Union[1], insbesondere auf Artikel 81 Absatz 2,

auf Vorschlag der Europäischen Kommission,

nach Zuleitung des Entwurfs des Gesetzgebungsakts an die nationalen Parlamente,

nach Stellungnahme des Europäischen Wirtschafts- und Sozialausschusses[2],

nach Anhörung des Ausschusses der Regionen,

gemäß dem ordentlichen Gesetzgebungsverfahren[3],

in Erwägung nachstehender Gründe:

(1) Die Verordnung (EG) Nr. 1206/2001 des Rates[4] ist bereits früher geändert worden. Da weitere erhebliche Änderungen vorgenommen werden müssen, sollte die Verordnung im Interesse der Klarheit neu gefasst werden.

(2) Die Union hat sich zum Ziel gesetzt, die Union als einen Raum der Freiheit, der Sicherheit und des Rechts, in dem die Freizügigkeit gewährleistet ist, zu erhalten und weiterzuentwickeln. Um diesen Raum aufzubauen, erlässt die Union unter anderem im Bereich der justiziellen Zusammenarbeit in Zivilsachen die für das reibungslose Funktionieren des Binnenmarkts erforderlichen Maßnahmen.

(3) Für das reibungslose Funktionieren des Binnenmarkts und die Entwicklung eines Rechtsraums in Zivilsachen in der Union muss die Zusammenarbeit zwischen den Gerichten der verschiedenen Mitgliedstaaten im Bereich der Beweisaufnahme weiter verbessert und beschleunigt werden. Diese Verordnung verfolgt das Ziel, die Effizienz und Schnelligkeit von Gerichtsverfahren durch Vereinfachung und Optimierung der Abläufe bei der grenzüberschreitenden Zusammenarbeit im Rahmen der Beweisaufnahme zu verbessern, und gleichzeitig dazu beizutragen, Verzögerungen und Kosten für natürliche Personen und Unternehmen zu

---

[1] **Sartorius Nr. 1001.**

[2] **Amtl. Anm.:** ABl. C 62 vom 15.2.2019, S. 56.

[3] **Amtl. Anm.:** Standpunkt des Europäischen Parlaments vom 13. Februar 2019 (noch nicht im Amtsblatt veröffentlicht) und Standpunkt des Rates in erster Lesung vom 4. November 2020 (noch nicht im Amtsblatt veröffentlicht), Standpunkt des Europäischen Parlaments vom 23. November 2020 (noch nicht im Amtsblatt veröffentlicht).

[4] **Amtl. Anm.:** Verordnung (EG) Nr. 1206/2001 des Rates vom 28. Mai 2001 über die Zusammenarbeit zwischen den Gerichten der Mitgliedstaaten auf dem Gebiet der Beweisaufnahme in Zivil- oder Handelssachen (ABl. L 174 vom 27.6.2001, S. 1).

verringern. Durch die Schaffung größerer Rechtssicherheit und die Vereinfachung, Straffung und Digitalisierung der Verfahren werden natürliche Personen und Unternehmen dazu ermutigt, sich am grenzüberschreitenden Geschäftsverkehr zu beteiligen, wodurch der Handel innerhalb der Union angekurbelt und somit das Funktionieren des Binnenmarkts verbessert wird.

(4) Mit dieser Verordnung werden Regeln über die Zusammenarbeit zwischen den Gerichten der verschiedenen Mitgliedstaaten bei der grenzüberschreitenden Beweisaufnahme in Zivil- oder Handelssachen festgelegt.

(5) Für die Zwecke dieser Verordnung sollte der Begriff „Gericht" auch Behörden einschließen, die gerichtliche Funktionen ausüben oder in Ausübung einer Befugnisübertragung durch ein Gericht oder unter der Aufsicht eines Gerichts handeln und nach nationalem Recht zur Beweisaufnahme für die Zwecke von Gerichtsverfahren in Zivil- oder Handelssachen befugt sind. Das schließt insbesondere Behörden ein, die in Anwendung anderer Rechtsakte der Union, beispielsweise der Verordnung (EU) 2019/1111[1)] des Rates[2)] und der Verordnungen (EU) Nr. 1215/2012[3) 4)] und (EU) Nr. 650/2012[5) 6)] des Europäischen Parlaments und des Rates, als Gerichte gelten.

(6) Damit ein Höchstmaß an Klarheit und Rechtssicherheit gewährleistet ist, sollten die Ersuchen um Beweisaufnahme unter Verwendung eines Formblatts übermittelt werden, das in der Sprache des Mitgliedstaats des ersuchten Gerichts oder in einer anderen von diesem Mitgliedstaat anerkannten Sprache auszufüllen ist. Aus denselben Gründen empfiehlt es sich, auch für die weitere Kommunikation zwischen den betreffenden Gerichten soweit wie möglich Formblätter zu verwenden.

(7) Um eine schnelle Übermittlung von Ersuchen und Mitteilungen zwischen den Mitgliedstaaten zu Beweisaufnahmezwecken sicherzustellen, sollten alle geeigneten modernen Kommunikationstechnologien genutzt werden. Daher sollten in der Regel jede Kommunikation und jeder Austausch von Schriftstücken über ein sicheres und zuverlässiges dezentrales IT-System erfolgen, das nationale IT-Systeme umfasst, die vernetzt und technisch interoperabel sind, wie beispielsweise – unbeschadet der weiteren technologischen Entwicklung – auf e-CODEX beruhend. Dementsprechend sollte ein dezentrales IT-System für den Datenaustausch nach dieser Verordnung eingerichtet werden. Der dezentrale Charakter dieses IT-Systems würde den Datenaustausch ausschließlich zwischen einem Mitgliedstaat und einem anderen ermöglichen, ohne dass eines der Organe der Union an diesem Austausch beteiligt ist.

(8) Unbeschadet eines möglichen künftigen technologischen Fortschritts sollten das sichere dezentrale IT-System und seine Bestandteile nicht zwingend als qualifizierter Dienst für die Zustellung elektronischer Einschreiben im Sinne

---

1) Nr. **103b**.

2) **Amtl. Anm.:** Verordnung (EU) 2019/1111 des Rates vom 25. Juni 2019 über die Zuständigkeit, die Anerkennung und Vollstreckung von Entscheidungen in Ehesachen und in Verfahren betreffend die elterliche Verantwortung und über internationale Kindesentführungen (ABl. L 178 vom 2.7.2019, S. 1).

3) Nr. **103**.

4) **Amtl. Anm.:** Verordnung (EU) Nr. 1215/2012 des Europäischen Parlaments und des Rates vom 12. Dezember 2012 über die gerichtliche Zuständigkeit und die Anerkennung und Vollstreckung von Entscheidungen in Zivil- und Handelssachen (ABl. L 351 vom 20.12.2012, S. 1).

5) Nr. **21e**.

6) **Amtl. Anm.:** Verordnung (EU) Nr. 650/2012 des Europäischen Parlaments und des Rates vom 4. Juli 2012 über die Zuständigkeit, das anzuwendende Recht, die Anerkennung und Vollstreckung von Entscheidungen und die Annahme und Vollstreckung öffentlicher Urkunden in Erbsachen sowie zur Einführung eines Europäischen Nachlasszeugnisses (ABl. L 201 vom 27.7.2012, S. 107).

105d. Gesetz über Musterverfahren in kapitalmarktrechtlichen Streitigkeiten (Kapitalanleger-Musterverfahrensgesetz – KapMuG)[1)]

Vom 19. Oktober 2012
(BGBl. I S. 2182)

FNA 310-24

Lfd. Nr.	Änderndes Gesetz	Datum	Fundstelle	Betroffen	Hinweis
1.	Art. 9 G zur Reform des KapMuG und zur Änd. and. Vorschriften	19.10. 2012	BGBl. I S. 2182	§ 12	geänd. mWv 1.7.2013
2.	Art. 3 AIFM-UmsetzungsG[2)]	4.7.2013	BGBl. I S. 1981	§ 1	geänd. mWv 22.7.2013
3.	Art. 147 Zehnte ZuständigkeitsanpassungsVO	31.8.2015	BGBl. I S. 1474	§ 4	geänd. mWv 8.9.2015
4.	Art. 3 G zur Umsetzung der TransparenzRL-ÄndRL	20.11. 2015	BGBl. I S. 2029	§ 1	geänd. mWv 26.11.2015
5.	Art. 16 Abs. 1 Erstes FinanzmarktnovellierungsG	30.6.2016	BGBl. I S. 1514	§ 1	geänd. mWv 2.7.2016
6.	Art. 24 Abs. 1 Zweites FinanzmarktnovellierungsG	23.6.2017	BGBl. I S. 1693	§ 1	geänd. mWv 3.1.2018
7.	Art. 8 Abs. 2 G zur weiteren Ausführung der EU-ProspektVO und zur Änd. von Finanzmarktgesetzen	8.7.2019	BGBl. I S. 1002	§ 1	geänd. mWv 21.7.2019
8.	Art. 1 G zur Änd. des Kapitalanleger-MusterverfahrensG	16.10. 2020	BGBl. I S. 2186	§ 28	geänd. mWv 23.10.2020
9.	Art. 7 VerbandsklagenrichtlinienumsetzungsG (VRUG)[3)]	8.10.2023	BGBl. 2023 I Nr. 272	§ 28	geänd. mWv 13.10.2023

[1)] Verkündet als Art. 1 G v. 19.10.2012 (BGBl. I S. 2182); Inkrafttreten gem. Art. 10 Abs. 1 dieses G am 1.11.2012, **Außerkrafttreten mit Ablauf des 31.8.2024**, vgl. § 28.

[2)] **Amtl. Anm.:** Dieses Gesetz dient der Umsetzung der Richtlinie 2009/65/EG des Europäischen Parlaments und des Rates vom 13. Juli 2009 zur Koordinierung der Rechts- und Verwaltungsvorschriften betreffend bestimmte Organismen für gemeinsame Anlagen in Wertpapieren (OGAW) (ABl. L 302 vom 17.11.2009, S. 1), der Richtlinie 2011/61/EU des Europäischen Parlaments und des Rates vom 8. Juni 2011 über die Verwalter alternativer Investmentfonds und zur Änderung der Richtlinien 2003/41/EG und 2009/65/EG und der Verordnungen (EG) Nr. 1060/2009 und (EU) Nr. 1095/2010 (ABl. L 174 vom 1.7.2011, S. 1) sowie der Anpassung an die Verordnung (EU) Nr. 345/2013 des Europäischen Parlaments und des Rates vom 17. April 2013 über Europäische Risikokapitalfonds (ABl. L 115 vom 25.4.2013, S. 1) und die Verordnung (EU) Nr. 346/2013 des Europäischen Parlaments und des Rates vom 17. April 2013 über Europäische Fonds für soziales Unternehmertum (ABl. L 115 vom 25.4.2013, S. 18).

[3)] **Amtl. Anm.:** Dieses Gesetz dient der Umsetzung der Richtlinie (EU) 2020/1828 des Europäischen Parlaments und des Rates vom 25. November 2020 über Verbandsklagen zum Schutz der Kollektivinteressen der Verbraucher und zur Aufhebung der Richtlinie 2009/22/EG (ABl. L 409 vom 4.12.2020, S. 1).

Inhaltsübersicht

Abschnitt 1. Musterverfahrensantrag; Vorlageverfahren

§ 1 Anwendungsbereich
§ 2 Musterverfahrensantrag
§ 3 Zulässigkeit des Musterverfahrensantrags
§ 4 Klageregister; Verordnungsermächtigung
§ 5 Unterbrechung des Verfahrens
§ 6 Vorlage an das Oberlandesgericht; Verordnungsermächtigung
§ 7 Sperrwirkung des Vorlagebeschlusses
§ 8 Aussetzung

Abschnitt 2. Durchführung des Musterverfahrens

§ 9 Beteiligte des Musterverfahrens
§ 10 Bekanntmachung des Musterverfahrens; Anmeldung eines Anspruchs
§ 11 Allgemeine Verfahrensregeln; Verordnungsermächtigung
§ 12 Vorbereitung des Termins; Schriftsätze
§ 13 Wirkung von Rücknahmen; Verfahrensbeendigung
§ 14 Rechtsstellung der Beigeladenen
§ 15 Erweiterung des Musterverfahrens
§ 16 Musterentscheid
§ 17 Vergleichsvorschlag
§ 18 Genehmigung des Vergleichs
§ 19 Bekanntmachung des Vergleichs; Austritt
§ 20 Rechtsbeschwerde
§ 21 Musterrechtsbeschwerdeführer

Abschnitt 3. Wirkung des Musterentscheids und des Vergleichs; Kosten

§ 22 Wirkung des Musterentscheids
§ 23 Wirkung des Vergleichs
§ 24 Gegenstand der Kostenentscheidung im Ausgangsverfahren
§ 25 Verstoß gegen die Vorlagevoraussetzungen an das Oberlandesgericht
§ 26 Kostenentscheidung im Rechtsbeschwerdeverfahren
§ 27 Übergangsvorschrift
§ 28 Außerkrafttreten

Abschnitt 1. Musterverfahrensantrag; Vorlageverfahren

§ 1[1] **Anwendungsbereich.** (1) Dieses Gesetz ist anwendbar in bürgerlichen Rechtsstreitigkeiten, in denen

1. ein Schadensersatzanspruch wegen falscher, irreführender oder unterlassener öffentlicher Kapitalmarktinformation,
2. ein Schadensersatzanspruch wegen Verwendung einer falschen oder irreführenden öffentlichen Kapitalmarktinformation oder wegen Unterlassung der gebotenen Aufklärung darüber, dass eine öffentliche Kapitalmarktinformation falsch oder irreführend ist, oder
3. ein Erfüllungsanspruch aus Vertrag, der auf einem Angebot nach dem Wertpapiererwerbs- und Übernahmegesetz[2], einschließlich eines Anspruchs nach § 39 Absatz 3 Satz 3 und 4 des Börsengesetzes, beruht,

geltend gemacht wird.

---

[1] § 1 Abs. 2 Satz 2 Nr. 2 geänd. mWv 22.7.2013 durch G v. 4.7.2013 (BGBl. I S. 1981); Abs. 1 Nr. 3 geänd. mWv 26.11.2015 durch G v. 20.11.2015 (BGBl. I S. 2029); Abs. 2 Satz 2 Nr. 3 geänd. mWv 2.7.2016 durch G v. 30.6.2016 (BGBl. I S. 1514); Abs. 2 Satz 2 Nr. 3 geänd. mWv 3.1.2018 durch G v. 23.6.2017 (BGBl. I S. 1693); Abs. 2 Satz 2 Nr. 1 geänd. mWv 21.7.2019 durch G v. 8.7.2019 (BGBl. I S. 1002).

[2] Nr. **58a**.

(2) [1] Öffentliche Kapitalmarktinformationen sind Informationen über Tatsachen, Umstände, Kennzahlen und sonstige Unternehmensdaten, die für eine Vielzahl von Kapitalanlegern bestimmt sind und einen Emittenten von Wertpapieren oder einen Anbieter von sonstigen Vermögensanlagen betreffen. [2] Dies sind insbesondere Angaben in

1. Prospekten nach der Verordnung (EU) 2017/1129 des Europäischen Parlaments und des Rates vom 14. Juni 2017 über den Prospekt, der beim öffentlichen Angebot von Wertpapieren oder bei deren Zulassung zum

(Fortsetzung nächstes Blatt)

dig gewesen ist oder die Voraussetzungen für den Erlass eines Vorlagebeschlusses nicht vorgelegen haben.

§ 26 Kostenentscheidung im Rechtsbeschwerdeverfahren. (1) Die Kosten einer ohne Erfolg eingelegten Rechtsbeschwerde haben nach dem Grad ihrer Beteiligung der Musterrechtsbeschwerdeführer und diejenigen Beteiligten zu tragen, welche dem Rechtsbeschwerdeverfahren auf seiner Seite beigetreten sind.

(2) [1] Entscheidet das Rechtsbeschwerdegericht in der Sache selbst, haben die Kosten einer von einem Musterbeklagten erfolgreich eingelegten Rechtsbeschwerde der Musterkläger und alle Beigeladenen nach dem Grad ihrer Beteiligung im erstinstanzlichen Musterverfahren zu tragen. [2] Wurde die Rechtsbeschwerde erfolgreich vom Musterkläger oder einem Beigeladenen eingelegt, haben die Kosten der Rechtsbeschwerde alle Musterbeklagten nach dem Grad ihrer Beteiligung im erstinstanzlichen Musterverfahren zu tragen.

(3) Bei teilweisem Obsiegen und Unterliegen gilt § 92 der Zivilprozessordnung[1)] entsprechend.

(4) [1] Hebt das Rechtsbeschwerdegericht den Musterentscheid des Oberlandesgerichts auf und verweist die Sache zur erneuten Entscheidung zurück, so entscheidet das Oberlandesgericht gleichzeitig mit dem Erlass des Musterentscheids nach billigem Ermessen darüber, wer die Kosten des Rechtsbeschwerdeverfahrens trägt. [2] Dabei ist der Ausgang des Musterverfahrens zugrunde zu legen. [3] § 99 Absatz 1 der Zivilprozessordnung gilt entsprechend.

(5) Werden dem Musterkläger und den Beigeladenen Kosten des Rechtsbeschwerdeverfahrens auferlegt, haben sie die von den Musterbeklagten entrichteten Gerichtsgebühren und die Gebühren eines Rechtsanwalts der Musterbeklagten jeweils nur nach dem Wert zu erstatten, der sich aus den von ihnen in ihren eigenen Ausgangsverfahren geltend gemachten Ansprüchen, soweit sie von den Feststellungszielen des Musterverfahrens betroffen sind, ergibt.

§ 27 Übergangsvorschrift. Auf Musterverfahren, in denen vor dem 1. November 2012 bereits mündlich verhandelt worden ist, ist das Kapitalanleger-Musterverfahrensgesetz in seiner bis zum 1. November 2012 geltenden Fassung weiterhin anzuwenden.

§ 28[2)] Außerkrafttreten. Dieses Gesetz tritt mit Ablauf des 31. August 2024 außer Kraft.

[1)] **Habersack, Deutsche Gesetze Nr. 100.**
[2)] § 28 geänd. mWv 23.10.2020 durch G v. 16.10.2020 (BGBl. I S. 2186).

107. Gesetz über die alternative Streitbeilegung in Verbrauchersachen (Verbraucherstreitbeilegungsgesetz – VSBG)[1) 2)]

Vom 19. Februar 2016

(BGBl. I S. 254, 1039)

FNA 302-8

Lfd. Nr.	Änderndes Gesetz	Datum	Fundstelle	Betroffen	Hinweis
1.	Art. 1 G zur Änd. von Vorschriften über die außergerichtl. Streitbeilegung in Verbrauchersachen und zur Änd. weiterer Gesetze	30.11. 2019	BGBl. I S. 1942	§ 42	geänd. mWv 6.12.2019
				§§ 3, 4, 9, 14, 29, 30, 32, 34, 35, 40, 42, 43	geänd. mWv 1.1.2020
				§ 26, Abschnitt 6 Überschrift, § 31	neu gef. mWv 1.1.2020
2.	Art. 2 Abs. 3 G zur Änd. des EG-Verbraucherschutzdurchsetzungsg sowie des Gesetzes über die Errichtung des Bundesamts für Justiz	25.6.2020	BGBl. I S. 1474	§§ 34, 42	geänd. mWv 30.6.2020
3.	Art. 10 G zur Umsetzung der RL (EU) 2021/2101 im Hinblick auf die Offenlegung von Ertragsteuerinformationen durch bestimmte Unternehmen und Zweigniederlassungen sowie zur Änd. des VerbraucherstreitbeilegungsG und des PflichtversicherungsG	19.6.2023	BGBl. 2023 I Nr. 154	§ 29	geänd. mWv 22.6.2023
4.	Art. 16 VerbandsklagenrichtlinienumsetzungsG (VRUG)[3)]	8.10.2023	BGBl. 2023 I Nr. 272	§§ 9, 14, 30	geänd. mWv 13.10.2023

[1)] **Amtl. Anm.:** Dieses Gesetz dient der Umsetzung der Richtlinie 2013/11/EU des Europäischen Parlaments und des Rates vom 21. Mai 2013 über die alternative Beilegung verbraucherrechtlicher Streitigkeiten und zur Änderung der Verordnung (EG) Nr. 2006/2004 und der Richtlinie 2009/22/EG (Richtlinie über alternative Streitbeilegung in Verbraucherangelegenheiten) (ABl. L 165 vom 18.6.2013, S. 63).

[2)] Verkündet als Art. 1 G v. 19.2.2016 (BGBl. I S. 254, ber. S. 1039); Inkrafttreten gem. Art. 24 dieses G am 1.4.2016; § 40 Abs. 2–5 und § 42 sind gem. Art. 24 Abs. 1 Satz 1 am 26.2.2016 und die §§ 36 und 37 gem. Art. 24 Abs. 1 Satz 2 am 1.2.2017 in Kraft getreten.

[3)] **Amtl. Anm.:** Dieses Gesetz dient der Umsetzung der Richtlinie (EU) 2020/1828 des Europäischen Parlaments und des Rates vom 25. November 2020 über Verbandsklagen zum Schutz der Kollektivinteressen der Verbraucher und zur Aufhebung der Richtlinie 2009/22/EG (ABl. L 409 vom 4.12.2020, S. 1).

Abschnitt 1. Allgemeine Vorschriften

§ 1 Anwendungsbereich. (1) [1]Dieses Gesetz gilt für die außergerichtliche Beilegung von Streitigkeiten durch eine nach diesem Gesetz anerkannte private Verbraucherschlichtungsstelle oder durch eine nach diesem Gesetz eingerichtete behördliche Verbraucherschlichtungsstelle unabhängig von dem angewendeten Konfliktbeilegungsverfahren. [2]Dieses Gesetz gilt auch für Verbraucherschlichtungsstellen, die auf Grund anderer Rechtsvorschriften anerkannt, beauftragt oder eingerichtet wurden, soweit diese anderen Rechtsvorschriften keine abweichende Regelung treffen; von den §§ 2 und 41 darf nicht abgewichen werden.

(2) Dieses Gesetz ist nicht anwendbar auf Kundenbeschwerdestellen oder auf sonstige Einrichtungen zur Beilegung von Streitigkeiten, die nur von einem einzigen Unternehmer oder von mit ihm verbundenen Unternehmen getragen oder finanziert werden oder die nur im Auftrag eines solchen Unternehmers oder von mit ihm verbundenen Unternehmen tätig werden.

§ 2 Verbraucherschlichtungsstelle. (1) Verbraucherschlichtungsstelle ist eine Einrichtung, die

1. Verfahren zur außergerichtlichen Beilegung zivilrechtlicher Streitigkeiten durchführt, an denen Verbraucher oder Unternehmer als Antragsteller oder Antragsgegner beteiligt sind, und
2. nach diesem Gesetz oder auf Grund anderer Rechtsvorschriften als Verbraucherschlichtungsstelle anerkannt, beauftragt oder eingerichtet worden ist.

(2) [1]Eine Einrichtung, die nicht nach diesem Gesetz oder auf Grund anderer Rechtsvorschriften als Verbraucherschlichtungsstelle anerkannt, beauftragt oder eingerichtet ist, darf sich nicht als Verbraucherschlichtungsstelle bezeichnen. [2]Sie darf von ihrem Träger nicht als Verbraucherschlichtungsstelle bezeichnet werden. [3]Das Verbot in den Sätzen 1 und 2 gilt nicht, wenn die Einrichtung in einem anderen Vertragsstaat des Abkommens über den Europäischen Wirtschaftsraum nach der Richtlinie 2013/11/EU des Europäischen Parlaments und des Rates vom 21. Mai 2013 über die alternative Beilegung verbraucherrechtlicher Streitigkeiten und zur Änderung der Verordnung (EG) Nr. 2006/2004 und der Richtlinie 2009/22/EG (ABl. L 165 vom 18.6.2013, S. 63) anerkannt und in die von der Europäischen Kommission geführte Liste aller im Europäischen Wirtschaftsraum anerkannten Streitbeilegungsstellen aufgenommen worden ist.

Abschnitt 2. Private Verbraucherschlichtungsstellen

§ 3[1)] Träger der Verbraucherschlichtungsstelle. [1]Träger der Verbraucherschlichtungsstelle muss ein eingetragener Verein sein. [2]Für den Betrieb der Verbraucherschlichtungsstelle muss ein vom Haushalt des Trägers getrennter, zweckgebundener und ausreichender Haushalt zur Verfügung stehen, wenn der Träger

1. Unternehmerinteressen oder Verbraucherinteressen wahrnimmt oder
2. ausschließlich oder überwiegend wie folgt finanziert wird:
   a) von einem eingetragenen Verein, der Unternehmerinteressen wahrnimmt (Unternehmerverband), oder

---

[1)] § 3 Satz 2 neu gef. mWv 1.1.2020 durch G v. 30.11.2019 (BGBl. I S. 1942).

b) von einem eingetragenen Verein, der Verbraucherinteressen wahrnimmt (Verbraucherverband), oder

c) von einem Unternehmer oder mehreren Unternehmern.

§ 4[1)] Zuständigkeit von Verbraucherschlichtungsstellen. (1) Die Verbraucherschlichtungsstelle führt auf Antrag eines Verbrauchers Verfahren zur außergerichtlichen Beilegung von Streitigkeiten aus einem Verbrauchervertrag nach § 310 Absatz 3 des Bürgerlichen Gesetzbuchs[2)] oder über das Bestehen eines solchen Vertragsverhältnisses durch; arbeitsvertragliche Streitigkeiten sind ausgenommen.

(1a) Die Verbraucherschlichtungsstelle kann ihre Zuständigkeit beschränken

1. auf bestimmte Wirtschaftsbereiche,
2. auf bestimmte Vertragstypen,
3. auf bestimmte Unternehmer oder
4. auf Unternehmer, deren Niederlassung sich in einem bestimmten Land befindet.

(2) [1] Hat die Verbraucherschlichtungsstelle keine einschränkende Zuständigkeitsregelung getroffen, führt sie die Bezeichnung „Allgemeine Verbraucherschlichtungsstelle" und ist für Anträge nach Absatz 1 zuständig, mit Ausnahme von

1. Streitigkeiten aus Verträgen über
   a) nichtwirtschaftliche Dienstleistungen von allgemeinem Interesse,
   b) Gesundheitsdienstleistungen,
   c) Weiter- und Hochschulbildung durch staatliche Einrichtungen,
2. Streitigkeiten, für deren Beilegung Verbraucherschlichtungsstellen nach anderen Rechtsvorschriften anerkannt, beauftragt oder eingerichtet werden.

[2] Die Allgemeine Verbraucherschlichtungsstelle kann ihre Zuständigkeit auf in einem Land niedergelassene Unternehmer beschränken; in diesem Fall führt sie die Bezeichnung „Allgemeine Verbraucherschlichtungsstelle" mit einem Zusatz, der das Land angibt, für das sie zuständig ist. [3] Eine solche Zuständigkeitsbeschränkung kann sich auch auf mehrere Länder beziehen und muss dann dementsprechend angegeben werden.

(3) Die Verbraucherschlichtungsstelle kann ihre Tätigkeit auf die Beilegung sonstiger zivilrechtlicher Streitigkeiten, an denen Verbraucher oder Unternehmer als Antragsteller oder Antragsgegner beteiligt sind, erstrecken; arbeitsvertragliche Streitigkeiten sind ausgenommen.

(4) Die Verbraucherschlichtungsstelle kann ihre Zuständigkeit ausschließen für Verbraucher, die ihren Wohnsitz oder gewöhnlichen Aufenthalt nicht in einem Mitgliedstaat der Europäischen Union oder in einem anderen Vertragsstaat des Abkommens über den Europäischen Wirtschaftsraum haben, oder für Unternehmer, die nicht im Inland niedergelassen sind.

§ 5 Verfahrensordnung. (1) [1] Die Verbraucherschlichtungsstelle muss eine Verfahrensordnung haben. [2] Die Verfahrensordnung bestimmt das Konfliktbeilegungsverfahren und regelt die Einzelheiten seiner Durchführung.

[1)] § 4 Abs. 1a eingef., Abs. 2 Satz 1 aufgeh., bish. Sätze 2–4 werden Sätze 1–3 mWv 1.1.2020 durch G v. 30.11.2019 (BGBl. I S. 1942).

[2)] **Habersack, Deutsche Gesetze Nr. 20.**

(2) Die Verbraucherschlichtungsstelle darf keine Konfliktbeilegungsverfahren durchführen, die dem Verbraucher eine verbindliche Lösung auferlegen oder die das Recht des Verbrauchers ausschließen, die Gerichte anzurufen.

§ 6 Streitmittler. (1) [1]Die Verbraucherschlichtungsstelle ist mit mindestens einer Person zu besetzen, die mit der außergerichtlichen Streitbeilegung betraut und für die unparteiische und faire Verfahrensführung verantwortlich ist (Streitmittler). [2]Ist nur ein Streitmittler bestellt, muss er einen Vertreter haben; auf den Vertreter des Streitmittlers sind Satz 1, die Absätze 2 und 3 sowie die §§ 7 bis 9 entsprechend anzuwenden.

(2) [1]Der Streitmittler muss über die Rechtskenntnisse, insbesondere im Verbraucherrecht, das Fachwissen und die Fähigkeiten verfügen, die für die Beilegung von Streitigkeiten in der Zuständigkeit der Verbraucherschlichtungsstelle erforderlich sind. [2]Der Streitmittler muss die Befähigung zum Richteramt besitzen oder zertifizierter Mediator sein.

(3) [1]Der Streitmittler darf in den letzten drei Jahren vor seiner Bestellung nicht tätig gewesen sein

1. für einen Unternehmer, der sich zur Teilnahme an Streitbeilegungsverfahren der Verbraucherschlichtungsstelle verpflichtet hat oder auf Grund von Rechtsvorschriften zur Teilnahme verpflichtet ist,
2. für ein mit einem Unternehmer nach Nummer 1 verbundenes Unternehmen,
3. für einen Verband, dem ein Unternehmer nach Nummer 1 angehört und der Unternehmerinteressen in dem Wirtschaftsbereich wahrnimmt, für den die Verbraucherschlichtungsstelle zuständig ist,
4. für einen Verband, der Verbraucherinteressen in dem Wirtschaftsbereich wahrnimmt, für den die Verbraucherschlichtungsstelle zuständig ist.

[2]Die Tätigkeit als Streitmittler für einen Verband nach Satz 1 Nummer 3 oder 4 steht einer erneuten Bestellung als Streitmittler nicht entgegen.

§ 7 Unabhängigkeit und Unparteilichkeit des Streitmittlers. (1) [1]Der Streitmittler ist unabhängig und an Weisungen nicht gebunden. [2]Er muss Gewähr für eine unparteiische Streitbeilegung bieten.

(2) [1]Der Streitmittler darf nicht nur von einem Unternehmer oder von nur mit einem Unternehmer verbundenen Unternehmen vergütet oder beschäftigt werden. [2]Die Vergütung des Streitmittlers darf nicht mit dem Ergebnis von Streitbeilegungsverfahren in Zusammenhang stehen.

(3) Der Streitmittler ist verpflichtet, Umstände, die seine Unabhängigkeit oder Unparteilichkeit beeinträchtigen können, dem Träger der Verbraucherschlichtungsstelle unverzüglich offenzulegen.

(4) [1]Der Streitmittler hat den Parteien alle Umstände offenzulegen, die seine Unabhängigkeit oder Unparteilichkeit beeinträchtigen können. [2]Der Streitmittler darf bei Vorliegen solcher Umstände nur dann tätig werden, wenn die Parteien seiner Tätigkeit als Streitmittler ausdrücklich zustimmen.

(5) [1]Ist die Aufgabe des Streitmittlers einem Gremium übertragen worden, dem sowohl Vertreter von Verbraucherinteressen als auch von Unternehmerinteressen angehören, so müssen beide Seiten in gleicher Anzahl vertreten sein. [2]§ 6 Absatz 3 ist auf Mitglieder des Gremiums, die Unternehmerinteressen oder Verbraucherinteressen vertreten, nicht anzuwenden.

§ 8 Amtsdauer und Abberufung des Streitmittlers. (1) [1]Der Streitmittler muss für eine angemessene Dauer bestellt werden. [2]Die Amtsdauer soll drei Jahre nicht unterschreiten. [3]Wiederbestellung ist zulässig.

(2) Der Streitmittler kann nur abberufen werden, wenn

1. Tatsachen vorliegen, die eine unabhängige und unparteiische Ausübung der Tätigkeit als Streitmittler nicht mehr erwarten lassen,
2. er nicht nur vorübergehend an der Ausübung der Tätigkeit als Streitmittler gehindert ist oder
3. ein anderer wichtiger Grund vorliegt.

§ 9[1)] Beteiligung von Verbraucherverbänden und Unternehmerverbänden. (1) [1]Die Festlegung und die Änderung der Zuständigkeit der Verbraucherschlichtungsstelle, die Aufstellung und Änderung der Verfahrensordnung sowie die Bestellung und Abberufung eines Streitmittlers bedürfen der Beteiligung eines Verbraucherverbands, wenn der Träger der Verbraucherschlichtungsstelle

1. ein Unternehmerverband ist oder
2. ausschließlich oder überwiegend finanziert wird
   a) von einem Unternehmerverband oder
   b) von einem Unternehmer oder mehreren Unternehmern.

[2]Der Verbraucherverband muss eine Stelle nach § 3 Absatz 1 Satz 1 Nummer 1 des Unterlassungsklagengesetzes[2)] sein und sich für die Vertretung von Verbraucherinteressen im Zuständigkeitsbereich der Verbraucherschlichtungsstelle fachlich eignen. [3]Die Beteiligung ist in den Regeln über die Organisation der Verbraucherschlichtungsstelle vorzusehen.

(2) [1]Ist der Träger der Verbraucherschlichtungsstelle ein Verbraucherverband oder wird der Träger der Verbraucherschlichtungsstelle von einem Verbraucherverband ausschließlich oder überwiegend finanziert, ist Absatz 1 Satz 1 und 3 mit der Maßgabe anzuwenden, dass an Stelle des Verbraucherverbands ein Unternehmerverband tritt. [2]Der Unternehmerverband muss sich für die Vertretung von Unternehmerinteressen im Zuständigkeitsbereich der Verbraucherschlichtungsstelle fachlich eignen.

§ 10 Informationspflichten der Verbraucherschlichtungsstelle. (1) Die Verbraucherschlichtungsstelle unterhält eine Webseite, auf der die Verfahrensordnung und klare und verständliche Informationen zur Erreichbarkeit und zur Zuständigkeit der Verbraucherschlichtungsstelle sowie zu den Streitmittlern, zur Anerkennung als Verbraucherschlichtungsstelle sowie zum Ablauf und zu den Kosten des Streitbeilegungsverfahrens veröffentlicht sind.

(2) Auf Anfrage werden die Informationen nach Absatz 1 in Textform übermittelt.

Abschnitt 3. Streitbeilegungsverfahren

§ 11 Form von Mitteilungen. Der Antrag auf Durchführung eines Streitbeilegungsverfahrens, Stellungnahmen, Belege und sonstige Mitteilungen können der Verbraucherschlichtungsstelle in Textform übermittelt werden.

[1)] § 9 Abs. 1 Satz 1 und Abs. 2 Satz 1 neu gef. mWv 1.1.2020 durch G v. 30.11.2019 (BGBl. I S. 1942); Abs. 1 Satz 2 geänd. mWv 13.10.2023 durch G v. 8.10.2023 (BGBl. 2023 I Nr. 272).

[2)] **Habersack, Deutsche Gesetze Nr. 105.**

§ 12 Verfahrenssprache. (1) Verfahrenssprache ist Deutsch.

(2) [1] Die Verfahrensordnung kann weitere Sprachen vorsehen, in denen ein Streitbeilegungsverfahren durchgeführt werden kann, wenn eine Partei dies beantragt und die andere Partei sich darauf einlässt. [2] Der Streitmittler kann mit den Parteien durch Individualabrede auch eine nicht in der Verfahrensordnung vorgesehene Verfahrenssprache vereinbaren.

§ 13 Vertretung. (1) Die Parteien können sich im Streitbeilegungsverfahren durch einen Rechtsanwalt oder durch eine andere Person, soweit diese zur Erbringung außergerichtlicher Rechtsdienstleistungen befugt ist, vertreten lassen.

(2) Die Parteien dürfen nicht verpflichtet werden, sich im Streitbeilegungsverfahren vertreten zu lassen.

§ 14[1] Ablehnungsgründe. (1) Der Streitmittler lehnt die Durchführung eines Streitbeilegungsverfahrens ab, wenn

1. die Streitigkeit nicht in die Zuständigkeit der Verbraucherschlichtungsstelle fällt,
2. der streitige Anspruch nicht zuvor gegenüber dem Antragsgegner geltend gemacht worden ist,
3. Ansprüche oder Rechtsverhältnisse, die Gegenstand des Streitbeilegungsverfahrens sind, zu einer Musterfeststellungsklage oder einer Abhilfeklage im Verbandsklageregister angemeldet wurden und die Klage noch rechtshängig ist,
4. der Antrag offensichtlich ohne Aussicht auf Erfolg ist oder mutwillig erscheint, insbesondere weil
   a) der streitige Anspruch bei Antragstellung bereits verjährt war und der Unternehmer sich auf die Verjährung beruft,
   b) die Streitigkeit bereits beigelegt ist,
   c) zu der Streitigkeit ein Antrag auf Prozesskostenhilfe bereits mit der Begründung zurückgewiesen worden ist, dass die beabsichtigte Rechtsverfolgung keine hinreichende Aussicht auf Erfolg bietet oder mutwillig erscheint.

(2) [1] Die Verfahrensordnung kann vorsehen, dass der Streitmittler die Durchführung eines von einem Verbraucher eingeleiteten Streitbeilegungsverfahrens nach § 4 Absatz 1 in folgenden Fällen ablehnt:

1. eine Verbraucherschlichtungsstelle hat bereits ein Verfahren zur Beilegung der Streitigkeit durchgeführt oder die Streitigkeit ist bei einer anderen Verbraucherschlichtungsstelle anhängig,
2. ein Gericht hat zu der Streitigkeit bereits eine Sachentscheidung getroffen oder die Streitigkeit ist bei einem Gericht rechtshängig, es sei denn, das Gericht ordnet nach § 278a Absatz 2 der Zivilprozessordnung[2] im Hinblick auf das Verfahren vor der Verbraucherschlichtungsstelle das Ruhen des Verfahrens an,
3. der Streitwert überschreitet oder unterschreitet eine bestimmte Höhe,
4. die Behandlung der Streitigkeit würde den effektiven Betrieb der Verbraucherschlichtungsstelle ernsthaft beeinträchtigen, insbesondere weil
   a) die Verbraucherschlichtungsstelle den Sachverhalt oder rechtliche Fragen nur mit einem unangemessenen Aufwand klären kann,

---

[1] § 14 Abs. 1 Nr. 2 geänd., Nr. 3 eingef., bish. Nr. 3 wird Nr. 4 und Abs. 2 Satz 1 Nr. 2 geänd. mWv 1.1.2020 durch G v. 30.11.2019 (BGBl. I S. 1942); Abs. 1 Nr. 3 neu gef. mWv 13.10.2023 durch G v. 8.10.2023 (BGBl. 2023 I Nr. 272).

[2] **Habersack, Deutsche Gesetze Nr. 100.**

b) eine grundsätzliche Rechtsfrage, die für die Bewertung der Streitigkeit erheblich ist, nicht geklärt ist.

[2] Die Ablehnungsgründe dürfen den Zugang von Verbrauchern zu dem Streitbeilegungsverfahren nicht erheblich beeinträchtigen. [3] Für Anträge nach § 4 Absatz 3 gelten die in den Sätzen 1 und 2 vorgesehenen Beschränkungen der zulässigen Ablehnungsgründe nicht.

(3) [1] Die Verbraucherschlichtungsstelle teilt dem Antragsteller und, sofern der Antrag bereits an den Antragsgegner übermittelt worden ist, auch dem Antragsgegner die Ablehnung in Textform und unter Angabe der Gründe mit. [2] Sie übermittelt die Ablehnungsentscheidung innerhalb von drei Wochen nach Eingang des Antrags.

(4) [1] Der Streitmittler kann die weitere Durchführung eines Streitbeilegungsverfahrens aus den in den Absätzen 1 und 2 aufgeführten Gründen ablehnen, wenn der Ablehnungsgrund erst während des Verfahrens eintritt oder bekannt wird. [2] Der Ablehnungsgrund nach Absatz 1 Nummer 2 greift nicht, wenn der Antragsgegner in die Durchführung des Streitbeilegungsverfahrens einwilligt oder Erklärungen zur Sache abgibt. [3] Absatz 3 Satz 1 ist anzuwenden.

(5) [1] Der Streitmittler setzt das Streitbeilegungsverfahren aus, wenn der Antragsgegner geltend macht, dass seit der Geltendmachung des streitigen Anspruchs durch den Antragsteller gegenüber dem Antragsgegner nicht mehr als zwei Monate vergangen sind, und der Antragsgegner den streitigen Anspruch in dieser Zeit weder anerkannt noch abgelehnt hat. [2] Der Streitmittler lehnt die weitere Durchführung des Streitbeilegungsverfahrens ab, wenn der Antragsgegner den streitigen Anspruch innerhalb von zwei Monaten seit dessen Geltendmachung vollständig anerkennt; Absatz 3 Satz 1 ist anzuwenden. [3] Erkennt der Antragsgegner den streitigen Anspruch nicht innerhalb von zwei Monaten seit dessen Geltendmachung vollständig an, so setzt der Streitmittler das Verfahren nach Ablauf von zwei Monaten ab Geltendmachung des streitigen Anspruchs fort.

§ 15 Beendigung des Verfahrens auf Wunsch der Parteien. (1) Das Streitbeilegungsverfahren endet, wenn der Antragsteller seinen Antrag zurücknimmt oder der weiteren Durchführung des Verfahrens widerspricht.

(2) Erklärt der Antragsgegner, an dem Streitbeilegungsverfahren nicht teilnehmen oder es nicht fortsetzen zu wollen, so beendet der Streitmittler das Verfahren, es sei denn, Rechtsvorschriften, Satzungen oder vertragliche Abreden bestimmen etwas anderes.

(3) Das Recht einer Partei, das Streitbeilegungsverfahren bei Vorliegen eines erheblichen Verfahrensmangels zu beenden, darf nicht beschränkt werden.

§ 16 Unterrichtung der Parteien. (1) Die Verbraucherschlichtungsstelle muss den Antragsteller unverzüglich nach Eingang des Antrags auf Durchführung eines Streitbeilegungsverfahrens und den Antragsgegner zugleich mit der Übersendung des Antrags über Folgendes unterrichten:

1. dass das Verfahren nach der Verfahrensordnung durchgeführt wird und dass deren Wortlaut auf der Webseite der Verbraucherschlichtungsstelle verfügbar ist und auf Anfrage in Textform übermittelt wird,
2. dass die Parteien mit ihrer Teilnahme am Streitbeilegungsverfahren der Verfahrensordnung der Verbraucherschlichtungsstelle zustimmen,
3. dass das Ergebnis des Streitbeilegungsverfahrens von dem Ergebnis eines gerichtlichen Verfahrens abweichen kann,

4. dass sich die Parteien im Streitbeilegungsverfahren von einem Rechtsanwalt oder einer anderen Person, soweit diese zur Erbringung von Rechtsdienstleistungen befugt ist, beraten oder vertreten lassen können,
5. dass die Parteien im Streitbeilegungsverfahren nicht durch einen Rechtsanwalt oder durch eine andere Person vertreten sein müssen,
6. über die Möglichkeit einer Beendigung des Streitbeilegungsverfahrens nach § 15,
7. über die Kosten des Verfahrens und
8. über den Umfang der Verschwiegenheitspflicht des Streitmittlers und der weiteren in die Durchführung des Streitbeilegungsverfahrens eingebundenen Personen.

(2) Von der wiederholten Unterrichtung eines Unternehmers, der regelmäßig an Streitbeilegungsverfahren der Verbraucherschlichtungsstelle teilnimmt und auf weitere Unterrichtungen verzichtet hat, kann abgesehen werden.

§ 17 Rechtliches Gehör. (1) [1]Die Parteien erhalten rechtliches Gehör und können Tatsachen und Bewertungen vorbringen. [2]Die Verbraucherschlichtungsstelle kann den Parteien eine angemessene Frist zur Stellungnahme setzen. [3]Die Frist beträgt in der Regel drei Wochen und kann auf Antrag verlängert werden.

(2) Der Streitmittler kann die Streitigkeit mit den Parteien mündlich erörtern, wenn diese Möglichkeit in der Verfahrensordnung der Verbraucherschlichtungsstelle vorgesehen ist und die Parteien zustimmen.

§ 18 Mediation. Führt der Streitmittler nach der Verfahrensordnung der Verbraucherschlichtungsstelle eine Mediation durch, so sind die Vorschriften des Mediationsgesetzes mit Ausnahme des § 2 Absatz 1 des Mediationsgesetzes[1)] ergänzend anzuwenden.

§ 19 Schlichtungsvorschlag. (1) [1]Hat der Streitmittler nach der Verfahrensordnung den Parteien einen Vorschlag zur Beilegung der Streitigkeit (Schlichtungsvorschlag) zu unterbreiten, so beruht dieser auf der sich aus dem Streitbeilegungsverfahren ergebenden Sachlage. [2]Der Schlichtungsvorschlag soll am geltenden Recht ausgerichtet sein und soll insbesondere die zwingenden Verbraucherschutzgesetze beachten. [3]Der Schlichtungsvorschlag ist mit einer Begründung zu versehen, aus der sich der zugrunde gelegte Sachverhalt und die rechtliche Bewertung des Streitmittlers ergeben.

(2) Die Verbraucherschlichtungsstelle übermittelt den Parteien den Schlichtungsvorschlag in Textform.

(3) [1]Die Verbraucherschlichtungsstelle unterrichtet die Parteien mit der Übermittlung des Schlichtungsvorschlags über die rechtlichen Folgen einer Annahme des Vorschlags und darüber, dass der Vorschlag von dem Ergebnis eines gerichtlichen Verfahrens abweichen kann. [2]Sie weist auf die Möglichkeit hin, den Vorschlag nicht anzunehmen und die Gerichte anzurufen. [3]Die Verbraucherschlichtungsstelle setzt den Parteien eine angemessene Frist zur Annahme des Vorschlags.

(4) Von einer Unterrichtung des Unternehmers nach Absatz 3 ist abzusehen, wenn sich dieser dem Schlichtungsvorschlag bereits vorab unterworfen hat.

§ 20 Verfahrensdauer. (1) [1]Die Verbraucherschlichtungsstelle benachrichtigt die Parteien, sobald sie keine weiteren Unterlagen und Informationen mehr

---

[1)] **Habersack, Deutsche Gesetze Nr. 106.**

benötigt (Eingang der vollständigen Beschwerdeakte). [2] Der Eingang der vollständigen Beschwerdeakte ist in der Regel anzunehmen, wenn die Parteien nach § 17 Absatz 1 Gelegenheit zur Stellungnahme hatten.

(2) Die Verbraucherschlichtungsstelle übermittelt den Parteien den Schlichtungsvorschlag oder, sofern kein Schlichtungsvorschlag zu unterbreiten ist, den Inhalt der Einigung über die Beilegung der Streitigkeit oder den Hinweis auf die Nichteinigung innerhalb von 90 Tagen nach Eingang der vollständigen Beschwerdeakte.

(3) [1] Die Verbraucherschlichtungsstelle kann die Frist von 90 Tagen bei besonders schwierigen Streitigkeiten oder mit Zustimmung der Parteien verlängern. [2] Sie unterrichtet die Parteien über die Verlängerung der Frist.

§ 21 Abschluss des Verfahrens. (1) [1] Die Verbraucherschlichtungsstelle übermittelt den Parteien das Ergebnis des Streitbeilegungsverfahrens in Textform mit den erforderlichen Erläuterungen. [2] Mit dieser Mitteilung ist das Streitbeilegungsverfahren beendet.

(2) Kommt es nicht zu einer Einigung, ist die Mitteilung nach Absatz 1 als Bescheinigung über einen erfolglosen Einigungsversuch nach § 15a Absatz 3 Satz 3 des Gesetzes betreffend die Einführung der Zivilprozessordnung[1)] in der im Bundesgesetzblatt Teil III, Gliederungsnummer 310-2, veröffentlichten bereinigten Fassung, das zuletzt durch Artikel 3 des Gesetzes vom 5. Dezember 2014 (BGBl. I S. 1962) geändert worden ist, in der jeweils geltenden Fassung zu bezeichnen.

§ 22 Verschwiegenheit. [1] Der Streitmittler und die weiteren in die Durchführung des Streitbeilegungsverfahrens eingebundenen Personen sind zur Verschwiegenheit verpflichtet, soweit durch Rechtsvorschrift nichts anderes geregelt ist. [2] Die Pflicht bezieht sich auf alles, was ihnen in Ausübung ihrer Tätigkeit bekannt geworden ist. [3] § 4 Satz 3 des Mediationsgesetzes[2)] gilt entsprechend.

§ 23 Entgelt. (1) [1] Ist ein Unternehmer an dem Streitbeilegungsverfahren beteiligt, so kann von dem Verbraucher ein Entgelt nur erhoben werden, wenn der Antrag des Verbrauchers unter Berücksichtigung der gesamten Umstände als missbräuchlich anzusehen ist; in diesem Fall beträgt das Entgelt höchstens 30 Euro. [2] In sonstigen Fällen kann die Verbraucherschlichtungsstelle vom Verbraucher ein angemessenes Entgelt verlangen, wenn

1. sie diesen unverzüglich nachdem ihr bekannt wurde, dass an dem Verfahren kein Unternehmer beteiligt ist, auf diese Kosten hingewiesen hat, und
2. der Verbraucher an dem Verfahren weiterhin teilnehmen wollte.

(2) Die Verbraucherschlichtungsstelle kann vom Unternehmer, der zur Teilnahme an dem Streitbeilegungsverfahren bereit ist oder verpflichtet ist, ein angemessenes Entgelt verlangen.

Abschnitt 4. Anerkennung privater Verbraucherschlichtungsstellen

§ 24 Anerkennung. [1] Die zuständige Behörde erkennt auf Antrag eine Einrichtung als Verbraucherschlichtungsstelle an, wenn die Einrichtung die organisatorischen und fachlichen Anforderungen an die Streitbeilegung in Verbrauchersachen

---

[1)] **Habersack, Deutsche Gesetze Nr. 101.**
[2)] **Habersack, Deutsche Gesetze Nr. 106.**

nach den Abschnitten 2 und 3 erfüllt, die Einrichtung ihren Sitz im Inland hat, auf Dauer angelegt ist und ihre Finanzierung tragfähig erscheint. [2] Weitergehende Anforderungen an die Einrichtung, die sich aus anderen Rechtsvorschriften ergeben, bleiben unberührt.

§ 25 Antrag auf Anerkennung und Mitteilung von Änderungen. (1) [1] Der Antrag auf Anerkennung als Verbraucherschlichtungsstelle ist zu begründen. [2] Dem Antrag sind beizufügen:

1. die Verfahrensordnung der Einrichtung und
2. die Regeln über die Organisation und die Finanzierung der Einrichtung, einschließlich der Regeln über die Verfahrenskosten.

(2) Die Verbraucherschlichtungsstelle unterrichtet die zuständige Behörde unverzüglich über Änderungen der für die Anerkennung relevanten Umstände und sonstiger im Antrag mitgeteilter Angaben.

(3) [1] Das Ergebnis einer nach § 9 erforderlichen Beteiligung eines Verbraucherverbands oder eines Unternehmerverbands ist der zuständigen Behörde zusammen mit den Angaben nach den Absätzen 1 oder 2 zu übermitteln. [2] Abweichungen von Empfehlungen des beteiligten Verbands sind zu begründen, es sei denn, der Verband hat als Mitglied eines paritätisch besetzten Gremiums an der Entscheidung mitgewirkt.

§ 26[1)] Widerruf der Anerkennung. (1) Erfüllt die Verbraucherschlichtungsstelle die für ihre Anerkennung notwendigen Voraussetzungen nicht mehr oder verstößt sie bei ihrer Tätigkeit systematisch gegen gesetzliche Vorschriften oder ihre eigene Verfahrensordnung, so hat die zuständige Behörde den Träger der Verbraucherschlichtungsstelle in Textform aufzufordern, die notwendigen Maßnahmen zu treffen, um die Widerrufsgründe innerhalb von drei Monaten nach Zugang der Aufforderung zu beseitigen.

(2) Die zuständige Behörde hat die Anerkennung zu widerrufen, wenn der Träger die Widerrufsgründe innerhalb der gesetzten Frist nicht beseitigt.

(3) Wird die Anerkennung widerrufen, ist die Eintragung der Verbraucherschlichtungsstelle in der Liste der Verbraucherschlichtungsstellen nach § 33 des Verbraucherstreitbeilegungsgesetzes zu löschen.

§ 27[2)] Zuständige Behörde. (1) Zuständige Behörde ist, soweit nicht durch Bundesgesetz etwas anderes bestimmt ist, das Bundesamt für Justiz.

(2) [1] Ist durch Bundesgesetz bestimmt, dass eine andere Behörde als das Bundesamt für Justiz für die Anerkennung einer Einrichtung als Verbraucherschlichtungsstelle zuständig ist, so ist diese andere Behörde im Verhältnis zum Bundesamt für Justiz ausschließlich zuständig. [2] Die Anerkennung richtet sich nach den für die Anerkennung durch diese andere Behörde maßgeblichen Vorschriften, auch wenn die Zuständigkeit der Verbraucherschlichtungsstelle über den Anwendungsbereich der Vorschrift hinausgeht, der die Zuständigkeit dieser anderen Behörde begründet.

[1)] § 26 neu gef. mWv 1.1.2020 durch G v. 30.11.2019 (BGBl. I S. 1942).
[2)] § 27 Überschrift ber. BGBl. 2016 I S. 1039.

Abschnitt 5. Behördliche Verbraucherschlichtungsstellen

§ 28 Behördliche Verbraucherschlichtungsstellen. [1] Für behördliche Verbraucherschlichtungsstellen gelten die §§ 4 bis 7 Absatz 1 und 3 bis 5, die §§ 8, 10 und 11 sowie 13 bis 22 sinngemäß. [2] § 9 Absatz 1 ist nur anzuwenden, wenn die Verbraucherschlichtungsstelle bei einer Kammer eingerichtet ist. [3] Anforderungen an behördliche Verbraucherschlichtungsstellen, die sich aus anderen Rechtsvorschriften ergeben, bleiben unberührt.

Abschnitt 6.[1)] Universalschlichtungsstelle des Bundes

§ 29[2)] Errichtung der Universalschlichtungsstelle des Bundes. (1) Der Bund errichtet eine ergänzende Verbraucherschlichtungsstelle (Universalschlichtungsstelle des Bundes).

(2) [1] Der Bund kann

1. selbst eine behördliche Universalschlichtungsstelle errichten,
2. eine geeignete anerkannte Verbraucherschlichtungsstelle oder den Träger einer bereits eingerichteten Universalschlichtungsstelle mit der Aufgabe der Universalschlichtungsstelle einschließlich der Befugnis, für die Durchführung des Streitbeilegungsverfahrens Gebühren zu erheben, beleihen oder
3. eine geeignete anerkannte Verbraucherschlichtungsstelle mit der Aufgabe der Universalschlichtungsstelle beauftragen.

[2] Ist eine anerkannte Verbraucherschlichtungsstelle mit der Aufgabe der Universalschlichtungsstelle beauftragt, handelt sie als private Verbraucherschlichtungsstelle nach den Abschnitten 2 und 3. [3] Für ihre Tätigkeit als Universalschlichtungsstelle gelten die besonderen Bestimmungen des § 30.

(3) [1] Das Bundesamt für Justiz ist für die Beleihung und die Beauftragung einer geeigneten anerkannten Verbraucherschlichtungsstelle mit der Aufgabe einer bundesweiten Universalschlichtung zuständig. [2] Es hat die Rechts- und Fachaufsicht über die behördliche Universalschlichtungsstelle des Bundes oder die nach Absatz 2 Satz 1 Nummer 2 beliehene Verbraucherschlichtungsstelle.

§ 30[3)] Zuständigkeit und Verfahren der Universalschlichtungsstelle des Bundes. (1) [1] Die Universalschlichtungsstelle des Bundes führt auf Antrag eines Verbrauchers Verfahren zur außergerichtlichen Beilegung folgender Streitigkeiten durch:

1. Streitigkeiten aus einem Verbrauchervertrag nach § 310 Absatz 3 des Bürgerlichen Gesetzbuchs[4)] oder über das Bestehen eines solchen Vertragsverhältnisses;
2. Streitigkeiten, zu welchen in einem rechtskräftigen Urteil über eine Musterfeststellungsklage nach § 1 Absatz 1 Nummer 2 des Verbraucherrechtedurchset-

---

[1)] Abschnitt 6 Überschrift neu gef. mWv 1.1.2020 durch G v. 30.11.2019 (BGBl. I S. 1942).

[2)] § 29 Überschrift und Abs. 1 neu gef., Abs. 2 aufgeh., bish. Abs. 3 wird Abs. 2 und Satz 1 einl. Satzteil und Nr. 1 geänd., bish. Abs. 4 wird Abs. 3 und neu gef. mWv 1.1.2020 durch G v. 30.11.2019 (BGBl. I S. 1942); Abs. 2 Satz 1 Nr. 2 geänd. mWv 22.6.2023 durch G v. 19.6.2023 (BGBl. 2023 I Nr. 154).

[3)] § 30 Überschrift neu gef., Abs. 1 eingef., bish. Abs. 1 wird Abs. 2 und einl. Satzteil, Nr. 3 und 4 geänd., Nr. 1 und 2 neu gef., Nr. 5 eingef., bish. Nr. 5 und 6 werden Nr. 6 und 7, bish. Abs. 2 wird Abs. 3 und geänd., bish. Abs. 3 und 4 werden Abs. 4 und 5 und neu gef., bish. Abs. 5 wird Abs. 6 und Sätze 1–3 geänd. mWv 1.1.2020 durch G v. 30.11.2019 (BGBl. I S. 1942); Abs. 1 Satz 1 Nr. 2, Abs. 2 Nr. 5 neu gef. mWv 13.10.2023 durch G v. 8.10.2023 (BGBl. 2023 I Nr. 272).

[4)] **Habersack, Deutsche Gesetze Nr. 20.**

zungsgesetzes[1] oder in einem Vergleich nach § 9 des Verbraucherrechtedurchsetzungsgesetzes bindende Feststellungen getroffen werden und zu denen die streitgegenständlichen Ansprüche oder Rechtsverhältnisse nach § 46 des Verbraucherrechtedurchsetzungsgesetzes zum Verbandsklageregister angemeldet waren.

²Dies gilt nicht, wenn es sich um arbeitsvertragliche Streitigkeiten oder um Streitigkeiten, für deren Beilegung Verbraucherschlichtungsstellen nach anderen Rechtsvorschriften anerkannt, beauftragt oder eingerichtet werden, handelt oder wenn eine Verbraucherschlichtungsstelle, die eine einschränkende Zuständigkeitsregelung gemäß § 4 Absatz 1a Nummer 1 bis 3 getroffen hat, für die außergerichtliche Beilegung der in Satz 1 genannten Streitigkeiten zuständig ist.

(2) Die Universalschlichtungsstelle des Bundes lehnt die Durchführung eines Streitbeilegungsverfahrens ab, wenn

1. eine andere Verbraucherschlichtungsstelle mit einer einschränkenden Zuständigkeitsregelung gemäß § 4 Absatz 1a Nummer 1 bis 3 oder einer vorrangigen Zuständigkeit gemäß § 4 Absatz 2 Satz 1 Nummer 2 für die Beilegung der Streitigkeit zuständig ist,
2. sich die Niederlassung des Unternehmers nicht im Inland befindet,
3. es sich um eine Streitigkeit aus einem in § 4 Absatz 2 Satz 1 Nummer 1 genannten Vertrag handelt,
4. der Wert des Streitgegenstands weniger als 10 Euro oder mehr als 50 000 Euro beträgt,
5. die streitigen Ansprüche oder Rechtsverhältnisse, die den Gegenstand des Streitbeilegungsverfahrens bilden, zu einer Abhilfeklage oder einer Musterfeststellungsklage im Verbandsklageregister angemeldet wurden und die Klage noch rechtshängig ist,
6. der streitige Anspruch nicht zuvor gegenüber dem Unternehmer geltend gemacht worden ist oder
7. der Antrag offensichtlich ohne Aussicht auf Erfolg ist oder mutwillig erscheint, insbesondere weil
   a) der streitige Anspruch bei Antragstellung bereits verjährt war und der Unternehmer sich auf die Verjährung beruft,
   b) die Streitigkeit bereits beigelegt ist,
   c) zu der Streitigkeit ein Antrag auf Prozesskostenhilfe bereits mit der Begründung zurückgewiesen worden ist, dass die beabsichtigte Rechtsverfolgung keine hinreichende Aussicht auf Erfolg bietet oder mutwillig erscheint.

(3) Die Verfahrensordnung der Universalschlichtungsstelle des Bundes kann weitere nach § 14 Absatz 2 Satz 1 Nummer 1, 2 und 4 und Satz 2 zulässige Ablehnungsgründe vorsehen.

(4) Die Universalschlichtungsstelle des Bundes teilt dem Verbraucher im Fall des Absatzes 2 Nummer 1 mit der Ablehnungsentscheidung eine zuständige Verbraucherschlichtungsstelle mit, an die er sich wenden kann.

(5) Die Universalschlichtungsstelle des Bundes kann einen Schlichtungsvorschlag nach Aktenlage unterbreiten, wenn der Unternehmer, der zur Teilnahme am Verfahren der Universalschlichtungsstelle bereit oder verpflichtet ist, zu dem Antrag des Verbrauchers keine Stellungnahme abgibt.

---

[1] **Habersack, Deutsche Gesetze Nr. 105a.**

(6) [1] Von der Bereitschaft des Unternehmers zur Teilnahme am Streitbeilegungsverfahren ist auszugehen, wenn er gegenüber dem Verbraucher, auf seiner Webseite oder in seinen Allgemeinen Geschäftsbedingungen erklärt hat, an Streitbeilegungsverfahren vor der Universalschlichtungsstelle des Bundes teilzunehmen. [2] Von der Bereitschaft des Unternehmers ist auch dann auszugehen, wenn er zwar keine Teilnahmebereitschaft nach Satz 1 erklärt hat, aber die Teilnahme am Verfahren nicht innerhalb von drei Wochen ablehnt, nachdem ihm der Antrag des Verbrauchers von der Universalschlichtungsstelle des Bundes übermittelt worden ist. [3] Die Universalschlichtungsstelle des Bundes muss den Unternehmer zugleich mit der Übermittlung des Antrags auf die in Satz 2 geregelte Rechtsfolge hinweisen und ferner darauf hinweisen, dass für die Durchführung des Streitbeile-

(Fortsetzung nächstes Blatt)

lässig, ist die Strafe Freiheitsstrafe bis zu einem Jahr oder Geldstrafe. [3] Die Sätze 1 und 2 sind nicht anzuwenden auf Vereine und Stiftungen, für die die Pflicht nach Absatz 1 Satz 1 gilt.

(4) Wenn die Anzeige der Restrukturierungssache nach § 31 Absatz 4 ihre Wirkung verliert, leben die nach Absatz 1 Satz 1 ruhenden Antragspflichten wieder auf.

§ 43[1)] Pflichten und Haftung der Organe. (1) [1] Handelt es sich bei dem Schuldner um eine juristische Person oder um eine rechtsfähige Personengesellschaft im Sinne des § 15a Absatz 1 Satz 3, Absatz 2 der Insolvenzordnung[2)], wirken dessen Geschäftsleiter darauf hin, dass der Schuldner die Restrukturierungssache mit der Sorgfalt eines ordentlichen und gewissenhaften Geschäftsleiters betreibt und die Interessen der Gesamtheit der Gläubiger wahrt. [2] Für die Verletzung dieser Pflicht haften sie dem Schuldner in Höhe des den Gläubigern entstandenen Schadens, es sei denn sie haben die Pflichtverletzung nicht zu vertreten.

(2) [1] Ein Verzicht des Schuldners auf Ansprüche nach Absatz 1 Satz 2 oder ein Vergleich über diese Ansprüche ist unwirksam, soweit der Ersatz zur Befriedigung der Gläubiger erforderlich ist. [2] Dies gilt nicht, wenn sich der Ersatzpflichtige zur Abwendung eines Insolvenzverfahrens über sein Vermögen mit seinen Gläubigern vergleicht, wenn die Ersatzpflicht in einem Insolvenzplan geregelt wird oder wenn für den Ersatzberechtigten ein Insolvenzverwalter handelt.

(3) [1] Ansprüche nach Absatz 1 Satz 2 verjähren in fünf Jahren. [2] Ist der Schuldner zum Zeitpunkt der Pflichtverletzung eine börsennotierte Gesellschaft, verjähren die Ansprüche in zehn Jahren.

§ 44 Verbot von Lösungsklauseln. (1) [1] Die Rechtshängigkeit der Restrukturierungssache oder die Inanspruchnahme von Instrumenten des Stabilisierungs- und Restrukturierungsrahmens durch den Schuldner ist ohne Weiteres kein Grund

1. für die Beendigung von Vertragsverhältnissen, an denen der Schuldner beteiligt ist,
2. für die Fälligstellung von Leistungen oder
3. für ein Recht des anderen Teils, die diesem obliegende Leistung zu verweigern oder die Anpassung oder anderweitige Gestaltung des Vertrags zu verlangen.

[2] Sie berühren ohne Weiteres auch nicht die Wirksamkeit des Vertrags.

(2) Dem Absatz 1 entgegenstehende Vereinbarungen sind unwirksam.

(3) [1] Die Absätze 1 und 2 gelten nicht für Geschäfte nach § 104 Absatz 1 der Insolvenzordnung[2)] und Vereinbarungen über das Liquidationsnetting nach § 104 Absatz 3 und 4 der Insolvenzordnung und Finanzsicherheiten im Sinne von § 1 Absatz 17 des Kreditwesengesetzes. [2] Dies gilt auch für Geschäfte, die im Rahmen eines Systems nach § 1 Absatz 16 des Kreditwesengesetzes der Verrechnung von Ansprüchen und Leistungen unterliegen.

[1)] § 43 Abs. 1 Satz 1 geänd. mWv 1.1.2024 durch G v. 10.8.2021 (BGBl. I S. 3436).
[2)] **Habersack, Deutsche Gesetze Nr. 110.**

Abschnitt 2. Gerichtliche Planabstimmung

§ 45[1] Erörterungs- und Abstimmungstermin. (1) [1] Auf Antrag des Schuldners bestimmt das Restrukturierungsgericht einen Termin, in dem der Restrukturierungsplan und das Stimmrecht der Planbetroffenen erörtert werden und anschließend über den Plan abgestimmt wird. [2] Die Ladungsfrist beträgt mindestens 14 Tage.

(2) Dem Antrag ist der vollständige Restrukturierungsplan nebst Anlagen beizufügen.

(3) [1] Die Planbetroffenen sind zu dem Termin zu laden. [2] Der Ladung ist der vollständige Restrukturierungsplan nebst Anlagen beizufügen. [3] Die Ladung enthält den Hinweis darauf, dass der Termin und die Abstimmung auch dann durchgeführt werden können, wenn nicht alle Planbetroffenen teilnehmen. [4] Das Gericht kann den Schuldner mit der Zustellung der Ladungen beauftragen.

(4) [1] Auf das Verfahren finden die §§ 239 bis 242 der Insolvenzordnung[2] sowie die §§ 24 bis 28 dieses Gesetzes entsprechende Anwendung. [2] Ist streitig, welches Stimmrecht die Forderung, die Absonderungsanwartschaft, die gruppeninterne Drittsicherheit oder das Anteils- oder Mitgliedschaftsrecht einem Planbetroffenen gewährt und lässt sich darüber keine Einigung zwischen den Beteiligten erzielen, legt das Gericht das Stimmrecht fest.

§ 46 Vorprüfungstermin. (1) [1] Auf Antrag des Schuldners bestimmt das Gericht einen gesonderten Termin zur Vorprüfung des Restrukturierungsplans vor dem Erörterungs- und Abstimmungstermin. [2] Gegenstand dieser Vorprüfung kann jede Frage sein, die für die Bestätigung des Restrukturierungsplans erheblich ist, insbesondere,

1. ob die Auswahl der Planbetroffenen und die Einteilung der Planbetroffenen in Gruppen den Anforderungen der §§ 8 und 9 entspricht,
2. welches Stimmrecht eine Restrukturierungsforderung, eine Absonderungsanwartschaft oder ein Anteils oder Mitgliedschaftsrecht gewährt oder
3. ob dem Schuldner die Zahlungsunfähigkeit droht.

[3] § 45 Absatz 3 gilt entsprechend. [4] Die Ladungsfrist beträgt mindestens sieben Tage.

(2) Das Ergebnis der Vorprüfung fasst das Gericht in einem Hinweis zusammen.

(3) Das Gericht kann einen Vorprüfungstermin auch von Amts wegen bestimmen, wenn dies zweckmäßig ist.

Abschnitt 3. Vorprüfung

§ 47 Antrag. [1] Auf Antrag des Schuldners führt das Restrukturierungsgericht auch dann eine Vorprüfung durch, wenn der Restrukturierungsplan nicht im gerichtlichen Verfahren zur Abstimmung gebracht werden soll. [2] Gegenstand einer solchen Vorprüfung kann jede Frage sein, die für die Bestätigung des Restrukturierungsplans erheblich ist. [3] Neben den in § 46 Absatz 1 Satz 2 genannten Gegenständen können dies insbesondere auch die Anforderungen sein, die an das Planabstimmungsverfahren nach den §§ 17 bis 22 zu stellen sind.

---

[1] § 45 Abs. 3 Satz 2 eingef., bish. Sätze 2, 3 werden Sätze 3, 4 mWv 27.7.2022 durch G v. 20.7.2022 (BGBl. I S. 1166).

[2] **Habersack, Deutsche Gesetze Nr. 110.**

Medizinische Aufklärung

E.1.5.3 Für die Prüfung unserer Leistungspflicht benötigen wir möglicherweise Auskünfte von

- Ärzten, die Sie vor oder nach dem Unfall behandelt oder untersucht haben.
- anderen Versicherern, Versicherungsträgern und Behörden.

Sie müssen es uns ermöglichen, die erforderlichen Auskünfte zu erhalten. Dazu können Sie den Ärzten und den genannten Stellen erlauben, uns die Auskünfte direkt zu erteilen. Ansonsten müssen Sie die Auskünfte selbst einholen und uns zur Verfügung stellen.

Wir beauftragen Ärzte, falls dies für die Prüfung unserer Leistungspflicht erforderlich ist. Von diesen Ärzten müssen Sie sich untersuchen lassen. Wir tragen die notwendigen Kosten und den Verdienstausfall, der durch die Untersuchung entsteht.

Sie haben erforderlichenfalls darauf hinzuwirken, dass angeforderte Berichte alsbald erstellt werden.

Frist zur Feststellung und Geltendmachung der Invalidität

E.1.5.4 Beachten Sie auch die 15-Monatsfrist für die Feststellung und Geltendmachung der Invalidität nach A.4.5.1.3.

E.1.6 Zusätzlich in der Fahrerschutzversicherung

Medizinische Versorgung

E.1.6.1 Nach einem Unfall, der zu einer Leistung durch uns führen kann, müssen Sie unverzüglich einen Arzt hinzuziehen, seine Anordnungen befolgen und uns unterrichten.

Medizinische Aufklärung

E.1.6.2 Für die Prüfung unserer Leistungspflicht benötigen wir möglicherweise Auskünfte von

- Ärzten, die Sie vor oder nach dem Unfall behandelt oder untersucht haben.
- anderen Versicherern, Versicherungsträgern und Behörden.

Sie müssen es uns ermöglichen, die erforderlichen Auskünfte zu erhalten. Dazu können Sie den Ärzten und den genannten Stellen erlauben, uns die Auskünfte direkt zu erteilen. Ansonsten müssen Sie die Auskünfte selbst einholen und uns zur Verfügung stellen.

Wir beauftragen Ärzte, falls dies für die Prüfung unserer Leistungspflicht erforderlich ist. Von diesen Ärzten müssen Sie sich untersuchen lassen. Wir tragen die notwendigen Kosten und den Verdienstausfall, der durch die Untersuchung entsteht.

Sie haben erforderlichenfalls darauf hinzuwirken, dass angeforderte Berichte alsbald erstellt werden.

Aufklärung Ihrer Ansprüche gegen Dritte

E.1.6.3 Sie müssen alles tun, was der Aufklärung möglicher Ansprüche gegen Dritte dienen kann. Insbesondere müssen Sie unsere Fragen zu möglichen Ansprüchen gegen Dritte, die sich auf den Umfang unserer Leistungspflicht auswirken können, wahrheitsgemäß und vollständig beantworten. Entsprechende Nachweise müssen Sie uns vorlegen.

Wahrung Ihrer Ansprüche gegen Dritte

E.1.6.4 Sie haben Ihren Anspruch gegen den Dritten unter Beachtung der Form- und Fristvorschriften zu wahren, soweit Ihnen dies zumutbar ist.

E.2 Welche Folgen hat eine Verletzung dieser Pflichten?

Leistungsfreiheit bzw. Leistungskürzung

E.2.1 Verletzen Sie vorsätzlich eine Ihrer in E.1.1 bis E.1.6 geregelten Pflichten, haben Sie keinen Versicherungsschutz. Verletzen Sie Ihre Pflichten grob fahrlässig, sind wir berechtigt, unsere Leistung in einem der Schwere Ihres Verschuldens entsprechenden Verhältnis zu kürzen. Weisen Sie nach, dass Sie die Pflicht nicht grob fahrlässig verletzt haben, bleibt der Versicherungsschutz bestehen.

Für die vollständige oder teilweise Leistungsfreiheit bei Verletzung einer Auskunfts- oder Aufklärungspflicht im Schadenfall gilt folgende weitere Voraussetzung: Wir haben Sie durch gesonderte Mitteilung in Textform auf diese Rechtsfolge hingewiesen.

E.2.2 Abweichend von E.2.1 sind wir zur Leistung verpflichtet, soweit Sie nachweisen, dass die Pflichtverletzung weder für die Feststellung des Versicherungsfalls noch für die Feststellung oder den Umfang unserer Leistungspflicht ursächlich war. Dies gilt nicht, wenn Sie die Pflicht arglistig verletzen.

Beschränkung der Leistungsfreiheit in der Kfz-Haftpflichtversicherung

E.2.3 In der Kfz-Haftpflichtversicherung ist die sich aus E.2.1 ergebende Leistungsfreiheit bzw. Leistungskürzung Ihnen und den mitversicherten Personen gegenüber auf den Betrag von höchstens je xx Euro[1] beschränkt.

E.2.4 Die Leistungsfreiheit erweitert sich auf einen Betrag von höchstens je xx Euro[2], wenn Sie die Aufklärungs- oder Schadenminderungspflicht nach E.1.1.3 und E.1.1.4

- vorsätzlich und
- in besonders schwerwiegender Weise

verletzt haben. Dies ist z.B. bei unerlaubtem Entfernen vom Unfallort trotz eines Personen- oder schweren Sachschadens der Fall.

Vollständige Leistungsfreiheit in der Kfz-Haftpflichtversicherung

E.2.5 Verletzen Sie Ihre Pflichten in der Absicht, sich oder einem Anderen einen rechtswidrigen Vermögensvorteil zu verschaffen, sind wir von unserer Leistungspflicht hinsichtlich des erlangten Vermögensvorteils vollständig frei.

---

[1] **Amtl. Anm.:** Gem. § 6 Abs. 1 KfzPflVV ***[Habersack, Deutsche Gesetze Nr. 63a]*** darf die Leistungsfreiheit höchstens auf 2.500 Euro beschränkt werden.

[2] **Amtl. Anm.:** Gem. § 6 Abs. 3 KfzPflVV ***[Habersack, Deutsche Gesetze Nr. 63a]*** darf die Leistungsfreiheit höchstens auf 5.000 Euro beschränkt werden.